●●●○

판사가 쓴
에토스, 파토스, 로고스 해설서

정석원

박영사

머리말

내가 미국 로스쿨에서 수강할 때의 일이다. 나는 의견이 있어도 말할 수 없었다. 말해도 도움이 되지 않을 것이라 생각했다. 확신이 있어 말하려고 해도 심장이 뛰어서 결국 말하지 못했다. 미국인들은 이미 이런 문제를 잘 알고 있었고, 항상 "Don't be shy"라고 격려했다. 사적인 자리에서는 말 많은 내가 왜 사람들이 모인 자리에서는 'Shy'가 되는지 이유를 알 수 없었다. 나는 용감하게 교수 바로 앞에 앉아 수업을 들었지만, 교실 뒤편에는 젊은 한국인 학생들이 모여 앉아 있고 교수들과 눈을 마주치지 않기 위해 노력했다. 대체로 동아시아 학생들(중국인, 일본인, 태국인)들도 비슷했다. 미국인 학생들은 교수의 눈을 마주 보면서 유치한 내용도 일단 당당하게 말하고 본다. 물론 반응이 좋지 않으면 멋쩍어한다. 한국인 교포 학생들은 미국인 학생만큼 말을 잘 하기 때문에, 나의 Shyness는 한국 문화의 문제임이 분명했다.

우리나라의 독자들은 나의 'Shyness'와 비슷한 경험을 많이 했을 것이고 많이 공감할 것이다. 한국인들은 공적인 모임에서 조용히 듣기만 하고, 발표자가 두려울 정도로 질문과 피드백이 없다. 예를 들어, 내가 부장판사가 되기 전 동료 판사들과 함께 교육을 받던 중에 한 대법관이 "당신의 꿈은 무엇입니까?"라며 세 명의 판사를 연달아 불러 물었으나 판사들로부터 아무런 대답을 듣지 못했고, 마지막에는 내가 "배석판사님들과 사이좋게 지내는 것입니다."라고 간략하게 대답한 기억이 난다. 판사들은 분명히 꿈이 있었을 텐데 왜 대답을 하지 않았는지 도무지 그 이유를 알 수 없었다.

이 책은 나와 한국인의 Shyness의 기원을 탐구한 결과물이다. 그 직접적인 계기는 에토스, 파토스, 로고스를 이용하여 설득하라는 말을 들고, 그 용어들의 기원을 추적하다가 아리스토텔레스의 수사학을 조우했고, 그제서야 동아시아와 완전히 다른 서양의 스피치 문화가 아리스토텔레스의 철학을 따른 것임을 알게 되었다. 아리스토텔레스는 고대 아테네의 상황과 그의 철학 체계를 근간으로 수사학을 서술했기 때문에, 수사학을 이해하기 위해서 그의 윤리학, 정치학, 토피카, 시학 등의 저서들, 소크라테스, 플라톤, 일리아스, 오뒷세이아, 아테네의 역사서들과 고대 10대 연설가들의 연설, 희극과 비극까지 찾아 읽었다.

그 탐구 과정에서 깨달은 가장 중요한 것은, 말하기는 행복의 문을 여는 열쇠라는 것이다. 아리스토텔레스는 행복(幸福)을 철학의 기초로 한 유별한 철학자인데, 그는 국가의 이익 중에서 가장 중요한 것은 개인이 소질을 개발하여 행복해지는 것이고, 국가의 의무는 개인이 행복을 추구할 여건을 구축하는 것이라고 했다. 국가가 잘 운영되기 위하여는 무엇이 이익과 정의(Justice)인지를 잘 파악하고 실행해야 하는데, 그것을 가능하게 해 주는 매개체가 바로 말, 로고스(Logos)이다. 따라서 시민들이 로고스를 잘 구사하는 것은 개인이 행복함과 동시에 국가가 효율적이고 정의롭게 운영된다는 것을 의미한다. 이에 비하여 우리의 전통 문화에는 개인은 집단의 의견과 다른 의견을 가지지 않았고, 주어진 의무와 역할을 수동적으로 잘 하면 그것이 훌륭한 삶이었다. 무엇보다 소질을 개발해서 행복에 도달한다는 생각 자체도 없었다. 개인은 역할만 잘 하면 충분했지 말까지 잘 할 필요도 없었는데, 만일 백성들이 국가 전체의 이익과 빈부 격차와 같은 문제들을 분석한다면 그러한 활동은 역설적으로 체제를 부정하는 결론에 이르게 되기 때문이다. 아직도 이런 문화의 잔재가 남아 있는데, 예를 들어, 내가 법원의 저녁 회식에 빠지겠다고 하자, 주위에서는 잘 숙고해 보라고 말했다. 집단이 수행하는 저녁 회식은 항상 옳은 일이고, 술 마시기 싫어 회식에 불참하겠다는 개인의 의견은 잘못된 것인가? 나와 같이 조직원들이 저녁 회식에 의문을 가지고 따지기 시작하면 우리나라의 조직에서 저녁 회식은 사라지고 없을 것이다.

내가 또 강조하고 싶은 것은 수사학은 빈부의 대결, 즉 정의(Justice)의 문제를 다룬다는 것이다. 고대 그리스인들은 한 국가 안에서 부자와 빈자라는 상호 모순적인 구성원들이 대립하면서 공존한다는 것을 잘 알고 있었고, 대체로 재력과 능력이 있는 도시 엘리트들이 빈민들을 지도했다. 그런데, 아테네에서는 대중들이 민회와 인민법정(배심법정)에서 집단적인 의결로 권력을 장악했기에 민주정체라 불리었고, 리더들은 권력을 가진 다수의 빈민들을 설득하기 위해서 대중연설을 잘 해야 했다. 수사학이 아테네에서 발달한 결정적인 배경이 바로 이런 빈부의 대립이었는데, 결국 민회와 배심법정에서 연설 간의 대결을 통해 빈부의 대립, 즉 정의(Justice) 문제를 해결했던 것이다. 이런 맥락에서 아리스토텔레스가 인간을 정치적 동물이라고 했다. 우리 전통 사회는 계급제 사회였기 때문에 누가 다스리는 것이 타당하고, 누가 더 많은 몫을 가지는 지와 같은 정의(Justice) 문제는 국가의 핵심 의제가 될 수 없었다. 사실 지금도 우리 국민들은 말로써 정의의 문제를 해결한다는 의식이 별로 없다. 최근 우리 대통령들의 말솜씨 수준을 보거나, 중요한 입법들이 토론보다는 실력 행사로 해결되는 것을 보면, 로고스(말)에 의한 문제 해결 능력은 미미하다.

이익과 정의의 문제에 정통한 지도자들도 시민들과 소통할 능력이 없다면 그는 국가에 별 도움이 되지 못한다. 지도자들은 시민들의 마음을 잘 알고 있어야, 유익하고, 감동적이고, 즐거운 연설로 그들과 소통하여 설득할 수 있다. 지도자들은 평소에 그들의 이익, 가치관, 정의관, 행복관, 습관과 사상, 감정 및 정신적인 결함조차 잘 알고 있어야만, 그들의 마음을 이용하여 설득할 수 있다. 따라서, 수사학에서 가장 중요한 임무는 청중인 대중들의 심리를 연구하는 것이고, 이로써 수사학은 연설가

로 하여금 듣는 상대방의 입장을 배려하고 존중하는 태도를 가질 것을
요구한다.

개별 사건만을 다루는 판사가 말하기 기술인 수사학 책을 쓰면서 개
인의 행복, 민주정체와 같은 정치 문제, 빈부의 대립, 정의(Justice), 계급
사회와 같은 뜬구름 잡는 인문학 문제를 다루는 것을 보고, 독자들은 의
아하게 생각할지도 모르겠다. 하지만, 고대 아테네의 수사학은 이런 문
제들을 다루었고, 인민들은 민회와 배심법정에서 이를 들었다. 현재의
시민들도 우리 나라의 법조인들이 인문학 소양을 갖추고 개별 재판을
다루어 줄 것을 기대할 것이다. 나 또한 이런 문제들을 고민한 후 이 책
에 고민의 흔적을 남길 수밖에 없었다.

결국 우리 나라에서 탁월한 연설의 기술을 갖춘다는 것은, 단순히 말
하는 기술을 배우는 것으로는 충분하지 않고, 우리 정신에 남은 전통 문
화의 어두운 면을 자각하고 극복해야 하며, 현재 자유 민주주의 체제 하
의 시민들이 갖추어야 할 상호 평등/존중의 태도를 체득하고, 폭 넓은
인문학적인 소양들을 통달해야만 한다는 것을 의미한다.

나는 아마추어 수사학자로서 일반인의 관점에서 아리스토텔레스의 수
사학을 쉽게 풀어 서술하려고 노력했고, 이 책의 내용은 전문가들의 책
만큼 정교하지는 않다. 하지만, 독자들은 이질적인 서양의 스피치 문화
에 관하여 많은 통찰력을 얻어 갈 것이라고 생각한다. 다만, 고대 그리
스인들의 주옥 같은 연설문들을 충분히 소개하지 못한 것 같아서 아쉽
지만, 이는 전문 고전 연구가들의 몫이라고 위안을 삼는다.

2023. 7.

정석원

목 차

III 수사학 서론 • 49

IV 에토스 • 127

V 파토스 • 175

Ⅵ 로고스 • 237

Ⅶ 스피치의 문체(Style) • 285

I

수사학의 기원

Ethos Pathos Logos

I

수사학의 기원

1. 수사학(Rhetoric)에 대한 오해

수사학에 관한 책을 쓴다고 하니, "판사가 왜 범죄 수사(犯罪 搜査)를 연구하느냐?"라며 궁금해 하던 사람이 있었다. 내가 이 책에서 다루는 수사학은 범죄 수사학이 아니라, 고대의 소피스트와 인민 선동가의 말하기 기술인 수사학(修辭學)이다. 더 구체적으로는 아리스토텔레스가 쓴 수사학 책을 설명하는 것이다. 그런데 아리스토텔레스는 수사학 책을 쓰기는 했지만, 말을 잘하기보다는 착한 사람처럼 보이게 말하는 것이 더 낫다고 했고, 로마의 수사학자 퀸틸리아누스[1]도 나쁜 사람들은 말을 잘하면 나쁜 인격이 드러나므로 반드시 말을 못하는 것처럼 해야 한다고 말했다. 말기술인 수사학을 배워 일부러 말을 못하라고! 이게 무슨 황당한 소리인지 의아한 독자들이 많을 텐데 지금부터 고대인들이

---

1) Marcus Fabius Quintilianus(기원 후 40 출생-96년 사망 추정), 로마 시대 의 변호사 겸 수사학 교사로서 『웅변가 교육(Institutio Oratoria)』라는 수사 학 교과서를 집필하여 수사학 이론을 집대성했다.

개발한 정교한 말하기의 체계를 설명하려고 한다.

2. 지도자가 대중을 설득하는 기술

1) 지도자(최선의 인간)의 자격

말을 잘하지 못하는 것이 더 설득력이 있다면 도대체 고대인들은 왜 수사학을 연구하고 배웠는가? 그 이유는 시민들이 말기술이 탁월한 사람을 지도자로 인정했기 때문이다.

소크라테스의 말처럼 인간은 모든 조건하에서 최선의 인간에게 자발적으로 복종하는데(『소크라테스 회상록』.[2] 3. 3. 9.), 리더가 되기를 원하는 사람은 항상 존재하기는 하지만, 리더가 될 수 있는 최선의 인간의 요건은 세습 왕조에서는 왕의 혈통을 가진 사람만이, 군부 정권 시절에는 무력을 가진 장군만이, 금권정치가 이루어지는 곳에서는 돈을 쓰는 사람만이 최선의 인간의 조건을 충족한다. 아직도 우리나라의 단위농협조합장이나 지방자치 단체장들 선거에서 항상 금권선거 시비가 끊이지 않는 이유가 바로 유권자들이 후보자가 돈을 나누어 주는 것을 그 사람의 미덕과 능력으로 간주하기 때문에 그런 현상이 생긴다. 유권자들의 마음속에는 '우리보다 잘난 것도 없는데, 자신이 번 돈도 안 베풀고 감히 우리들의 우두머리가 되려고 하다니'와 같은 심리가 존재해서 돈을 쓰는 후보자를 능력과 인성을 갖춘 것으로 간주한다.

고대부터 평등한 시민들끼리 정치조직을 이루었던 서구 문화에서는 지도자들은 자신과 법적인 지위가 같은 시민들을 설득하기 위해서는, 특히 시민들이 많이 모인 자리에서 말솜씨를 보여서 자신이 그들의 우

---

2) 소크라테스의 제자인 크세노폰(Xenophon)이 저술한 책이다. 크세노폰은 『소크라테스 회상록』, 『향연』, 『소크라테스의 변명』, 역사책인 『헬레니카(Hellenica)』, 『키루스 대왕의 교육』, 『페르시아 원정기』 등 많은 책을 저술했다.

두머리가 될 능력이 있다는 것, 즉 최선의 인간임을 입증해야 했다. 아리스토텔레스가 다른 동물들과는 다르게 인간만이 로고스의 능력을 가졌다고 말한 것처럼(정치학. 1253a)(실제로 인간과 유인원 사이에서 해부학의 관점에서는 아무런 차이가 없고, 행동적 특징으로 인간만이 말을 할 수 있다고 한다),[3] 사실 인류의 진화 관점에서 보았을 때에 결정적으로 인류가 다른 동물과 구분되는 것이 바로 말을 한다는 것이기 때문에 말을 잘하는 사람이 리더가 되는 것은 진화의 관점에서 너무나 당연하고, 말로서 리더가 되고 대중을 통솔하는 문화는 그렇지 않은 문화보다 더 앞선 문화라고 할 수 있겠다.

우리나라에서는 선거를 통해서 지도자를 선출하고, 선거 운동과정에서 후보자의 말솜씨를 보기도 하지만, 우리나라의 최근 대통령들을 보면 우리 민족은 리더의 조건으로 말솜씨를 중요하게 생각하지는 않는 것 같다. 그러나, 노무현 대통령이 "그동안 외교무대에 나가서 선진국 지도자들을 보니 말을 못하는 지도자가 없더라."[4]라고 말한 것처럼, 선진국에서는 말을 못한다면 지도자가 되기 어렵다.

2) 민중을 상대하는 무기

수사학은 그리어 원어로는 '레토리케(Rhêtoriké)'라고 하는데, 이는 민회와 같은 공식적인 자리에서 연설하는 사람 '레토르(Rhêtôr)'의 기술(−ikê)을 의미한다고 한다.[5] 플라톤의 『고르기아스(Gorgias)』라는 대화편에서 'Rhêtoriké téchnē'라는 말이 처음 등장한다고 한다(『고르기아스』.

---

3) 존 콜라핀토(John Colapinto), 고현석 옮김, 『보이스』(부제: 목소리는 어떻게 인간의 삶을 결정하는가?), 매일경제신문사(2021), 제100−101면
4) 윤태영, 『대통령의 말하기』(부제: 노무현 대통령에게 배우는 설득과 소통의 법칙), (주) 위즈덤하우스(2017), 제5면
5) 김헌, 『위대한 연설』(부제: 고대 아테네 10대 연설가들을 통해 보는 서구의 뿌리), 인물과 사상사(2008), 제16면

448d – 449a).6)

수사학의 정의에서부터 벌써 민회, 연설가, 기술 같은 단어가 나오는 데, 민회는 그리스말로 데모스(Demos, '민중'이나 '인민'으로 번역되고, 통상 자유인의 신분이지만 도시를 이루는 다수의 가난한 시민들을 의미한다)들이 참석하여 정치적인 의사결정을 하던 기관이므로, 지도자들은 민회에서 권력을 장악한 데모스로부터 지지를 받기 위해서 대중들의 심리를 연구해서 말을 할 수밖에 없었다. 마치 신하들이 왕의 마음을 헤아려 아부하고 설득했듯이, 연설가는 절대 권력을 가진 대중들에게 아부도 하고 겁도 주고 교묘하게 속이면서 설득했다. 반대로 연설가는 절대 권력을 가진 민중들로부터 민회에서 부당한 비난과 공격을 받거나, 배심법정에 서서 부당한 기소와 비난에 맞서 스스로를 변론해야 했는데, 탁월한 말기술이 있어야만 자신을 방어해서 생명과 재산을 보존할 수 있었다.

3) 개인적인 대화와는 구분됨

수사학은 대중을 상대하는 말기술이라는 점에서 개인 간의 대화와는 다르다. 어떤 사람은 1:1 대화를 잘 하는데, 대화만 잘 하는 사람은 대중들로부터 지도력을 인정받아 리더가 되기는 어렵다. 플루타르코스가 가장 연설을 잘 하는 사람으로 꼽은 알키비아데스(Alcibiades)의 정적 중에는 파이악스(Phaeax)라는 사람이 대화로 설득을 잘 하는 재주가 있었는데, 어느 시인은 그를 가리켜 "수다에서는 당할 자가 없으나, 연설에서는 그렇지 않지!"라고 말했다고 한다. 사적인 대화에서도 수사학의 기본 기술들은 유용하기는 하겠지만, 수사학은 대중연설을 위한

---

6) 플라톤의 저작들을 인용하는 방법은 스테파누스(Stephanus) 1578년 판의 플라톤 전집 세 권의 페이지와 단락을 차례로 표시하는 것이다. 예를 들면, 『국가. 551d』는 스테파누스 판의 551페이지의 d 단락을 의미한다.

기술이다.

동양 문화의 고전인 사마천의 사기(史記) 열전(列傳), 논어(論語), 혹은 맹자집주(孟子集註) 같은 책들을 읽어 본 독자들은 잘 알겠지만, 동양 고전에서는 능력 있는 사람들이 왕과 일대일로 대화하면서 권고를 하는 내용이 많고, 대중을 상대로 하는 연설을 보기 힘들다. 아래의 대화는 맹자집주에 나오는 제선왕과 맹자와의 대화인데, 논어와 맹자를 자주 읽은 독자들은 이런 방식의 대화에 아주 익숙할 것이다. 미리 말하지만 맹자는 소위 역성혁명을 주창하여 민본주의 사상을 주장한 사람이라고 알려져 있는데, 실제로는 성(性)이 다른 귀족은 왕을 바꿀 수 없고, 왕이 충고를 받지 않으면 왕의 곁을 떠난다고 하여 역성혁명을 부정했다.

제선왕이 경(卿)을 묻자, 맹자께서 "王은 어떤 卿을 물으십니까?" 하셨다. 왕이 말씀하시기를 "卿이 같지 않습니까?' 하자, 맹자께서 말씀하셨다. "같이 않으니, 貴戚의 卿이 있으며, 異姓의 卿이 있습니다." 왕이 말씀하셨다. "貴戚의 卿을 묻습니다." 맹자께서 말씀하셨다. "군주가 큰 잘못이 있으면 간(諫)하고 반복하여도 듣지 않으면 군주의 자리를 바꿉니다."

……. 중략 ……

왕이 얼굴빛이 안정된 뒤에 이성(異性)의 경(卿)에 대해 묻자, 맹자께서 말씀하셨다, "君主가 잘못이 있으면 간하고 반복하여도 듣지 않으면 떠나가는 것입니다."[7]

---

7) 성백효 역주, 『맹자집주(개정 증보판)』, 전통문화연구회, 제441-443면에서 인용

3. 수사학은 서구 문화의 일부이다.

수사학은 서구 문화의 일부로 그들의 공적인 삶에 깊숙이 스며들어 있다. 예를 들어 미국 대통령들이 대중들을 상대로 연설하거나 담화를 나누는 것을 보면, 우리나라의 지도자들과는 달리 말을 아주 잘 한다는 것을 알 수 있는데, 미국에서는 대중 연설이나 대중을 상대로 한 토론에 능숙하지 않다면 지도자가 되기 어렵다. 미국의 6대 대통령 존 퀸시 애덤스(John Quincy Adams)는 아예 수사학 교과서를 집필하기도 했다. 존 퀸시 애덤스는 2대 대통령인 존 애덤스(John Adams)의 아들인데, 아버지 존 애덤스의 일대기를 다룬 HBO채널의 동명 역사드라마 『John Adams』를 보면, 존 애덤스가 법정에서 변호사로서 배심원들을 상대로 멋지게 구술변론을 하는 모습이 소개되어 있다.

서구 문화를 수입한 우리나라는 서구의 제도를 수입하였으나 그 실질 내용은 서구의 제도와 내용이 전혀 다른 경우가 많다. 예를 들어 '행복'이라는 말도 우리 문화에는 없던 개념이다. 조선왕조실록의 데이터 베이스를 검색해 보면 '幸福'이라는 한자어는 고종 때에 이르러 처음 등장한다. 행복은 고대 그리스인들이 쓰던 'Eudaimonia'['좋은(eu) 정령(daimon)의 활동'으로 번역되는데, 우리말로 자연스럽게 번역하면 신들린 듯이 잘 하는 상태 내지 신바람 같은 것이 원래의 의미가 아닐까 한다]를 번역한 것인데, 조선 말기에 일본으로부터 수입한 외래어라고 한다. 우리나라의 행복지수는 OECD국가들 중에서 가장 낮은 수준이고, 행복의 지표인 출산율, 자살율도 세계 최정상급으로 나쁘다. '행복'이 무엇인지를 잘 모르기 때문에 우리 민족은 이런 문제에 제대로 대처를 할 수 없다는 것이 내 생각이다.

동양 사회에서는 민중이 민회에서 다수결로 권력을 행사하고, 배심법정에 귀족들을 피고로 세워 다수결로 귀족들을 처형하고 그들의 재산을 벌금으로 빼앗는 재판 제도 자체가 존재하지 않았다. 그 대신 왕들이 혈통에 따라서 권력을 장악하고 신분제의 정점에서 명령으로 권력을 행사했기 때문에 아래 사람들의 심리를 연구해서 말을 할 필요가 없었다. 이런 맥락에서 수사학을 공부하는 것은 서양 문화를 공부하는 것이고, 우리 문화와의 차이를 배우면서 우리 문화의 정체성을 자각하고 개선할 점을 찾는 지적인 탐구이다. 동양에서는 말하기인 수사학 대신 잘 들어야 한다는 경청(敬聽)이 강조된다. 수사학은 듣는 사람의 심리를 이해한 후 그에 맞추어 말로 설득하는 것이므로, 단순히 말을 꾸미는 '수사'나 말하는 사람의 입장을 고려하는 듣는 경청은 수사학과는 차원이 다르다.

4. 아테네 수사학의 배경

고대 아테네에서 수사학이 꽃을 피운 것은 결코 우연이 아니다. 고대 그리스에서 로고스(logos, 말)를 중요하게 생각하였으며, 개인의 미덕을 장려했기 때문에 말하기를 잘 하는 것은 그 사람이 능력이 있고 다른 사람보다 우월함을 의미했다. 또한 누구 말이 맞는지를 많은 사람들 앞에서 논쟁하고, 이를 들은 사람들이 집단적으로 판단하는 전통이 존재했다. 무엇보다도 고대 그리스에서는 시민들이 부자들과 빈민들로 나뉘어 서로 대립하던 곳이었는데, 특히 아테네에서는 빈민들이 민회와 배심법정에서 직접 권력을 집단으로 행사하는 민주정체가 확립되면서, 정치지도자들은 민회와 배심법정에서 권력을 가진 인민들을 설득하기 위해서 연설을 잘해야 했던 특별한 사정이 있었다.

수사학이 무엇인지 학자들마다 견해가 달랐다. 내가 극단적으로 수사학을 정의한다면, 아테네가 펠로폰네소스 전쟁에서 스파르타에게 패배한 후 불만과 분노의 분위기가 팽배했던 기원전 4세기 무렵에는, 인민선동가들이 말로 가난하고 무지한 민중들의 감정을 부추겨 부자와 귀족

들을 배심법정에 세워 궁지에 몰아가는 사냥기술과 같은 것이 바로 고
대 수사학이라고 할 수 있겠다. 민중들이 권력을 잡은 고대 아테네에서
는 배심법정에 부자들을 세워서 거액의 벌금을 부과하거나, 정책이나
전쟁의 결과가 좋지 않았던 정치인들이나 장군들에게 직접 사형을 언도
했다.

다시 말해 수사학의 기원은 계급 투쟁이다. 현재 우리나라처럼 어느
정도 정치체제가 안정된 국가에서는 선거나 국회의 입법을 통해서 투쟁
이 완화된 방법으로 부자와 빈민의 갈등이 해결되고, 부자들의 돈도 세
금을 통해서 환수한다.

고대 아테네의 10대 연설가 중의 한 사람인 뤼시아스(Lysias)의 두 번
째 연설인 추도 연설 중에 아테네에서 수사학이 꽃필 수 있었던 배경을
설명하는 부분이 있어 이를 소개한다.

> "[17] 우리 선조들이 정의를 위하여 한마음으로 싸운 것은 그들에게 걸
> 맞은 것이었습니다. 왜냐하면 그들의 삶은 그 기원에서도 정의로웠기 때문
> 입니다. 다른 공동체의 선조들은 여러 곳으로부터 이주했지만, 그들의 선
> 대를 버리고 원래 그들의 땅이 아닌 곳에 정착하였습니다. 반면에 우리 조
> 상들은 이 땅에서 태어나서 아티카(Attica)의 땅을 조국의 영토로 소유하
> 였습니다.
>
> [18] 그들은 최대의 조화는 모든 사람이 자유를 누리는 것이라고 믿으
> 면서, 독재자들을 축출하고 민주정체를 확립한 최초의 민족임과 동시에 유
> 일한 민족이었습니다. 그들은 각자가 위험을 감수하면서도 좋은 결과를 희
> 망했고, 자유의 정신으로 자치를 누렸습니다.
>
> [19] 그들은 법에 따라 선을 숭상하고 악을 벌했습니다. 그들은 타인의
> 힘에 의하여 지배를 당하는 것은 동물들에게 적합한 것이라고 간주했고,
> 인간은 법을 통해 이루어지는 정의를 판단하고 이성(로고스)을 사용하여

설득해야 한다고 생각했습니다. 따라서 그들은 법에 의해 지배되고 이성
(로고스)에 의해 교육되며, 그들의 행동은 그 두 가지를 위한 것이었습니
다." (Lys. 2. 17-19)

아래에서는 뤼시아스가 찬양했던 수사학이 꽃핀 아테네의 특징이 무
엇인지를 구체적으로 살펴보겠다. 참고로 고대에서부터 아테네의 연설가
들 중에서 특히 10명의 연설가의 연설을 연구하여 왔다. 알파벳 순으로
는 아이스키네스(Aeschines, BC 395-322), 안도키데스(Andocides, BC
440-390), 안티폰(Antiphon, BC 480-411), 데모스테네스(Demosthenes,
BC 384-322), 디나르코스(Dinarchus, BC 360-290), 휘페레이데스
(Hypereides, BC 390-322), 이사이오스(Isaeus, BC 415-340), 이소크라
테스(Isocrates, BC 436-338), 뤼쿠르고스(Lycurgus, BC 390-324), 뤼시
아스(Lysias, BC 445-380)가 바로 그들이다.8) 이 중에서 가장 뛰어난 연
설가로 평가되는 연설가는 데모스테네스이고, 10대 연설가들의 연설은
약 150편 정도가 현존한다. 이 글에서는 필요한 부분에서 이들의 연설문
의 일부를 소개한다. 우리나라에서는 위 연설문들 중 극히 일부만 번역
되어 출판되어 있어서, 내가 책에서 소개하는 연설들은 모두 영역본을
기본으로 직접 번역한 중역이므로, 오역이 있을 수 있다.

1) 로고스의 전통

왜 아테네에서 수사학이 발달했는지 탐구하다 보면 필연적으로 고대

---

8) 10대 연설가들의 연설문을 인용하는 방법은 표준적인 시스템이 존재한다.
Aeschines는 Aes., Andocides는 And., Antiphon은 Ant., Demosthenes는
Dem., Dinarchus는 Din., Hypereides는 Hyp., Isaeus는 Is., Isocrates는
Isoc., Lycurgus는 Lyc., Lysias는 Lys.로 각 축약해서 표시를 하고, 작품의
순서와 그 작품의 단락을 차례로 표시한다. 예를 들어 'Dem. 24. 73'은 데모
스테네스의 24번째 연설문 중에서 73번째 단락을 의미한다.

그리스인들의 로고스 전통을 만나게 된다. 고대 그리스에는 수사학이 등장하기 이전부터 이미 로고스의 전통이 있었다. 로고스(Logos)는 이성, 논거, 말, 강의, 논리 등 여러 가지의 의미가 있으므로 상황에 따라 적절히 번역해야 한다. 대체로 말을 기본으로 해서 자기 생각을 정리하고 논리적으로 사고를 하는 활동과 관련이 있다. 심지어 아리스토텔레스는 현대의 유전자와 비슷한 개념으로 로고스를 사용했다고 한다. 예를 들면 정자와 난자와 만나 수정과 세포분열을 하는 것은 로고스에 따라 이루어져 생명이 탄생한다는 것이다.9)

아테네인들은 설득의 신 페이토에게 말을 잘하게 해 달라고 빌었고, 그게 어려우면 자식들이라도 말을 잘하게 해 달라고 빌었다고 하는데, 말을 잘하는 것은 고대 지중해 문명 속에 살았던 사람들이 성공과 출세의 지름길로 갈구하던, 마치 우리나라 사람들의 명문대 학위를 원하는 것과 같은 존재였다.

서양문화의 원형이라 불리는 서사시 일리아스와 오뒷세이아는 모두 음악의 여신들인 뮤즈 여신에게 이야기를 들려 달라고 청하면서 시작된다. 일리아스는 "노래하소서, 여신이여! 펠레우스의 아들 아킬레우스의 분노를."로 시작되는데(일리아스.10) 1. 1), 여신은 음악의 여신 뮤즈를 의미하고, '아킬레우스의 분노'라는 전체 책의 주제 혹은 프레임을 처음부터 제시하면서, 사람들의 주의를 집중시킨 후 이야기가 시작된다.

로고스는 종종 신이 준 축복과 같은 것으로 묘사되며, 왕들이 반드시 갖추어야 할 자질로 간주되었다. 일리아스에서는 영웅 아킬레우스는 밤낮 말다툼과 전쟁과 싸움질을 좋아하는 것으로(일리아스. 1. 177), 전쟁의 신 아레스도 밤낮 말다툼과 전쟁과 싸움질만 탐하는 것으로 묘사된

---

9) 조대호, 『아리스토텔레스』(에게해에서 만난 스승), 아르테(arte) 출판(2020년 2쇄), 제218−219면

10) 본서에서 오뒷세이아와 일리아스는 모두 천병희 교수님의 번역본을 인용한 것이다. 호메로스 지음, 천병희 옮김, 『일리아스』, 도서출판 숲(2017, 제2판 5쇄)

다(일리아스. 5. 891). 회의장은 전장과 마찬가지로 남자들의 영광을 높여 주는 곳이다(일리아스. 1. 490). 우리에게 친숙한 트로이 목마의 영웅 오뒷세우스는 보기에는 좀 모자라지만 언변에 관한한 필멸의 인간은 대항할 사람이 없었다고 한다(일리아스. 3. 218－223). 일리아스나 오뒷세이아[11])를 읽어 보면 영웅들과 신들이 읽기가 힘들 정도로 말이 많다.

참고로 우리의 건국신화인 단군신화에서는 별다른 대화가 소개되어 있지 않고, 처음부터 주제나 프레임도 소개되지 않아서, 이야기를 쭉 읽어 보아야 그 내용을 다 파악할 수 있는 것도 일리아스와 차이가 난다. 만일 우리나라 사람들은 이야기 다 들어봐야 한다고 말했을 때에는 그 기원은 단군신화라고 할 수 있겠다.

아리스토텔레스도 설득할 판사가 한 명이든지 여러 명이든지, 안건에 반대하든, 상대방과 논쟁을 벌이든지 간에, 전투에서 실제의 적을 공격하는 것처럼, 스피치로 상대방의 논증을 뒤집어야 한다고 했다(수사학. 1391b).[12]) 왜냐하면 합리적인 스피치가 팔다리보다 더 인간의 특징을 잘 보여줌에도 불구하고, 사람이 팔다리를 이용하여 방어하지 못하는 것을 창피하게 생각하면서도, 말과 논증(로고스)으로 자신을 방어하지 못하는 것을 창피하게 생각하지 않는 것은 어리석기 때문이다(수사학. 1355b). 고대 철학자들을 정리한 디오게네스 라에르티오스가 쓴 『그리스 철학자 열전』에 따르면 아리스토텔레스도 제자들에게 연설의 이론을 가르치고 훈련시켰다고 한다. 내가 소년재판을 담당할 때 경험에 의하면, 소년범의 부모들이 자녀들에게 관대한 처분을 받게 하기 위하여 뻔한 거짓말을 조건반사적으로 하는 경우를 아주 많이 봤다. 부모들이 마치 품에 안은 자신의 아이들을 개들의 공격에서 보호하기 위하여 팔

---

11) 호메로스 지음, 천병희 옮김, 『오뒷세이아』, 도서출판 숲(2017, 제2판 5쇄)
12) 일반적으로 아리스토텔레스의 글을 인용할 때에는 베커(Immanuel Bekker)
    가 편집한 책의 쪽수, 단수, 행수를 표시하는 관행이 있다.

을 휘두르고 발로 차듯이, 본능적으로 판사의 질문에 거짓말을 하는 것을 보면, 말이 바로 무기와 같다는 것을 실감할 수 있다.

아리스토텔레스에게 로고스는 그의 철학체계에서 행복과 함께 특별한 위치를 차지한다. 그는 행복을 정치철학의 최고 가치로 구성한 유별한 철학자인데, 그의 작품들 중에서 개인적인 행복의 조건을 분석한 책이 『윤리학』이고, 각 시민에게 행복을 가져올 이상국가의 조건들을 분석한 것이 『정치학』이다. 인간들은 행복을 추구하기 위하여 정치공동체를 형성하는데, 행복의 기본전제인 효용(이익)과 정의(Justice)를 달성할 수 있도록 해 주는 것이 로고스의 역할이다. 다른 동물들과는 다르게 인간만이 로고스의 능력을 가졌고, 로고스를 이용하여 단순히 쾌락과 고통을 표현하는 것을 넘어 국가 차원에서 효용과 정의를 분석하고 획득할 수 있고, 개인도 그런 국가 안에서 효용과 정의를 통해서 행복을 추구할 수 있도록 해 주는 매개체가 바로 로고스이다(정치학. 1253a).

플라톤과 아리스토텔레스의 칭송을 받았던 아테네의 철학자 이소크라테스(Isocrates)의 『Panegyricus』라는 연설문에는 아테네인의 특징 중 로고스를 숭상하는 부분이 있어 이를 소개한다.

"[47] ...... 이 도시는 로고스의 힘을 존경하였고, 모든 사람이 로고스를 열망하였으며, 로고스를 가진 사람을 부러워합니다. 또한 이 도시는 모든 동물 중에 오직 우리만이 본성 중 일부로 로고스를 가지고 있다는 것을 알았고, 이러한 장점으로 모든 다른 영역에서도 우월하게 되었습니다. [48] 또한 이 도시는 다른 문제들에서도 운이 변덕스럽게 작용하여 현명한 사람들도 자주 곤란에 빠지는 반면 어리석은 사람들도 번성하는 것도 보았습니다. 그러나 서민들은 심미로운 로고스에 아무런 몫을 가지지 못하는데, 왜냐하면 그것은 지성인들에게 속하는 것이고, [49] 바로 이것으로 인해 현명해 보이는 사람들과 어리석어 보이는 사람들이 구분됩니다. 게다가 처음부터 자유인으로 자라온 사람들은 그들의 용기나 부 혹은 다른 훌륭한 것들로 유명하기보다는, 특히 그들이 말한 것으로 인하여 구별되었고, 이것이 바로 각 개인적인 교양의 가장 확실한 징표가 되었습니다. 로고스를 잘 사용하는 사람들은 그들이 속한 도시에서 권위를 가졌을 뿐만 아니라 다른 도시에서도 존경받았습니다.

[50] 우리의 도시는 지금까지 사상과 말에서 다른 사람들보다 훨씬 뛰어났기 때문에 아테네의 학생들은 다른 도시의 스승들이 되었으며, 이 도시는 'Greek'이라는 이름이 민족을 지칭하는 것이 아니라 사고방식을 가르치는 것으로 보이게 하였고, 사람들은 'Greeks'라고 불리었는데, 왜냐하면 그들은 우리의 혈통보다는 우리의 교육을 공유했기 때문입니다."
(Isoc. 4. 47.–50.)

로고스에 의하여 설득을 하는 것은 권위에 의한 설득과 구별된다. 로고스는 서로 평등한 문화에서 힘이나 권위로 설득할 수 없어서 말로 설득할 것을 전제로 한다. 이에 대비되는 것이 우리나라의 권위주의 문화인데, 명령과 복종으로 소통이 이루어지는 문화에서는 로고스의 역할은 중요하지 않다. 우리나라의 건국 신화인 단군신화를 보면 원래 우리 민족은 로고스를 중요하게 생각하지 않았음을 알 수 있다. 단군신화에서 환웅은 인간이 되기를 원하는 곰과 호랑이에게 100일 동안 동굴에 들어가서 그냥 먹기도 힘든 쑥과 마늘을 먹으라고 시켰다. 그런데 환웅은 곰과 호랑이에게 왜 천성에 반해서 그런 짓을 해야 하는지 이유를 설명하지 않았고, 대화나 협상을 통해서 좀 더 합리적인 방법, 가령 호랑이와 곰이 산적들을 물리치거나 적군의 대장을 잡아오면 그 공로로 인간이 되게 해 주겠다는 등의 대화가 이루어진 적이 없다는 것을 생각해 보라. 또한 곰이나 호랑이는 환웅에게 왜 쑥과 마늘을 먹어야 하는지 물어본 기록도 없다. 우리 민족은 처음부터 상명하복에 익숙하고, 호기심도 별로 없고, 말을 잘 참는 특성이 있었다고 할 수 있겠다. 소크라테스는 "질문하지 않은 삶은 살 가치가 없다."는 유명한 말을 남겼는데(플라톤.『소크라테스의 변명』, 38a), 우리 문화는 호기심도 없이 시키는 것을 그냥 따라 하는 문화였음을 알 수 있다.

2) 민주정체(Democratia)

로고스는 대화자 간에서 서로 말할 자유를 가진 평등한 관계를 전제로 한다고 하였는데, 고대 아테네의 민주정체는 남성으로 구성된 시민 집단 내부에서는 서로 평등한 정치체제였다. 아테네의 민주정(체)에 관하여는 많은 오해가 있어서 이를 자세하게 설명하려고 한다. 미리 경고하면, 아테네 민주정체는 민주주의의 성지(聖地)라고 알려져 있지만, 그 실체는 바로 '인민 독재'이다. 참고로 아테네 시민의 수가 얼마인지는 정확하게 알 수는 없지만 헤로도투스가 기원전 500년경 시민이 3만 명이라고 한 적이 있었고(『역사』. 5. 97),[13] 학자에 따라서는 펠로폰네소스 전쟁 직전에 약 6만 명이라고 추산한다.

주의할 것은 우리나라에서는 민중들은 민초(民草)라 불리면서 항상 옳고 선하다는 관념이 있는데, 과거에 왕정 시대나 군부 시절에는 그랬을 수 있겠지만, 플루타르코스[14]가 관찰한 바와 같이 민주정체에서는 민중의 뜻을 거스르는 정치인들은 죽임을 당하고, 민중을 거스르지 않는 정치인들은 그들과 함께 죽는다(영웅전, 『포키온』편. 2).[15] 다시 말해서 민중들이 절대 권력을 행사하는 곳이 민주정체이고, 공직자는 결국

---

13) 이에 반하여 아테네의 노예 수는 기원전 4세기 후반 무렵 아리스토텔레스는 40만 명, 혹은 휘페레이데스는 15만 명이라는 기록을 남겼다고 한다. (Paul Cartledge, 『Democracy, A Life』, Oxford University Press(2016), 제138면)

14) 플루타르코스(기원 후 45 내지 50년−120년 추정)는 고대 로마 시대에 그리스 보이오티아(Boeotia)에서 태어났고, 『도덕론(Moralia)』과 『플루타르코스 영웅전』을 서술하였다.

15) 플루타르코스 영웅전을 인용할 때에는 『영웅전』이라고 한다.

민중들에게 종속된 존재들이다. 민중들이 항상 옳거나 선하다고 생각하는 것은 민중들이 절대 권력을 장악한 곳에서는 틀린 생각이다. 지도자들이라고 하더라도 권력을 가진 민중들을 상대하기 위해서는 민중의 분노와 저항이 없도록 말을 잘 할 수밖에 없는데, 이것이 수사학이 발달한 가장 중요한 이유이다.

고대 그리스에서는 일찍 왕권이 붕괴되고 없었다. 아테네의 경우 전설의 왕인 테세우스(Theseus)가 스스로 민주정체를 실시하고, 모든 사람이 평등하게 살 것을 약속하자 경제력이 약한 사람들이 호응했다고 하고, 자신은 군대를 지휘하고 법을 지키는 역할만 하겠다고 약속했다. 이런 이유로 아리스토텔레스는 테세우스를 민중의 지지를 받고 권력을 포기한 첫 번째 왕이라고 했다.

왕이 없는 대신 원초적인 형태의 시민 계급이 정치를 장악했다. 고대 시민 계급의 특징은 법적인 지위에서 평등하고 토지를 소유하면서 스스로 무장을 해서 전투에 참가할 수 있는 자유인들이 그들만의 집회인 민회에 참석하여 정책을 직접 결정하는 전통을 가졌다는 것이다. 즉 시민들은 정치에 참여하는 사람들이다. 다만 민회가 어느 정도의 권한을 가졌는지 관하여는 도시국가마다 달랐고, 민회 이외에도 귀족들만의 회의가 있어 민회의 권력을 제한하는 형태였던 것으로 보인다. 예를 들어 스파르타에도 민회인 다모스(Damos, 데모스의 방언이라고 한다)가 있었으나, 존경받는 원로 30명으로 구성된 원로원이 다모스의 의결을 무시할 권한이 있었다. 참고로 스파르타 왕은 실제로는 권한이 없었으나 전쟁에 참전할 때에만 절대적인 지휘권을 가진 세습장군의 지위에 있었다. 아테네에서는 시민들의 의결체인 민회가 있었지만, 귀족들로 구성된 아레오파고스 회의도 있었다.

하지만, 평등한 시민들 사이에서 귀족과 빈민 중 누가 도시를 다스리는 것이 정의로운 것인지 문제가 있었다. 고대 그리스에서는 법적인 정의(Nomos)가 우선인지 자연적인 정의(Psyche)가 우선인지에 관한 논쟁이 있었는데, 이와 관련된 것이다. 플라톤의 『고르기아스(Gorgias)』 대화편에는 소크라테스와 대화를 나누던 칼리클레스는 더 나은 사람이 열등하고 능력 없는 사람보다 더 많은 몫을 가지는 것이 자연적인 정의(Psyche)라고 주장했다(483d). 그의 논리에 따르면 법(Nomos)은 약자들이 강자들로부터 보호받기 위하여 만든 것이기 때문에 겁쟁이들이 만든 것에 불과하다. 이처럼 당시 그리스에서는 유능하고 부자인 소수의 귀족들이 도시를 다스리는 것이 정의로운지, 가난하고 미덕이 부족한 민중들이 도시를 다스리는 것이 정의로운지 체제 논쟁이 있었다.

데모스가 권력을 장악한 정치형태를 민주정체(Democratia)라고 하는데, 말을 그대로 번역하면, 인민(Demo) + 지배(cratia)가 된다. 주의할 것은 현대 민주주의는 '대의 민주주의'라고 하여 선거인단이 선출한 대표자들이 통치하는 간접 민주주의 체제이고, 아테네의 민주정체와는 완전히 다르다. 이 책에서 민주정(체)라고 말하는 것은 인민이 직접 통치한다는 취지에서 민주정체라고 하고, 구체적으로 데모스들이 ① 민회에서 의결을 해서 정책을 결정하고 제비뽑기로 관리가 되어 직접 정책을 집행하며, ② 배심법정(인민법정)에서 집단으로 판결을 내린다는 의미이며, 입법, 사법, 행정 등 권력이 구분되지 않는 아마추어 정치체제를 말한다.

이에 반하여 귀족정체(Aristocratia)는 미덕이 뛰어난 훌륭한 사람들이 다스리는 체제를 의미한다. 주의할 것은 고대 그리스에서 우리가 귀족으로 부르는 사람들은 우리 문화의 양반처럼 왕가의 밑에서 특권과 함께 신분이 고정된 세습 귀족이 아니라, 시민들 계층 중에서 부나 명예가 있는 사람들, 요즘 말로 부유층이나, 지식과 능력이 탁월한 엘리트 시민 계층을 의미했다. 아테네 시민들은 법적으로 서로 평등한 지위에 있었기 때문에 법적으로 신분이 다른 사람들은 이론적으로는 존재할 수

없었고, 사실상 권력가들, 부자나 능력이 탁월한 사람들을 귀족이라고
불렀다. 아테네의 귀족정체라고 할 때에는 엘리트 시민들이 대다수의
빈민 계층들을 보호해 주면서 정치를 잘했다는 의미이고, 과두정
(Oligarkia)이라고 할 때에는 소수의 엘리트 시민들이 인민들의 이익을
무시하고 자신들의 이익을 추구하면서 정치했다는 의미로 타락한 귀족
정체를 의미한다. 귀족정체은 대체로 타락하기 때문에 과두정(체)라는
말이 주로 사용된다. 현대의 민주주의에는 국민이 선발한 대표자가 정
치를 전담하는데 위 기준에 의하면 현대의 민주주의 체제는 모두 귀족
정이나 과두정이라고 할 수 있다. 아직까지 아테네에서 귀족들의 거주
지를 발견하지 못했는데, 아테네의 시민들은 부자든지 빈자든지 겉으로
는 매우 비슷하게 살았고, 귀족들도 수수하게 살았다.[16] 고대 최고의
연설가인 데모스테네스가 기원전 352/1년경에 작성한 연설 중에는 "그
당시(기원전 480년경을 의미)의 유명 인사들이었던 테미스토클레스와 밀티
아데스의 집은 다른 사람들의 집에 비하여 웅장하지 않았습니다."라는 문장
이 나온다(Dem. 23. 207). 사실 현재 우리나라에서 정치인들이 집 두
채를 소유하는 것이 큰 잘못으로 지적되듯이, 연설 대필가로 많은 돈을
벌었던 데모스테네스는 아테네 시내와 항구 쪽에 각 집을 소유하고 있
었기 때문에 상대방으로부터 조롱당했다(Din. 1. 69). 참고로 고대 아테
네에서는 항구 쪽에 사는 사람들은 대체로 민주정체, 아고라와 아크로
폴리스가 있는 내륙 쪽에 사는 사람들은 대체로 과두정체를 선호하는
경향이 있었다.

　아테네의 귀족, 재력가들은 이기적이지 않았다. 그들은 도시를 위하
여 기부를 이행해야 했는데(이를 Liturgy라고 한다) 가장 중요한 기부가
비극 경연 합창단원들의 연습 비용을 대는 것(Chorēgia)과 삼단노선의

---

16) 배터니 휴즈(Bettany Hughes), 강경이 옮김, 『아테네의 변명』, 옥당 출판(2012),
　　제159－160면

유지와 선원들의 임금을 지급하고, 가능하면 직접 선장이 되어 해전에 참여하는 것(Trierarchy)이었다. 아테네 시민들은 고정적인 세금을 납부하지 않았으나 필요한 경우 전쟁에 필요한 비용을 마련하기 위하여 전쟁세(Eisphora)를 귀족들에게 부과했다. 또한 귀족들은 민중들로부터 지지와 명성을 얻기 위하여 스스로 많은 기부를 해야 했다.

과두정과 민주정 이외에 '혼합정체(Politeia)'라는 정치체제가 있는데, 이는 과두정의 요소와 민주정의 요소를 모두 가지고 있어서 귀족과 인민들이 관직을 나누어 가졌다는 의미이고, 가장 이상적인 형태의 정치체제를 의미한다. 그리스 원어로는 'Politeia'라고 한다. 플라톤이 『국가(The Republic)』를 서술했는데, 『국가』의 그리스어 원제목이 『Politeia』이고, 굳이 현재의 개념으로 번역을 하자면 정체 또는 혼합정체라고 번역될 수 있다. 'Politeia'는 로마인들에 의하여 'Res Publica', 즉 공동의 것으로 번역되었고, 우리나라에서는 '공화국(共和國)'으로 번역된다. 로마인들이 그리스 문화를 수입하면서도 그리스 민주정체의 폐단을 극복하고자 정치 체제를 공공의 것이라는 의미에서 'Res Publica'라는 개념을 도입했다고 한다.17)

시민들이 법적으로 서로 간에는 평등하다고 해도, 플라톤의 말처럼 빈민들이 공직에 참여하지 못하는 도시는 하나가 아닌 부자와 빈민이 대립하여 서로에게 음모를 꾸미는 곳이 되어 버리는데(국가. 551d), 고대 아테네에서는 부자와 빈민 중에서 누가 관직을 차지해서 지배하는지가 바로 정의(Justice)의 문제였다. 민주정체는 바로 빈민들이 권력을 장악한 곳인데, 권력의 추가 빈민들에게 기운 '인민 독재'가 이루어지던 곳이었다.

---

17) 한동일, 『법으로 읽는 유럽사』(부제: 세계의 기원, 서양 법의 근저에는 무엇이 있는가), (주) 글항아리(2019, 제1판 6쇄), 제86면

다시 데모스의 설명으로 돌아가자. 미리 이야기를 하지만 아테네의 서민을 이르는 말인 데모스는 현대의 시민과는 완전히 다른 의미를 가지고 있고, 우수한 시민들인 귀족 계층에 비해서 가난하고 무지하다는 경멸적인 의미로 사용되던 말이다. 민주정체라고 할 때에는 그런 하급 시민 데모스들이 귀족층을 지배했던 정치체제를 의미한다. 더 나은 인간이 보다 못한 인간을 통치한다는 인간의 통념에 반하는 정치체제가 아테네의 민주정체였다고 놀랄 독자들도 있을 수 있는데, 조선의 역사를 살펴보면 알겠지만 실제로는 왕이나 귀족이라고 윤리적이거나 통치 능력이 뛰어나다고 할 수도 없으니 데모스가 통치하는 민주정체가 나쁜 체제라고 단정하면 안 된다. 오히려, 페리클레스의 양아들인 동명의 페리클레스는 소크라테스에게 아테네 시민들 중에서 귀족인 기병대와 중장보병들이 상관의 명령을 잘 듣지 않는 반면에 해군, 즉 테테스(Thetes)[18]들은 상관의 지시를 잘 따른다고 말을 한 적이 있는데(크세노폰, 『소크라테스 회상록』. 3. 5. 18-19), 도시의 최하층 시민들인 테테스들이 위기에서는 훌륭한 면모를 보여 준다.

현대적으로 설명하면 시민들 중에 최저임금을 받는 도시 노동자들, 제대로 된 수입이 없어 국가로부터 기초생활보장을 받아 생계를 유지하는 사람들이 고정적인 직업이 없어서 수당이라도 받기 위하여 의회에 출석해서 국가정책을 결정하고, 배심법정에서 평결을 내리면서 도시의 엘리트 계층의 판단을 무시하고 핍박했다면 이를 믿을 수 있겠는가? 그러한 정치체제가 바로 아테네의 민주정체이다.

아테네의 민회(The Ekklesia)에서는 성인 남자 시민은 어떠한 법안이라도 제안할 수 있었고, 누구라도 자신의 의견을 말할 수 있었는데, 의장이 신에게 개시 의식을 마치고 "누가 말하기를 원하는가?"라고 하면

---

18) 테테스(Thetes)는 일꾼을 의미하는데, 도시의 최하층민으로서 삼단노선의 노수가 되었다.

연장자 순으로 발표를 했다. 기원전 462년 이후에는 항구가 보이는 프닉스(the Pnyx) 언덕에서 최소 6,000명 이상이 참석하면 개회했다. 극장이 아닌 산 언덕에서 개최했기 때문에 연설은 잘 들리지 않았고, 따라서 웅변술을 따로 연습해야 했는데, 플루타르코스에 따르면 데모스테네스는 해안에서 입에 조약돌을 넣고 파도를 상대로 목소리를 단련했다고 한다. 법적으로는 아무나 연설할 수 있었지만, 현실은 전혀 그렇지 않았다.

아테네에서는 모든 시민들이 제비뽑기로 1년간 공직을 담당했는데 임기를 시작하기 전에 공무적격심사(Dokimasia)를 받았고, 임기가 끝나면 임기 후 감사(Euthyna)를 거친 후, 잘못한 것이 있으면 재판을 받았다. 게다가 민회에서 법안을 제안한 사람은, 그 입법 제안이 기존의 법률과 모순되면 입법제안 위반소송(graphē paranomōn)이라는 범죄에 해당하여 기소를 당하였고, 3번 이상 위반할 시에는 시민권이 박탈되었다. 공무에 밝은 귀족이나 전문적으로 교육을 받은 사람들이 아니라면 민회에서 안건을 제출하고 연설하는 것은 무거운 처벌을 받을 위험을 수반하였기 때문에 보통 사람들은 특별한 훈련 없이는 연설로 자신을 방어할 수 없었다. 기원전 323년에 휘페레이데스(Hypereides)가 한 연설에는 그런 실상을 잘 보여준다.

> "만일 시민들 중의 한 사람이 관직에 있으면서 무지나 무경험으로 실수를 했다면, 그는 법정에 떨어져서 그들(인민 선동가들을 의미)의 연설에 의하여 사형을 당하거나 해외로 추방되었을 것입니다."(Hyp. 5. 26)

민주정체에서는 위와 같이 데모스 앞에서 말을 잘 해야 두각을 나타낼 수 있었고, 귀족이건 빈민이건 간에 직접 국정을 담당하는 이상에는 항상 재판을 받을 가능성이 있었기 때문에 말을 잘 해야 위험에 처하지 않았거나 잘 빠져나올 수 있었다. 말 그대로 말이 무기였다. 실제 페리클레스의 추도 연설에 의하면, 아테네 시민들은 고대 그리스 지역에서는 유일하게 무기를 소지하지 않고 다니는 것을 자랑스럽게 생각했다고 하는데, 무기 대신 로고스를 무기로 삼았기 때문이 아닐까 생각된다.

고대 연설가들의 연설들을 분석해보면, 아테네의 배심법정에서 정치인들에 대한 재판에서는 피고인이 실제로 유죄인지 무죄인지가 쟁점이 되는 것이 아니라, 그 재판의 결과가 도시의 민주정체를 유지하거나 확장하는 것을 더 기준으로 했다.[19] 따라서 정치인에 대한 배심법정의 결론은 예상하기 어려웠던 것으로 보이고, 데모스테네스의 10번째 연설 중에도 그런 점을 지적하는 부분이 있다.

> "당신들이 한 연설가를 위대하다고 간주하고, 심지어는 그의 말솜씨 때문에 배심법정에서 유죄평결을 받지 않을 것 같아서 불멸로 간주하더라도, 막상 배심법정에서 비밀투표의 결과는 민회에서 환호하면서 보여준 것과는 다릅니다." (Dem. 10. 44)

이 부분 연설의 의미는 공개투표를 하는 민회에서는 인민들이 유력한 연설가에게 호응하듯이 행동하지만, 만약에 그 연설가가 비밀투표를 하는 배심법정에서 재판을 받게 되면 그들에게 불리하게 평결을 했다는 의미로, 배심법정에서 인민들의 이익에 따라 재판했다는 것을 잘 보여준다.

3) 배심의 전통

고대 그리스의 로고스의 전통은 전문 법관이나 왕이 아닌, 여론 혹은

---

19) Paul Cartledge, 『Democracy, A Life』, Oxford University Press(2016), 제 170면

여론을 대표하는 배심원들이 재판을 하는 전통과 함께한 것이다. 서양에서도 최초에는 왕이 재판권을 행사하기는 하였고, 이는 일리아스에서 제우스가 왕에게 지팡이와 재판의 규칙들을 주었다는 점에서도 확인할 수 있다(일리아스. 2. 205−6). 하지만 시간이 흐르면서 고대 그리스에서는 왕들이 재판권을 독점하지 않고, 다수의 배심원이 결론을 내는 형태의 사법절차가 생겨나고, 왕이나 재판 주재자는 배심원의 평결결과를 대신 공표하는 형태로 사법절차가 발전한다. 사람들 앞에서 서로 말로 다투어서 그들로부터 판단을 받는 문화가 고대에서부터 있었던 것이다. 호머의 일리아스에는 서양의 배심전통을 가장 잘 보여주는 대목인 소위 '아킬레우스의 방패'에 새겨진 재판의 모습을 소개하고 있다.

> 그래서 두 사람은 재판관 앞에서 시비를 가리고자 했다. 백성들은 두 편으로 나뉘어 각기 제 편을 성원했고 전령들은 백성들을 제지했다. 한편 원로들은 반들반들 깎은 돌들 위에 신성한 원을 그리고 앉아 목소리가 우렁찬 전령들에게서 홀을 받아들었다. 그들은 홀을 들고 벌떡 일어나 차례대로 판결을 내렸다. (천병희, 『일리아스』, 18. 502−506)

고대 아테네의 솔론 시대에는 아테네 맞은편의 살라미스 섬의 지배를 놓고 아테네와 도시국가 메가라 간에 누가 지배를 할 권리가 있는지를 서로 다투는데, 양쪽은 5명의 스파르타 현인들에게 그 심판을 맡겼다고 하니, 배심의 전통이 고대 그리스 전체에서 통용되던 문화임을 잘 알 수 있다.

아테네의 배심법정은 솔론이 정치 개혁 중에 개발한 것인데, 그는 아무 권력이 없던 도시 최하 시민계층인 테테스(Thetes)들에게 배심원이 되어 1인 1투표의 원칙하에서 민회에서 재판을 할 권한을 주어 버리는데, 솔론은 시민들이 민회에 정치에 참여하는 전통과 여러 사람들에게 심판을 맡기는 전통을 결합하여 자연스럽게 배심법정을 고안해 낸 것 같다.

이와 같이 고대 그리스에서는 다수의 사람들이 심판하는 문화가 존재하였고, 다수의 의견이 바로 사건의 판결이 되는 전통이 존재했기 때문에 심판을 받는 사람들은 대중 심리를 고려해서 말을 할 수밖에 없었다.

4) 미덕(탁월함, Arētē)

그리스인들은 각 개인의 개성과 자유를 행복의 기준으로 여겼고, 그 결과 서로 생각이 다를 때도 누가 우월한지를 따지기 위한 논쟁을 좋아하였으며, 특히 서로 다른 의견이 충돌할 때는 중도에서 타협하기보다는, 누구의 의견이 더 나은 것인지를 사람들 앞에서 가리는 문화가 있었다. 즉 개인이 전쟁에서 용맹을 떨치는 것만큼 말싸움해서 상대방을 이기는 것을 각 개인의 미덕과 명예로 간주했었다. 현대의 법정에서 판사 앞에서 원고와 피고가 서로 말싸움하는 당사자주의(the Adversary System)라고 하는 대결 구도는 바로 이 대결 문화에서 유래된 것이다. 각 개인이 자신만의 미덕을 추구하는 것은 개인주의 자유주의 사회의 특징인데, 고대 그리스가 개인주의 자유주의 사회의 원초적인 특징을 가지고 있었다.

우리나라 사람들이 생각하는 미덕과 고대 그리스인들이 생각하는 미덕은 서로 다르다. 미덕이라고 번역되는 Arētē(아레테)는 '탁월함(Excel-lence)'이라고 자주 번역되는데, 구체적인 의미는 어떠한 기능이 잘 발휘되는 것을 말한다. 원래 아레테는 전쟁의 신 '아레스'에서 유래되었고, 전쟁이 잦았던 고대에서는 용맹함을 의미했다고 하는데, 시간이 지나면서 탁월함으로 의미를 가지게 되었다고 한다. 예를 들어 눈의 탁월함은 잘 보는 것이고, 장군의 탁월함은 전쟁에서 잘 이기는 것이다. 최근 대한항공의 TV광고에서 'Excellence in Flight'라는 말이 나오는데,

비행에 있어서 탁월함이라고 번역할 수 있고, 이것이 본래 의미의 아레테이다. 아레테를 인간의 측면에서 보았을 때에는 어떤 특정한 시대와 상황에서 이상적인 인간이 갖출 것으로 기대되는 성격이나 자질을 의미하고, 한국의 번역서에서는 거의 미덕(virtues)으로 번역된다.

고대 그리스에서는 각 개인은 개인마다 탁월한 것이 다름이 인정되었고, 개인의 특이성은 장려되었으며, 누가 더 탁월한지를 가리는 것도 당연하게 생각했다. 개인의 경쟁은 가족, 부족, 도시 국가 간의 경쟁으로 확장되었다. 올림픽 경기에서 도시의 대표 선수들이 경쟁하여 우승을 하는 것은 개인의 영광일 뿐 아니라 도시의 영광으로 여겼다. 소크라테스는 아테네인은 명예욕 덕분에 다른 도시 국가의 사람들보다 우수하게 되었다고 말했을 정도로(크세노폰, 『소크라테스 회상록』. 3. 13), 미덕을 추구해서 명예를 획득하는 것은 고대 그리스 사회를 움직이는 동력이었다.

영웅들은 자신의 탁월함을 보이기 위해서 죽음도 불사한다. 아킬레우스가 바로 그런 탁월함의 전형인데, 친구의 복수를 위하여 자신이 죽는다는 것을 알면서도 출정을 해서 헥토르를 죽이는 용맹을 보인다. 아킬레우스는 어머니 테티스에게 "제게도 똑같은 운명이 마련되어 있다면 저도 죽은 뒤 꼭 그처럼 누워 있겠지요. 하지만 지금은 탁월한 명성을 얻고 싶어요."라고 말을 하면서 출정했다. (천병희, 일리아스. 18. 120 – 125.)

미덕에는 명예가 뒤따르는데, 숙명을 가진 인간이 불멸의 신과 같은 지위를 얻을 수 있는 방법이 스스로를 탁월하게 해서 불멸의 명예를 가지는 것이다. 인간의 가장 탁월한 상태는 신의 탁월함과 같다. 예를 들어 오뒷세우스는 지혜에서 인간들을 능가하고(오뒷세이아. 1. 66), 신과 같은 존재로 묘사된다(오뒷세이아. 1. 20).

고대 그리스인들의 미덕이 무엇인지 구체적으로 이해할 수 있도록 우리 문화의 미덕과 비교하려고 한다. 우리 문화의 미덕은 무엇인가? 아마 대부분 충효(忠孝) 같은 것을 떠 올릴 것이다. 그렇다면 고대 그리스인들은 국가에 충성하거나 부모에게 효도를 하지 않았단 말인가? 전혀 그렇지 않았다. 아테네의 중장보병들은 직접 전투에 참가했던 시민군이고, 도시의 최하 계층이던 테테스들도 삼단노선의 노수로 전투에 당연히 참여했고, 전장에서 이탈하는 것을 수치스러운 일로 여겼다. 자식들이 부모에게 충직하지 않는 것도 있을 수 없는 일이다. 오히려 고대 아테네에서는 부가 자식들을 제대로 양육하지 않았을 때에는 자식이 부를 부양하지 않아도 되었다. 우리가 미덕이라고 생각하는 것들은 고대 아테네의 시민들에게는 당연한 일상의 의무였을 뿐이다.

동양에서의 미덕을 언급할 때에는 공자의 정명론(正名論)이 많이 인용된다. 대체로 "君君, 臣臣, 父父, 子子"가 정명론의 내용으로 설명된다. 임금은 임금다워야 하고, 신하는 신하다워야 하고, 아버지는 아버지다워야 하고, 자식은 자식다워야 한다는 것이다. 구체적인 의미는 자신이 속한 위치와 입장에 맞게 역할을 잘 수행하는 것을 의미하는데 그 행동의 내용은 공동체가 정한 기준을 수동적으로 받아들이고 잘 하는 것이다. 예를 들어 신하는 신하답게 충언을 잘해야 할 뿐이므로, 신하가 아무리 뛰어나도 왕의 자리를 대체할 수는 없다. 오히려 탁월한 인간은 자신의 분수에 맞게 행동하도록 압박과 제재를 받는다. "모난 돌이 정 맞는다."가 이에 부합하는 전형적인 격언이다.

정명론은 현대 동아시아인들의 문화에도 그대로 살아있다. 미국 구글 본사에서 근무했던 황성현 씨가, 한중일 출신들이 왜 구글 본사에서 리더가 되지 못하는지에 관해 연구를 수행한 적이 있는데, 구글에서 나름 성공한 한중일 임원들의 공통적인 특징은 평생 공부를 열심히 했고, 최고의 회사에 들어오려고 노력했으며, 자랑스러운 아들, 남편, 선배, 아버지가 되기를 원했다고 했다. 그런데 그들은 막상 자신에 관한 것들에 대하여는 이야기를 잘 하지 못한다고 했다. 그들은 대체로 조직에서 지정해 주는 목표는 잘 수행하지만, 더 이상 단계인 조직원들에게 목표를 주는 사람이 될 수 없다는 결론을 내렸다고 한다.[20] 각자의 위치에서 역할 수행을 잘 해야 한다는 공자의 정명론과 아주 잘 맞아떨어지는 분석이다.

우리나라의 경우 주제넘게 안 나서고 참는 것을 미덕으로 간주하는 문화의 근원은 단군신화이다. 신적인 존재인 환웅은 인간이 되기를 원하는 야생의 곰과 호랑이에게 동굴에 들어가서 쑥과 마늘을 먹게 하는 과제를 부여하고 그것을 견디어 낸 곰을 인간으로 환생시켜 준다. 곰이 인간이 되는 데에 필요한 미덕은 남이 시키는 대로 동굴에서 들어가 먹기 힘든 음식을 먹고 견디어 내는 것이었다. 단군신화가 보여주는 한민족의 전형적인 미덕은 참는 것이고, 개인의 미덕보다는 조직에 대한 순응을 우선하는 집단주의 갑질 문화를 잘 보여준다.

우리나라의 미덕이 무엇인지 아직도 이해하기 어려운 분들에게는 좀 서글픈 예를 들겠다. 우리는 우리의 학생들이 다른 나라의 학생들보다 수학과 과학 성적이 뛰어난 것을 당연하게 생각한다. 그 때문인지 한국인들이 서양인들보다 머리가 더 좋다는 편견이 퍼져 있다. 한국인들이 수학과 과학에서 탁월하다면 과학 분야에서 노벨상을 수상한 한국인이 아직 없다는 것도 아이러니다. 실상은 이렇다.

미국인들은 각 개인은 어떤 자질을 가지거나 또는 않거나 문제이기 때문에, 굳이 수학에 자질이 없다면 수학을 열심히 하지 않고, 잘하는 것에 집중한다. 이에 비해서 한국을 비롯한 동아시아인은 상황과 노력이 뒷받침된다면 수학도 잘 할 수 있다고 믿는 경향이 있기 때문에, 모든 학생이 하면 된다는 신념으로 열심히 수학을 공부한다.[21] 즉 말 그대로

---

20) 티타임즈TV, 2021. 8. 13., 『한중일 인재들이 구글에서 더 올라가지 못하는 이유』, https://www.youtube.com/watch?v=BgaWOzvH49A&t=1151s (2022. 3. 28. 접근)

21) Richard E. Nisbett, 『The Geography of Thought』, Free Press(2004), 제 188-189면

'정신일도 하사불성(精神一到 何事不成)'이다. 그렇기 때문에 평균적으로 수학 성적이 다른 나라의 학생보다 높을 수는 있지만 우리나라 학생이 다른 민족보다 수학에 우월한 소질이 있어 앞으로도 수학을 잘 할 가능성이 있다고 말할 수는 없다. 실제 서울대 최우등생들은 본인이 머리가 우수하거나 능력이 있다고 믿는 경우가 거의 없고, 지독하게 노력하는 이유는 본인이 머리가 좋지 않다고 생각하기 때문이라고 한다.[22]

내가 아는 한 후배는 국내에서 고등학교를 마친 후 미국의 명문대학에 입학해서 수학과를 다녔는데, 대학교 입학할 때에는 성적이 좋았으나, 대학교 2학년 때부터는 수학시험 문제 자체를 이해하지 못하게 되었다고 하고, 고학년에서 최고 성적을 받는 학생들은 입학 성적이 좋았던 유학생들이 아니라 미국 학생들이라고 했다. 미국 학생들은 문제를 풀 때 손가락으로 숫자를 세면서 계산하는데 옆에서 보면 답답해 보이는데 어떻게 하든지 문제를 다 풀어낸다고 했다. 사실 수학 문제뿐만 아니라 미국 미시건 대학에서는 입학 성적이 좋은 유학생들은 학년이 올라갈수록 성적이 떨어지고, 대신 미국 대학생들은 고학년이 될수록 좋은 성적을 획득한다(이혜정, 『서울대에서는 누가 A$^+$를 받는가』, 제131-133면). 나의 경험에 의하면, 미국 로스쿨에서도 최고학점을 받는 학생들은 교수의 의견뿐만 아니라 자신의 의견도 적어낼 수 있는 백인 학생들이었다.

또한 우리나라 대학생들은 교수가 말한 것을 농담까지 받아 적고 외워서 시험지에 그대로 적어 내야 좋은 학점을 받는 반면에, 미국 학생들은 항상 교수님의 강의 내용에 자신의 의견을 추가로 제시해야 높은 학점을 받게 되므로, 항상 수업 내용을 넘어서는 자신의 식견을 높이려는 지적인 노력, 즉 미덕을 개발하고 발휘해야 한다. 나는 우리나라에서 노벨상을 받는 학자들이 없는 것은 개인의 미덕을 무시하는 문화 때

---

22) 이혜정, 『서울대에서는 누가 A$^+$를 받는가』, 다산 에듀(2016), 제85면

문이라고 생각한다.

다행히도 얼마 전 허준이 교수가 수학계의 노벨상이라고 불리는 필즈 메달(Fields Medal)을 수상하는 쾌거가 있었는데, 허준이 교수는 우리나라에서 대학을 다니기는 했지만, 본격적인 수학 공부는 미국에서 배웠다. 그는 "우리 학생들이 소중한 학창 시절을 공부가 아니라 평가받는 데 쓰고 있다.", "학생들이 이런 현실에 너무 주눅 들지 말고 자기 마음이 이끄는 대로 폭넓고 깊이 있는 공부를 했으면 한다."라고 자신의 수상 소감을 말했는데, 우리나라의 미덕 문화와 서양의 미덕 문화를 적절하게 잘 표현했다.23)

우리 문화에서는 주제넘게 나서지 않는 것이 미덕이고, 주제넘게 나서면 공을 세워도 인정받지도 못한다. "모난 돌이 정 맞는다."는 표현이 보여주듯이 특이한 행동과 생각을 표현하는 것에는 불이익이 수반된다. 집단의 조화를 위해서 각 개인은 주제를 넘지 않아야 하는데, 반상(班常)에는 신분에 맞는 도리가 있어 그 도리를 벗어나면 화를 입는다. 괜히 나서서 화를 입을 바에는 참는 것이 낫다. 또한 약자들은 필요 이상의 희생을 강요받는데, 예를 들어 효(孝)라는 미덕의 경우에는, 심청은 눈먼 아버지를 위하여 스스로 몸을 팔아 제물이 되는데, 현대적인 기준에는 전형적인 아동학대에 해당한다. 흥부는 형인 놀부로부터 그렇게 괄시받아도 항의조차 할 수 없고, 조선의 여인들은 남편과 사별한 후에도 재혼을 하지 않고 시댁에서 사는 것을 당연한 미덕으로 알고 살았다.

다음은 우리 역사 속의 독도지킴이들의 이야기들인데 이를 쭉 읽다 보면 왜 안 나서고 참는 것이 상책인지 잘 공감할 수 있을 것이다.

---

23) 이영완, 『여덟 살 아들과 매일 수학놀이, 즐거워야 성과를 낸다는 게 내 지론』, 조선일보, 2022. 7. 14., https://www.chosun.com/economy/science/2022/07/14/32SVG5TA65D5DJGXSHIHTI7CR4/ (2022. 7. 31. 접근)

조선 성종 때 김한경은 국가의 명을 받아 삼봉도(三峰島, 울릉도)를 탐사하여 섬이 실제로 존재하고 있음을 조정에 보고하였는데, 어찌 된 영문인지, 바닷길 조사가 싫었던 양반관료들은 김한경을 허위 보고를 했다고 하면서 난신역적으로 성종에게 보고하였고, 김한경을 극형에 처하고, 그의 딸은 노비로 만들었다.[24]

우리가 잘 알고 있는 안용복도 비슷한 삶을 살았다. 1690년대에는 대마도주가 삼봉도를 관리하려고 갖은 수단을 쓰고 있었던 시기인데, 동래부의 어부 아들로 수로군이던 안용복은 우연히 울릉도에 표류하여 그곳에서 살던 일본인들에게 붙잡혀 대마도에까지 끌려가 투옥된다. 이를 알게 된 동래부사의 명으로 풀려난 안용복은 동래부사에게 그간의 실정을 보고하였으나 동래부사는 이를 묵살했다. 그러자 안용복은 자신이 직접 울릉도에 가서 왜인들을 몰아낸 후 이를 정부에 보고한다. 문제는 그다음인데, 조정에서 안용복이 외교 분란을 일으켜 월권을 했다는 이유로 사형에 처해야 한다는 사람들과 공을 세웠으니 처형을 반대하는 사람들이 논쟁을 벌이게 되고, 결국 안용복은 사형은 면했지만 강원도 영동에 유배되었다. 일제 강점기 해방 이후 일본은 독도 영유권의 근거로 조선 정부가 안용복을 처벌한 것을 논거의 하나로 주장했다.

조선시대만 그랬던 것이 아니다. 조선을 지나 대한민국의 건국 초기의 독도수비대도 비슷한 운명을 맞이한다. 홍순칠은 독도수비대의 우두머리였는데, 한국 어부들이 울릉도에서 조업하다가 일본 해경에게 붙잡히자 이에 분개하여 위조한 가짜 징집영장으로 33명을 모집하고, 양공주로부터 미군의 무기를 사서 독도에 들어가 3년 8개월간 일본 해경과 10여 차례 전투를 치르고 독도를 지켜낸다. 정말 이런 일이 있을 수 있을까 할 정도로 영웅적인 공적을 세웠지만 2005년을 기준으로 독도수비대원들은 국가유공자들이 받는 의료보험 혜택을 받지 못했다. 독도수비대장

---

24) 주강현, 『제국의 바다 식민의 바다』, (주) 웅진씽크빅(2005), 제23-25면 요약

홍순칠은 1986년 척추암으로 사망했다. 이명박 정부 때 일본과 독도 영
토분쟁이 생기자 그제야 독도의용수비대 지원법이 제정되어 의료보험
등 실질적인 혜택이 부여되었다. (주강현, 『제국의 바다, 식민의 바다』, 제
25-26면, 제29-31면, 제120-130면 요약). 다만 독도수비대의 경우에는
실제 수비대원은 17명이고, 전공도 과장되었다는 반론도 있다.

이에 반해서 대영 제국의 경우 유명한 해적 프랜시스 드레이크(Sir
Francis Drake)는 비록 해적질을 하던 사람이기는 했지만, 영국의 숙적
스페인을 상대로 해적질을 하고, 1588년 칼레 해전에서 영국함대의 부
사령관으로 전공을 세웠기 때문에 엘리자베스 여왕은 그에게 기사 작위
를 수여했다. 각 개인의 미덕을 존중하는 문화의 전형적인 예라고 할
수 있겠다.

흔히들 보수인지 진보인지를 가지고 서로 대립하면서 논쟁을 많이
한다. 보수이냐 진보이냐 구분하는 기준 중에 가장 대표적인 것이 바로
미덕이다. 우리나라에서는 외부의 조건들에 굴복하지 않고 개인의 미덕
을 추구할 절대적인 자유를 존중하고, 그 자유가 모든 사람에게 모두
평등하게 있다는 것이 보수주의이고, 개인의 미덕보다는 공동체 구성원
의 평등과 연대, 의무를 중요시하는 것이 진보주의라고 할 수 있겠다.
최근에는 각 개인의 미덕이 개인의 능력 차이가 아니라 부모가 가진 재
력에 의하여 능력이 결정된다고 해서 미덕을 중시하는 풍조에 반감을
가지는 경향이 존재한다. 예를 들어 민족사관고나 외국어 고등학교 같
은 자립형 사립고등학교에 입학하는 학생들은 부모의 자력이 뒷받침이
있다고 비판하는 것과 같다. 물론 타당한 비판이다. 하지만 역사와 현
실 속에서는 소수의 리더들이나 천재들에 의하여 혁명과 혁신이 생기
고, 대중들이 그 과실을 취하는 것도 사실이기 때문에 미덕에 대해 일
방적으로 비판하는 것은 주의해야 한다는 것이 내 생각이다.

II

소피스트의 등장과 플라톤, 아리스토텔레스의 수사학

Ethos Pathos Logos

소피스트의 등장과 플라톤, 아리스토텔레스의 수사학

1. 소피스트의 등장

소피스트는 여러 가지 의미로 사용된다. 우선 소크라테스 이전의 철학자들이나 지식을 가르치는 선생들을 지칭할 때에 소피스트라고 불리는 경우가 있다. 예를 들면 인간은 만물의 척도라고 한 상대주의자 프로타고라스(Protagoras) 같은 경우이다. 프로타고라스는 자신을 최초로 '소피스트'라고 부른 사람이기도 하고, 교육의 대가로 수업료를 받은 최초의 교사이기도 하다. 프로타고라스는 당대에 비중이 높은 사상가였고, 플라톤의 대화편에서도 비중 있게 다루어지는 인물이다. 『프로타고라스』라는 대화편에서도 소크라테스와 미덕(Arêtê)에 관하여 논쟁을 벌이는데, 늙은 현인으로 나타나 소크라테스와 대화를 나누는 사람으로 묘사되고 있다. 프로타고라스는 신들이 존재하는지 존재하지 않는지 알 수 없다고 시작하는 『진리(Aletheia)』라는 책을 저술하여 대단한 인기를 누렸다(테아이테토스. 161a, 179d).

프로타고라스의 상대주의적 진리관이 가진 실제 의미는 한 국가 안에서도 열등한 정의관이 있을 때에 더 나은 정의관으로 견해를 바꿀 수 있다는 것이다. 이는 어느 것이 국가에 이익이 되는지에 관한 문제에도 마찬가지이기 때문에, 사실 현대적인 관점에서는 대단히 상식적이다. 앞서 프로타고라스가 "인간은 만물의 척도이다."라고 말을 한 것은 각 개인이 서로 다른 감각을 가진 이상 서로 다른 가치관, 태도, 입장을 가지고 있음을 인정한 것으로 모든 국민이 사상과 언론의 자유를 가진다는 현대 민주주의 원칙과도 잘 조화된다.

원래 그리스는 도시국가들이 자치권을 가지고 서로 많은 교류를 하던 곳이기 때문에 다양한 문화, 기준, 정치제도, 문물 등을 접할 수 있었던 곳이고, 젊은이들에게 다양한 경험을 쌓기 위해 여행과 상업을 장려하던 곳이었다. 소피스트들이 상대주의자가 된 이유는 이런 배경 때문에 그리스 전체에 통용될 수 있는 하나의 가치관이 형성되기 어려웠기 때문이다. 따라서 소피스트들은 그러한 차이점을 그대로 수용하여 어느 것이 더 나은지를 분석했기 때문에 상대주의자가 된 것이다. 특히 해상 제국이었던 아테네는 개방적인 문화였기 때문에 소피스트들이 활동하기 좋은 문화였다.

소피스트들 중에서 법정연설과 관련된 말 기술을 가르치는 사람들이 전형적인 소피스트들이다. 이러한 소피스트들 중에서 수사학의 창시자는 기원전 5세기에 시라쿠사에 살던 코락스(Corax)와 그의 제자 티시아스(Tisias)로 알려져 있다. 당시 시라쿠사에서는 참주정이 붕괴되어 수용되었던 토지 소유권을 되찾는 소송이 폭주했다. 당시 코락스는 법정연설의 기초 체계인 "머리말-사실의 설명-입증-상대방 주장에 대한 반박-맺음말"의 체계를 확립하여 일반인도 법정연설을 할 수 있도록 했다.

코락스와 그의 제자 티시아스 간에는 아주 재미있는 일화가 전해 내려온다. 코락스는 티시아스가 법정에서 첫 번째 승소를 하기 전까지는 수업료를 받지 않겠다고 약속을 했다. 티시아스는 수업료를 내지 않기 위하여 고의로 법정에 출석하여 변호를 하지 않았고, 이를 참다 못한 코락스가 티시아스를 상대로 수업료를 달라는 소송을 제기한다. 코락스의 주장은 만일 자신이 승소를 하면 당연히 수업료를 받을 것이고, 만일 패소하면(즉 티시아스가 승소하면), 역시 약정에 따라서 수업료를 받아야 한다는 것이다. 이에 대하여 티시아스의 반론은 만일 코락스가 승소하면 자신은 첫 번째 소송에서 패소하였기 때문에 수업료를 지급할 필요가 없고, 자신이 승소하면 당연히 수업료를 낼 필요가 없다는 것이었다.[1]

수사학 기술이 아테네에 처음 소개된 것은 기원전 427년 시킬리(Sicily)의 도시국가 레온티니(Leontini)가 아테네에 파견한 사절단 중에서 고르기아스(Gorgias of Leontini)가 민회에서 연설을 했을 때이다. 고르기아스는 동맹의 중요함을 강조하기 위하여, 정교하게 연설의 내용을 배치하고, 대구법을 이용하여 문장의 길이를 비슷하게 만들고, 비슷한 표현을 문장의 끝에 배치하는 등으로 이국적인 연설을 했는데, 아테네인들은 고르기아스의 연설에 열광했고, 결국 시킬리에 원군을 파견하기로 결정했다.

시민들이 특히 경멸하던 소피스트는 돈을 받고 법정연설을 대필하여 주던 연설 대필가(logographer)들을 의미한다. 아테네 법정에서는 기소와 변론은 모두 당사자가 직접 수행하는 것이 원칙이었고, 보조 연설가가 변론을 하는 것은 허용되었으나 당사자들로부터 보수를 받고 보조연설을 해 주는 것은 금지되었다. 현실적으로 아무나 민회나 배심법정에서 스피치를 할 능력이 있었던 것이 아니므로, 미리 연설문을 의뢰하여 작성한 후 외우고 연설할 수밖에 없었다. 이러한 의미의 소피스트들은

---

1) 디오게네스 라에르티오스의 『그리스 철학자 열전』에 따르면, 위 일화는 프로타고라스와 그의 제자 에우아틀로스 사이에 있었던 이야기로 전해진다.

현대의 변호사 제도의 선구라고 할 수 있는데, 실제 아테네 법률과 소송제도가 정교해서 현실적으로 이들의 도움이 필요했다. 아테네는 평등에 민감했기 때문에 연설 대필가를 고용할 수 없었던 사람들이 연설 대필가를 경멸했던 것으로 생각되는데, 연설 대필가의 등장 이전에는 법정에서 어떤 연설들이 오갔는지 알 수 없었다. 하지만 소피스트들이 작성해 준 연설문이 남아 있기에 오늘날에도 2500년 전 사람들의 생생한 법정연설을 감상할 수 있는 것은 참 다행이라고 할 수 있다.

최초의 연설 대필가는 안티폰(Antiphon, 기원전 480-411)이다. 안티폰은 동시대인들 중에서 지성과 표현력이 탁월했고, 기원전 411년경의 소위 400인 위원회라는 과두정 반란의 설계자였다. 그런 명성 때문에 사람들이 그를 잘 믿지 않았고, 본인도 민회나 무대에서 사람들에게 연설을 잘 하지 않았다고 한다. 하지만 민회 연설이나 법정 연설에서의 그의 도움은 돋보였다고 한다(펠로폰네소스 전쟁사.[2] 8. 68). 안티폰은 법적인 조언을 해 주다가 기원전 430년경에 처음으로 외워서 할 연설을 다른 사람에게 써 주었는데, 이렇게 해서 연설대필 관행이 시작되었다. 처음에는 법정연설을 대필하여 주던 것이 나중에는 민회에서의 연설까지 대필이 확장되었다. 그는 과두정 반란이 실패한 후에 반역죄로 재판을 받게 되면서 자신이 할 방어 연설을 직접 작성하여 후대에 남겼는데 현재 그 일부가 전해진다(Ant. Fr 1). 다른 사람들에게 탁월한 연설을 작성하여 주어 성공적인 소피스트였는지는 모르지만, 본인의 재판에서는 투퀴디데스의 말에 의하면 사형이 걸린 사건에서 역사상 가장 멋진 연설을 하고도 처형을 피하지 못했다. 반역죄에는 사형, 재산몰수, 후손들의 시민권박탈, 아테네 영토에서의 매장금지가 뒤따른다. 그의 연설에

2) 투퀴디데스가 서술한 역사책으로, 스파르타 동맹국과 아테네 동맹국 간의 펠로폰네소스 전쟁(기원전 431년-기원전 404년) 중에서 기원전 411년까지의 사건들이 기록되어 있다.

는 다음과 같은 부분이 포함되어 있다.

"저를 기소한 사람은 제가 법정에서 할 연설을 대필하여 주고 이를 통해 이익을 보았다고 말을 합니다. 하지만 과두정체하에서 저는 이것을 할 수 없었습니다. 반면에 민주정체하에서 저는 말기술 때문에 오랫동안 권력을 가졌던 사람입니다. 과두정체하에서 저는 별 볼일이 없었지만, 민주정체하에서는 가치가 높았습니다. 그렇다면 확실히 제가 과두정체를 희망하였다는 것은 개연성이 없습니다. 당신들은 제가 아테네에서 유일하게 이 점을 알지 못했거나, 제게 이익이 되는 것을 이해할 수 없었다고 생각하십니까?" (Ant. Fr 1. [1a]).

2. 플라톤의 수사학 비판

플라톤은 수사학을 좋게 생각하지 않았다. 소크라테스의 제자였던 크세노폰(Xenophon)은 플라톤의 형인 글라우콘(Glaukon)이 스무 살도 안 되어 연설가가 되려고 하다가 연단에서 끌려 내려오고 웃음거리가 되고, 친척이나 친구들이 그를 말릴 수 없게 되자, 소크라테스가 그를 달래는 이야기를 전한다(크세노폰, 『소크라테스 회상록』. 3. 6). 플라톤도 정치에 관심이 있었고 실제로 시킬리의 정치개혁에 참여하기도 하였지만, 그는 목소리가 작고 가늘었다고 하는데 그 때문인지 형 글라우콘과는 달리 대중 앞에 나서는 활동을 하지 않았다. 플라톤은 명문가 귀족 출신으로 기원전 428년 내지는 427년에 태어나서 348년 내지는 347년에 죽은 것으로 알려져 있는데, 그가 태어났을 무렵에 펠로폰네소스 전쟁이 시작되었던 시기이고, 그의 이십 대 중반에 전쟁으로 아테네가 망해 가는 것을 지켜보았다. 특히 패전 직후 기원전 404년경 30인 참주[3])들

---

3) 기원전 404년 스파르타의 지원을 받아 아테네 민주정체를 전복했던 과두정 혁

이 일으킨 과두정 반란의 우두머리인 크리티아스(Critias)는 외당숙이었
고, 외삼촌인 카르미데스도 과두정파에 포함되어 있었는데, 크리티아스
와 카르미데스는 모두 혁명 중에 살해당한다. 기원전 399년에는 인민들
이 자신의 스승 소크라테스를 재판으로 처형하는 것을 목격하였으니,
인민들을 선동하는 소피스트들과 그들의 기술인 수사학을 싫어하는 것
은 당연했다.

플라톤은 특히 『고르기아스』(Gorgias)라는 대화편에서 연설술을, 마
치 참주에게 아부하듯이, 민주정체에서 절대권력을 가진 대중에게 아부
하는 기술로 낙인찍는다. 플라톤의 이러한 비난을 수사학의 역사에서는
'플라톤의 그림자'가 드리워졌다고 한다. 그는 수사학을 사람들의 단순
한 욕구에 맞게 빵을 구워 내는 제빵기술과 유사한 것이라고 비유하고
(『고르기아스』, 463a-b), 특히 아테네에서 성공한 정치가들로서 민중들
에게 연설을 잘했던 테미스토클레스, 키몬, 페리클레스가 훌륭한 시민
들이 아니었다고 주장한다(『고르기아스』. 515a-c).

다만 플라톤은 수사학을 완전히 무시한 것은 아니었고, 『파이드로스
(Phaedrus)』대화편에서는 말하기는 영혼을 안내하기 위한 것이기 때문
에 예비 연설가는 각 영혼들이 가진 형상들을 잘 알아야 한다고 하고(『파
이드로스』. 271d), 이러한 면에서는 페리클레스가 이러한 기술에 가장
완벽한 연설가라고 칭찬한다(『파이드로스』. 269e). 다시 말해서 페리클레
스가 아테네 시민들의 인격(영혼)을 잘 파악하고 거기에 맞게 연설을 해
서 설득을 잘했다는 의미인데, 수사학에서의 심리학의 중요성을 파악한
것이다.

플라톤이 수사학을 좋게 보지는 않았지만, 사실 플라톤이야 말로 아
테네인들의 영혼에 맞게 대화편을 창작하여 후대에 남긴 위대한 수사학
자라고 할 수 있겠다. 플라톤을 비롯한 당대의 지식인들과 귀족들은 펠

명의 주동자들이다.

로폰네소스 전쟁의 승자인 스파르타의 정치체제인 귀족정체를 가장 이상적인 정치형태로 보았다. 문제는 아테네는 민주정체를 채택한 곳이기 때문에, 아무리 언론의 자유가 발달하였다고 해도, 스파르타를 공개적으로 지지한다면 민주정체의 적으로 적대시되어 소크라테스처럼 재판을 받아 사형을 당할 수 있었다. 아이스키네스(Aeschines)의 첫 번째 연설 『티마르코스(Timarchus)를 기소하며』 중에는 다음과 부분이 있다. "[173] 아테네인들이여, 당신들은 소피스트인 소크라테스를 사형에 처했는데, 왜냐하면 그가 민주정을 전복한 30인 참주의 일원이던 크리티아스(Critias)를 가르쳤기 때문입니다."(Aes. 1. 173)

플라톤은 길고 다소 장황한 대화편으로 소크라테스의 입을 빌려 대화 형식으로 우회적으로 귀족정을 지지하는 글들을 남겨서, 정치체제에 관한 의견을 과도하게 주장하지 않았다. 예를 들어 플라톤의 『크리티아스』 대화편에는 사라진 대륙 아틀란티스 이야기가 소개되어 있는데, 사실은 플라톤은 아테네의 민주정체와 제국주의는 아틀란티스 대륙처럼 침몰할 수 있음을 경고한 것이다.4)

그 덕분인지 그의 대화편은 거의 전부가 현재까지 남아서 철학사에 막대한 영향을 끼치고 있다. 사실 플라톤의 대화편을 읽어 본 사람들은 공감할 것이라고 생각하는데, 소크라테스의 대화라는 것이 실제 대화라고 하기에는 너무 내용이 장황하고 어렵고, 논리의 비약과 억지도 많아서 주석서의 도움이 없이는 제대로 이해하기가 어렵다.

플라톤의 이데아 이론은 실제 정치연설에 효과적인 선전술을 시사한다. 플라톤은 영혼의 불멸과 함께 개개 사물의 근원적인 모델이라고 할 수 있는 이데아가 우주 끝에 실제로 존재했음을 믿었던 철학자이다. 예를 들어 인간의 형상인 근원적인 이데아가 천체의 끝에 존재하고, 현실

4) John R. Hale, 『Lords of the Sea』(The epic story of the Athenian navy and the birth of democracy), Viking(2009), 제279면

의 인간들은 그 이데아의 모방에 불과하며 영혼은 잠시 육체에 머물렀다가 윤회한다. 감각기관으로 보는 사물들은 허상에 불과하고, 지성(Nous)을 개발하면 수학을 통하여 보이지 않는 자연계의 법칙을 이해할 수 있듯이 이데아를 볼 수 있다고 주장했다. 주의할 것은 당시에는 제대로 된 천체이론이 없었기 때문에 지금의 기준으로 플라톤의 세계관을 비판하기는 어렵다. 그래도 플라톤은 그 당시에 이미 월식현상이 왜 일어나는지는 알고 있었을 정도로 상당한 수준의 자연과학 지식을 갖추고 있었다. 암튼 우주 저편에 이데아가 존재할 경우 모든 인간의 모델이 되는 일반자로서 인간의 이데아가 별도로 우주에 존재하고, 이와 구별되는 개별적이고 현실적인 인간 개인이 지상에 존재하게 되어 일반자와 개별자가 별도로 존재하게 된다.

사람들은 어떠한 개별자를 넘는 통일적인 존재, 즉 일반자가 있다고 생각하는 경향이 있는데, 이를 이용하여 선동을 할 수 있다. 가령, 정치인이 "이것이 국민의 뜻이다."라고 말을 할 때에는 개개 국민들의 의사와는 무관한 '국민'이 실제로 존재한다는 관념을 주게 되고, 이 '국민'의 기준이 우선한다고 호소한다. 예를 들면 최근에 "친일하면 매국"이라는 식의 정치구호가 그런 것이다. 개개의 한국인과 일본인 사이의 복잡하고 개별적인 관계들을 모두 무시하고, 모든 일본인을 적대시하는 한국인 전체의 단일한 의사만이 존재한다는 전제에서 위와 같은 구호를 외치는데, 현실에서는 그러한 하나의 집단의사는 존재하지 않는다. 하지만 집단주의가 강한 한국인은 집단의 의사와 자신의 의사를 합치시키려는 강력한 경향이 있기 때문에 친일을 하지 않거나 이를 자제하려는 경향이 실제 많이 생긴다. 우리나라처럼 집단주의가 강한 나라에서는 일반자를 강조하는 것은 아주 잘 먹혀드는 스피치 기술이다.

3. 아리스토텔레스의 수사학 위치의 재정립

플라톤이 민주정체를 좋지 않게 본 것에 비하여 그의 제자 아리스토
텔레스는 아테네의 민주정체를 현실적으로 나쁘다고 생각하지 않았다.
그렇지만 그 당시 아테네의 민주정체의 문제점도 아주 잘 알고 있었다.
특히 배심재판에 관하여는 재판은 짧은 순간에 이루어지기 때문에 판단
을 하는 사람들이 정의로운 것과 효용이 있는 것을 고안하기 어렵다고
하였고, 특히 민회의 구성원이나 배심원들은 사랑, 증오, 개인적인 이득
에 영향을 받아 진실을 적절하게 볼 능력이 없고, 개인적인 즐거움과 고
통에 의하여 판단력이 흐려지기 때문에, 법률의 내용을 최대한 자세하게
규정하여 심판들이 결정을 하는 것을 최소화하여야 한다고 주장했다.

또한 플라톤이 수사학을 나쁘게 본 것과는 다르게 아리스토텔레스는
민주정체하에서 수사학이 가지는 기능에 주목을 하여 수사학이 유용하
게 사용될 수 있는 길을 모색했다. 그는 소피스트들을 윤리적인 목적을
가지지 않는 사람들이라고 비난하면서5) 이들을 경계하기 위하여 그들
의 기술을 잘 알고 있어야 하고, 또한 수사학이 어떠한 상황에서도 성
공적인 결과를 가져올 수 있는 유용성을 가진 기술이라고 하면서 수사
학의 위치를 재정립했다. 아리스토텔레스는 수사학은 어떤 사건에서 사
용가능한 설득의 기술을 관찰하는 것이라고 정의함으로써 수사학을 중
립적이고 유용한 기술로 인정했는데(수사학. 1355b), 이로써 플라톤에
의하여 드리워진 수사학의 그림자가 거두어졌다고 말해진다.

아리스토텔레스의 수사학은 말하기의 교과서로서 현대에도 영향력은

---

5) 아리스토텔레스는 "사람들이 프로타고라스의 훈련법에 이의를 제기하는 것은
   정당하다. 왜냐하면 그것은 사기이기 때문인데, 그 훈련법이 다루는 상대적
   진실은 진실한 의도가 아닌 기만적인 것이고, 오로지 논쟁술 이외에는 아무
   런 위상을 가지지 못하기 때문이다."고 했다(수사학. 1402a).

막대하다. 인격(에토스)과 감정(파토스)을 강조한 것은 현대적인 의미로 심리학의 중요성을 설명한 것인데, 이는 플라톤이 수사학에서 영혼의 중요성을 강조한 것을 이어받은 것이기 때문에 어떤 학자는 그의 수사학 책을 '고르기아스의 확장판'이라고 부르기도 하고, 현대 심리학의 기초를 놓았다고 평가되기도 한다.[6] 그는 그의 삼단논법 체계를 수사학에 적용하여 말기술을 논리적으로 분석해서 설득하는 방법도 개발했다. 원래 아테네에서는 거의 매일 정책토론과 재판이 있었고(아리스토텔레스가 삼단논법을 고안한 이유가 아테네에서 벌어지는 토론들에 허위 주장이 많아서 이를 쉽게 가리기 위한 것이라고 전해진다), 지금까지도 회자되는 희극과 비극이 공연되어 사람들의 감정을 정화하던 곳이기 때문에 아리스토텔레스는 인간이 어떻게 설득되고, 인간의 감정이 어떻게 움직이는지를 잘 관찰했던 것 같다. 사실 아리스토텔레스는 마케도니아 출신으로서 아테네의 거류 외국인(mētokos)의 지위에 있어서 정치 활동이 제한되어 있었기 때문에 그의 활동은 현실에 적극 참여하는 것보다 관찰하고 분석하는 경향이 강하다. 그는 플라톤의 이데아 같은 일반자가 아닌 구체적인 동물들과 같은 개별자들의 삶에 관심을 가지고 관찰했는데, 가장 적절한 예가 기원전 345년부터 342년까지 레스보스 섬에 머물면서 물고기와 철새 등을 관찰한 후 서술한 『동물지(Historia Animalium)』이고, 이것이 서양 생물학의 시작이라고 한다(조대호, 『아리스토텔레스』, 제94-95면). 동물지 말고도, 아직 국내에 번역되지도 않은 여러 권의 동물 및 식물 관련 저서들도 저술했다.

실제 아리스토텔레스가 인간의 행동과 심리를 얼마나 잘 관찰하고 이해하고 있었는지를 보여주는 구절이 있는데, 유년기의 성적 학대가 성인의 행동에 영향을 미치는 것을 설명한 부분은 마치 현대 범죄 심리학자나 뇌과학자들이 연쇄 범죄자들을 분석한 것 같다.

---

6) 만트레트 푸어만, 김영옥 옮김, 『고대 수사학』, 시와 진실(2012), 제39면

"인간이 자연스럽고 즐거운 활동이 아닌 병이나 잘못된 습관 때문에 자연적으로 즐거운 일이 아님에도 불구하고 즐거움을 느끼는 상태가 있는데, 예를 들면 머리카락을 뽑거나, 손톱, 숯, 흙을 갉아먹는 것, 혹은 남색 같은 경우가 그러한 것들이다. 이러한 것들은 어떠한 사람들에게는 자연스럽게 생긴 것이기도 하지만, 어떠한 사람들에게는 유년시절에 성적으로 학대를 받은 사람들처럼 습관에서 생긴다(윤리학. 1148b)."

4. 언론의 자유(Parrhesia)

철학자들이 사상을 설파하고, 소피스트들과 인민 선동가들이 수사학으로 연설을 구사할 수 있었던 아테네 민주정체의 이념적 배경이 언론의 자유이다. 소크라테스의 말에 따르면 아테네는 도시국가들 중에서 언론의 자유(Parrhesia)가 가장 많은 곳이었다(『고르기아스(Gorgias)』. 461e). 아테네는 거의 상시 전쟁을 하는 전체주의 국가였기 때문에 시민들의 언론의 자유는 제한되었을 것 같은데 현실에서는 모든 아테네 시민들은 평등하게 민회에서 자유롭게 자신의 생각을 말할 수 있었고, 비판의 자유도 있었다.

언론의 자유에도 제한은 있었다. 아이스키네스의 첫 번째 연설 『티마르코스를 기소하며』에는 민회에서 연설할 수 없는 시민들을 규정한 법률을 소개하고 있는데, 부모를 폭행하거나 봉양하지 않는 사람, 병역을 기피하거나 방패를 던지고 도주한 사람, 창부였던 사람, 부모로부터 받은 유산을 낭비한 사람들은 민회에서 연설할 수 없었다(Aes. 1. 17-31). 자신의 의무를 잘 이행하지 않거나, 자신의 몸이나 유산을 낭비하는 사람은 공무를 담당함에 있어서도, 비록 언변이 좋더라도, 공동체에 이익이 되지 않을 행동을 할 것이라는 염려가 있기 때문에 연설가의 자격을 박탈했던 것이다.

민회에서 연설할 때에는 지켜야 할 규칙들이 있었고, 이를 지키지 못할 경우에는 의장에 의하여 벌금형을 받았다. 연설가는 민회나 위원회에서 쟁점 이외의 것을 언급할 수 없었고, 쟁점별로 말해야 했고, 같은 날 같은 쟁점을 두 번 말하면 안 되었으며, 거칠게 말하거나 타인의 명예를 훼손하여서도 안 되고, 야유를 하거나, 회기 중에 일어나 그 회기의 주제가 아닌 것을 말해서도 안 되고, 다른 사람을 부추기거나, 의장을 공격할 수 없었다(Aes. 1. 35). 특히 연설가는 민회 구성원들로부터 야유나 욕설을 듣지 않도록 신경을 많이 써야 했다. 이런 행위가 없다면 민회에서 아무런 제지 없이 자유롭게 말을 할 수 있었다.

아테네에서 언론의 자유는 정치체제에 대한 비판을 포함했다. 30인 참주들이 테라메네스(Theramenes)를 처형할 때에 테라메네스는 스스로 변론을 하면서 "나는, 크리티아스, 일관되게 노예들과 1 드라크마에 매국을 할 사람들조차도 국정에 참여할 때까지는 훌륭한 민주정체는 존재할 수 없다는 사람들에 반대해 왔고, 또한 나는 소수가 절대 권력으로 국가를 장악할 때까지는 훌륭한 과두정은 존재할 수 없다고 생각하는 사람들에게도 반대를 해 왔소(헬레니카.[7] 2. 3. 48)."라고 말을 하는 부분이 있는데, 당시 아테네 시민들 중에는 정치체제에 관한 극단적인 견해를 가지고 있었던 사람들도 공개적으로 그런 의견을 공표하고 다녔음을 알 수 있다.

기원전 403년 펠로폰네소스 전쟁에서 패배한 후 아테네 민회에서, 포르미시오스(Phormisius)가 땅을 소유하지 않은 시민들은 정체(Politeia)를 공유할 수 없도록, 즉 빈민들의 시민권을 박탈하는 안건을 제출한다. 포르미시오스는 민주정체 지지자였음에도 불구하고 무산계급이 장악했을

---

7) 크세노폰이 서술한 역사책이다. 펠로폰네소스 전쟁사에서 서술이 중단된 기원전 411부터 기원전 362년까지의 그리스에서 일어난 사건들이 기술되어 있다. 다만, 역사서라기보다는 스파르타의 입장이 반영된 비망록의 성격이 강하다.

민회에서 그들의 정치참여를 배제하는 의견을 공표했다는 것이 고대 아테네에서 언론의 자유의 정도를 잘 보여준다. 뤼시아스의 34번째 연설 『전통적인 정치체제에 관하여』가 바로 포르미시오스의 안건에 반대하고 무산계급을 포함한 모든 시민들이 정체에 참여할 것을 주장하는 연설이다. 그 후 역사에서 민주정체가 보존된 것을 보면 포르미시오스의 안건이 민회에서 부결되었음은 명백하다.

> "[3] 제 입장에서는, 아테네인 여러분, 저는 재산이나 출생에 의해서 시민권을 박탈당한 적이 없었고, 오히려 이 두 가지 기준에서는 반대자들보다 더 우월합니다. 그러나, 저는 도시의 안전을 보장하는 유일한 희망은 모든 아테네인들이 정체를 공유하는 것이라고 믿습니다. 왜냐하면 우리들이 장성(長城), 전함들, 자금 그리고 동맹국을 소유했을 때에는 어떤 아테네인들을 축출하는 것을 고려해 본 적이 없었기 때문입니다. 그 대신에 우리들은 에우보이아인에게 결혼을 통한 시민권을 부여해 주었습니다. 지금 우리는 시민들로부터도 시민권을 빼앗으려는 것입니까?" (Lys. 34. 6.)

언론의 자유가 보장되었다고 해도, 신들을 비판할 자유가 있었는지는 별개의 문제이다. 고대 그리스에는 종교를 의미하는 단어가 없었고, 그리스인들은 신, 정령, 반신반인인 존재들이 모든 곳에 존재한다고 믿었다(배터니 휴즈, 『아테네의 변명』, 제76면). 그럼에도 불구하고 고대 아테네에서는 신을 불경하는 행위가 처벌이 되었지, 신에 대한 불경스러운 의견을 말하는 것은 행동으로 나아가지 않은 한 처벌이 되지 않았다. 아리스토파네스의 희극들에는 불경한 내용이 자주 나오는데, 희극 경연에 상연된 것임을 감안하면 신과 관련된 문제들에 관해서도 풍자나 비판도 가능했다는 것을 알 수 있다. 예를 들어 아리스토파네스의 『구름』이라는 희극에서, 소크라테스는 신(神) 대신 구름을 숭배하는 것으로 묘사된다. 하지만 신의 존재를 당연한 것으로 여기던 사람들이 일상생활 속에서 신을 모독하는 발언을 하는 것은 정상적인 사회생활을 포기하거나 위험을 감수하는 것이었다.

기원전 430년경 디오페이테스(Diopeithes)의 결의 이후부터는 무신론자들과 천문학을 가르치는 사람들을 처벌하기 시작했다.[8] 그 무렵에 페리클레스의 스승인 철학자 아낙사고라스가 태양은 신이 아니라 뜨거운 돌덩어리라고 말했고, 그는 그 때문에 재판을 받고 페리클레스가 그를 해외로 도주시켰다고 알려졌는데, 불경한 의견을 말한 것 때문에 처벌받은 사례이다. 멜로스(Melos) 출신의 디아고라스(Diagoras)는 무신론자였기 때문에 재판을 받고 해외로 추방되었다. 프로타고라스도 신이 존재하는지, 존재하지 않는지 알 수 없다는 말로 시작되는 책을 저술했다가 아테네에서 추방을 당하고, 그의 책들은 수거되어 광장에서 태워졌는데, 서양에서 확인되는 최초의 분서(焚書) 사건이라고 할 수 있다(『그리스 철학자 열전』. 9. 52).

후술할 소크라테스도 도시가 공인한 신을 믿지 않았다는 이유로 기소되었으나, 사실은 그는 신을 공경하던 사람이었기 때문에, 민중들이 소크라테스를 처형한 이유는 그의 종교관 때문이 아니라 과두정체를 지지했던 그의 정치적인 성향과 특이한 철학 때문이었다.

---

8) Douglas. M. MacDowell, 『The Law in Classical Athens』(Aspect Of Greek And Roman Life), Cornell University Press(1986), 제200면).

수사학 서론

Ethos Pathos Logos

수사학 서론

1. 수사학 책의 구성

아리스토텔레스의 수사학은 총 3권으로 구성된다. 제1권은 수사학의 본질, 연설의 종류, 각 연설의 특징을 다루고 있다. 구체적으로는 수사학과 다른 학문과의 관계, 정치연설, 법정연설, 예식연설의 분류와 각 연설에 기초가 되는 효용, 정의, 미덕과 명예 등을 설명한다. 제2권은 연설의 내용을 구성하는 세 가지 방법에 관하여 설명을 하는데, 에토스(인격), 파토스(감정), 로고스(논리)에 기초하여 설득을 하는 방법을 설명한다. 에토스, 파토스, 로고스는 설득력을 만들어 내는 방법으로 이 책의 핵심이기 때문에 자세하게 다루겠다. 제3권은 스피치의 표현과 배열을 다룬다. 고대에서는 기억술과 실행(연기)도 수사학의 요소로 다루었으나, 아리스토텔레스는 기억술을 다루지 않고, 실행도 간략하게 언급하고 자세하게 설명하지는 않는다.

2. 수사학의 학문적 지위

1) 삼단논법, 변증론(변증술), 생략삼단논법

아리스토텔레스의 수사학은 "수사학은 변증술(Dialectikē)의 짝이다."로 시작한다. 그다음은 "왜냐하면 둘 다 모두 인간이 공통적으로 인식하는 것을 다루지만 어떤 한 전문분야에 한정되지 않는다." 정도로 번역된다. 이해하기 어렵다.

아리스토텔레스의 수사학은 읽어 내기가 어렵다. 플라톤의 대화가 질문과 답변을 연속하여 주고받는 것이라면, 아리스토텔레스의 대화는 대학교의 강의처럼 일방적으로 길게 설명하는 방식인데, 그 설명도 쉽지 않다. 고대 철학에서는 학문이 제대로 분류되어 있지 않았는데, 아리스토텔레스는 자신의 학문 체계를 ① 순수 이론적인 영역(형이상학 같이 순수 이론적인 것), ② 실천적인 것(정치학, 윤리학 등), ③ 제작과 관련된 것(설득을 생산하는 수사학 등) 세 가지로 분류했다. 그리고 각 영역을 수행함에 있어서 필요한 분석 도구들을 개발했는데 순수 이론영역에는 삼단논법, 실천적인 학문에는 변증술, 제작과 관련된 영역과 관련하여 생략삼단논법이 바로 그 도구들이다. 이들은 다른 학문들을 분석하고 입증하기 위한 각 수단에 해당하는 것으로, 분석 대상인 학문의 내용이 되지 않는다(수사학. 1356a). 예를 들어 일반상대성이론 공식인 $E = mc^2$은 물리학의 영역이지만, 그 검증 수단인 수학은 물리학 이론의 내용이 될 수 없고, 별도의 학문이 된다는 의미이다. 또 다른 예로는 소득세와 법인세를 올려 세수를 확보하는 정책이 타당한 것인지 분석하는 것은 경제학의 영역이지만, 실제 정책을 실행하는 것은 정치인들이 연설해서 대중들을 설득한 후에 시행 여부를 결정하는데, 이때 설득에 사용되는 수사학은 경제학과는 별도의 학문이고, 생략삼단논법이 분석수단이 된다.

'변증술(Dialetiké)'이라는 단어는 원래 '물음과 답변을 통해 토론한다'
는 의미를 가진 동사 'Dialegesthai'에서 유래하였다고 하는데, 소크라
테스가 사용한 문답법이 변증술의 기원이 되었다고 한다.[1] 소크라테스
의 스피치 스타일은 기존의 소피스트들과는 달랐다. 예를 들면, 소크라
테스는 고르기아스에게 "그래요, 고르기아스, 당신은 폴루스가 한 긴
스타일의 연설을 다른 경우를 위해 보류하고, 지금 우리가 하는 대로
질문과 대답을 번갈아 하는 토론을 끝까지 할 수 있겠습니까?"라고 물
어보는데(『고르기아스』. 449b), 이를 통해 짐작할 수 있듯이 소크라테스
이전의 소피스트들은 청중에게 일방적으로 긴 강의를 하듯이 자신의 의
견을 설명해서 설득하는 형태의 소통을 하였다고 한다면, 소크라테스는
질문과 대답을 주고받으며 진리를 향해 공동으로 협력하는 형태로 소통
한다. 즉 소크라테스 이전의 소피스트들은 상대적으로 더 나은 의견
(doxa, 영어로는 opinion)을 제시하여 상대방과의 논쟁에서 승리하는 것
이 목표인데, 소크라테스는 문답법을 통하여 객관적인 지식인 참된 앎
(Episteme)을 공동으로 추구한다는 측면에서 아기의 출생을 도와주는
산파술과 같다고 했다(『테아이테토스』. 149a). 참고로 소크라테스의 어머
니 파이나레테(Phainarete)는 실제로 산파였다고 한다.

플라톤은 소크라테스의 문답법을 계승하여 철학을 하는 방법으로 변
증술을 언급하기는 했지만 변증술을 직접 정의한 적은 없다. 다만 플라
톤은 『국가』에서 소크라테스의 입을 빌려 변증술은 지적인 사유로 좋
음 그 자체(즉 이데아, 형상)를 이해하는 방법이라고 말했다(532a - b). 아
리스토텔레스는 변증술을 『변증론(Topika)』이라는 책에서 더욱 이론적
으로 구체화했다. 변증론에서는 논증방법인 토포스(Topos, 영어로는
'Topic', '말터'로 번역됨)들이 자세하게 범주화되어 설명된다.

아리스토텔레스는 삼단논법(쉴로기스모스, Sullogismos)을 발명했는데,

---

1) 아리스토텔레스, 김재홍 옮김, 『변증론』, 도서출판 길(2014), 제400면

대전제로부터 개별 결론을 도출하는 논리과정은 아리스토텔레스 이전에는 존재하지 않았다. 아리스토텔레스 시절에는 삼단논법의 대전제가 되는 일반자와 결론에 해당하는 개별자를 잘 구분하지 못했던 것 같다. 아리스토텔레스는 『형이상학』에서 귀납적인 논증과 보편적인 정의(定義)는 소크라테스의 공으로 돌려야 한다고 말했는데(1078b), 아리스토텔레스가 사조(師祖)인 소크라테스로부터 일반자와 개별자의 관계에 관한 영감을 받아서 삼단논법을 발명해 낸 것 같다.

아리스토텔레스의 분류에 의하면 수사학은 설득을 생산해 내는 연설에 관한 분석 도구인데, 민회나 법정, 혹은 일상대화 등에서 누구의 주장이 맞는지를 검증하는 논증수단이다. 예를 들어 "친일하면 매국이다."는 정치구호가 허위임을 어떻게 밝히는가? "문화교류의 확대는 전쟁을 막는다. 일본과 문화교류는 친일이지만, 양국의 교류를 확대해서 전쟁을 막아준다. 따라서 친일은 보국이다."라고 논리적으로 반증할 수 있는데, 이러한 상식들을 이용하여 삼단논법 비슷하게 입증을 하는 것이 바로 수사학적인 증명이다.

2) 생략삼단논법(수사학적 삼단논법)

수사학은 변증론, 삼단논법과는 달리 엄밀한 논증이 필요 없는 실천적인 영역에서 쟁점들을 토론하거나 보강하는 공격과 방어의 기술(téchnē)이다. 실천적인 영역이란 정치, 경제, 사회, 문화 등 현실에서 이루어지는 의사결정을 다루는 것으로, 당시 아테네 문화에서는 민회의 구성원과 배심법정의 배심원, 혹은 장례식장이나 올림피아 제전 등에서 참석한 다중의 인민들에게 하는 연설들이 실천적인 영역에서의 연설들에 해당한다.

원래 아리스토텔레스는 수사학을 삼단논법과 변증론의 연장선상에서 논리적으로 이해하려고 했지만, 당시 지배적이던 수사학에 두 가지의 문제점이 있었다. 첫 번째는, 수사학의 본질은 삼단논법을 이용하여 논증하는 것인데, 실제로는 판사들을 머리말이나 사실의 설명 단계에서 관점을 제한하기 위하여 프레임(후에 에토스 편에서 상술한다)에 가두려는 시도를 하는데, 이는 수사학의 본질이 아님에도 이런 문제를 아무도 다루지 않았다. 두 번째는 정치연설은 시민들 간의 문제를 다루기 때문에 시민에게 더 적합한 것이지만 수사학자들은 법정연설에 관한 논문만을 작성했다(법정연설을 대필하고 보수를 받았는데, 정치연설은 보수를 받기 어렵기 때문이었을 것이다). 왜냐하면, 법정연설은 배심원들이 자신과는 이해가 없는 다른 사람의 사건들을 판단하기 때문에 편파적이어서 배심원들을 길들이는 것이 수지가 맞기 때문이다.

따라서 아리스토텔레스는 당대의 수사학은 수사학의 본질과는 관련이 없다고 비난했다. 그는 수사학은 설득의 방법에 관한 것으로, 설득은 입증(증명)이고, 우리는 입증되었을 때 설득되기 때문에, 연설가의 입증수단은 삼단논법과 같은 맥락에 존재하는 수사학적 삼단논법(Enthymeme, 생략삼단논법)이라고 주장했다. 생략삼단논법은 삼단논법과 같이 대전제가 절대적 진리에서 출발하는 논증이 아니라, 대체가능한 상당성(즉, 틀릴 가능성이 있는)이 있는 통념을 이용하여 삼단논법의 형식을 갖춘 것이다. 예를 들면, 정치연설의 경우 북한과의 외교정책을 수립함에 있어서 "국가 간의 무역은 평화를 가져다 준다."를 대전제로 내세우고, "우리는 북한과도 무역을 하여야 한다."가 소전제로, "그러면, 우리도 북한과 평화를 만들 수 있다."와 같은 논증 방식이 생략삼단논법이다. 대전제가 절대 진리가 아닌 일반 상식이지만, 설득력이 있는 논거가 완성되었다. 여기에서 "국가 간의 무역이 평화를 가져온다."는 대명제는 많은 사람들이 동의하는 의견인데, 이를 이용하여 삼단논법의 대전제를 구성했다.

법정연설과 같이 어떤 사실이 실제 일어났는지를 다투는 연설에서는, 대전제를 "사람은 복수를 갈망한다.", 소전제는 "피고인은 피해자로부터 사기를 당한 적이 있다.", 결론은 "따라서 피고인이 피해자를 때려 복수를 했다."라고 동기를 이용하여 말하는 것이 법정연설에서의 생략 삼단논법이다.

예식연설의 경우에도 대전제를 "선행을 베푼 사람이 스스로 자랑하지 않는다면 숭고하다.", 소전제를 "아버지는 가족들 모르게 기부를 했다.", 결론을 "따라서 아버지는 숭고한 분이다."와 같이 구성할 수 있는데 이러한 형식이 예식연설의 생략삼단논법이다. 아리스토텔레스가 수사학의 본체가 생략삼단논법이라고 말한 것이 어떤 의미인지 잘 전달되었을 것이라고 생각된다.

3) 연설자의 인격과 청중의 감정이 더 중요함

하지만 분별력이 있는 독자라면 이런 생략삼단논법으로 대중을 설득할 수 있을지 의문이 생길 수 있는데, 그러한 의문은 정당하다. 사람을 논리로써 설명하는 것은 분명 한계가 있다. 현대 스피치이론에는 공신력 이론이라는 것이 있다. 설득은 말(로고스)이 아니라 공신력에 의하여 이루어진다고 보는데, 공신력은 학자마다 정의가 달라지기는 하지만 대체로 화자의 특징으로서 청중이 지각한 화자의 전문성 및 신뢰감, 화자의 이미지나 태도 등으로 정의할 수 있다.[2] 결국 스피치를 잘 한다는 것은 공신력이 높다는 것을 의미할 뿐이고 논리가 맞다고 하여 사람들이 설득되지 않는다. Albert Mehrabian이라는 언어학자는 'The 7%-38%-55% Rule'을 제안하였는데, 대화의 구성요소 중 몸짓언어가 55%의 설득력을 가지고, 음성이 38%의 설득력을 가지고, 말의 내용이 가지는 설득력은 겨우 7%밖에 되지 않는다고 했다.

쉽게 말하면, 연사가 동일한 내용을 전달하더라도, 청중은 연사의 몸

---

2) 장해순, 『행복한 스피치』(전문성과 신뢰성을 높이는 소통 전략), 현학사(2015), 제65 내지 66면

짓언어(Body Language)로부터 55%, 화자의 음성과 음색(Voice and Tone)으로부터 38%, 말의 내용 자체로부터 7%의 영향을 받는다는 것이다. 즉 청중은 화자의 동작과 목소리에서 분출되는 화자의 능력, 사교성, 매력, 친밀감, 신뢰감 등을 소통의 중요한 요소로 본다.

아리스토텔레스도 이런 문제를 잘 알고 있었다. 아리스토텔레스는 생략삼단논법이 수사학의 본체라고 했지만, 연설하는 사람이 믿을 수 있다는 인상을 주거나, 혹은 듣는 사람의 감정을 선동하는 것이 더 설득에 도움이 된다는 것을 잘 알고 있었다. 후술하는 그의 에토스, 파토스의 분석은 사람들이 판단을 함에 있어서 사건의 본질과 관련이 없는 인격, 감정에 영향을 받는 것을 분석한 것이기 때문에 그의 수사학은 현대 공신력 이론의 원조라고 할 수 있다.

현대의 뇌과학의 관점에서도 아리스토텔레스의 이러한 관찰은 쉽게 설명된다. 인간의 뇌는 하나가 아니라, 진화를 거치면서, 뇌간, 변연계, 피질의 3부분으로 구성되어 있는데, ① 파충류의 뇌라 불리는 뇌간(Brainstem)은 기초적인 생사와 직결되는 생리 문제를 관장하고, ② 포유동물의 뇌인 변연계(The Limbic System)는 감정과 관련이 있고, ③ 그리고 대뇌 피질(Cortex)이 있는데, 인간의 대뇌 피질은 유난히 크고, 이성과 말을 담당하기 때문에 로고스를 담당한다고 할 수 있겠다. 인간의 뇌 속에는 세 가지 뇌를 다 포함하고 있는데, 실제 대뇌 피질이 변연계를 지배하기 때문에 이성이 감정을 누를 수 있지만, 변연계의 강력한 영향으로 대뇌 피질이 제대로 작동이 안 되는 경우가 있다고 한다. 특히 편도체(Amygdala)라고 하는 뇌의 부분은 두려움, 공포 같은 강력한 감정을 담당하고 있는데, 편도체가 대뇌 피질의 영향을 벗어나 감정적으로 먼저 반응하는 것을 편도체 납치(The Amygdala Hyjack) 현상이라고 한다.3) 고대 연설가가 청중의 감정에 우선 호소한 것은 바로 인간의

---

3) Mark Goulston, 『Just Listen』(discover the secret to getting through to

변연계를 자극하는 연설을 한 것이라고 할 수 있겠다. 대뇌 피질보다
변연계를 더 많이 이용하여 말하는 사람은 인민 선동가나 깡패라고 할
수 있는데, 인민 선동가는 대중의 공포와 분노에 호소하여 권력을 확보
한다(존 콜라핀토, 『보이스』, 제302면). 아리스토텔레스가 대중들이 로고
스가 아닌 감정에 휘둘린다고 본 것은 당시 인민 선동가들이 대중들의
변연계에 호소하는 연설을 했기 때문일 것이다.

　실제 고대 아테네에서는 아무리 논리적으로 말을 잘 해도, 배심원들
의 선입견을 없애거나 동정을 얻지 못하면 불리한 평결을 받았다. 기원
전 399년 소크라테스는 재판 중에 배심원들에게 당신 관행대로 가족들
을 데려와 동정을 유발하는 변론을 하지 않겠다고 용감한 변론을 하다
가 사형에 처해졌다. 하지만 그 당시 아테네 배심법정에서는 가족들을
데려와 배심원들에게 보여서 연민을 얻는 것은 변론의 기본이었다. 아
이스키네스의 세 번째 연설 『On the Embassy(사절단에 관하여)』에는
그가 마케도니아의 필립 왕으로부터 뇌물을 받지 않았다고 주장하면서
연설 중에 가족을 소개하는 부분이 있다.

　　"…… 이 분은 나의 아버지 아트로메토스인데, 시민들 중에 최고 연장
　자에 속합니다. 그는 벌써 94년을 살았습니다. 그가 젊었을 때에, (펠로폰
　네소스) 전쟁으로 재산을 잃어버리기 전에는 운동선수였고, 30인 참주에
　의하여 해외로 추방되었지만, 소아시아에서 전투에 참가하여 위험한 순간
　에 탁월함을 입증했습니다. ……"(Aes. 2. 147).

　　"아테네 시민들이여, 제게는 필로와 에피크라테스의 자매이자 필로데모
　스의 딸이 낳은 세 명의 아이가 있습니다. 딸 하나와 아들 둘입니다. 저는
　하나의 질문을 위하여, 배심원들에게 제출한 증거로서 가족들을 여기에 데

---

　　absolutely anyone), Amacom(2010), 제17면

리고 왔습니다. 아테네 시민들이여, 저는 묻습니다. 당신들은 제가 필립에
게 나의 조국, 나의 친구들, 그리고 사원들과 조상들의 무덤을 참배할 권
리뿐만 아니라, 이 세상에서 가장 사랑하는 사람들을 넘겨주고, 필립과의
우정을 이 아이들의 안전보다 더 중요하게 간주했을 것이라고 생각하십니
까?" (Aes. 2. 152).

가족들을 데리고 나오는 것이 무슨 대단한 연설 기술인지 의문이 들
수 있는데, 아테네의 배심법정에서는 배심원들은 절대 권력을 행사하기
때문에 그들의 동정을 얻어서 관대한 평결을 받는 것은 현명한 변론술
이다.

정치 영역에서도 정치가의 인격과 대중들의 심리에 호소하는 것이
더 설득력이 있다. 예를 들어 문재인 정부의 과도한 부동산 규제와 같
은 것이 적절한 예인데, 원래 경제학에서는 가격통제는 수요와 공급에
영향을 주어서 재화의 가격에 영향을 줄 수 있다고 본다. 이 문제는 문
재인 정부의 전신이라고 할 수 있는 노무현 정부 때 이미 발생했던 문
제인데, 당시 국민소득이 2만 불을 돌파하고 공기업 지방이전 등으로
거액의 부동산 보상금이 시중에 풀린 상태에서 종합부동산세 등 세금으
로 부동산을 규제하자, 정권 말기 무렵에 집값이 폭등했다. 노무현 정
부 때 한국은행 총재를 지낸 박승 씨는, 노무현 대통령이 서민을 위한
정책을 시행하는데 부자들이 이득을 보는 모순적인 현상, 즉 배를 서쪽
으로 저어 갔는데 동쪽으로 가버리는 현상을 노무현의 역설이라고 했
다.[4] 문제는 문재인 정부의 관료들과 정치인들도 이를 잘 알고 있을 텐
데 불구하고(만일 모른다면 더 큰일이다), 집값을 잡기 위하여 스물 몇 차
례의 대책을 냈지만 결국 집값을 잡지 못했다. 사실 문재인 정부 들어
재정지출이 막대한 규모로 늘어 시중에 부동자금이 크게 늘어서 부동산

---

4) 박승, 『하늘을 보고 별을 보고』, 한국일보사(2011, 2쇄), 제436-437면

을 그냥 두어도 집값이 상승했을 텐데 거기에다 규제까지 하니까 가격이 오른 것은 당연지사이다. 그러나, 당시 일부 정치인들은 집값이 오른 것은 이명박, 박근혜 정부에서 잘못해서 그렇다고 정치 선전을 하고, 그 지지자들은 부동산 가격 폭등의 원인을 이전 정부에서 잘못해서 집값이 상승했다고 여긴다. 이와 같이 정책의 타당성 여부가 경제학 원리보다 지지층의 감정이나 지도자의 인격에 의해 결정된다. 상황이 이러하니, 야당도 합리적인 부동산정책을 개발하기보다는 대통령의 인격을 맹비난하고 시민들의 분노를 유발할 수 있는 사안을 발굴하여 폭로전을 벌이면서 시민들의 지지를 야당으로 넘어오게 하는 것이 가장 쉽고 이득이 되는 설득 방법이다.

결국 아리스토텔레스는 당시 수사학자들이 생략삼단논법 대신 연설가의 인격이나 감정을 이용한다고 비판하면서도, 정작 그의 수사학 책에는 인간의 인격과 감정이 세세하게 분석되어 있다.

4) 수사학의 유용성

아리스토텔레스는 수사학을 배워야 하는 실제적인 이유를 다음과 같이 설명한다.

첫 번째 진실과 정의는 원래 우세하게 되는데, 그럼에도 불구하고 판사가 이에 반하는 결론을 도출하였다면, 그 패배는 연설가 때문이고 그는 비난받아 마땅하다. 즉 당연히 이겨야 할 말싸움에서 이기기 위해서 수사학을 배워야 한다.

두 번째 원래 지식은 교육을 통하여 전달이 되는데, 어떤 청중들은 교육을 받는 것이 어려워 그들을 설득할 수 없는 경우가 있다. 결국 이럴 때에는 상대방이 알고 있는 통념과 상식에 기초하여 논증을 할 수밖에 없다. 원래 사람이 생각하는 방식에는 숙고(Deliberation)를 하는 방식과 연상(Association)을 하는 방식이 있다. 숙고를 하는 방식은 본인이 논리적으로 추론하는 것인데, 두뇌 활동에 필요한 글루코스(포도당) 소비가 많이 들어 힘이 들고 시간이 많이 걸리기 때문에 사람들은 꼭 필요한 경우에만 숙고하고, 평소에는 숙고하지 않는데 이러한 사고방식을 'Slow Thinking' 혹은 '시스템 2 사고방식(System 2 Thinking)'이라 한다. 이에 반하여 자신이 이미 알고 있는 인상과 감정 등을 가지고 다른 것을 연상 (Association)하여 생각하는 방법이 있는데, 사고를 많이 할 필요가 없기 때문에 에너지 소비가 적게 들고 빠르게 이루어진다. 이런 사고방식을 'Fast Thinking' 혹은 '시스템 1 사고방식(System 1 Thinking)'이라고 한다.[5] 즉, 숙고를 해야 할 상황에서 쉬운 사고방식으로 대체해 버리는 것이다.

예를 들면, 보통 사람들은 어떤 문제에 관하여 숙고를 할 능력이나 여유가 되지 않는 경우가 많기 때문에, 정책의 당부를 정치인의 인격에 비추어 판단하거나, 감정에 의존하여 선택을 하는 경우가 많다. 아리스토텔레스가 교육이 안 되는 사람은 통념에 기초한 수사학으로 설득할 수밖에 없다고 하는 것은 바로 Fast Thinking을 수사학에 도입한 것이라고 할 수 있겠다. 앞서 문재인 정부의 부동산 정책 실패를 전 정부의 잘못으로 돌리는 것과 같은 것인데, 문재인 정부를 지지하는 사람들은 이명박, 박근혜 대통령에 대한 비호감에서 정책실패를 연상한 후에 그 부정적인 결과들을 서로 연상시켜서, 현재의 부동산 가격 폭등을 이명박, 박근혜 대통령의 실정으로 이해하는데, 이런 방식의 사고방식이 바로 Fast Thinking이다.

세 번째 우리는 어떤 문제의 반대되는 측면에서도 설득할 수 있어야 한다. 왜냐하면 부정하게 논쟁하는 자들을 반박해야 하기 때문인데, 생략삼단논법은 정반대의 논증으로 결론을 이끌어 낼 수 있다. 예를 들면, "금이 철보다 귀한 것처럼, 귀한 것(귀족)이 흔한 것(민중)보다 좋은 것

---

5) Daniel Kahneman, 『Thinking, fast and slow』, Allen Lane(2011), 제20-21면

이다."라는 말에 대하여 "빈번한 것이 귀한 것을 초과하기 때문에 흔한 것이 귀한 것보다 더 좋은 것이다."라고 즉시 반박할 수 있어야 한다(수사학. 1364a). 아리스토텔레스는 사람들이 팔다리를 가지고 방어를 하지 못한 것을 창피하지만, 말과 이성으로 방어를 하지 못하는 것을 창피하지 않는 것을 개탄했다. 사실 말을 참는 독자는 할 말을 참아서 인정을 못 받거나, 적절히 항의를 하지 못해서 뒤늦은 후회를 한 경험이 아주 많았을 것이다.

말이 나왔으니 말인데, 나는 우리나라 사람들처럼 공적인 자리에서 말을 잘 참는 사람들이 그 습관을 개선해야 하는 이유를 설명하려고 한다.

만일 내가 침묵을 한다면 상대방은 나와 같이 함께 한 시간이 시간의 낭비라고 생각하면서 나에 대한 존중심을 가지지 않을 수가 있다. 즉, 나를 만만하게 본다.

또한 내가 말을 참으면 나는 화병 난다. 다시 말해서 속이 답답하고 분통이 터지기 때문에 일단 말을 하는 것이 나의 정신건강에 좋다.

마지막으로, 나의 의견이 의외로 집단의 입장에서는 더 나은 의견일 수가 있다. 다시 말해서 나의 의견이 비용을 절감하거나 이익을 더 많이 가져올 수도 있고, 나의 의견이 더 나은 의견이어서 상대방이 의견을 수정할 수도 있다. 그런 소통을 통해서 집단이 발전하기 때문에 말을 하지 않는다면, 집단의 입장에서는 손해가 된다.

5) 수사학과 윤리

아리스토텔레스는 수사학의 폐해를 지적하는 견해에 대하여도 이를 반박한다.

가장 유용한 것, 힘, 체력, 건강, 부, 장군직과 같은 것도 이를 바르게 사용함으로써 최대의 이익을 가져올 수 있고, 잘못 이용함으로써 최악의 피해를 가져올 수 있는 것과 마찬가지로 수사학도 바르게 사용하면 최대의 이익을 가져올 수 있다. 현대적으로 말을 하면 원자력 발전이 문제가 아니라 핵무기를 이용하는 것이 문제인 것처럼, 수사학은 그것을 이용하는 사람의 윤리적인 문제가 중요하다고 보았다.

이러한 윤리의식이 없다면, 수사학은 인민 선동가들이 민중을 호도하여 자신의 이익을 취하면서 국가를 가난하게 하는, 혹은 사기범들이 피해자들을 속이기 위하여, 혹은 상업 광고들이 소비자들을 현혹시키는, 혹은 바람둥이들이 순진한 아가씨들을 유혹하기 위하여 사용하는 기만술에 불과하다.

3. 세 종류의 연설 – 정치연설, 예식연설, 법정연설

아리스토텔레스가 생각한 스피치의 삼대 요소는 화자, 주제, 그리고 청중이다. 그중 청중이 스피치를 하는 대상임과 동시에 목표가 된다. 아리스토텔레스의 수사학에서 다루어지는 청중은 아테네 민회의 구성원, 배심법정의 배심원들과 같은 일반 대중을 의미하는데, 그들은 긴 논증을 따라서 이해할 능력이 부족하고, 화자의 공신력에 영향을 받거나, 감정적으로 결론을 잘못 내리는 결함이 있다. 사실 이것은 현재의 대중들도 동일하다.

청중의 종류에는 판단을 하는 청중과 판단을 하지 않는 청중이 있다. 판단을 하는 청중은 민회의 구성원들과 같이 미래의 사실을 예측하여 판단하는 사람과 배심원들과 같이 과거에 있었던 사실들을 판단하는 사람이 있다. 민회의 구성원의 경우 민회의 결의에 따라서 각 개인에게 미칠 치명적인 이해관계를 스스로 잘 알고 있기 때문에 비양심적인 관행이 일어날 가능성이 적지만, 배심원들의 경우에는 자신의 이익을 놓고 재판을 하는 것이 아니기 때문에 개인적인 이해, 편견과 감정에 휘둘려 공정한 판단을 하지 않을 가능성이 크다. 판단을 하지 않는 청중은 추도연설의 청중들과 같이 망자를 애도하는 연설을 들을 뿐 별다른 판단을 하지 않는 사람들이다.

이러한 청중의 종류에 따라서 연사가 다루어야 할 내용과 설득의 수법이 달라지는데, 아리스토텔레스는 당시 관행에 따라서 스피치의 종류를 정치연설('숙의연설', '권고연설' 등으로 번역된다, 청중이 미래의 사실을 판단), 법정연설(청중이 과거의 사실을 판단), 예식연설('시범연설', '예식연설'으로도 번역되고, 청중들이 연설을 듣지만 판단하지는 않음)의 세 종류로 나누어 분석했다. 각 연설은 긍정적인 측면과 부정적인 측면을 가지고 있어서 정치연설은 행동을 장려하는 것과 제지하는 것, 법정연설은 기소하거나 변소하는 연설로, 예식연설도 숭고한 행위를 기리는 연설과 어떤 사람이나 행동을 비난하는 연설로 구분할 수 있다.

4. 정치연설

1) 의미

우선 정치연설은 민회에서 세입세출, 전쟁과 조약, 국방, 수출과 수입, 그리고 입법에 관하여 이루어지는 연설이다. 정치연설은 어떤 행동을 권고하거나 제지하는 것을 특징으로 하고, 정책은 장래에 그 결과가 발생하므로, 장래에 일어날 사건에 관한 것을 다룬다.

정치연설의 목적은 정책이 효용이 있는지와 그 정책이 실행 가능한 것인지를 따지는 것이기 때문에 이익(효용)이 정치연설의 핵심이다. 따라서 입증을 할 내용은 나의 제안이 상대방의 제안보다 이익이 더 크거나 손해가 적고 상대방의 제안은 이익이 적거나 손해가 더 크다는 것이다. 정치연설에 있어서는 효용이 가장 중요하기 때문에 정책이 정의로운지 여부나 숭고한지 여부 등은 정치연설의 부차적인 문제이다. 정치연설의 특징은 어떤 행위를 권고하는 것이기 때문에 미덕과 악덕도 중요한 주제가 된다. 어떠한 행위를 독려하는 것은 정치연설의 속성을 띠고 있다. 예를 들어 상품광고는 이 상품을 사는 것이 이익이라는 전제가 깔려 있고 구입을 독려하기 때문에 전형적인 정치연설의 특징을 가지고 있다.

이익과 효용은 이를 증가시키는 것과 손실을 줄이는 측면이 있다. 그렇다면 정책 중에 이익을 더 늘리는 것이 더 설득력이 있을지 혹은 손실을 줄이는 것이 더 설득력이 있을지가 문제가 될 수 있는데, 최근의 경제학자들의 연구에 따르면 사람들은 이익을 보는 것보다 손실을 회피하는 경향이 더 강하다고 한다. 예를 들어 100원을 버는 것보다 100원을 잃는 것을 더 싫어한다는 의미이다. 특히 자신이 소유하던 것을 잃는 것을 싫어해서, 실제 뇌 영상 촬영에 따르면, 사람들은 평소에 사용하던 물건들을 (시장가격에 따라) 판매할 경우에도 뇌의 영역 중에서 혐오, 고통과 연관된 영역이 활성화된다고 한다(Daniel Kahneman, 『Thinking, fast and slow』, 제296면).

2) 숙의 - 비용/효용분석

빈부의 차이를 줄이기 위한 필요성은 국민들이 공감하지만, 어떻게 정책을 만들어서 시행해야 이를 달성할 수 있는지는 아무도 확신할 수 없는 것처럼, 정치연설에서 설득의 핵심이 되는 것은 정해진 목표를 위해 수단이 되는 정책이 실제 집행이 가능한지, 가능하더라도 실제 이익을 가져오는지를 분석하는 것, 즉 비용/효용분석을 잘 하는 것이다. 우리나라 사람들이 감정에 휩쓸리고 대의명분에 집착한다는 것은 비용/효용분석을 잘 하지 않는다는 것을 의미한다.

최근 들어 정치인들은 정책이 실행 가능한 것인지, 실행이 가능하더라도 실제로 이익이 되는 것인지를 토론하는 것보다는, 공무원의 비리 문제가 정치의 중심이 되었고, 현 정권의 비리를 이용하여 자신의 지지 세력을 넓히거나, 명성을 얻어 정계에 출세하는 것이 아주 당연한 것으

로 되어 가고 있다. 즉 국가와 국민에게 이익을 줄 정책을 입안할 능력
이 없어도, 정적의 사소한 잘못을 비난하고 시민들의 감정을 건드리는
것이 정치의 중심이 되었다. 정치지도자의 기본은 국민에게 이익이 줄
정책과 통찰력을 가지는 것이고, 만일 정치지도자에게 작은 허물이 있
다면 어느 정도는 용인할 필요가 있다.

미국의 도널드 트럼프 대통령이 기이한 행동으로 일관하다가 재선에
실패하였는데, 많은 백인들이 그를 확고하게 지지하는 것을 보고 이를
의아하게 생각하는 사람들이 많았다. 백인들이 트럼프 대통령을 지지하
는 것은 트럼프의 정책들이 그들의 이익과 관련이 되기 때문이다. 특히
중국의 불공정무역관행이나 라티노(Latinos)들의 불법이민 문제가 백인
들에게 불리하게 작용했다고 보기 때문에 그러하다. 중국이 미국의 최
신 기술을 불법으로 빼돌려서 자국의 산업을 발전시키면서 미국 내 직
장과 산업 경쟁력을 약화시키고, 불법이민자들이 미국 내에 유입되면서
백인 노동자들의 일자리가 줄어들고, 불법이민자들에 대한 사회복지비
용(미국은 의료보험제도가 우리와 같은 공보험제도가 아니라 사보험을 들어야
하고, 극빈자와 고령층에게만 국가의 공보험제도가 보장된다)을 백인들의 세
금으로 부담하는 악순환이 반복되는데, 백인들은 이러한 문제를 해결하
려는 의지를 가진 트럼프 대통령을 지지하는 것이다.

또한 정치연설에서 정의(Justice)는 부차적인 것이라고 설명했다. 예
를 들어, 박근혜 정부 시절인 2015년 12월 한국과 일본 간에 위안부 합
의가 이루어졌는데, 이는 양국의 과거사를 뒤로하고 미래에 양국의 화
해와 단합을 기대하면서 한 행위이므로, 정치연설의 관점에서는 미래에
많은 이득을 가져주는 측면이 있었다. 문재인 정부가 출범하자마자 바
로 위안부 합의를 사실상 무력화하였고, 이에 대한 보복으로 일본이 반
도체 소재인 불화수소 등을 한국에 수출하는 것을 제한하여 무역 분쟁
을 일으킨 적이 있었고, 무슨 경제위기가 온 것도 아닌데 당시 달러 환

율이 오르기 시작했다. 그때 정부는 반도체 소재를 일본으로부터 독립한다고 선전했으나, 그렇다고 대일본 무역 적자가 축소되지 않았고 그 규모는 더 커졌다. 사실 반도체 소재는 일본, 반도체 생산은 한국이라는 국제 분업 구조는 별로 바뀌지 않았다. 정치의 영역에서는 일차적으로 이익, 즉 비용/효용 분석이 우선이므로, 그것과 다른 문제들, 가령 정치인들이 정의의 문제를 중심으로 끌고 나올 때에는 국가에 불이익을 가져올 수 있으므로 그 의도를 의심할 필요가 있다.

국가의 명운이 걸린 전쟁에서 승리하는 것은 다른 어떤 이익들보다도 우월하고 비교를 할 대상이 없다. 즉, 국방의 이익은 모든 것에 앞선다. 뭐 굳이 다른 나라 예를 들 필요 없이 조선이 일본에게 강제 합병된 것이나, 한국 전쟁을 봐도 그렇다. 아테네에서도 장군들(Strategoi)은 제비뽑기로 뽑지 않고, 귀족정체가 하는 방식대로 매년 민회에서 재산 자격을 갖춘 자들 중에서 10명을 선출했다. 데모스들도 가장 중요한 일들은 보통 시민들에게 기회를 주지 않았다. 기원전 4세기 초중반에는 아테네에 명장들이 많았는데, 인민들의 시기로 인해서 처형되거나, 외국의 용병대장이 되거나 해외에서 거주하면서 살더니, 결국 유능한 장군들이 사라진 기원전 4세기 후반에는 유능한 장군이 없어 전투를 제대로 수행할 수 없는 지경이 되었다. 그리스 연합군과 마케도니아가 최후의 회전을 벌인 라미안 전쟁에서는 그나마 유능했던 아테네의 레오스테네스(Leosthenes)가 전투 중에 돌에 맞아 전사하자 그리스의 독립운동은 동력을 잃고 전세가 기울어 그리스 연합군은 와해되었고, 고대 그리스는 마케도니아에 종속되었다. 명장(名將)은 하늘이 내리는 것이라서 실수가 있다고 함부로 제거하면 이를 대체할 사람이 없다. 조선 임진왜란 때에 이순신 장군이 파면당하고, 그 대신 들어온 원균의 경우를 생각하면 쉽게 공감할 수 있을 것이다.

최근 백선엽 장군의 묘지를 국립서울현충원으로 할지, 국립대전현충

원으로 할지에 관하여 논란이 되었으나 본인과 유족의 뜻에 따라 국립
대전현충원에 묘를 세우는 것으로 일단락되었다. 한국전쟁에서 그의 탁
월한 공적이 있었음에도 불구하고 그의 과거 친일행적 때문에 그런 논
란이 생긴 것이다. 백선엽 장군이 과거 일본군의 초급장교로 복무한 과
오가 있었다고 하더라도, 그가 남한의 지휘관으로 북한군을 격퇴한 것
은 그의 과오를 다 덮을 정도로 큰 이익을 우리에게 주었으므로 그 공
적에 맞는 명예를 부여해야 했다고 생각한다. 군인들에게는 전공에 비
례하는 명예를 부여함으로써 조국을 위해 목숨을 걸고 싸우는 것에 자
긍심을 느낄 수 있도록 해야 한다. 고대 아테네처럼 우리의 유능한 군
지휘관들이 고액의 연봉을 받고 먼 나라의 용병대장으로 스카우트되어
가는 일은 없어야 할 것이다.

3) 입증의 정도와 방법

정치연설에서 다루는 정책은 미래에 집행될 것을 예정한 것으로 그
결과를 미리 확정할 수 없기 때문에, 논증의 정도는 상당성이면 충분하
다. 정치연설의 특징상 정책은 미래에 어떤 결과를 가지고 올지 예측할
수 없기 때문에 사람들은 착하거나 유능한 사람들, 즉 미덕이 더 뛰어
난 사람들의 말을 더 신뢰하므로, 화자의 인격(에토스)이 중요하고, 역
사 속에서 유사한 사례, 다른 국가의 사례 등이 설득의 근거가 된다.

또한 정치연설의 경우 사실관계는 이미 청중들이 잘 알고 있기 때문
에 사실관계를 자세하게 설명할 필요는 없고 생략이 가능하다. 정치연
설뿐만 아니라 어떤 연설이든지 대화에 참여하는 사람들이 이미 다 알
고 있는 것은 말할 필요가 없다.

4) 행복

정치연설의 목적인 이익은 최종적으로 정치 조직의 구성원들의 행복

을 목적으로 한다. 따라서 정치연설에서는 청중들에게 자신의 의견을 선택하면 청중들에게 행복을 가지고 올 수 있다고 말해야 한다. 즉, 정치인은 국민들에게 희망을 주는 연설을 하여야 하고, 부정적인 의견은 자제하는 것이 원칙이다.

하지만 정치인들이 너무나 낙관적인 의견만을 말하고 그것이 현실과 동떨어지면 아무도 그 말을 믿지 않고, 양치기 소년처럼 거짓말쟁이로 낙인 되어 비웃음의 대상이 된다. 예를 들어 북한과의 관계가 그렇다. 북한의 인권 상황이 점점 더 악화되고 있고, 핵무기와 장거리 미사일들을 개발해서 국내 안보상황이 나빠지고 있어서 국민들이 불안해하고 있는데, 군사훈련을 할 필요는 없고 계속해서 북한을 지원해야 한다고 연설하면 아무도 그 말을 믿지 않는다.

주의할 것은 아리스토텔레스의 행복 개념은 수사학과 윤리학에서 그 개념이 서로 다르다는 것이다. 수사학에서 말하는 행복은 듣는 사람인 대중들이 가지고 있는 세속적인 행복 관념을 말하고, 철학이나 윤리학에서 학자들이 분석하는 고차원적인 행복 개념이 아니다. 구체적으로 자족적인 삶, 안전하면서도 가장 즐거운 삶, 소유한 물건이 많고 건강한 삶 등이 이에 속한다. 전통 있는 좋은 집안에서 태어나는 것, 훌륭한 자식들과 많은 자식들을 거느리는 것도 행복이다. 많은 부의 축적도 행복이라고 할 수 있지만 돈은 소유하는 것보다 쓰는 데에 더 효용이 있다. 즉 돈을 잘 버는 것은 좋은 삶을 살고 있다는 증표가 되지만, 그 자체가 목적이 될 수는 없다. 명성과 명예, 육체적인 탁월함과 건강, 평안한 노년, 다수의 훌륭한 친구들, 행운 등이 수사학에서 설득에 필요한 행복이다.

대중들을 상대할 때에는 위와 같이 일상적인 행복을 소재로 설득을 해야 한다. 아리스토텔레스는 윤리학에서 최고의 행복을 관조하는 삶이라고 하여 공부와 사색을 최고의 행복으로 여기고 있는데, 이는 철학자들의 행복일 뿐 일반 대중의 행복과는 거리가 있으므로, 관조하는 삶이 최고의 행복이라고 하면서 대중을 설득하기는 쉽지 않을 것이다.

또 다른 예로 스님들의 무소유, 수도사들의 금욕생활이 그들에게는 최고의 행복을 주는 삶이라고 할 수 있어도 이를 가지고 대중들에게 국가에 세금 더 내고 무소유를 실행하라 하면 설득에 실패한다. 왜냐하면 보통 사람들은 부를 축적하고 지키기 위하여 종교를 믿는 것이 통상적이기 때문이다. 만해 한용운의 제자인 무애도인 춘성 스님은 남편과 사별하고 아이 넷을 키우는 여인이 출가를 고민하자, "너는 애만 잘 키우면 도 닦는 거와 같다."고 말을 했고, 그 여인은 출가를 하지 않고 속세에서 아이들을 훌륭하게 키워냈다.[6)

5) 좋은 것과 이로운 것(선과 이익)

정치연설은 어느 정책에 대하여 권고를 하거나 경고를 하는 것인데, 좋은 것과 이익이 되는 것은 권고를 하고, 그 반대의 것은 제지를 한다. 따라서, 무엇이 좋은 것이고, 이익이 되는 것인지, 그 반대의 것은 무엇인지를 잘 파악하고 있어야 한다. 좋은 것은 그 자체로 좋은 것이고, 그것을 목표로 우리가 어떤 다른 것을 선택하는 것이라고 할 수 있다. 또한 좋은 것을 증가시키거나 나쁜 것을 감소시키는 것도 좋은 것이다. 대체로 탁월함(미덕), 쾌락과 아름다움이 이에 속하는데, 구체적으로는 행복, 정의, 용기, 절제, 건강과 미, 즐거움, 삶, 명예와 평판 등이 좋은 것에 속한다. 수사학에서 장려되는 미덕은 일반인들이 좋은 것으로 생각하는 미덕을 의미하고 철학자들이 생각하는 미덕과는 차이가 있음을 주의하여야 한다.

좋은 것을 가지고 논리를 구성할 때에는 "나쁜 것의 반대는 좋은 것이다.", "많은 사람들이 목표로 삼고 그것을 위하여 싸우는 것은 좋은

---

6) 김광식, 『춘성, 무애도인 삶의 이야기』, 새싹 출판사(2009), 제345－346면.

것이다."와 같이 대전제를 만들어 사용할 수 있다. 무엇보다도 각 개인이 전념하는 일들과 관련하여 선택한 행위들, 예를 들어 승리를 좋아하는 사람은 승리를 가져올 것을 선택하는 것, 명예를 사랑하는 사람은 명예를, 돈을 사랑하는 사람은 돈을 가져오는 것이 좋은 것이다.

상대적으로 더 좋은 것, 더 이로운 것은, ① 한쪽이 목적이 되는 것이 더 나은데, 가령 건강이 체력단련보다 더 나은 것은, 체력단련은 건강을 위해 하기 때문이고, ② 둘 중에 더 자족적인 것이 더 나은 것이라고 할 수 있는데, 일하면서 즐거운 것이, 놀면서 즐거운 것보다 더 나은 것이다. 왜냐하면 일하면서 즐거운 것은 경제적으로 더 자족적이기 때문이다. ③ 원천이나 원인이 되는 것이 결과보다는 더 낫다고 할 수 있다.

획득하기 어렵고 귀한 것이 더 위대하므로, 특별한 사건, 연령, 장소, 시간, 힘과 관련된 것을 언급한다면 더 큰 효과를 가지고 온다. 만일 동료들이 할 수 있는 것이나 자신의 동년배가 할 수 있는 것을 초과하는 것, 혹은 자신의 힘조차도 뛰어넘는 일을 특정한 장소와 시간에 특정한 방법으로 하는 경우에는 숭고하거나 위대해 보인다. 조선의 이순신 장군이나, 한국전쟁 때 백선엽 장군 등이 그러한 예라고 할 수 있겠다.

최근에 나온 『Hidden Figures』라는 영화 중에서 좋은 것의 토포스를 잘 이용한 대사가 있어서 이를 소개하려고 한다. 좋은 것 중에서 남들보다 가장 먼저 좋은 것을 가지는 것은 더 명예스러운 것인데, 이를 잘 이용한 법정연설이다. 사건의 내용은 NASA에 근무하는 메리 잭슨(Mary Jackson)이라는 흑인 여성 엔지니어가 백인 남성들만 다니는 학교의 수강을 해야만 엔지니어가 될 수 있었는데, 판사로부터 입학 허가를 받기 위하여 백인 판사를 설득하는 장면이다.

"모든 사람 중에서 당신은 첫 번째의 중요함을 잘 알고 있을 것입니다."
"(판사) 왜 그렇습니까?" "당신은 가족 중에서 처음으로 군대에서 복무를
한 사람입니다. 처음으로 대학을 다녔습니다. 조지 메이슨 대학이었습니
다. 그리고 세 명의 주지사들로부터 임명된 최초의 주(州) 판사입니다."
"(판사) 좀 조사를 하셨네요. 요점이 무엇입니까?" "제 요점은, 판사님, 흑
인 여성들은 버지니아주에서 백인 전용 학교를 다닌 적이 없었습니다. 저
는 들어본 적이 없습니다." "앨런 셰퍼드가 로켓을 타고 우주를 다녀오기
전에는 어떤 미국인도 우주에 도달한 적이 없었습니다. 그는 뉴햄프셔 출
신의 해군으로서 처음으로 별들과 만난 사람으로 영원히 기억될 것입니다.
판사님, 저는 나사(NASA)의 엔지니어가 될 계획이 있습니다. 하지만 저
는 백인 전용 학교의 강의들을 듣지 않는다면 이룰 수가 없습니다. 저는
제 피부 색깔을 바꿀 수 없습니다. 그래서 저는 처음이 될 수밖에 없습니
다. 그나마 판사님의 도움이 없으면 그것도 될 수 없습니다. 판사님, 오늘
진행한 사건들 중에서 100년 후에도 중요한 사건은 무엇입니까? 어떤 사
건이 당신을 '처음'으로 만들어 주는 사건입니까?"

"You of all people should understand the importance of
being first. How's that, Mrs. Jackson? You were the first in
your family to serve in the Armed Forces. U.S. Navy. The
first to attend university George Mason. And the first state
judge to be recommissioned by three governors. You've done
some research. Yes, Sir. What's the point? The point is, Your
Honor, no negro woman in the state of Virginia has ever
attend and an all-white high school. It's unheard of. Yea,
unheard of. And before Alan Shepard sat on top of a rocket,
no other American had ever touched space. And now, he will
forever be remembered as the U.S. Navy man from New
Hampshire, the first to touch the stars. And I, sir, I plan on
being an engineer at NASA, but I can't do that without taking

those classes at that all-white high school. And I can't change the color of my skin. So I have no choice but to be the first. Which I can't do without you, Sir. Your Honor, out of all the cases you're gonna hear today, which one is gonna matter 100 years from now? Which one is gonna make you the first?"

또한 좋은 것 중에서도 가장 큰 좋은 것도 있다. 국가의 행위 중에서 전쟁에서 승리하는 것은 가장 중요한 이익이다. 국가에게는 젊은이들이 가장 중요하다. 예를 들어, 아테네에서는 제국의 지위를 승계할 젊은이들을 소중하게 생각했는데, 페리클레스는 펠로폰네소스 전쟁의 개전으로 사망한 젊은이들을 추모하면서 "도시가 젊은이들을 빼앗긴 것은 한 해 중에서 봄을 빼앗긴 것과 같다."고 말한 것이 이를 잘 보여준다(수사학. 1365a).

여기에서 여담을 좀 하려 한다. 2020년 2월 코로나 바이러스가 대구를 휩쓸었는데, 때마침 내가 대구로 부임했다. 재판을 못 하게 했고, 법원에 출근조차 하지 못했다. 밤낮 할 것 없이 거리에는 사람 한 명도 보기 힘들었다. 그때 부산 출신의 친구에게 대구 분위기가 "봄에 벚꽃이 피지 않는 것 같다."고 말을 했는데 그 친구는 잘 이해가 되지 않는다고 했었다. 마침 그 친구가 부산 출신이라 "늦겨울에 동백꽃이 피지 않는 것 같다."고 하니까, 그제야 이해하겠다고 했다. 나는 아직도 그 친구가 농담으로 저렇게 대답한 것인지 궁금하고, 혹시 그 친구의 기분이 상할까 봐 물어보지도 못했다.

상대적으로 더 좋은 것과 더 이로운 것은 반대로 논증이 가능하다. 예를 들어 "금이 철보다 귀한 것처럼, 귀한 것이 흔한 것보다 더 좋다."고 말할 수 있다. 하지만 그와 반대로 "물이 최고인 것처럼, 흔한 것이 귀한 것보다 더 좋은 것이다."라고 말할 수 있다.

실제 존재하는 것이 존재하는 것처럼 보이는 것보다 더 좋은데 왜냐하면, 실제 존재하는 것은 더 진실에 가깝기 때문이다. 예를 들어 건강한 것이 건강해 보이는 것보다 좋은 것이다. 이에 반해서 사람들은 정의에 관해서는 실제 정의로운 것보다 정의롭게 보이는 것을 좋아한다. 아리스토텔레스 시대에도 사람들은 부당하게 내 이익을 챙기면서도, 남이 부당하게 이익을 챙기는 것은 비난하는 내로남불 현상이 심했던 모양이다.

6) 정부형태(정치체제)

사람들은 효용과 이익을 추구하기 때문에 어떤 정부형태를 가지는 것이 자신들에게 효용이 있는지를 잘 아는 것과 정부형태, 통치방식과 관습, 제도들, 각 정체 간의 이해관계를 가지고 설득을 하는 것이 가장 중요하고 효과적이다(수사학. 1365b41). 사실 우리나라는 역사의 대부분을 왕정에 의하여 지배당했고, 잠깐 일본의 지배를 받다가, 1948년에서야 비로소 최초로 민주주의 정부를 구성하였기 때문에 사람들은 대중들이 권력을 가진 민주주의 정부형태의 중요성을 잘 느끼지 못하는 것 같다.

정부형태는 민족마다 달랐고, 민주정, 과두정, 왕정 등이 있었는데, 현대에는 이러한 분류는 크게 의미가 없고 대체로 공화정 체제이다. 플라톤이 『국가(The Republic)』를 서술했는데, 『국가』의 그리스어 원제목이 『Politeia』이고, 굳이 번역을 하자면 정체 또는 혼합정체라고 했다. 'Politeia'는 로마인들에 의하여 'Res Publica', 즉 공동의 것으로 번역되었고, 우리나라에서는 '공화국(共和國)'으로 번역되어 왔다. 공화국은 민주정과 귀족정 등 정체체제들을 혼합하여 계급 간에 서로 관직을 나누어 가지고 조화하는 정치체제이다.

　현대에는 거의 모든 국가의 정치체제가 민주주의 정부로서 공화국임을 자칭한다. 하지만 아테네의 인민들이 직접 통치했던 형태의 민주정체 정부가 아니라, 시민들이 지도자를 선출하여 통치를 위임하는 대의민주주의 형태를 택하고 있다. 현대의 대의민주주의는 고대의 스파르타처럼 시민들 중에서 원로원 의원들과 감시자(Ephor)를 뽑는 귀족정의 성격을 띤다. 물론 북한처럼 대놓고 자신들의 정체를 『조선민주주의인민공화국』이라 해서 아테네 민주정체처럼 인민(노동자)이 직접 지배하는 형태의 정부를 지향하는 국가도 있는데, 표현만 그렇고 실제로는 김정은 1인에 의한 참주정체이다.

　우리나라 헌법 제1조 제1항은 "대한민국은 민주공화국이다."라고 규정하여 정치체제를 가장 먼저 규정하고 있다. 문제는 '민주＋공화국'이라는 것인데, 민주라는 말은 앞서 말했듯이 대중의 지배를 의미하는 것이고, 공화국은 민주정체와 귀족정체의 요소가 혼합되어 있다는 의미이다. '민주공화국'은 정체로서는 다소 혼란스러운 개념이다.

　현대에는 거의 모든 국가가 민주주의를 주장하고 있지만, 실제로 우리가 이상적으로 생각하는 민주주의라고 하는 정치형태는 서구 선진국들의 민주주의를 의미하고, 이는 서구 문화의 유산 중의 하나이다. 이러한 서구 민주주의의 요소는 ① 인권의 존중, ② 법의 지배, ③ 자유시장경제, ④ 대의제 등을 핵심 요소로 한다. 따라서 각국의 민주주의 제도를 살필 때에는 위 각 요소들을 잘 살펴야 한다.

　요즘에는 한국, 중국, 일본인 사이에서 서로를 혐오하는 분위기가 있고, 각국의 정치인들도 민족주의를 강조하는 경향이 있는 것 같다. 후술하겠지만 공산주의, 사회주의, 히틀러조차도 민족에 기반하여 선동을 많이 했고 그것으로 성공했다. 민족을 강조하는 연설가가 있다면, 시민들은 민주주의 체제가 보장하는 자유나 평등 등의 인권, 법의 지배, 자유시장경제 등과 모순되는 내용이 없는지 잘 살펴서 국가나 민중들에게 손해가 끼치지 않는지 잘 검토해야 한다.

한편 한 민족의 전통적인 체제에 관한 태도와 가치관은 쉽게 바뀌지 않는다. 영국의 정치체제를 입헌군주국이라고 하는데, 형식상 왕이 존재하나, 실제로는 의회가 권한을 행사하는 체제를 의미한다. 영국의 헌정사를 잠시 살피면 1600년대 초반부터 제임스 1세 등 실정이 계속되면서 1642년에 의회가 국왕의 우위에 있다는 기치 아래 청교도 혁명이 일어났고, 1649년에는 올리버 크롬웰이 이끄는 군대가 찰스 1세와 전투를 벌여 승리를 거둔다. 찰스 1세를 처리를 놓고 의회파 내에서도 견해가 대립하였는데, 결국 찰스 1세를 처형하기로 한 후 그의 목을 벤다. 세계사적으로는 이 장면은 전제 왕권체제를 제거한 역사적인 실험이었는데, 그 실험의 결과는 완전한 실패였다. 의회의 우위를 주장하던 사람들조차도 막상 왕이 없어지니까, 국정을 제대로 운영하지 못했고, 결국 크롬웰을 찾아와서 왕이 되어 달라고 부탁을 한다. 영화 『크롬웰 (1970)』은 이 장면을 자세하게 묘사하고 있는데, 크롬웰은 너무나 황당한 표정을 짓고 웃으면서 이들의 요구를 거절하는데, 그중 한 사람이 "Power must be absolute!"라고 하면서 크롬웰을 설득한다. 크롬웰은 왕이 되지는 않았지만 '호국경'이 되어 공포정치를 실시하면서 영국을 통치한다. 크롬웰의 사후 영국은 왕정이 복구되어 망명 중이던 찰스 2세를 왕으로 불러들이지만, 그도 실정을 계속하자, 1688년에 찰스 2세가 의회의 요구로 스스로 물러나고, 네덜란드의 오렌지공 빌럼이 통치하지 않는 왕으로 옹립되어 결국 무혈혁명이 완수되었고, 1689년에 그 유명한 권리장전이 선포되어 영국의 입헌군주정이 시작된다. 다시 말하면, 영국 국민들은 왕을 죽이면서까지 왕정을 폐기하고도 그 사실을 정신적으로 받아들이는 데에 적어도 40년의 시간이 필요했고, 그나마 왕이 형식적으로 필요한 상태에서 정치체제를 변화시키는 정도의 타협적인 형태로 시민혁명을 마친다.

고대 아테네뿐만 아니라 현대 민주주의의 내용 중에서 가장 중요한 것은 법의 지배이다. 고대 아테네에서는 왕을 포함한 모든 사람이 법을 지켜야 한다는 의식을 가졌는데, 이를 보편주의(Universalism)라 하고, 법이 집단마다 달라지는 것을 특수주의(Particularism)라고 한다. 나중에 영미법에서 발달한 법의 지배의 핵심은 "누구도 자신의 재판관이 될 수 없다."는 것이다. 우리 전통문화는 물론 특수주의가 적용되던 곳이고, 반상(班常)의 구분에 따라서 적용되는 법의 내용이 달랐다. 이런 특수주의 문화는 사실 아직도 광범위하게 남아 있는데, '내로남불' 현상이라는 말이 특수주의가 발현된 현상이다.

아이스키네스의 세 번째 연설인 『크테시폰에 대하여』에는 크테시폰을 기소하면서 배심원들에게 '법의 지배'를 강조하는 부분이 있어 이를 소개한다.

"[6] 아테네인들이여, 당신들은, 이 세상에는 세 가지의 정치 형태가 있음을 잘 알고 있는데, 바로 1인 참주정, 과두정, 그리고 민주정입니다. 독재정과 과두정은 권력을 가진 사람들의 기분에 따라서 통치되는 반면에, 민주정 도시들은 확립된 법에 의하여 통치됩니다. 당신들은 반드시 이 점을 놓치면 안 되는데, 사실 입법제안 위반소송(grapē paranomōn)을 평결하기 위하여 법정에 입장하는 모든 사람은, 그날은 표현의 자유권을 행사하여 평결하는 것이라는 것을 기억하여야 합니다. 이 점이 바로 입법자가 배심원 선서의 첫 구절을 '저는 법에 따라 투표를 하겠습니다'로 한 이유입니다. 입법자는 법률들이 보호되면 도시와 민주정도 보존하는 것이라는 것을 알고 있었습니다." (Aes. 3. 6)

7) 이익과 미덕이 충돌할 때 연설법

우리나라는 지정학적으로 주변 4대국 때문에 안보 문제를 우선시하다 보니 언론의 자유와 같은 인권을 소홀히 하기 쉬운 경향이 있다. 특히 과거 군사정부 시절에는 북한과의 대결 구도 때문에 많은 인권이 제한당했다. 최근에도 탈북자들이 북한으로 전단지를 보내는 것을 금지하고 이를 위반할 경우 형사처벌을 하는 대북전단금지법을 시행하여 국제사회로부터 표현의 자유를 제한한다는 비난을 받았다. 이와 같이 국가의 실리(안보)와 개인의 미덕(인권과 같은 표현의 자유)이 서로 충돌하는 경우 『헤레니우스를 위한 수사학』[7]에서는 어떻게 연설을 해야 하는지를 잘 설명하고 있어 이를 소개한다. 한편 키케로는 "사람들은 좋음을 추구하는 쪽보다는 나쁨을 피하는 쪽을 선호한다."고 했는데,[8] 좋음을 추구하는 것은 미덕으로, 나쁨을 피하는 쪽을 안보를 우선시하는 것으로 볼 수도 있을 것 같다.

예를 들어 카르타고에 의해 포위되어 있었을 때(한니발의 로마 침공 때를 의미) 사람들이 앞으로 할 일련의 행동들을 숙고할 경우 한 편이 안전에 기초하여 고려하고 있고, 다른 쪽은 명예에 기초하여 고려하는 경우, 안전을 우선 하는 쪽은 다음과 같이 주장해야 한다.

안전보다 유용한 것은 없다. 아무도 자신의 계획들을 안전에 두지 않는다면 그의 미덕을 쓸 수가 없고, 신들도 스스로를 부주의하게 위험에

---

7) 『헤레니우스를 위한 수사학』(Rhetorica ad Herennium)은 기원전 1세기 말경에 라틴어로 쓰여진 저자 미상의 수사학책이다. 책의 내용은 고대 그리스의 수사학 이론을 정리한 것으로, 수사학의 이론을 쉽고 명료하게 설명한 것으로 정평이 높다. 아리스토텔레스의 수사학이 1270년경에 재등장하기 전에 키케로의 수사학 책들과 함께 가장 영향력이 있었던 수사학 교과서라고 할 수 있다.

8) 키케로(M. Tulius Cicero), 안재원 편역, 『수사학(말하기의 규칙과 체계)』(Partitiones Oratoriae), 도서출판 길(2009), 제288면.

빠뜨린 사람들을 도울 수 없고, 안전을 가져오지 못하는 것들은 명예로운 것으로 간주되어서는 안 된다.

명예(미덕)를 안전보다 우선하는 쪽은 다음과 같이 주장해야 한다. 미덕은 어떠한 경우에도 포기될 수 없다. 두려운 고통이나 무서운 죽음조차 불명예와 오욕보다는 더 참을 만하다. 수치는 계속될 것이라고 여겨야 한다. 실제로 이 위험을 피한다고 하더라도 불멸이나 영원한 삶은 이룰 수 없고, 다른 위험을 만나게 된다. 미덕은 죽음조차 뛰어넘고, 행운은 습관적으로 용감한 사람들을 선호한다. 현재에 안전한 사람이 아니라, 명예롭게 사는 사람이 안전하게 사는 사람이다. 반면에 수치스럽게 사는 사람은 영원히 안전할 수 없다(『헤레니우스를 위한 수사학』. Ⅲ. 8-9).

8) 정치연설의 실제

고대 정치연설의 전형은 데모스테네스(Demosthenes)의 반마케도니아 연설들이나, 펠로폰네소스 전쟁사에 소개된 각 도시국가의 대표들이 한 군사 및 외교에 관한 연설들이다.

다음 연설은 기원전 351년경 마케도니아의 필립 왕이 아테네의 북쪽 지방을 점령하자, 아테네인들이 이를 두려워할 때에 데모스테네스가 상비군을 만들어 대항할 것을 주장하면서 한 연설(First Phillipic)의 일부이다. 데모스테네스는 필립 왕에 대항할 것을 권고하는 5개의 연설들로 유명하다. 아래 연설은 아테네인들에게 과거에 실수를 하는 동안 나빠졌기 때문에 미래에는 실수를 하지 않는다면 좋아질 수 있다고 말을 하면서 청중들에게 희망을 불어넣어 자신의 의견을 수용하도록 만드는 부분이다.

"첫 번째로, 아테네인들이여, 당신들은 현재의 상황이 비록 두려운 것이라고 해도 낙담해서는 안 됩니다. 왜냐하면 과거에 최악의 전망은 미래에 우리에게 최선의 희망을 주기 때문입니다. 제가 무엇을 언급하는 것입니까? 아테네인들이여, 우리의 상황은 당신들이 할 일을 하지 않고 게으름을 피우는 동안 악화되었다는 사실을 말하는 것입니다. 만일 당신들이 할 일을 다 하던 중에 상황이 그렇게 나쁘다면 더 나아질 희망은 없을 것입니다."(Dem. 4. 2.)

기원전 346년에는 마케도니아 필립 왕과 아테네 간에 '필로크라테스(Philocrates)의 평화조약'이 체결되었는데 아테네에서는 위 조약의 체결에 불만이 많았다. 같은 해 작성된 데모스테네스의 5번째 연설인 『평화에 관하여』라는 연설은 당시 상황과 관련된 연설인데, 데모스테네스는 위 평화조약에는 반대하는 입장이었으나, 마케도니아의 왕 필립에게 바로 전쟁을 직접 거는 것을 제지하는 연설을 했다(Dem 5. 1-5).

"[1] 아테네인들이여, 상황이 극도로 복잡하고 혼란스러운 것은 말할 필요가 없을 것입니다. 우리는 많은 것을 잃었고, 거기에 좋은 말을 가져다 붙일 필요조차 없습니다만, 우리가 장래의 이익을 위하여 무엇을 해야 하는지에 관해 아무런 합의조차 없습니다. 어떤 사람은 이렇게 이야기하고, 또 어떤 사람은 저렇게 이야기를 합니다.

[2] 숙의는 원래 어렵기는 하지만, 아테네인들 당신들은 이를 더욱 어렵게 했습니다. 다른 사람들은 사건이 발생하기 전에 숙의를 하는 습관이 있는데, 당신들은 사건이 발생한 후에 합니다. 그 결과 제가 기억하는 한, 과거의 실수들을 비난하는 것이 정치인들이 좋은 연설가로 유명해지고 명성을 얻는 방법이 되어 왔고, 그러는 사이에 실제 일어나는 일들은 당신들로부터 멀어졌습니다.

[3] 그럼에도 불구하고, 도시의 중요한 문제에 관하여 도시를 위해 숙고하는 사람들이 마땅히 그렇게 하듯이 당신들이 야유나 악의를 보임이 없이 저의 말에 경청한다면, 저는 당신들에게 이 상황을 극복하고 개선시

킬 방법을 권고할 수 있을 것이라고 확신합니다.

　[4] 아테네인들이여, 만일 배짱이 있어서 자신의 과거 연설을 인용하고 자화자찬하는 사람들이 항상 민회에서 이익을 본다는 것을 다 알고 있습니다만, 저는 그러한 관행이 지루하고 피곤한 것이라고 생각하기 때문에 그럴 필요가 있더라도 그것을 하지 않아야 한다고 생각합니다. 그러나 제가 이전에 말한 것들을 조금 회상시키다면, 당신들이 제가 말하려고 하는 것들을 판단하는 데 도움이 될 것이라고 생각합니다.

　[5] 아테네인들이여, 첫 번째로 생각나는 사례는, 에우보이아(Euboea)가 분란에 빠져 당신들이 플루타르코스를 지원해서 영광스럽지도 않고 값비싼 전쟁을 해야 한다고 충고를 받았을 때입니다. 저는 연단에 첫 번째로서서 그 제안에 반대한 유일한 사람이었고, 약간의 얻을 것 때문에 당신들에게 일련의 중대한 실수들을 하도록 설득했던 사람들로부터 엄청난 비난을 받았었습니다. ……"

　데모스테네스는 자신의 제안이 자신의 이익을 위한 것이 아니라 도시의 이익을 위한 것임을 강조하는데(이를 '에토스'라 한다)하면서, 과거의 사례를 들어서 설득을 시도하고 있다.

　그다음으로 미덕을 이용하여 권고를 하는 연설을 소개한다. 아테네인들은 호전적인 기질이 있어 이를 미덕으로 여겼는데, 데모스테네스는 항상 청중인 아테네인이 미덕으로 여기는 호전적인 기질에 맞추어 연설했다. 데모스테네스는 전장에서 자신의 전열을 이탈한 사람이기도 하고, 뇌물을 받아서 유죄 평결을 받았음에도 불구하고 계속 정치적인 생명력을 유지할 수 있었던 비결이 항상 아테네인들이 미덕으로 여기는 호전적인 기질에 부합하는 연설을 하였기 때문이다. 다음은 데모스테네스의 18번째 연설인 『명예왕관에 대하여』 중 일부이다.

"[202] 살아 있는 사람들 중 테베인, 테베 이전에 지배를 한 스파르타인들이건, 페르시아의 왕이건 간에 아테네가 그리스의 주도권을 내려놓고 그들이 지시하는 명령을 집행만 했다면, 그들은 즐겁게 감사하면서 아테네가 가진 것을 그대로 가지도록 놔두고 원하는 것을 가질 수 있도록 했을 것이라는 것을 잘 알고 있습니다.

[203] 하지만 물론 그것은 아테네인들이 물려받은 유산에 속하지 않습니다. 그것은 참을 수 없는 것이고 우리의 성격과 맞지도 않습니다. 태초부터 아무도 이 도시로 하여금 불의한 강자 편에 붙어 비굴하게 안전을 도모하도록 설득할 수 없었습니다. 역사를 통틀어 이 도시는 항상, 이떠한 위험이 있더라도, 제일가는 명예와 영광을 위하여 싸워 왔습니다.

[204] 당신들은 그 원칙을 당신들의 인격에 중대하고 본질적인 문제로 간주하고 있어서, 행동으로 이를 입증한 선조들을 찬양하는 것입니다. 그 것은 옳은 것입니다. 누구인들 정복자의 명령을 듣는 대신 도시를 버리고 전함을 집으로 삼은 사람들에 고무되지 않겠습니까? 그들은 그들에게 그런 충고를 한 테미스토클레스를 지휘관으로 선출하였습니다. 그들은 굴종을 권유한 키르실로스(Cyrsilus)를 돌로 쳐 죽였고, 그들의 아내들은 키르실로스의 아내를 돌로 쳐 죽였습니다. 저 아테네인들은 그들을 번영하는 굴종으로 이끄는 정치인과 장군들을 찾지 않았고, 자유롭지 않은 삶은 가치가 없다고 생각했습니다. 그들은 각자가 스스로를 부모의 자식임과 동시에 국가의 아들이라고 생각했습니다. 왜 그것이 문제입니까? 자신을 부모의 자식으로만 여기는 사람은 그의 마지막이 왔을 때에는 자연사만을 원하지만, 자신을 조국의 자식으로 여기는 사람은 그의 조국이 자유를 잃을 때 자신의 목숨을 희생합니다. 그는 죽음보다는 예속된 도시에서 그의 타락과 불명예를 더 두려워합니다." (Dem. 18. 202-205)

데모스테네스처럼 외국과 싸우는 것을 선동할 때도 조상들의 미덕을 인용하지만, 싸우는 것을 말릴 때도 조상들의 미덕을 인용한다. 다음은 기원전 355년경에 쓰인 것으로 보이는 이소크라테스의 8번째 연설 『평화에 관하여』의 일부인데, 조상들의 미덕을 인용하면서 아테네의 해상제국주의를 포기하라고 권고하는 연설이다. 그 배경을 설명하면 기원전 357년에 소아시아의 동맹 도시들이 아테네에 반기를 들고 전쟁을 일으켰고(이를 'The Social War'라 한다), 동맹 도시들은 전쟁에서 승리한 후 자치권을 가진다. 그 무렵 이소크라테스가 이제는 해상제국주의 정책을 포기하고 평화를 추구해야 한다고 주장하는데, 과거의 조상들의 미덕이 사라지고 없다고 하면서 전쟁을 제지한다.

"[73] …… 다시 저의 주제로 돌아가서 말을 하겠습니다.

[74] 만일 제해권을 획득하기 전의 도시의 상황과 획득한 후의 도시의 상황을 살핀다면, 당신들은 해상제국이 되는 것이 당신들에게 이익이 되지 않는다는 것을 가장 잘 이해할 수 있을 것입니다.

[75] 즉, 마치 아리스티데스(Aristides), 테미스토클레스(Themistocles), 밀티아데스(Miltiades)(이들은 페르시아 전쟁 당시 리더들이다)가 트라시불로스(Thrasybulus), 클레오폰(Cleophon)(이들은 30인 참주정을 전복하여 민주정체를 복구한 리더들이다)과 같은 인민 선동가들보다 훌륭한 사람인 것과 마찬가지인 것처럼, 과거의 정부는 우리가 나중에 세운 정부들보다 훨씬 훌륭하고 강했습니다. 이전 시대의 사람들은 게으름, 가난, 혹은 헛된 희망이 없이 도시를 운영하였지만,

[76] 그들의 영토를 침범한 적들을 상대로 한 전투를 이길 수 있었고, 그리스를 궁지로 몰았던 위협 속에서 보인 용맹에 대하여 존경을 받았으며, 대부분의 도시들이 자발적으로 우리에게 주도권을 넘겨주었습니다.9)

[77] 이런 조건들에도 불구하고, 바로 우리의 그 권력은 모든 사람이 존경하던 정부를 이제는 아무도 칭찬하지 않을 정도로 아무 제지가 없는 지

---

9) 기원전 476년 아테네가 주축이 된 제1차 델로스 동맹을 의미한다.

경까지 우리를 끌어내렸습니다. 우리는 시민들을 너무 형편없이 교육하는
바람에, 우리는 우리를 향해 진군한 사람들을 격퇴하는 대신에 이제는 아
무도 우리의 성벽 앞에 있는 적들을 향해 나아가 싸우지도 않습니다.
……."(Iso. 8. 73-77)

정치연설은 미래에 일어날 사실을 내용으로 한다고 했는데, 대공황이
어떻게 진행될지에 관한 연설을 소개한다. 미국 역사상 가장 위대한 대
통령 중 한 명으로 평가받는 프랭클린 루즈벨트(Franklin. F. Roosevelt)
대통령의 취임 후 첫 번째 연설을 소개하려고 한다. 루즈벨트 대통령은
'노변 담화(Fireside Chat)'라고 하는 유명한 일련의 라디오 연설들을 통
해서 미국의 위기 때마다 탁월한 연설능력과 리더십을 보여 주었는데,
그중 첫 번째 연설은 바로 대공황을 대처하는 연설이었다. 앞서 정치연
설은 미래의 불확실성 때문에 신뢰를 주는 것이 중요하다고 했었는데,
그 특징에 아주 잘 부합하는 연설이다.

1930년대 초의 미국의 대공황은 아마도 누구나 들어 봤을 텐데, 미
국은 1932년에 최악의 경기 침체를 맞이했고, 설상가상으로 1932년 3
월 초순 당시 실질적으로 미국의 중앙은행의 역할을 하던 뉴욕 연방준
비위원회에서 막대한 예금(3억 5,000만 달러)이 인출되면서 금의 잔고가
급격하게 줄고(당시는 달러가 금으로 교환되는 금본위제 시스템이었다), 미
국 전역에서 은행 시스템이 붕괴되자 불안해진 시민들은 너도나도 예금
을 인출했다. 1932년 3월 4일부터 3일간은 28개 주의 은행들이 휴업을
했고, 나머지 주에서도 일부 은행만 부분적으로 영업을 했다. 1932년 3
월 4일이 바로 루즈벨트 대통령이 취임한 날이다. 루즈벨트 대통령은
취임하자마자 3월 9일까지 은행을 강제로 휴업하는 명령을 내렸다. 그
리고 1932년 3월 12일 일요일 오전 10시에 루즈벨트는 역사적인 첫 번
째 노변담화 연설을 실시한다.[10) 연설은 지금도 유튜브를 검색하면 들

어볼 수 있는데, 대체로 차분하고 자신감 있는 목소리로 은행시스템을 설명하고, 현재의 은행 시스템이 복구되고 있으니 걱정하지 말라면서 말한다. 특히 은행에 돈을 맡기는 것이 매트리스 밑에 돈을 두는 것보다 안전하다고 말을 하는데, 루즈벨트는 이렇게 친근하고 익숙한 표현들을 잘 사용했다.

"은행들이 영업을 재개할 때 아직도 공포에 질린 극소수의 사람들이 예금인출을 다시 시작할 가능성이 있습니다. 저는 은행들이 모든 수요에 대처할 수 있음을 명백히 하겠습니다. 그리고 저는 지난주에 있었던 사재기(현금 비축)는 정도를 벗어난 유행이 지난 소일거리가 되었다고 믿습니다. 사람들이 그들의 예금을 찾을 수 있다는 것을 알게 되었을 때, 그들이 적법한 용도에 사용하기 위하여 돈을 필요로 할 때에 돈을 찾을 수 있다는 것을 알게 되었을 때에 공포의 유령이 곧 사라질 것임은 굳이 예언가를 필요로 하지는 않을 것입니다. 사람들은 그들의 돈이 안전하게 관리되는 곳에 있으면서 언제라도 편리하게 사용할 수 있다면 다시 기뻐할 것입니다. 저는 여러분들이 돈을 다시 개장한 은행에 보관하는 것이 매트리스 밑에 보관하는 것보다 더 안전하다고 단언합니다."

It is possible that when the banks resume a very few people who have not recovered from their fear may again begin withdrawals. Let me make it clear that the banks will take care of all needs -- and it is my belief that hoarding during the past week has become an exceedingly unfashionable pastime. It needs no prophet to tell you that when the people find that they can get their money -- that they can get it when they want it for all legitimate purposes

---

10) Liaquat Ahamed, 『Lords of Finance』, The Bankers Who Broke The World, Penguin Books(2009), 제52－56면

-- the phantom of fear will soon be laid. People will again
be glad to have their money where it will be safely taken
care of and where they can use it conveniently at any time.
I can assure you that it is safer to keep your money in a
reopened bank than under the mattress.

루즈벨트의 연설에도 불구하고 위 연설의 다음 날인 1932년 3월 13
일 월요일 일부 은행들이 개장했을 때에는 어떤 일이 일어날지 아무도
예상할 수 없었다. 하지만, 강제적인 은행휴업, 구제 금융, 그리고 루즈
벨트의 탁월한 소통력으로 월요일 은행들이 개장했을 때에는 사람들이
예금을 인출하려는 뱅크런은 일어나지 않았다. 오히려 사람들이 은행에
예금을 하러 왔다. 1932년 3월 15일 뉴욕 증권거래소가 10일간의 휴장
끝에 다시 개장하였을 때에는 다우존스지수가 15% 상승했고 그 주에만
은행 예금이 10억 달러가 늘었다.

5. 예식연설

1) 의미

예식연설은 어떤 사람이 한 명예로운 행위를 입증하는 연설이고, 구
체적으로 현재 있었던 사건과 인물의 경중의 문제, 즉 "더 잘했다 못했
다.", "결과가 더 좋았다 아니다."를 주로 다루게 된다. 물론 과거의 사
실이나 미래의 사실을 다룰 수 있다. 구체적으로는 인물, 행위의 탁월
함, 숭고함과 그 반대의 것을 다루는 것이 쟁점이 된다. 예식연설은 어
떤 행사를 통하여 구성원의 화합과 단결을 통한 고유의 정신적인 가치
를 강화하기 때문에, 청중이 속한 집단의 기질과 특성에 대한 찬양도
빠지지 않는다. 예식연설의 구성은 대체로 찬양/칭찬 – 위로 – 권고/훈
계의 구성으로 이루어진다.

2) 미덕/악덕과 숭고/수치

보통 예식예설은 미덕을 기리고, 악덕을 비난하기 때문에 미덕과 그 반대인 악덕, 숭고함과 그 반대인 수치에 관한 토포스를 잘 알아야 한다. 앞서 미덕은 탁월함이라고 설명한 적이 있고, 정의, 용기, 절제, 포부가 큼, 온화함, 후함, 실천적 지혜와 같은 하부 범주가 있다. 앞서 말했듯이 탁월함의 개념은 어디까지나 일반인들이 가진 탁월함의 개념을 이용하여야 한다. 아리스토텔레스의 윤리학에 나오는 미덕 이론을 그대로 인용해서 설득을 시도하면 안 된다.

이런 미덕은 대체로 좋은 것을 제공하거나 보존하는 성질이 있는 것이고, 모든 사건에서 다양한 종류의 큰 이익들을 생산해 내는 속성이 있다. 따라서 가장 큰 미덕은 타인들에게 효용이 가장 많은 것이다. 따라서 정의와 용맹이 가장 큰 미덕인데, 용맹은 전쟁에서, 정의는 전쟁 및 평화로울 때도 유용하다. 그다음은 돈 씀씀이가 후함인데, 돈을 잘 주고 다른 사람의 재산을 탐내지 않는 것이다. 정의(Justice) 개념은 우리 민족에게 생소한 개념인데, 고대 그리스인들의 정의 관념은 자신의 몫과 법에 의하여 인정된 것을 가지는 것이고, 불의는 다른 사람에게 속하는 것과 법에 의하여 인정되지 않는 것을 가지는 것이라고 할 수 있다. 이러한 정의의 개념에서 자신보다는 다른 사람들을 번영하도록 한 행위는 숭고한데, (왜냐하면 자신의 몫보다 다른 사람의 몫을 더 크게 했으므로) 이는 정의로운 행위이기 때문이다.

숭고함(혹은 아름다움)은 미덕을 가져오거나, 미덕에서 나온 것, 미덕의 상징과 그 행위들, 그 관련된 것들과 관련이 있다. 특히 돈이 아니라, 명예가 부여되는 것이 숭고한 것이다. 승리와 명예, 기억할 가치가 있는 것, 사후에도 남은 것, 명예에 따라오는 것, 단 한 사람만이 가지는 것 등이 숭고함이다.

사람들이 두려움을 무릅쓰고 획득하려고 다투는 것이 숭고하고, 그 이유는 사람들은 좋은 명성을 달성하게 해주는 재화들에 영향을 받기 때문이다. 승리와 명예가 숭고한 이유는 비록 구체적인 과실을 맺지 못하더라도 탁월함에서 더 우월함을 보이기 때문이다. 이 부분은 고대 그리스인들의 개인주의하에서 남을 이기는 것을 좋아하는 측면을 보여주기 때문에 서양 문화에서는 그대로 통용될 수 있으나, 우리 문화와는 잘 맞지 않을 수도 있다고 생각된다. 예를 들면 우리 문화의 경우에는 승자는 패자를 생각하기 때문에 이긴 기쁨을 많이 표출하지 않고, 다른 사람의 공으로 돌리는 편이다. 예를 들어, 연예인들이 연말 시상식에서 상을 받으면서 눈물을 흘리며 주변에서 도움을 준 사람들의 이름을 쭉 말하는 장면을 기억한다면 쉽게 이해가 될 것이다. 다시 말해서 우리나라에서는 내가 잘 해서 어떤 업적을 이루었다고 솔직하게 말을 해서는 청중들로부터 오만하다는 평가를 받을 수도 있다.

칭찬을 할 때에는 청중이 존중하고 좋아하는 것들을 이야기해야 한다. 예를 들어 개별 민족에 특이한 관습들과 그 민족 사이의 존경받는 상징들은 숭고한 것이다. 따라서 소크라테스가 말했듯이 아테네인들 사이에서 아테네인을 칭찬하는 것은 어렵지 않은데(수사학. 1367b), 왜냐하면 아테네인들은 아테네인들이 들으면 좋아하는 내용을 잘 알기 때문에 그렇다. 따라서 펠로폰네소스 사람들 사이에서 아테네인을 칭찬하거나 그 반대의 경우에는 훌륭한 연설가들이 필요하지만, 아테네인들이 있는 데에서 아테네인을 칭찬하는 것은 그렇지 않다고 할 수 있다(메넥세노스. 235d). 청중의 특이한 특징과 그 징표, 기술과 관련된 것들도 칭찬의 대상이다. 스키타이인, 스파르타인, 철학자이건 각 그룹을 상대로 말할 때에는 그 그룹에서 특히 존중받는 것들을 실제로 존재하는 것처럼 말해야 하고, 그것들이 숭고하다고 말해야 한다.

칭찬을 받는 행위는 그 사람의 의도에 의한 것이기 때문에, 사람을 칭찬할 때에는 그 사람의 행위는 윤리적으로 의도한 것이고, 유용하며 그 사람은 여러 차례 그런 일을 했다고 말해야 한다. 그 사람의 과거 행위들을 나열하면, 사람들은 그 행위들은 어떤 목적하에서 행해진 것이라고 생각하게 되고, 심지어는 우연이나 부차적인 것들도 다 미리 고려된 것이라고 생각하게 된다.

찬양과 비난을 하는 방법은 현재의 것을 미덕과 유사해지도록 가감하여 표현하는 것이다. 예를 들어 걱정이 많은 사람을 냉정하고 계산적인 사람이라고 말을 하고, 멍청한 사람을 믿을 수 있는 사람으로, 둔감한 사람을 온화한 사람으로 표현한다(수사학. 1367a). 이럴 경우 사람들은 미덕에 가장 가까운 성격을 그 사람의 성격으로 간주한다. 예를 들어 화를 잘 내는 사람에게서 진솔함을, 오만한 사람은 위대한 사람으로 간주하고, 어떤 과다한 상태에 있는 사람을 미덕을 갖춘 것으로 판단하는데, 예를 들어 용감한 사람을 솔직한 사람으로, 성급한 사람을 용감한 사람으로, 낭비벽이 있는 사람을 관대한 사람으로 간주하는 것과 같다. 대부분의 사람들은 이런 식으로 사고를 하는 것으로 보이고, 또한 원인에 관하여 잘못 추론함으로써 그러한 사고는 강화된다. 앞서 사람들이 생각을 할 때에 머리를 많이 쓰는 숙고(Slow Thinking, 시스템 2 사고방식), 연상에 의한 사고(Fast Thinking, 시스템 1 사고방식)가 있다고 했는데, 아리스토텔레스는 연상에 의하여 빨리 사고하는 것을 설명하고 있다. 예를 들어 성급함은 행동이 지나치게 빠른 것인데, 용감한 사람은 제일 먼저 적을 향해 돌격할 것이기 때문에 빠르다는 것에서 성급함과 용감함을 연상한다.

칭찬을 할 때에는 과장을 하게 되는데, 과장하는 방법은, 혼자, 혹은 최초로 한 사람, 극소수 중에서도 유일한 사람, 혹은 가장 많이 한 사람임을 이야기하고, 시간과 상황에 의하여 필요한 행위를 한 것, 횟수, 동기와 부여된 명예들을 나열하면서 칭찬을 더욱 강조한다. 만일 이에 해당하지 않을 경우에는 유명한 사람들과 비교하여 더 낫다고 할 수 있다.

찬양과 권고의 내용은 공통된 형식을 가지기 때문에 표현을 달리하면 권고가 찬양이 될 수 있다. 예를 들어 "운이 따라 준 것들을 자랑하지 마라."라는 권고는 "그는 운에 따라 자신에게 속하게 된 것을 자랑하지 않고, 자신의 힘으로 한 것을 자랑스러워했다."라고 말을 바꾸면 권고가 찬양으로 변하게 된다. 따라서 권고를 할 때에는 칭찬을 하고 싶은 것을 생각해 내면 된다.

3) 우리 민족의 미덕을 찬양하는 방법

우리 민족의 미덕이나 기질은 잘 드러나지 않는 것 같은데 인내심이 강한 것은 확실하다. 예를 들어, 코로나 사태에 우리나라 사람들은 정부의 집합금지 명령, 영업금지 명령, 자가격리 의무 등 정부가 부과하는 의무들을 잘 견디어 냈다. 이와 대비되는 것이 미국의 시민들인데 마스크도 잘 끼지 않고, 정부에 반항하는 모습이 많이 보였고, 많은 시민들이 코로나에 걸려도 별일 없다는 듯 일상생활을 잘 영위하는 모습이 우리와는 대조되었다. 미국의 국가 "The Star-Spangled Banner"의 맨 마지막 구절은 "And the star-spangled banner in triumph shall wave O'er the land of the free and the home of the brave."로 끝이 난다. "승리의 성조기는 자유인들의 땅과 용감한 자들의 집 위에서 흩날릴 것이다."인데, 코로나 사태 때 그들의 보인 행동이 성조기의 마지막 구절과 일치하는 것은 결코 우연이 아니다.

노태우 대통령의 취임연설에는 "저는 먼저 반만년 동안 숱한 외세의 침략과 시련을 이겨내며 빛나는 전통문화를 창조하여 민족의 자주를 면면히 이어 온 그 불굴의 자주독립정신을 가슴에 새깁니다."라는 구절이 있었고, 노무현 대통령의 취임연설에도 "국민 여러분, 우리의 역사는 도전과 극복의 연속이었습니다. 열강의 틈에 놓인 한반도에서 숱한 고난을 이겨내고, 반만년 동안 민족의 자존과 독자적 문화를 지켜 왔습니다."라는 구절이 포함되어 있었다.

두 대통령의 연설에서 우리 민족은 역경을 잘 극복했다고 찬양했지만, 어떤 정신적인 가치와 특질을 추구한 민족인지, 즉 민족의 미덕은 잘 드러나지 않는다. 사실 너무 고난을 많이 겪어 민족이 어떤 미덕을 추구하기보다는 민족의 생존만이 중요했을지도 모르겠다. 고대 아테네인들은 굴종적인 삶은 거부하고 남과 겨루어 이기는 것을 미덕으로 삼는 기질인데, 우리는 일단 미덕을 발휘하지는 못해도 민족 자체가 수천 년을 우리끼리 근근이 이어 온 것이 가장 큰 미덕이다. 사실 이것이 나쁘다고 할 수도 없는 것이 아테네처럼 약 200년 반짝 잘 나가다가 주저앉고 역사 속에 망각된 것과 우리나라처럼 크게 잘 난 것 없어도 5,000년을 꾸준히 살아온 것 중 어느 것이 더 나은 미덕인지는 사실 나는 잘 모르겠다. 확실한 것은 우리 대중을 상대로 할 때에는 항상 "우리는 숱한 고난을 이겨낸 슬기롭고 끈기 있는 저력을 가졌다."로 찬양하고, 설득할 때에는 조금만 참으면 고통이 끝나고 성공이 찾아올 수 있다는 식으로 말을 해야 한다.

4) 페리클레스의 추도연설

투퀴디데스에 의하면, 아테네에서는 전몰자들을 땅에 묻고, 시민들 중에서 지적인 능력과 명예가 탁월한 사람들이 선발되어 추도사를 하고, 그 행사 이후에 귀가하는 관습이 있었다고 한다(펠로폰네소스 전쟁사. 2. 34).

페리클레스가 기원전 431년 펠로폰네소스 전쟁의 첫해의 전몰자들에 대한 추모연설자로 초대되어 한 추도연설이 펠로폰네소스 전쟁사에 기록되어 있다. 그 외에도 플라톤의 『메넥세노스』 대화편, 이소크라테스가 기원전 380년에 쓴 『Panegyricus』(Isoc. 4), 뤼시아스의 추도 연설(Lys. 2), 데모스테네스의 60번째 연설, 아테네가 패망한 기원전 322년에 휘페레이데스가 작성한 라미안 전쟁에서 전사한 레오스테네스(Leosthenes)에 대한 추도연설(Hyp. 6) 등이 현존한다.

페리클레스의 추도연설은 만고의 명문이다(펠로폰네소스 전쟁사. 1. 35 - 47). 플라톤은 『메넥세노스』 대화편에서 소크라테스의 입을 빌려, 이 연설이 페리클레스의 연인 아스파시아(Aspasia)가 지어 준 것이라고 말했고 (236b), 소크라테스 자신도 아스파시아로부터 연설문을 작성하는 법을 배웠다고 말하면서 본인이 직접 창작한 연설을 시연한다.

페리클레스의 추도연설은 다음과 같이 시작한다. 글, 노래, 연극에서 청중의 집중력이 가장 높은 처음 부분을 제대로 시작하지 않으면, 나머지가 잘 되지 않는데, 페리클레스는 안정감 있게 머리말을 시작한다.

> "저보다 앞서 이곳에서 연설했던 대부분의 사람들은 추도연설을 장례 절차의 일부로 제도화한 사람을 칭송하면서, 전몰자를 위한 장례식에서 추도연설을 하는 것은 잘한 것이라고 말했습니다. 제 입장에서는, 저는 행동으로 보여준 가치는, 인민들의 비용으로 마련된 바로 이 장례식에서 여러분들이 본 것과 같은 행동으로 보여주는 명예에 의하여 충분하게 보상이 된다고 생각합니다. 그리고 저는 많은 용자들의 명성은, 연설가가 연설을 잘 하거나 못 하는지에 따라서 높아지거나 낮아지는 것과 같이 운에 따를 수 없기를 기원합니다. ……"

그다음에는 선조들을 칭찬한다.

> "저는 우리들의 선조를 가지고 시작을 하겠습니다. 이런 경우에는 마땅히 그래야 하고 또 적절한 것이지만, 이 찬사는 그들을 추모하는 데 바쳐

져야 합니다. 같은 민족이 계속해서 이 땅을 점유하여 왔고, 세대에서 세대로 오늘날까지 이를 물려주었습니다. 우리가 이 자유의 땅을 물려 받은 것은 이 용자들 덕분입니다. 그들은 우리의 칭찬을 받을 자격이 있습니다. 더 자격이 있는 사람들은 우리들의 아버지들인데, 그들은 물려받은 것에 그들의 노고를 통해서 현재 우리 세대에게 현재 우리가 가진 위대한 제국을 유산으로 남겨 주었습니다. ……"

그다음 아테네의 정치제도와 시민들의 기질에 관하여 찬양을 하는데, 고대 아테네에 이미 현대 자유주의, 개인주의 시민사회의 원초적인 모습을 가지고 있었음을 보여준다.

"우리는 우리 이웃들과는 다른 정치체제를 가지고 있습니다. 우리는 그들을 모방하기보다는 그들의 모범이 됩니다. 우리들의 정체는 민주정체라고 불리는데 우리는 소수가 아닌 다수의 이익을 위해 통치를 하기 때문입니다. 우리들의 법은 모든 개인적인 분쟁에 동일한 권리를 주지만, 공공이 선호하는 것은 개인적인 우월함에 달려 있고, 대체로 추첨이 아닌 미덕에 의하여 결정됩니다.11) 만약 어떤 사람이 가난해도 도시를 위하여 좋은 일을 할 능력이 있다면 가난은 공직을 맡는 데 방해가 되지 않습니다. 우리는 공무 수행 중의 행위들과 다른 사람들의 일상생활의 습관을 볼 때도 개방적이고 자유롭습니다. 만일 우리들의 이웃이 자신의 쾌락을 추구하더라도 화를 내지 않으며, 피해를 주지만 처벌을 받을 정도는 아닌 행위들에 대하여도 싫은 내색을 하지 않습니다. 우리는 개인적으로 다른 사람들과 관계에서는 관대하지만, 공적인 문제에서는 법을 지킵니다. ……"

전몰자들의 용맹에 대해서는 다음과 같이 찬양한다.

---

11) 주의할 것은 아테네에서는 장군이나 재무관들처럼 중요한 직위에는 미덕을 기준으로 선출했고, 나머지 관직들은 추첨으로 시민들에게 분배했다.

"…… 일부에게는 개인적인 잘못이 있었더라도, 그들이 적과 싸우고 조국을 위해 죽을 용기는 그 잘못을 능가하였고, 그들은 훌륭함으로 위험을 제거하였고, 그들이 준 이익을 합한 것은 개인으로서 끼친 손해보다 훨씬 많았습니다. 그들 중 누구도 부를 계속 누리는 것을 고귀한 가치로 간주하지 않았고, 그것 때문에 겁쟁이가 되지 않았습니다. 그들 중 어느 누구도 언젠가 가난을 탈출해서 부자가 될 수 있다는 가난한 자의 희망 때문에 두려운 마지막 순간을 늦추지 않았습니다. 그들에게는 적들에 대한 승리만이 더 위대한 욕구였습니다. 그들은 이것을 모든 위험 중에서 가장 숭고한 것으로 생각했고, 다른 모든 것을 포기하여도 승리를 하기 위하여 그 위험을 무릅쓸 준비가 되어 있었습니다. 그들은 성공과 실패를 불확실성에 의존할 수밖에 없었지만, 그들이 적들을 대적하였을 때에는, 그들은 스스로를 의지하였고, 저항의 바로 그 순간에서 항복해서 살아남는 것보다 죽음을 선택했습니다."

시민들에게 도시에 기여할 것을 촉구하는데, 좀 살벌한 느낌을 준다.

"…… 우리 도시의 명백한 힘을 우러러보고, 도시가 사랑하는 연인이 되어야 합니다. 도시의 위대함을 깨달을 때에는, 도시를 위대하게 한 것은 사람들의 대범함, 그들이 수행할 의무를 자각함, 그리고 그들이 그 일을 할 때의 자부심라는 것을 생각해보기 바랍니다. 그들이 실패를 하였다고 하더라도, 그들은 도시에게 그들의 손해를 전가하지 않았고 오히려 그들이 바칠 수 있는 최선의 헌정물인 용기(aretē)를 주었습니다. ……"

전사자들에게 불멸의 명예를 기리는 부분도 있는데, 아킬레우스와 알렉산더가 큰 무공을 세우고 후대에 불멸의 명예를 얻는 것과 비견될 수 있겠다.

"…… 그들은 모두 함께 목숨을 버렸지만, 개별적으로는 그들은 결코 늙지 않는 찬양과 가장 영광스러운 무덤을 받았습니다. 그 무덤은 그들이 묻혀 있는 장소를 의미하는 것이 아니라, 그들의 명예가 모든 연설의 기회와 행사, 그리고 영원한 기억 속에서 계속 살아 있는 것입니다. ……"

마지막으로 아테네 시민들에게 권고를 하는 부분이다.

"이제 여러분들은 이분들을 본받으려고 노력해야 합니다. 행복은 자유이고, 자유는 용기임을 깨닫고, 전쟁의 위험을 두려워 말아야 합니다. 더 희망할 것조차 없는 불쌍한 사람들이 더욱더 자신의 목숨을 아낍니다. 오히려 계속 살다 보면 알 수 없는 운으로 삶이 뒤바뀔 수 있고, 실패를 하면 가장 잃을 것이 많은 사람들이 기꺼이 목숨을 내어놓습니다. 자존심을 가진 사람에게는 재난을 겪은 후에 오는 비겁함이 용기와 애국심에 사로잡혀 느끼지도 못한 채로 맞이한 죽음보다 더 고통스럽습니다. 이런 이유로 저는 여기 참석한 망인의 부모님들께는 조의가 아닌 격려를 바칩니다. ……"

5) 링컨의 게티스버그 연설

추도연설하면 링컨의 게티스버그 연설을 빼놓을 수 없다. 링컨은 1860년에 미국 대통령으로 당선되었고, 그의 노예제에 대한 입장에 반발한 남부의 주들이 1861년 4월 반란을 일으켜 남북전쟁이 시작되었다. 링컨은 1863년 1월 1일 노예해방령(The Emancipation Proclamation of January 1. 1863)을 공포하였고, 노예해방령은 미국 역사상 가장 위대한 사회 개혁으로 일컬어진다. 1863년 7월 초에 게티스버그에서 북부 연합군이 남부군에게 큰 승리를 거두는데, 양측의 병력의 손실이 컸다.

전몰자들의 장례를 위하여 묘지를 확장한 후 묘지 개장식이 1863년 11월 19일에 열리게 되었고, 추도연설자로서는 혼 에드워드 에버렛(Hon Edward Everett)이 초청되고, 당시 대통령이던 링컨도 초대된다.

링컨에 대해서는 잘못 알려진 것들이 있다. 원래 링컨은 흑인 차별을 부당하다고 여겼지만, 노예제 폐지를 주장하지는 않았다. 그는 흑인이 배심원이 되거나 백인과 같은 투표권을 행사하는 것을 반대했고, 1860년 대통령 취임연설에서도 노예제에 관여할 의사가 없다고 말했다. 남북 전쟁 중에도 링컨은 백인 주인들의 권리로 인정된 노예제도를 전면적으로 폐지할 것을 주장하지 않았고, 그 대신에 흑인들을 중남미로 집단 이주시키거나, 노예 주인들로부터 국가가 노예들을 매수하여 자유인으로 풀어주는 방안을 제시했었다. 그의 이런 태도는 대중의 지지를 받지도 못했고, 오히려 노예제 폐지론자들로부터 반발만 불러일으켰던 상황이었다. 1863년 1월 1일 미국 헌장사상 가장 중요한 것으로 평가되는 노예해방령을 공포하기는 했으나, 법률도 아닌 대통령령에 불과하여 그 명령이 발령되었다고 해서 흑인들의 상황이 나아진 것도 없었다. 또한 남북 전쟁이 전개되면서 수많은 사상자가 나오고도 전황이 좋지 않자, 여론이 전쟁의 목적과 희생의 대가가 무엇인지에 관하여 의문을 제기하던 상황이었다. 링컨은 전쟁의 동력을 유지할 돌파구가 필요했다.

에버렛의 2시간에 걸친 긴 연설이 끝나자 링컨이 다음 연사로 나서서 다음과 같은 연설을 했다. 당시에는 현재와 같은 녹음기술이 없어서 실제 링컨이 어떤 연설을 했는지 정확하게 알 수는 없다. 게티스버그 연설은 한글 번역문도 많이 있으나 아래에서는 월간조선 인터넷판의 도정일 교수님의 번역문을 그대로 인용했다.

"지금으로부터 87년 전 우리의 선조들은 이 대륙에서 자유 속에 잉태되고 만인은 모두 평등하게 창조되었다는 명제에 봉헌된 한 새로운 나라를 탄생시켰습니다. 우리는 지금 거대한 내전에 휩싸여 있고 우리 선조들이 세운 나라가, 아니 그렇게 잉태되고 그렇게 봉헌된 어떤 나라가, 과연 이 지상에 오랫동안 존재할 수 있는지 없는지를 시험받고 있습니다. 오늘 우리가 모인 이 자리는 남군과 북군 사이에 큰 싸움이 벌어졌던 곳입니다. 우리는 이 나라를 살리기 위해 목숨을 바친 사람들에게 마지막 안식처가 될 수 있도록 그 싸움터의 땅 한 뙈기를 헌납하고자 여기 왔습니다. 우리의 이 행위는 너무도 마땅하고 적절한 것입니다.

그러나 더 큰 의미에서, 이 땅을 봉헌하고 축성하며 신성하게 하는 자는 우리가 아닙니다. 여기 목숨 바쳐 싸웠던 그 용감한 사람들, 전사자 혹은 생존자들이, 이미 이곳을 신성한 땅으로 만들었기 때문에 우리로서는 거기 더 보태고 뺄 것이 없습니다. 세계는 오늘 우리가 여기 모여 무슨 말을 했는가를 별로 주목하지도, 오래 기억하지도 않겠지만 그 용감한 사람들이 여기서 수행한 일이 어떤 것이었던가는 결코 잊지 않을 것입니다. 그들이 싸워서 그토록 고결하게 전진시킨, 그러나 미완으로 남긴 일을 수행하는 데 헌납되어야 하는 것은 오히려 우리들 살아 있는 자들입니다. 우리 앞에 남겨진 그 미완의 큰 과업을 다하기 위해 지금 여기 이곳에 바쳐져야 하는 것은 우리들 자신입니다. 우리는 그 명예롭게 죽어간 이들로부터 더 큰 헌신의 힘을 얻어 그들이 마지막 신명을 다 바쳐 지키고자 한 대의에 우리 자신을 봉헌하고, 그들이 헛되이 죽어가지 않았다는 것을 굳게 다짐합니다. 신의 가호 아래 이 나라는 새로운 자유의 탄생을 보게 될 것이며, 인민의, 인민에 의한, 인민을 위한 정부는 이 지상에서 결코 사라지지 않을 것입니다."12)

12) 도정일, 『에이브러햄 링컨의 게티스버그 연설(1863년 11월 19일), 새로운 자유의 탄생』, 월간조선 뉴스룸(2000년 4월호) http://monthly.chosun.com/client/news/viw.asp? nNewsNumb=200004100046 (2021. 10. 10. 접근)

"Four score and seven years ago our fathers brought forth on this continent, a new nation, conceived in liberty, and dedicated to the proposition that all men are created equal.

Now we are engaged in a great civil war, testing whether that nation, or any nation so conceived and so dedicated, can long endure. We are met on a great battlefield of that war. We have come to dedicate a portion of that field, as a final resting place for those who here gave their lives that that nation might live. It is altogether fitting and proper that we should do this.

But, in a larger sense, we cannot dedicate—we cannot consecrate—we cannot hallow—this ground. The brave men, living and dead, who struggled here, have consecrated it, far above our poor power to add or detract. The world will little note, nor long remember, what we say here, but it can never forget what they did here. It is for us the living, rather, to be dedicated here to the unfinished work which they who fought here have thus far so nobly advanced. It is rather for us to be here dedicated to the great task remaining before us—that from these honored dead we take increased devotion to that cause for which they gave the last full measure of devotion—that we here highly resolve that these dead shall not have died in vain—that this nation, under God, shall have a new birth of freedom—and that government of the people, by the people, for the people, shall not perish from the earth."

아마 독자들은 링컨이 연설을 마치고 우레와 같은 박수를 받았을 것으로 상상할지도 모르겠다. 하지만, 링컨이 연설을 마치자 링컨으로부터 위대한 연설을 기대했던 청중들은 너무 짧은 연설에 당황하거나 아무런 반응이 없이 썰렁했다. 어떤 신문들은 열렬한 환호를 받았다고 기

사를 냈으나, 진실은 청중들이 별 반응이 없었고, 연설이 너무 짧아서
많은 사람들이 연설이 끝났다는 것도 몰랐다. 링컨 자신도 연설을 실패
로 간주했다.13)

그런데 반전이 일어난다. 짧은 링컨의 연설이 신문에 보도되면서 링
컨의 연설이 대중의 주목을 받는다. 당시 미국은 대통령이 사람들을 찾
아다니면서 대중 연설을 하기에도 너무나도 넓은 곳이었고, 대중의 여
론은 대량으로 유통되던 신문들을 중심으로 형성되었다. 짧은 링컨의
연설은 신문의 한 지면을 차지하기에 적절한 양의 분량이었고, 신문 독
자들은 짧은 시간에 링컨의 연설을 읽으면서 남북전쟁의 동력을 되살렸
다. 비록 장례식장에 있었던 수천 명의 청중들은 링컨의 짧은 연설에
실망했지만, 수백만 명의 신문 독자들은 링컨의 간결한 연설에 감동을
받았던 것이다. 즉, 대중과의 소통의 방법이 말로 직접 소통하는 방식
에서 신문이라는 매체를 통하여 간접적으로 이루어지는 형태로 변하면
서, 링컨의 수사학 기술이 변화를 맞이하는 순간이라고 할 수 있겠다.
현대에는 방송과 소셜 미디어(Social Media)가 발달하여, 더 간결하고
자극적이며 직관에 호소하는 핵심만 찌르는 소통이 대세를 이루기 때문
에 수사학 기술은 또다시 변화할 수밖에 없다.

연설의 구조는 자유와 평등을 실현하기 위해 미국을 건국한 선조들
을 찬양하고, 전몰자들을 추도한 후에 청중들에게 미국이 새롭게 태어
나야 한다고 권고하는 것으로 되어 있어, 찬양과 권고의 형식을 취하고
있다.

그리고, 이 연설의 특징은 흑인 노예 해방에 관하여 일언반구 말이
없다는 것이다. 주제와 관련된 맥락을 언급하는 것만으로도 사람들을
설득할 수 있다는 것을 잘 보여준 연설이다.

---

13) Douglas L. Wilson, 『Lincoln's Sword』(The Presidency and The Power
of Words), Vintage Books(2007), 제226-227면

출처: The U.S. Library of Congress, 『Lincoln's Gettysburg Address, Gettysburg』, https://www.loc.gov/resource/ds.03106/ (2022. 6. 8. 접근)

6. 법정연설

1) 의미

법정에서 이루어지는 연설은 범죄나 재산상 분쟁에 관한 것으로 과거에 일어난 것을 대상으로 한다. 그리고 법정연설의 핵심은 상대방을 잘 비난하는 것이다.

법정연설은 주로 개인의 비리를 다루지만, 주요 인물의 비리와 범죄는 아주 오랫동안 국민들의 관심을 가지며 심지어 박근혜 대통령 탄핵 사태나 조국 사태와 같이 국가의 정상적인 기능을 마비시킬 정도의 파괴력을 가지고 있다.

국가 차원에서는 정치연설이 더 중요하지만, 개인의 입장에서는 법정연설은 개인의 생사의 문제와 직결될 정도로 중요한 의미를 가진다. 개인적으로는 십여 년 전 형사 재판을 처음 담당했을 때에 경찰관이 딸의 예물로 주기 위해서 소위 니까마 시장에서 롤렉스 시계를 시가보다 좀 싸게 구입했다는 이유로 뇌물죄로 기소되었는데, 그 수치심에 자살시도를 했다가 식물인간이 된 경우가 있었다(사실 시세보다 크게 싸게 사지도 않았는데 뇌물죄가 될 정도인지는 심리를 못해 알 수도 없었다). 어떤 기업인은 사기죄로 기소되었는데 제1심 판결에서 유죄가 인정되자 바로 항소를 했는데, 문제는 나이가 많고 지병이 있는 상태에서 재판을 받다 보니 법정에서 바로 앉을 기운도 없어 책상 위에 엎드려서 재판을 받았다. 그는 결국 항소심에서 무죄판결을 선고받았는데 무죄판결을 받자마자 며칠 만에 죽었다. 그에게는 법정에서 무죄를 입증하는 것이 남은 삶의 마지막 이유였다.

이렇듯 숭고하게 보이는 법정연설이지만, 아리스토텔레스는 수사학 제1권 제1장에서는 법정연설이 정치연설보다 덜 숭고하다고 했는데, 이는 당시 배심법정(인민법정)의 실태를 그대로 고발한 것이다. 판사들은 어떤 사실이 과거에 발생했는지에 관해서만 심리를 하고 판단을 하면 되지만, 당시 배심법정의 실태는 배심원들이 감정에 휩쓸리고, 인민들의 이익에 따라서 재판을 했기 때문에, 아리스토텔레스는 배심법정에서는 가능한 한 배심원들의 재량을 줄이기 위해 법률을 최대한 자세하게 규정해야 한다고 주장했다. 판사를 불신하는 이러한 태도는 '죄형 법정주의'라는 근대 형사소송 원칙과 일맥 상통하는데, 이는 판사들의 재량을 믿을 수 없으니, 입법자가 규정한 법률 규정대로만 재판을 하라는 취지이다. 아리스토텔레스는 당시 소피스트들이 논리적으로 변론을 할 생각이 없이 판사들을 어떤 감정을 가지도록 마음의 틀(프레임)에 가두어 놓는 것만 다루고, 생략삼단논법과 같은 논증기술을 연마하지 않는다고 비난했다.

믿거나 말거나 현대의 판사들과 변호사들이 바로 소피스트들의 후예이다. 영미국가에서는 판사가 내는 판결을 'Judicial Opinion(의견)'이라고 부른다. 고대 아테네에서는 소피스트들이 자신의 의견이 더 낫다고 논쟁을 했었는데, 그리스말로 의견을 '독사(Doxa)'라고 하는데, 민회의 안건도 'Doxa'라고 했었다. 즉, 민회와 법정은 사실상 누구의 의견이 더 나은 지를 가리는 장소였고, 현재에도 그것은 마찬가지이다. 다만 법정에서는 증거의 뒷받침과 논리적으로 우월한 의견이 지배한다. 다시 말해 판사가 내는 판결은 절대적으로 바르거나 옳은 것이 아니라 판사의 개인적인 의견일 뿐인데 사건의 최종적인 해결을 위해서 공적인 권위가 부여된 것일 뿐이고, 실제 진실과는 일치하지 않을 수도 있다.

2) 정의(Justice), 불의(Injustice)

법정연설의 경우에는 어떤 행위가 정의로운 것인지 정의롭지 않은 것인지를 입증하는 것을 목표로 한다. 따라서 어떤 행위가 이득이 되는지 아닌지, 숭고하였는지는 부차적이다. 예를 들면 김대중 대통령은 재임 시절에 북한의 김정일과 남북 정상회담을 하기 전에 국가정보원, 현대산업개발을 동원하여 비밀스럽게 북한에 돈을 지원했다가 나중에 발각되어, 관련자 전원이 재판을 받아 유죄 판결을 받았다. 남북 간에 정상회담을 개최하는 것 자체는 남한에도 이익이 되고 그 자체가 숭고한 일이었지만, 대북 송금은 당시의 외국환관리법 등 실정법을 무시한 채로 국민적인 공감대 없이 이루어졌기 때문에 결국에는 정의롭지 않다는 평가를 받았다.

우선 불의는 자발적으로 법률을 위반하여 손해를 가하는 행위라고 할 수 있다. 죄를 저지르는 근본적인 이유는 물론 범인이 선택을 했기 때문이고, 그 선택을 하는 이유는 다시 악덕과 무절제를 들 수 있는데, 자제력이 약한 것은 범죄인의 인격을 보여주는 것으로서 항상 일정한 대상과 관련이 있다. 예를 들어 돈에 집착하는 사람은 돈에 관련하여 정의롭지 않을 것이고, 술에 중독된 사람들은 음주운전을 저지를 것이다.

3) 정의의 상대성

사람들은 정의 문제에 민감하지만, 서로 무엇이 정의인지는 다르게 생각한다. 예를 들어 범죄자들에 대한 사형 문제의 경우에도 여론은 사형을 찬성하지만, 판사들은 사형을 잘 선고하지 않는다. 반면에 판사들은 재벌들에게는 관대한 형을 선고하는 경향이 있어 '삼오제(징역 3년에 집행유예 5년)'라는 말도 생겼으나, 시민들의 거부감은 상당하다.

독자들은 수긍하기 어려울 수 있으나, '조국 사태'에서 알 수 있듯이, 정의는 원래부터 자신이 소속된 집단에 따라서 달라진다. 즉, 정의는 내로남불이다. 그래서 아리스토텔레스는 정의의 성격에 관하여 "친구들 사이에서는 정의가 필요하지 않고, 정의로운 사람들끼리는 역시 우애가 필요하다. 최고 수준의 정의는 우애의 문제로 보인다."라고 했다(윤리학. 8. 1155a). 이것이 무슨 말인지 황당하게 생각할 독자들이 많을 텐데, 친한 사람들끼리 시비를 잘 가리지 않는 것이 인지상정이다. 예를 들어 죄를 지은 가족을 피신을 시키는 것은 부당하다고 간주되지 않고, 아주 친한 친구가 곤경에 빠졌을 때에는 그를 도와줄망정 그를 상대로 돈을 돌려 달라는 소송을 하지는 않는다.

원래 정의(Justice)라고 하는 개념은 서양 사람들에게도 그 정확한 개념이 무엇인지 확정하기 어렵다고 한다. 아리스토텔레스의 윤리학에는 실제 정의가 다양한 영역에서 다양한 의미로 사용되는데, 그가 사용하는 정의의 관념은 어떤 정당한 몫 또는 비율과 관련이 있다. 몫에는 모든 사람이 동등하게 가져야 하는 몫이 있는데 대체로 이를 절대적인 혹은 보편적 정의라고 하고, 예를 들면 모든 국민들은 하나의 투표권을 가지는 것과 같다. 반면에 사람마다 가지는 몫의 질이 달라지는 것이 있는데 예를 들어, 성적 순으로 좋은 대학교를 들어가는 것, 자신의 가진 노동의 가치에 따라서 급여를 달리 받는 것과 같은 것인데, 이를 상대적 혹은 개별적 정의라고 한다.

아테네인은 모든 시민이 동등한 정치적인 기회를 가져야 한다는 측면에서는 절대적인 정의에는 민감했다. 오히려 빈부의 대립에도 불구하고 아테네 인민은 부자의 재산을 빼앗아 빈자에게 평등하게 나눈다는 식의 이념을 가지고 있지 않았다. 좌파적인 성향이 있는 독자는 실망하겠지만, 아테네 시민은 능력에 따른 차이를 수용했고, 장군이나 재무관 등 중요한 관직은 귀족에게만 맡겼다.[14] 다음은 데모스테네스의 10번째 연설 중 일부이다. 데모스테네스는 귀족의 돈을 탐내지 말라고 연설했다. 다만, 주의할 것은 아테네의 귀족들은 시민으로부터 명예를 얻기 위해서 자발적으로 기부의무를 이행했다.

"[45] 이러한 일들은 불신과 분노를 일으킵니다. 아테네 신사 여러분, 왜냐하면 우리는 공공의 재산을 형평에 맞도록 서로가 나누어 가져야 하기 때문입니다. 부자들은 그들의 재산이 안전하다고 자신감을 가지고, 그것 때문에 두려워하지 않아야 하지만, 위험이 닥쳤을 때에는 그들은 그들의 부를 집단적인 안보를 위해 나누어야 합니다. 나머지 사람들은(빈자들은) 공적인 것은 공적이라는 견해를 가져야 하고, 공정한 몫을 가져야 합니다. 그러나 그들은 각자의 사유재산은 소유자에게 귀속된다는 것을 이해해야 합니다. 이것이 바로 작은 국가가 크게 될 수 있는 방법이고, 큰 국가가 안전해지는 방법입니다. 양쪽에 필요한 것을 설명하는 데에는, 아마 이 정도 설명으로 충분할 것 같지만, 실제로 이를 실행하기 위하여 법률에 따른 규정이 필요할 것 같습니다."

---

14) 10명의 장군, 선박설계자, 약간의 재무관들, 수로 감독관 등 극소수의 관직은 선출되었고, 원정을 떠나는 장군은 민회에서 직접 선출했다(Paul Cartledge, 『Democracy, A Life』, 제116면 요약).

이에 반하여 동양 문화에서는, 오랫동안 계급제 사회가 유지되어서 상대적 정의 개념이 보편화된 곳인데도 불구하고, 정의를 추상적이고, 엄격하고 동정의 여지가 없는 것이라고 생각하는 경향이 있는데(Richard E. Nisbett, 『The Geography of Thought』, 제75면), 다시 말해서 모든 사람은 절대적인 정의, 평등을 보장받아야 한다는 관념이 강하다는 의미로 해석될 수 있겠다. 그렇지만 동양은 집단주의 문화라서 실제로는 연고주의가 광범위하게 확립된 곳이기 때문에, 사람들이 인식하는 추상적 정의 관념과 실제로는 연고주의가 광범위하게 고착된 현실이 모순적으로 작동하는 경우가 많다.

이러한 정의관의 차이는 서양 문화에서는 당사자가 판사와 배심원들을 앞에서 상대방과 동등한 기회를 부여받아 자신의 의견을 설득하기 위하여 대립해서 투쟁하는 형태로 법정의 변론이 이루어지고(이를 당사자주의, The Adversary System이라고 한다), 동양에서는 판사는 당사자들끼리 적대감을 완화하고 판사가 중간에서 당사자들의 생각과는 다른 독자적인 결론, 즉 중용의 길을 찾아내는 형태로 소송이 진행되었고 따라서 법정에서 수사학이 발달할 여지가 없었다(Richard E. Nisbett, 『The Geography of Thought』, 제75면). 이런 곳에서는 판사가 직권으로 정의를 탐구해서 구현하게 되고, 양 당사자는 판사의 보조인의 역할로 전락하게 된다. 우리나라 법정에서 재판을 받아 본 사람들은 잘 알겠지만, 법정에서의 논쟁은 서면의 제출로 대체되는 것이 현실이고, 판사들은 당사자들에게 말을 많이 할 기회를 주지도 않고, 변호사들도 서로를 상대로 잘 논쟁하지도 않는다.

4) 법률과 형평

범죄나 불법행위와 같은 불의는 법률을 위반한 것인데, 법률에는 개별 법률들과 자연법이 있다. 아리스토텔레스는 개별 법률 외에도, 성문화되지 않았지만 모든 사람이 본성에 의하여 허용하는 법률이 있다고 하면서, 현대의 자연법 사상의 원형을 설명하고 있다.

예를 들어 소포클레스의 비극『안티고네』에서, 안티고네는 왕의 명령을 거역하고 죽은 오빠의 시체를 매장하는데, 왕의 명령을 어기기는 했지만 가족의 장례를 치러 주는 것은 정당하다고 주장한 것이나, 엠페도클레스가 숨 쉬는 것들을 죽여서는 안 된다고 말한 것 같은 것이다. 따라서 안티고네처럼 법률을 위반하였다고 하더라도, 자연법 사상에 기하여 자신의 행위는 적법하다고 주장할 수도 있다.

자유와 평등에 민감했던 아테네에서는 모든 사람이 법 앞에서 똑같은 법률의 적용을 받아야 한다는 신념이 있었다. 데모스테네스의 23번째 연설 중에는 다음과 같은 법률이 소개되어 있다. "특정한 개인에게만 적용되는 법률을 제안하는 것도 금지되고, 다만 모든 아테네인들에게 적용되는 법률만 허용된다."(Dem. 23. 86) 이러한 법률의 특징을 현대에서는 법률의 일반성과 추상성이라고 말을 한다. 법률의 일반성은 법률은 모든 사람에게 적용된다는 것이고, 법률의 추상성은 특정한 사건에만 적용되는 것이 아니라 동일한 사건에 동일한 법률을 적용한다는 원칙이다. 흔히들 '법의 지배'라는 말을 많이 쓰는데, 가장 기본이 되는 원리가 "누구도 자신의 재판관이 될 수 없다."이고, 이는 법의 일반성을 설명한 격언이다.

모든 사람들에게 동일한 법률을 적용하기 위하여서는 법률의 규정을 일반적으로 규정하여야 하는데, 그렇다고 해서 발생할 수 있는 모든 경우를 예상하여 법률로 세세하게 규정하는 것도 불가능하다. 왜냐하면 개별 사건의 종류와 내용이 무한정으로 많기 때문이다. 따라서 일반적인 문장으로 규정된 법률을 개별 사건과 개인에게 적용하다 보면 불합리한 결과가 필연적으로 생긴다.

예를 들어 임대인은 차임을 지급하지 않는 임차인을 강제집행으로 퇴거시킬 수 있다. 그런데 한겨울 엄동설한에 차임을 연체한 임차인에게 퇴거를 명령하는 것은 정의로운가? 법률에 따르면 가능하겠지만 그렇다면 임차인은 길거리에서 동사해도 좋다는 의미인가?

이렇듯 법률을 그대로 적용하면 개별적인 사건에서 타당성을 잃어버리는 문제가 발생하는데, 이럴 경우에 개별적인 상황들을 고려하여 사건에 맞는 결론을 내는 것을 형평(Equity)이라고 한다. 형평은 우리말로 조리(條理), 사회상규(社會相規), 이치(理致), 공정(公正) 등 여러 가지 의미로 번역된다. 법률을 따르는 것도 물론 정의롭지만, 형평은 법률이 일반적으로 규정되어 있어서 생기는 부족함과 과함을 교정하는 것이 본질이다. 따라서 형평도 정의로운 것이고, 어느 면에서도 더욱더 정의롭다고 할 수 있다. 형평에 밝은 사람은 이성적인 판단에 따라서 법률에 정해진 몫보다 적은 몫을 수용하는 경향이 있다(윤리학. 1138a).

형평의 내용은 인간의 약점을 용서하는 것, 법률의 규정이 아니라 입법자의 의도를 고려하는 것, 행위보다는 그 행위를 하게 된 윤리적인 목적을, 부분이 아니라 전체를, 현재의 그 사람이 어떤 사람인지보다는 그 사람은 과거부터 항상 또는 대체로 어떤 사람이었는지를, 나쁘게 대접받은 것보다는 좋은 추억들을, 자신이 준 이익보다는 받은 이익을 고려하는 것, 피해를 잘 참아내는 것, 폭력보다는 이성에 따른 판단에 호소하는 것, 법정보다 중재를 선호하는 것이 형평이다.

앞서 우리나라 문화에서는 법률을 만인에게 똑같이 적용한다는 법의 지배 의식이 없었고, 지위에 따라 법의 내용이 달라지는 특수주의가 퍼진 곳이라고 설명했는데[III. 수사학 서론 4. 정치연설 6) 정부형태(정치체제) 편 참조], 그렇다면 조선의 목민관들은 무슨 기준으로 재판을 했던가? 목민관의 재판의 기준이 바로 이치(理致)였다. 성문법, 관습법도 있었고, 당사자 사이의 계약도 있기는 하였지만, 현재의 법치주의 국가의 법률과 계약의 효력과는 달리 확고한 재판의 기준은 아니었다. 가령 영정조 때의 병조판서를 지낸 권임이라는 분이 한성판윤 시절에 한 재판을 보면 이를 잘 알 수 있다. 어의(御醫)이던 강명길이 산을 매수한 후 그곳에 살던 사람과 추수기가 끝나면 집을 인도받기로 약정을 했는데, 매도인들은 그 약속을 지키지 않았다. 강명길이 명도 소송을 제기했는데, 한성판윤 권임은 두 번이나 패소판결을 내렸는데, 그 이유가 바로 "추위가 뼈에 사무치는데 쫓아내면 모두 길에서 얼어 죽는다."는 것이었다.[15] 권임의 판단이 황당하다고 생각하는 독자들도 많을 것이다. 하지만 프랑스에서는 임대인은 임차인의 차임이 연체되어도 매년 11월 1일부터 그 다음해 3월 30일까지는 임차인을 강제로 퇴거시키지 못한다.[16] 권임의 판단이 말 그대로 사리에 맞다. '이치', '도리', '사리'는 실제 많이 쓰이는 단어들이고, 현재의 법정에서도 변호사들이나 당사자들이 "이것은 이치에 맞지 않습니다."라는 말을 자주 하고, 나도 재판을 받는 사람들에게 "이치에 맞지 않는다."라는 말을 자주 하는 편이다.

우리나라뿐만 아니라 중국, 일본을 포함하는 동아시아 문화권에서는 법률이나 계약(합의)의 효력이 상황에 따라 달리 적용되어야 한다는 문화가 있다. 우리나라의 민족성을 전형적으로 표현하는 '냄비 근성'이나 '빨리빨리' 같은 말들이 상황이 바뀌면 적용되는 규범도 빨리 변화하는 그런 문화를 잘 설명한다.

지금은 동양인과 서양인의 법규범에 대한 의식이 서로 다르다는 것이 널리 알려져 있지만, 얼마 전까지도 서양인들은 법률과 계약의 효력에 관한 동양인의 사고방식을 잘 이해하지 못했다. 1970년대에 일본 제

15) 박병호, 『한국의 전통사회와 법』, 서울대학교출판부, 제290-291면
16) 부형권, 동아일보. 2015. 10 10.『[글로벌 경제] 월세 밀려도… 佛 겨울철엔 "방 빼" 못 한다.』, https://www.donga.com/news/Inter/article/all/20151010/74096529/1 (2021. 10. 8. 접근)

당회사들이 호주의 사탕수수 공급사들로부터 5년 동안 1톤에 160달러의 조건으로 사탕수수를 공급받기로 했었다. 계약 직후 설탕의 가격이 폭락하자, 일본 회사들이 계약 변경을 요구하였는데, 호주 회사들은 계약의 구속력이 있다고 보아 당연히 이를 거절했다(Richard E. Nisbett, 『The Geography of Thought』, 제66면). 일본 회사 입장에서는 상황이 바뀌었으니 계약을 새로 체결해야 하는 것이 형평에 맞고, 호주 회사 입장에서는 장기 계약을 체결한 이상 단기간의 설탕 가격의 변동이 장기 계약의 내용에 영향을 줄 수 없다고 보는 것이 당연했다.

다시 말해 서양인들은 모든 사람들에게 적용되는 일반적인 규범과 서로 간에 약속한 것의 구속력을 인정하고, 그 예외를 인정하는 것은 비윤리적이라고 생각하는데, 동양인들은 특정한 상황에서는 예외가 적용되어야 한다는 의식이 강하다.

5) 소송의 분류

아리스토텔레스는 범죄나 불법행위를 특정한 개인을 상대로 한 것과 공동체 전체를 상대로 한 것으로 분류했다(수사학. 1373b) 아테네에서는 개인이 가해자를 상대로 소송하는 디케(Dikē) 소송(사적 소송)과 누구라도 공동체에 영향을 끼치는 범죄를 저지른 사람을 기소하여 재판을 받게 하는 그라페(Graphē) 소송(공적 소송)의 두 종류가 있었다. 현대의 민사소송과 형사소송의 분류와 유사한데, 범죄를 공동체의 문제로 보고 있었다.

이에 반하여 우리 문화에서는 구한말까지도 민사소송과 형사소송이 명확하게 구분되어 있지 않았다. 우리나라 사람들은 지금도 빌려준 돈을 제대로 받지 못하는 경우에는 상대방을 형사고소부터 하는 관행이 있고, 일부 변호사들은 증거 수집을 목적으로, 혹은 아예 수임료를 더 받을 목적으로 형사소송과 민사소송을 같이해야 한다고 의뢰인들을 부추겨서 형사고소를 유도한다.

형사와 민사를 구분하지 못하는 우리 법률 문화의 기원은 조선의 기본 통치 법령인 대명률(大明律)이다. 조선도 형사재판에 해당하는 옥송(獄訟)과 민사소송에 해당하는 사송(詞訟)의 구분이 있었지만, 그 구분이 명확하지 않았다. 예를 들어 대명률 호율(戶律) 전채(錢債) 위금취리(違禁取利) 조는 사채를 부담하고 약속에 위반하여 반환하지 않으면 금액과 연체기간에 따라서 태형을 순차적으로 늘려서 가하도록 규정하고 있었다. 또한 대명률 형률(刑律) 단옥(斷獄) 원고인사필불방회(原告人事畢不放回) 조는 사송이 제기되어 피고[17]가 자백하고 사실이 확인되면 피고를 석방하도록 규정하고 있어서 사송의 경우 처음부터 피고를 구금하는 것을 전제로 하고 있다. 또한 형률(刑律)의 잡범(雜犯) 불응위율(不應爲律)은 명문의 규정이 없어도 사리(事理)상 당연히 해서는 안 되는 행위를 한 자를 처벌하도록 규정하고 있어,[18] 근대 형법의 기본인 '죄형 법정주의'는 우리 문화에는 존재하지 않았다고 말할 수 있다.

현재 실무상 광범위하게 퍼진 '형사 합의'라는 관행이 공동체의 문제인 형사 문제와 개인 간의 문제인 민사 문제를 제대로 구분하지 못한 측면이 있다. 예를 들어, 교통사고 피해자가 가해자로부터 돈을 받고 가해자의 처벌을 원하지 않는다는 처벌 불원서나 형사 합의서를 법원에 제출하면, 판사는 피고인의 형을 감경하여 준다.

문제는 피해자는 가해자로부터 돈을 받은 후에는 형사 절차에 잘 협조하지 않기 때문에 피고인의 잘못을 제대로 밝히지 못하는 경우가 생기고, 심지어는 가해자가 범죄를 한 적이 없다고 허위로 진술하기도 한다. 재력이 없는 사람은 합의를 하지 못해서 합의를 한 사람보다 무겁게 처벌되는 불평등의 문제가 상존한다. 또한 피해자 중에서는 거액의

---

17) 피고를 척(隻)이라고 했는데, 우리말에 "척지지 말라"고 해서 원수지지 말라는 속담은 바로 소송에서 피고가 되지 말라는 뜻이다.
18) 문준영, 『법원과 검찰의 탄생』(사법의 역사로 읽는 대한민국), 역사와 비평사 (2010), 제62 내지 제64면 요약

보상금을 노리고 집요하게 엄벌하여 달라고 판사나 검사에게 요구하다가 결국에는 거액에 형사 합의를 하는 경우도 있고, 심지어는 20살도 안 된 아가씨가 가벼운 성추행을 당했는데, 친구들에게 "합의금 500만 원 벌어 볼까? ㅎㅎㅎ" 등의 메시지를 주고받은 것을 본 적도 있다. 형사 합의와 관련하여 가장 기억에 남는 사건은, 피고인이 돈이 없어서 합의를 하지 못한다고 법정에서 울고, 재판에 출석한 여성 피해자가 "피고인이 200만 원만 줄 수 있다고 하는데, 제가 받은 고통이 그 정도 밖에 안 되느냐?"라고 하며 법정에서 서로 울었던 사건이다. 그 사건의 가장 중요한 쟁점은 피고인이 제시할 합의금의 액수였다.

원래 범죄를 저지른 사람은 책임주의 원칙이라고 해서 자신의 잘못만큼 처벌을 받는 것이 원칙이고, 판사는 피고인에게 죄에 비하여 과도한 형벌을 가하지 않을 의무가 있다. 그런데 실무상 피해자가 법정에 와서 자신의 피해만을 호소하거나 피고인을 엄벌에 처해 달라고 유별스럽게 요구하는 경우에는 판사들이나 검사들이 형을 정하는 데 상당한 부담으로 느끼게 되므로, 형사 합의 문제는 형법의 책임주의 원칙을 훼손할 염려가 있다. 실제로 판사들이 쓴 형사 판결문에는 "형사 합의 기회를 주기 위해서 법정 구속을 하지 않는다."는 표현이 심심치 않게 등장하는데, 형사 합의 문제가 형벌의 중심이 된다면 우리나라의 형사 체계가 전 근대적으로 후퇴할 수 있다.

영미권 국가에서는 피해자에게 돈을 주고 피고인에게 유리한 말을 해 달라고 요구하는 것은 증인매수(Corruption Of A Witness)로 처벌될 수 있는데, 이는 그들이 범죄를 단순히 피해자가 보상을 받고 끝나는 문제가 아니라 공동체가 함께 대처할 문제라는 인식이 깔려 있기 때문에 그렇다.

6) 입증할 내용

법정연설 혹은 남을 비난할 때에 연설가가 숙지하고 다룰 내용은 ①
행위의 동기, ② 범죄자의 심리상태, ③ 피해자들의 특징이다(수사학.
1368b).

불법과 불의를 저지르는 자들의 동기는 7가지가 있는데, 우연, 본성,
강요, 습관, 계산, 흥분(분노), 욕구이다. 기소 연설을 하는 사람은 상대
방이 습관, 계산, 흥분, 욕망에 따라서 행위를 했다는 것을 입증해야
하고, 피고의 입장에서는 우연, 본성, 강요에 의하여 한 행위라서 책임
이 없거나 책임이 작다고 반박해야 한다. 예를 들어 빵을 훔친 장발장
을 기소할 때에는 장발장은 도벽(盜癖)이 있고, 빵을 훔치더라도 안 잡
힌다고 계산을 한 후에 범행을 저질렀다고 비난해야 한다. 피고인이 된
장발장의 입장에서는 조카들이 굶어 죽지 않기 위해서 어쩔 수 없이
필요(강요)에 의하여 범죄를 저질렀고, 어린 조카들을 굶어 죽지 않게
하는 것은 부모의 의무로서 본성에 의한 것이라고 변론해야 한다. 생각
나는 사건이 있는데, 대리운전 기사를 부를 수 없어서 어쩔 수 없이 음
주운전을 했다고 하는 주장하는 피고인이 있었다. 증거를 살펴보니, 추
운 밤에 음주운전을 하지 않기 위해서 차에서 히터를 켜고 자면 휘발
유가 소비되므로, 휘발유값을 아끼기 위해서 그냥 음주운전을 했음이
밝혀졌다. 피고인은 기름값을 좀 아끼기 위한 계산에서 음주운전을 한
것이었다.

인격, 연령, 가난 등의 사유는 위 7가지의 이유에 비하여 부수적인 이
유들이다. 예를 들어 장발장이 빵을 훔친 이유는 가난 때문이기는 하지
만 근본적으로는 조카들에게 빵을 먹이려는 본성, 본능에 기한 것이다.

범죄를 저지르는 이유는 근본적으로 본인에게 이롭거나 이로워 보이
는 것, 즐겁거나 즐거워 보이는 것에서 비롯된다. 아리스토텔레스는 정

치연설에서 이로운 것을 다루었기 때문에, 제1권 11장에서 즐거움(쾌락)과 고통에 관하여 자세하게 설명하고 있다.

범죄자들의 심리상태는 ① 범죄가 실행이 가능하고 그것을 완성할 수 있다고 생각하거나, ② 자신의 죄가 발각이 되지 않거나 발각이 되더라도 처벌을 받지 않을 것으로 생각할 때, ③ 처벌되어도 범죄로 이익을 더 많이 기대할 때이다. 특히 더 이상 잃을 것이 없을 때, 처벌이 가볍고, 확실하지 않을 때, 당장 처벌이 되지 않을 것 같은 경우 범죄를 저지르게 된다.

어떤 사람들이 피해자가 되는지에 관하여는, 범죄자들에게 필요한 것들을 가진 사람들이 피해자가 되는데, 재미 있는 것은 멀리 있는 피해자는 보복이 어려워서 피해자가 되고, 근거리에 있는 피해자는 바로 실행을 할 수 있어서 피해자가 될 수 있다.

잘 믿는 사람이 피해자가 되기 쉽고, 귀찮은 일에 엮기는 것을 싫어하는 사람들이나 체면을 중요시하는 사람들도 피해자가 된다. 같은 이유로 소송을 해 본 적이 없는 사람도 피해자가 될 수 있는데, 가해자는 피해자가 귀찮게 소송을 하지 않을 것으로 예상할 수 있기 때문이다. 실제로 재판을 해 보면, 피고인들이 관대한 처분을 받기 위해서는 첫째, 피해자를 잘 만나야 하고(피해자들이 귀찮아서 고소를 하지 않거나, 인격이 훌륭해서 용서를 하는 경우에는 수사 자체가 안 된다), 그다음에는 경찰관과 검사를 잘 만나야 하고(기소를 피할 수도 있고, 경찰관이 분쟁을 중간에 잘 해결해 주기도 한다), 그다음에 판사를 잘 만나야 하는데, 특히 재판에서 형이 유별나게 세거나 괴팍스러운 판사를 만나서 과도한 형을 선고받는 사람들은 사실상 가장 재수 없는 사람들이다.

외지인, 자작농 같이 소송을 길게 할 여유가 없는 사람들도 피해자가 되기 쉬운데, 적당히 합의를 보면서 빨리 해결을 보려고 하기 때문이다. 아마 외국 여행을 하다가 절도를 당해 본 사람들은 현지에서 경찰에 신

고하는 것보다 만사가 귀찮고 빨리 귀국했으면 하는 그런 심정을 겪어
보았을 것이다.

상습범이 오히려 피해자가 되기 쉬운데, 아리스토텔레스는 그들은 범
죄 피해를 입어도 피해를 입지 않았다고 생각하기 때문이라고 한다. 실
제로 내가 재판을 해 보면 전과가 많은 사람들이 심하게 얻어맞아도 상
대방을 고소하지 않는 경우가 있어서, 좀 의아하게 생각했던 경우가 있
었는데, 아리스토텔레스의 설명이 잘 맞아 떨어지는 것 같다.

체면을 중시하는 사람들도 피해자가 되기 쉬운데, 예를 들어 대도 조
세형 같은 경우 고관대작의 집만 골라서 절도를 했는데, 절도 신고를
한 사람이 없었다는 것에서 이를 잘 알 수 있다.

위와 같이 법정연설 혹은 남을 잘 비난하기 위해서는, 범인의 동기,
범죄자의 심리상태, 피해자의 심리상태를 잘 논증해야 한다.

7) 입증의 방법

법정연설에서 설득을 위하여 쓰는 주된 방법은 소위 로고스(논증)을
이용한 것인데, 구체적으로는 생략삼단논법과 예증법(실제 예를 드는 것)
을 사용하여 설득한다.

법정연설이 다루는 주된 내용은 정의의 실현 여부이지만, 구체적으로
는 범죄사실을 실제 행하였는지 여부, 죄형 법정주의, 고의와 과실, 정
당방위나 긴급피난과 같은 면책, 책임의 경중, 법률과 구분되는 형평의
강조 등이 연설의 주된 내용이 되므로, 실제로는 고도로 전문적인 영역
으로 넘어가게 된다. 이는 현대 형법전에서도 기본이 되는 법리들인데,
고대 아테네인들이 형사 재판을 함에 있어서 위와 같이 법이론에 입각
하여 변론을 했다는 것이 경이롭다.

법정연설의 구성은 대체로 사실관계를 설명하고, 쟁점에 대한 논증을
제시하는 형태로 구성된다. 아리스토텔레스는 법정연설은 가장 정교한

그리스어를 구사하는 것이라고 말했는데, 실제로 사건의 내용을 잘 모르는 낯선 배심원들 앞에서 자신에게 유리한 평결을 받기 위하여 설득을 하는 과정은 한 편의 드라마와 같다. 미국 드라마나 영화 중에 배심원들을 설득하는 법정 드라마가 재미있는 것들이 많은데, 미국 법정에서 배심원들을 설득하기 위하여 구술변론을 직접 하는 변호사들을 법정 변호사(Litigator)라고 한다. 이 법정 변호사들은 실제 영화나 드라마 주인공처럼 말을 잘한다. 이에 반해서 대형 로펌 등에서 계약서를 작성하거나 법률문제들을 분석해 주는 변호사를 자문 변호사(Transactional Lawyer)라고 한다. 나는 노스웨스턴 대학교에서 유학을 할 때 구두변론을 가르치는 Trial Advocacy라는 수업을 들은 적이 있었는데, 교수들은 배심원과 판사들에게 쟁점과 스토리를 생생하고 구체적으로 쉽게 전달할 수 있는 요령과, 어떻게 하면 배심원들의 집중력을 유지해서 설득할 수 있는지 등을 가르쳤고, 성공한 법정 변호사들과 판사들이 직접 강사로 참석해서 실습 위주로 교육을 실시했다. 워싱턴의 연방법원에 근무하는 판사가 시카고로 와서 강의를 하고 가기도 했다. Litigator는 변호사이기도 하지만, 언어의 마술사이기도 하고 이들은 법정에서 변론을 잘 한다는 것을 인정받아서 나중에 판사로 임용되기도 한다. 미국 변호사들의 다수가 자문 변호사를 하고 법정을 갈 일이 없고, 법정에 출석해서 판사를 상대하는 Litigator들은 소수라고 들었다. 미국 Litigator들은 정말 말을 잘 한다.

8) 고대 법정연설들

고대의 연설가들 중에서는 뤼시아스(Lysias)가 가장 뛰어난 법정연설 대필가였다고 전해지는데, 그의 대표작은 12번째 연설인 『에라토스테네스(Eratosthenes)를 기소하며』이다. 에라토스테네스는 스파르타의 후원을 받아 설립된 30인 참주의 일원이었는데, 30인 참주 시절에 뤼시아

스의 친형 폴레마르코스(Polemarchus)[19]를 처형한 사람이다. 뤼시아스
는 민주정이 회복된 후에 친형의 복수를 위하여 에라토스테네스를 고소
했다(사실은 외국인이던 뤼시아스가 아테네 법정에서 실제 연설을 했는지 논
란이 있다). 다음은 에라토스테네스의 변명을 반박하는 부분인데, 논리
적으로 입증한다는 로고스가 무엇인지를 잘 보여준다(Lys. 12. 25 – 27).

> "[25] 뤼시아스: 당신은 약식절차로 폴레마르코스를 체포하였습니까,
>   하지 않았습니까?
> 피고: 저는 두려워서 권력자들의 명령을 집행한 것뿐입니다.
> 뤼시아스: 당신은 30인 정부가 우리 형제의 문제를 의논할 때에 참석
>   하였습니까?
> 피고: 예.
> 뤼시아스: 당신은 우리 형제를 처형하는 것을 원하는 사람들에게 찬성
>   하였습니까, 반대하였습니까?
> 피고: 저는 당신들이 살해당하는 것을 막기 위하여 반대했습니다.
> 연사: 우리가 불의를 당한다고 믿었기 때문입니까?
> 피고: 예.
> [26] 뻔뻔스러운 악당, 당신은 우리들의 목숨을 구하기 위하여 안건에
> 는 반대하면서도, 우리를 죽이려고 체포를 하였습니까? 당신의 동료들 대
> 부분이 우리들을 처형하기 원하는 상황에서 그 안건을 반대하였었다, 그러
> 나 당신이 폴레마르코스를 구할지 여부가 오로지 당신의 손에 달려 있는
> 상황에서는 간단하게 그를 감옥으로 끌어갔다? 당신은 어떤 것도 한 일이
> 없이 안건에 반대하였다는 이유만으로 명예로운 사람으로 간주되어야 합
> 니까? 아니면 저의 형을 체포하고 처형한 것에 대하여 저와 배심원들로부
> 터 처벌을 받을 자격도 없는 것입니까?

---

19) 플라톤이 저술한 『국가』 대화편에서, 소크라테스가 폴레마르코스의 집에서
    대화를 시작한다.

[27] 사실은, 만일 그가 반대하였다고 말한 것이 사실이라고 할지라도, 명령을 집행한 것에 불과하다는 그의 말을 믿을 이유는 없습니다. 왜냐하면, 30인 참주들은 굳이 외국인에 대하여까지 그의 충성심을 시험하지 않았을 것이기 때문이다. 즉 반대의사를 분명히 밝힌 사람에게 우리를 체포하라고 명령하였을까요? 그들이 원하는 것을 반대한 사람이 그 명령을 제대로 집행하였을까요?"

앞서 안티폰이 최초의 연설 대필가라고 소개했었다. 안티폰은 법정연설의 교과서라고 할 모범 연설문들을 작성하여 남겼다. 안티폰이 활동할 당시에는 'eikos(개연성)'에 기반한 법정 변론이 유행이었다. 다음은 첫 번째 모범연설문 중 원고의 연설과 피고 연설의 일부이다. 사건의 내용은 주인과 시종이 밤에 살해당하는데, 주인보다 늦게 죽은 시종이 피고를 범인으로 지목한 후 죽었다(고대 아테네에서는 노예는 그 진술의 신빙성을 위하여 고문을 할 수 있었다).
[Ant. 2.1. 5-6] 기소 연설문 중 일부인데 개연성에 기초한 변론이다.

"[5] 따라서 모든 혐의가 제거되면 결국 죽음의 정황들은 죽음이 고의적으로 계획된 것이라는 것을 보여줍니다. 이미 피해자로부터 큰 피해를 입었고 더 큰 피해를 입을 것을 예상한 사람보다도 누가 더 피해자를 공격할 개연성이 더 많을까요? 바로 그 사람이 피고인입니다. 피고인은 피해자의 오래된 적수였고, 피해자를 중범죄로 여러 차례 기소를 하였으나 한 번도 유죄 평결을 받지 못했습니다.
[6] 순서가 바뀌어 피고인은 피해자로부터 더 자주 더한 중범죄로 기소되었고, 한 번도 무죄 평결을 받지 못하고 많은 재산을 잃었습니다. 가장 최근에는 피고인은 피해자에 의해 2 탈렌트의 벌금에 처해질 수 있는 성물(聖物) 절도로 기소를 당했습니다. 그는 자신이 유죄라는 것을 잘 알고 있었고, 이전의 경험에서 적의 능력을 잘 알고 있었으며, 적개심을 품고

있었습니다. 따라서 이 모든 개연성에 의하면, 그는 이번 계획을 만들고, 그리고 모든 개연성에 의하면 이번의 적대적인 소송에 대비하여 피해자를 살해한 것입니다."

[Ant. 2.2. 8 – 10] 다음은 피고의 방어 연설문이다.

"[8] 만일 누군가 개연성에서 나온 논거가 진실로서 저에게 그렇게 불리하다고 생각한다면, 같은 추론에 의하여 그 사람은 제가 계획을 세울 때 제 안전을 더욱 조심했을 것이고, 이 사람이 살해당했을 때에 저를 인식하지 못하도록 더욱 주의를 기울였을 개연성이 더 많았을 것이라고 생각해야 합니다.

[9] 제가 미치지 않았다면, 저는 이번 범죄가 제가 소송 계속 중인 사건보다 더 적은 위험을 가져 줄 것이라고 생각하지 않으며 오히려 훨씬 더 큰 위험을 가지고 올 것이라고 생각합니다. 만일 그 사건에서 유죄로 인정되면 저는 제 재산을 잃을 수는 있지만 제 생명이나 도시를 잃지는 않는다(시민권 박탈을 의미)는 것을 알고 있었습니다. 저는 살아남았을 것이고, 돈을 빌리기는 하겠지만 제 삶이 전부 파괴되지는 않았을 것입니다. 그러나 지금 제가 유죄로 인정되고 사형에 처해진다면, 저는 제 아이들에게 치욕을 남길 것이고, 만일 제가 추방을 당한다면, 조국이 없는 늙은이가 될 것입니다.

[10] 따라서 저들의 저에 대한 비난은 전부 설득력이 없습니다. 만일 그것이 개연성만 있는 것이고 제가 그 사람을 죽인 것이 사실이 아니라면, 저는 무죄를 받아야 정당한 것입니다."

법정연설은 상대방을 비난하는 것이 중요하므로, 상대방을 비난하는 연설을 소개한다. 기원전 323년 데모스테네스가 알렉산더의 재무관 하르팔로스로부터 뇌물을 받아 기소되었는데, 디나르코스의 1번 연설과 휘페레이데스의 5번 연설이 데모스테네스를 기소하는 연설이다. 거물의 재판인 만큼 배심원도 1,500명이었고, 여러 명이 기소 연설을 했다. 다음은 디나르코스의 연설 중 데모스테네스의 변덕과 무능을 비판한 부분이다.

"[94] 저는 그의 일관성이 없는 정책들과 항상 오판한 연설들을 무시합니다. 한때는 누구든지 전통적인 신(神) 이외에 다른 신을 숭배하는 것을 금지하자는 제안을 했다가 얼마 후에는 알렉산더를 신격화하는 문제는 논쟁하면 안 된다고 말합니다. 그는 당신들 앞에서 재판을 받기 직전에는 칼리메돈(Callimedon)이 민주정체를 전복하기 위하여 망명자들과 공모를 하였다고 탄핵하다가, 갑자기 탄핵을 취소했습니다.

[95] 그는 최근 민회에서 조선소를 습격하는 음모가 있다고 허위의 밀고자를 내세웠습니다. 이 문제들에 관하여는 아무런 제안을 하지 않더니 이 재판에서 그 주장을 이용할 준비를 하고 있습니다. 아테네 시민 여러분, 이 사람은 마술가이고 혐오 자체이고, 태생으로나 그의 공직 활동, 행동에 의하더라도 시민권을 가질 자격이 없습니다.

[96] 그가 에우불로스(Eubulus)가 했던 것처럼 도시를 위하여 무슨 삼단노선을 건조했습니까? 그가 공직에 있었던 동안 무슨 조선소가 세워졌습니까? 이 사람이 언제 민회 결의나 법률로 기병대를 강화했습니까? 카이로네이아 전투 이후에 무슨 기회가 있었으며, 그가 무슨 보병과 해군을 일으켰습니까? 그가 아크로폴리스로 여신들의 헌정품을 날랐습니까? 당신들의 상업지구나 도시 내, 혹은 시외에 무슨 건물을 건축했습니까? 아무도 하나라도 보여줄 수 없을 것입니다.

[97] 만약 전쟁 중에 믿을 수 없는 사람이었고, 그가 공무를 수행하는 동안 아무런 기여를 하지 못했고, 그의 적들이 원하는 대로 모든 것을 성취하는 동안에 아무런 관심도 없더니, 대중들을 위하여 입장과 행위들을 바꾼다면, 당신들은 그런 사람을 보호하겠습니까?" (Din. 1. 94-97)

7. 토포스에 관하여

토픽(Topic)이라는 말은 토포스(Topos)라는 말에서 유래되었다. 토포스(Topos)는 '말의 장소 내지는 말터'라고 번역된다. 아리스토텔레스가 『변증론(Topika)』이라는 책을 서술했는데, 정작 변증론 책에는 토포스의 개념을 설명하지 않고 있고, 수사학에서 토포스라는 말이 나오는데, 대략 세 가지 의미로 토포스가 사용된다.

첫 번째 유형은 정치, 법정, 예식 연설에 특유하거나 공통된 토포스들이다. 정치연설에 특유한 토포스로는, 행복(1권 제5장), 이익과 손해, 좋은 것과 나쁜 것(1권 제6장), 상대적으로 좋은 것과 이익(1권 제7장), 정부 형태(제8장), 미덕, 악덕, 숭고한 것과 수치스러운 것(1권 제9장), 생략삼단논법과 예증 등이 있다. 특히 아리스토텔레스는 세 연설 모두에 공통된 것은 가능/불가능, 과거/미래에 발생 여부, 크기(과장과 축소), 생략삼단논법과 예증법이고, 법정연설에서는 생략삼단논법과 예증법이, 예식연설에서는 크기(과장과 축소)가, 정치연설에서는 가능한 것 및 미래의 가능성이 가장 중요한 토포스라고 했다(1391b-1392a).

예를 들어 가능/불가능의 토포스는 다음과 같이 설명된다. 두 개의 반대되는 것 중에서 하나가 존재하거나 생겨날 경우에는 반대의 것도 존재하거나 생겨나는 것은 똑같이 가능하다. 예를 들어 사람이 나을 수 있다면, 아픈 것도 가능하다고 말하는 것과 같다. 두 개의 유사한 것 중에서 하나가 가능하다면, 다른 것도 가능하다. 혹은 더 어려운 것이 가능하다면 더 쉬운 것도 가능하다, 시작이 가능하다면 끝도 가능하다. 우리가 사랑하거나 바라는 것들은 자연적으로 가능한데, 왜냐하면 아무도 불가능한 것을 사랑하거나 바라지 않기 때문이다. 부분이 가능하면 전체가 가능하다 등과 같은 문장들을 이용하여 가능과 불가능의 문제를 설득할 수 있다(수사학. 1392a).

과거에 어떤 사실이 발생했는지 토포스는 다음과 같다. 만일 한 사람이 능력이 있고 어떤 것을 바랬다면, 그는 그 일을 한 것이다. 왜냐하면 모든 사람은 능력이 있고 그것을 할 것을 결심하였을 때에, 방해가 되는 것이 없다면 그 일을 하기 때문이다. 어떤 일을 할 것을 결심하고 외부에서 방해하는 것이 없을 때, 능력이 있고 분노에 차 있을 때에는, 그 사람은 그 일을 했다. 이와 같은 논리를 써서 과거에 어떤 일이 있었다는 것을 입증한다[Ⅷ. 스피치의 배열 6. 입증 3) 입증의 예시의 연설을 참조]. 미래에 어떤 사실이 발생할 것인지는, "행할 능력이 있고 그것을 원한다면, 그 일은 발생할 것이다."처럼 논리를 구성할 수 있다(수사학. 1392b – 1393a).

두 번째는 연설의 주제를 의미하는 경우가 있다. 대중들을 상대로 하는 연설들의 주제는 한정적인 범위 내에서 이루어진다. 가령 행복, 좋은 것 나쁜 것, 손해, 이익, 미덕과 같은 것들에 대하여 상식 수준에서 개념을 이해하고 논쟁을 벌인다. 정치연설의 경우에도 외교국방, 세입/세출, 국내외 경제 등이 주로 실제 토론의 주제가 된다. 따라서 이러한 주제들은 말이 자주 오가는 장소라고 비유할 수 있다. 예를 들어 사냥을 할 때에 동물들이 오가는 길목을 파악한 후에 이를 지키고 있으면 쉽게 사냥을 할 수 있는 것과 마찬가지로, 행복과 같은 개념을 미리 잘 파악하고 있다가 행복과 관련된 토론을 하면 이기기가 쉬울 것이다. 주의할 것은 수사학에서 토포스는 전문가 수준의 지식을 요구하는 것이 아니라 평범한 대중들 수준의 지식수준에서 이루어지는 상식이므로, 일반인들이 가진 상식을 많이 알고 있어야 한다는 것이다.

여담인데, 내가 군법무관으로 근무를 할 때에 헌병수사관 원사가 자신이 젊었을 때 탈영병들을 가장 많이 체포해서 표창을 받았다고 해서, 그 요령을 물은 적이 있다. 그분은, 원래 인간도 동물과 같아서 다니는 길이 있는데, 인간은 사람들이 많은 큰길을 다녀야 안전하다고 느끼고

골목길이나 외딴길은 잘 다니지 않기 때문에, 대도시 번화가를 잘 지키고 있으면 탈영병들을 많이 잡을 수 있다고 했다. 탈영병이 야산 속으로 도망가면 못 잡는다고 했는데 산속에서 어느 길을 택해서 도망을 가는지는 전혀 알 수가 없다고 했다. 내가 신혼시절에 와이프가 나와 다투고 아침에 집을 나갔는데, 서울 신부가 길 모르는 대구 시내로 나가 돌아다닌다고 생각하니 좀 걱정은 되었는데, 헌병수사관의 말을 믿고 대구 시내 동성로에 있는 작은 사거리를 낀 코너 카페에 친구를 불러서 차를 마시고 있다가 한 시간 정도가 흘렀을까, 카페 앞으로 걸어가는 와이프를 보고 나가서 잡은(?) 직이 있다. 나중에 물어보니, 백화점에서 유명 가수를 초대하는 공연을 보고 번화가를 걷고 있던 중이라고 했다. 숙련된 헌병수사관이 탈영병을 잡을 때 쓴 것이 바로 인간이 다니는 길목, 즉 말 그대로 토포스다.

행복은 우리 민족에게 생소한 개념인데, 최근 들어 일과 가정의 병립이라는 기치 아래 각 개인이 행복을 추구할 것이 장려되고 있다. 이러한 배경하에서 어느 정치인이 "주 52시간 노동시간 제한으로 인하여 각 개인이 가정에 돌아가 휴식을 하고 행복을 추구할 기회가 많아졌다."라고 말을 했을 때, 이를 반박하기 위하여 자신이 미리 준비해 놓은 행복의 토포스를 사용할 수 있다.

사실 행복이라는 개념이 생소한 우리 민족에게는 집에서 쉬는 것은 서양 문화의 레져와 유사하다. 단순히 쉬는 것은 행복이 아닌데, 자신의 능력과 소질에 맞지 않는 직업을 가지거나 직업이 없는 사람, 혹은 무인도에서 혼자 사는 사람이 행복하다고 하지 않는 것을 감안하면, 행복은 인간관계 속에서 자신의 소질과 능력을 개발하는 것과 관련이 있다는 것을 알 수 있다. 따라서 아리스토텔레스는 각 개인의 행복은 자신의 미덕을 개발하여 공동체에 기여하는 것을 중요한 조건으로 생각했다. 이러한 아리스토텔레스의 행복관을 가지고 위 정치인에게는 "집에서 막연히 쉬는 것은 행복이 아니다. 집에서 쉬는 것을 행복이라고 한다면 가족을 데리고 무인도에 들어가 사는 사람이 가장 행복한 사람일 것이다."라고 반박을 하거나, 오히려 "주 52시간이 문제가 아니라, 직장에서 동료들과 함께 자신의 능력도 개발하여 돈도 많이 벌고, 조직에 기여를 하는 것이 행복이다. 따라서 노동시간만을 단축하여 열심히 일을 하려는 사람들에게 행복해질 기회를 빼앗는 것은 부당하다."라고 말하거나, "문제는 노동시간을 단축하는 것이 아니라 더 중요한 문제는 근로자들이 마음 놓고 일하고 쉴 수 있도록 근로조건을 개선하는 것이다."라고 반박할 수 있다. 행복이 주제가 되는 토론에서는 위와 같이 토포스를 이용하여 논쟁을 이끌어 갈 수 있다. 이에 반해 동양적인 행복을 표현하는 안빈낙도(安貧樂道), 즉 가난하지만 분수를 알고 도를 즐기는 것, 현대 말로는 소확행(소소하지만 확실한 행복)이 적절한 번역이겠는데, 지도자가 수많은 대중을 상대로 안빈낙도를 하라고 연설할 수는 없다. 안빈낙도는 공자가 가장 아끼던 제자인 안회(安回)를 칭찬하면서 비롯된 말인데, 대중들은 안회처럼 검소한 철학자의 삶을 대단하다고 생각하지 않는다.

토포스의 세 번째 유형은 수사학 제2권 제23장에 소개된 것으로 생략삼단논법의 28가지의 유형을 설명한 것인데, 실제 실전에서 말싸움의 초식들이라고 할 수 있겠는데, 로고스 편에서 자세하게 설명한다.

수사학의 구성 요소

고대로부터 수사학은 스피치에는 구상(Invention), 배열(Arrangement), 표현(Style), 기억(Memory), 실행(Delivery)의 다섯 가지 구성요소로 이루어졌다고 보고 있고, 이러한 체계는 로마 시대의 키케로부터 비롯된 것이라고 한다.[20]

하지만 키케로보다 약 400년을 앞선 아리스토텔레스는 설득력을 생산하는 수단이라고 명한 구상(Invention), 배열(Arrangement), 표현(Style)을 주로 설명하고 있을 뿐이고, 기억은 다루지 않으며, 스피치의 실행은 그때까지 가장 경시되었다고 하면서 간략하게 언급하고 있다. 이 글에서 중점적으로 설명할 에토스, 파토스, 로고스는 아이디어를 구상(Invention, 착상)하는 단계에 해당한다.

스피치를 구상한다는 것은 연설의 내용을 생각해 내는 것을 의미한다. 착상은 무에서 유를 상상해서 창작하는 것이 아니고, 주변에 있는 이미 존재하는 것들 중에서 나의 의견을 보강하거나 상대방의 의견을 논파할 수 있는 수단을 발견해 내는 것이다. 주변에 있는 것을 발견해 내는 것은 플라톤이나 아리스토텔레스의 철학에서 볼 수 있는 사고방식이다. 예를 들어서 음악은 이미 존재하여 있는 여러 소리들 중에서 리듬과 멜로디를 찾아내는 것이고, 세상을 창조하는 것은 이미 존재하는 질료들을 이용하여 형체를 만들어 내는 것인데, 마치 진흙을 가지고 형체를 만들어 내는 것과 같다.

수사학은 설득의 수단을 탐구하는 것이기 때문에 구상은 스피치에서 가장 중요한 부분이며, 배열, 표현, 실행과 같은 연설의 다른 구성 요소들에게도 영향을 미친다.

아리스토텔레스는 이상적인 설득은 이성과 논리, 즉 로고스만을 이용하는 것이라고 생각했지만, 실제로는 청중들의 결함으로 인하여 로고스는 설득력이 없고, 연설가는 청중에게 자신이 훌륭한 인격을 가졌다는 인상을 주거나, 청중의 감정을 이용하는 것이 현실적으로 이득이라는 것을 잘 알고 있었다. 그래서 그의 수사학의 주된 관심사는 청중이 신뢰하는 사람들의 특징을 연구하거나(에토스), 청중들의 마음을 어떤 상태로 만드는 것(파토스)이 되어 버렸다. 결국 가장 탁월한 연설은 내용이 논리적인 연설이 아니라, 청중들이 연설가에게 좋은 인상을 받아 친근감을 느끼는 반면에, 상대방에게 분노를 느끼게 만드는 연설이다.

아리스토텔레스는 스피치의 구성요소를 화자, 주제, 청중으로 나누어 분석하는데, 설득력을 만드는 수단도 연사에 관한 것, 주제에 관한 것, 청중에 관한 것으로 나누었고, 이에 따라 설득력의 원천을 에토스, 로고스, 파토스라고 했다. 모든 사건에 있어서 설득의 힘은 심판자들에게 연사의 인격이 바르다는 인상을 주거나(에토스), 논리적으로 입증(로고스)을 하거나, 심판자들의 마음을 어떤 상태에 있도록 만드는 것(파토스)에 있다(수사학. 1403b). 여기에서 주의할 것은 연설가가 만들어 낸 것이 아닌 증언, 고문하에서 받아 낸 자백, 계약서 등은 수사학의 연구 대상이 아니다. 수사학의 원칙에 기초하여 연사가 구상하여 말하는 것만이 수사학에서 다루는 설득의 수단이 된다(수사학. 1355b - 1356a).

에토스는 스피치의 윤리적인 요소, 파토스는 감정적인 요소, 로고스는 논리적인 요소를 의미하는 데 위 세 가지는 별도로 분리해서 분석하기는 하지만, 실제 연설에서는 구분이 없이 혼용되는 경우가 많다. 이론적으로는 연설의 초반부에는 연설가는 착하고, 주제를 잘 알고 있고, 청중들의 이익을 위하여 연설한다는 인상을 주어 청중으로 하여금 연설가에게 호감을 가지도록 만들고(에토스), 그다음 본론 단계에서 논리적으로 입증하고(로고스), 마지막 결론에는 청중의 감정을 흔들어서 완전히 자신의 편으로 만든다(파토스).

---

20) Sam Leith, 『Words Like Loaded Pistols』, Basic Books(2012), 제43면

IV

에토스

Ethos Pathos Logos

에토스

1. 정의

에토스에 의한 설득이라는 것은 청중으로 하여금 연설가가 믿을 만한 인격과 품성을 가진 사람이라고 느끼게 하여 연설가의 말에 스스로 설득을 당하도록 만드는 기술이다. 스피치의 내용과는 상관없이 연사를 믿을 사람이라고 생각하게 만든 후에 연설가가 말한 것을 무비판적으로 증거도 없이 받아들이도록 만드는 것이기 때문에 이를 이용한 스피치는 아주 탁월한 기술이라고 할 수 있다. 우리는 착한 사람들을 전적으로 기꺼이 믿는데, 이는 일반적으로 모든 문제에 관하여도 그러하고, 정확하게 확신할 수 없는 상황에서 의견이 대립할 때에는 절대적으로 그러한 경향이 있다(수사학. 1356a). 일단 에토스를 확립하여 청중들의 무조건적인 지지를 받는 연설가들은 대중들을 쉽게 선동을 할 수 있는데, 히틀러의 예가 가장 적절한 예가 될 것 같다.

바른 사람으로부터 바른 의견을 기대하는 것도 연상(Association)에 의한 것이라고 할 수 있겠다. 다시 말해 연설가가 훌륭한 인격을 가졌다면, 청중들은 그의 의견도 훌륭할 것이라는 연상을 하기 때문에 연설가의 말을 믿을 뿐이고, 막상 주제의 논리를 그리 따지지 않는다. 숙고는 힘이 들기 때문에 연설가의 인격을 믿고 그의 말을 숙고함이 없이 동의하는 것은 효율적인 판단방법이다.

아리스토텔레스 시대에는 연사의 선함이 스피치의 설득력에 아무런 영향이 없다고 주장한 사람들이 있었던 모양인데, 아리스토텔레스는 연설가의 인격이 설득력의 수단들 중에서 가장 효과적인 것이라고 이를 반박한다(수사학. 1356a). 앞서 설명하였듯이 현대의 공신력 이론에서도 연사의 개인직인 특징(음성과 몸짓언어)이 설득에 있어서 가장 중요하다고 본다.

에토스의 3대 요소는 실천적 지혜(phronesis), 미덕(Arētē), 호의(Eunoia)이다(수사학. 13781a)이다. 청중들은 연설가가 위 세 가지를 가지고 있다고 마음으로 수용할 때 그의 말을 수용한다. 실천적 지혜는 연설의 주제에 관하여 해결할 능력과 경륜이 있음을 의미하고, 미덕은 인성이 착하거나 바르다는 것이며, 호의는 남을 위한다는 것이다. 따라서 연설가는 능력이 있고, 착하고 바르며, 청중의 이익만을 위하여 연설한다는 것을 보여야 하는데, 이것이 바로 청중들이 이상적으로 생각하는 연설가의 모습이다.

아리스토텔레스는 연설가들이 사실들을 잘 알면서도 설득에 실패하는 이유는, 실천적 지혜가 없어서 바른 견해를 가지지 못했거나(즉, 능력이 부족하거나), 연설가에게 미덕이 없어서(즉, 착하거나 바르지 않기 때문에) 사실대로 말을 하지 않거나, 청중에게 호의를 베풀 마음이 없어서(즉, 이기적이어서) 일부러 최선의 권고를 하지 않기 때문이라고 본다.

인격(éthos)은 습관(ethos)에서 발전한 단어인데, 후천적인 환경하에서 반복되는 어떠한 자극의 결과로써 작동되는 습관을 의미한다(윤리학. 1103a). 습관은 (감각기관과 달리) 우리가 의술과 같은 기술을 습득하는 것처럼, 최초에 시동을 걸어 배우기 시작한 후에 이를 습득할 수 있다

(윤리학. 1103a). 인격은 영혼에 내재하는 비이성적인 부분으로서, 영혼의 본질적인 부분인 이성의 명령에 따라 행동을 하는 특징을 가지고 있는데 중요한 것은, 이러한 습관들은 유년시절부터 습득되어야 한다(윤리학. 1103b). 왜냐하면 습관이 고정되면 타고난 본성처럼 고치기가 어렵기 때문에(윤리학. 1152a), 어릴 때부터 좋은 습관을 가질 수 있도록 교육과 훈련을 받아야 한다. 형성된 습관이 평생 반복되기 때문에 인간의 선(좋음), 미덕 혹은 훌륭한 인격은 모두 습관이다.

주의할 것은 연사의 인격에 의한 설득은 스피치 중에 연사가 믿을 만한 사람이라고 묘사되어 청중이 연사의 인격을 좋게 판단할 때에 나오게 된다. 따라서 인격에 의한 설득은 스피치 중에 말하는 것에서 발생하고, 미리 연사가 말도 하기 전에 어떤 사람이 훌륭한 인격을 가지고 있다는 믿음에서 나오는 것은 아니다(수사학. 1356a). 에토스는 연설을 듣는 청중이 연설가를 평가하여 생겨나는 것이기 때문에 청중의 마음속에서 생기는 것이지, 스피치와 별도로 존재하는 화자의 품성을 의미하는 것이 아니다. 다시 말해 어떤 사람이 훌륭한 인격을 가지고 있다는 평판이 있어도, 실제 그 사람이 그 평판에 맞게 스피치를 하지 못한다면 그의 말에는 설득력이 없다.

이 부분의 설명에 가장 적합한 사람이 바로 노무현 전 대통령이다. 노무현 대통령이 대통령으로 재직하면서 품위가 떨어지는 말을 종종 하여 비난을 자초했다. 본인도 그 문제를 잘 알고 있었는데, 그는 다음과 같이 대통령으로서 스피치 스타일에 문제가 있었음을 고백했다.

"무엇보다도 말이 문제였다. 나는 구어체 현장 언어를 구사했으며 반어법과 냉소적 표현을 즐겨 썼다. 원래는 그렇지 않았는데 인권변호사로서 민주화운동을 할 때 이런 언어습관이 생겼다. …… 권위주의적 대통령 문화는 극복해야 할 문제였지만, 국민들에게 믿음과 안정감을 주는 품격 있는 언어를 사용하면서 그 일을 했어야 했다. 그런데 대통령이 되고 나서 그렇게 하지 못했다. …… 퇴임한 후에 버락 오바마 대통령의 연설과 토론을 보았다. 그는 사회적 소수파에 속한 시민운동가 출신의 정치인이었지만 매우 품격이 있는 언어를 구사했다. 나도 그렇게 했었더라면 더 좋았을 것이다."[1]

"말과 태도에서 품위가 배어나는 그런 관리를 못했다는 점에 대해서는 나도 뼈아프게 생각한다. 내가 준비하지 못했던 것이고, 깊이 생각도 안 했던 것이다. 대통령이 인간적으로 솔직하게 하면 되는 줄로만 알았는데, 링컨이 그렇게 했다고 해서 그러면 되는 줄 알았는데, 국민들이 바라보기에는 뭔가 대통령에게서 '근사하다'는 만족감을 느낄 수 있는, 그런 게 필요했던 것 같다."[2]

사람들은 정직한 사람들의 말을 무조건 받아들이기 때문에, 선한 사람은 자기를 착한 사람으로 보이게 하는 것이 정교한 추론가로 보이는 것보다 더 적합하다(수사학. 1418b). 다시 말하면 에토스가 로고스보다 더 설득력이 있다는 것인데, 원래 아리스토텔레스는 실천적인 문제에 관하여는 실제 사람들의 삶의 진실들이 공허한 이론(로고스)보다 더 우선해야 한다고 생각한 사람이다. 아리스토텔레스는 감정과 행동들에 대한 문제들에 관하여는 로고스(논증)는 사실들보다 신뢰가 떨어지고, 로고스와 인식되는 사실들이 충돌할 경우에는 로고스들은 경멸 될 뿐만 아니라 로고스의 진실성마저 훼손되고(윤리학. 1172a－1172b), 실천적인 문제에 관한 진리는 우리의 삶의 사실로부터 판단되어야 하고, 이것이 진실로 중요한 것이라고 했다(윤리학. 1179a). 예를 들어 설명하면, 정부의 부동산대책이 아무리 논리에 맞는다고 하더라도(로고스), 정책들을

---

1) 노무현 재단 엮음(유시민 정리), 『운명이다(노무현 자서전)』, 돌베게(2014년 초판 14쇄), 제234－235면
2) 오연호, 『노무현, 마지막 인터뷰』, 오마이뉴스(2009), 제95－96면

내놓을 때마다 실제로는 집값이 오르는 현상이 나타났는데(삶의 진실),
부동산대책이 경제학 이론으로 맞더라도 대중들은 허위라고 생각한다
는 의미이다. 마치 양치기 소년의 우화처럼 사실을 말해도 믿지 않는
현상이 벌어지는 것이다.

　따라서 로고스를 잘 하는 것보다 현실적인 문제들에 대하여 정직한
에토스가 더 설득력이 높다. 다만 주의할 점은, 사람들은 사기범들을
경계하는 것처럼, 연사가 자신의 인격을 높이려고 시도할 경우 오히려
연사의 인격을 의심한다. 이를 '에토스의 역설'이라고 한다.3) 동양 전통
중에 교언영색(巧言令色)이라는 표현도 같은 맥락에 있다고 할 수 있다.
실제로 고대 아테네에서는 기원전 411년 과두정 반란의 우두머리인 안
티폰(Antiphon)이 말을 너무 잘 해서 시민들이 그의 말을 잘 믿지 않았
다고 한다.

　앞서 사람들은 에토스가 있는 사람들의 말에 신뢰감을 느끼기 때문
에 그의 말을 믿는다고 했는데, 이 말에 대해서 좀 설명을 하려 한다.
사람들이 신뢰를 하는 방법은 대체로 인지적 신뢰와 정서적 신뢰로 나
눌 수 있다. 인지적 신뢰는 상대방에 대한 신뢰를 일을 같이한 경험을
통하여 믿을 수 있음을 배웠을 때에 발생한다. 정서적 신뢰는 감성적인
이유에서 발생하는 것으로 공감이나 친밀감을 느낌으로 형성된다.4) 우
정 등 개인적인 인간관계는 정서적 신뢰에 해당한다. 신뢰감을 느낀다
는 것은 인지적으로 사고를 해서 맞다 아니다를 따진다는 것이 아니라,
연설가와 청중이 정서적으로 연결되어 있어서, 연설가의 말을 비판 없
이 수용한다는 의미가 된다. 대체적으로 집단주의가 강한 우리나라, 중
국, 일본 등 동아시아 국가들은 정서적 신뢰를 선호하고, 개인주의가

---

3) 강태완, 『설득의 원리』, 페가수스(2010), 제48면
4) 에린 메이어, 박세연 옮김, 『컬처맵(The Culture Map)』, 열린 책들(2016),
　　제223면

강한 영미권 국가에서는 인지적 신뢰를 하는 경향이 있다. 정서적 신뢰를 우선하는 문화에서는 다른 집단의 사람들의 신뢰를 얻기 위해서는 그 집단에 편입되기 위한 일종의 통과 의식을 거치는 경우가 있는데, 우리의 접대문화 같은 것이 정서적 신뢰를 얻기 위한 행동들이다.

2. 도덕적 미덕

1) 미덕의 종류

에토스의 구성요소로서 미덕을 설명하려 한다. 원래 고대 그리스인들은 개인의 미덕을 자유롭게 추구해서 탁월해지는 것을 중요하게 간주했는데, 아리스토텔레스 이전에 플라톤은 용기, 정의, 절제, 현명함을 강조했다(국가. 427d). 아리스토텔레스는 미덕들을 더욱 세세하게 분류해서 분석했는데, 인간의 미덕은 이성(로고스)에서 발현된다고 보았고, 앎과 관련되는 지적인 것과 행동과 관련되는 도덕적인 것으로 나누어진다고 보았다.

지적 미덕에는 앎(episteme), 기술(technē), 실천적 지혜(phronesis), 지성(nous), 지혜(Sophia)의 다섯 가지가 있고, 교육을 통하여 배우고 개발할 수 있다. 도덕적 미덕은 잘 행동하는 것인데, 용기, 절제, 정의, 우애, 호의 등이 이에 속한다. 설득력을 가져오는 에토스의 요소로서의 미덕은 도덕적 미덕을 의미하고, 지적 미덕 중에서 실천적 지혜만이 에토스의 요소가 된다.

아리스토텔레스는 모든 사물에는 고유의 목적 또는 기능(Tēlos)이 있음을 주장한 사람이다. 예를 들면 악기의 목적은 좋은 소리를 내는 것, 연주자의 목적은 좋은 연주를 하는 것이다. 인간이 다른 동물이나 식물과 구분되는 기능 또는 목적은 영혼의 활동이고, 영혼 활동의 핵심은 이성이다. 따라서 인간 고유의 기능은 이성을 따르거나 이성을 필요로 하는 영혼의 활동을 의미한다(윤리학. 1098a). 주의할 것은 현대에서 영혼은 보편적으로 사용되는 말인데, 아리스토텔레스의 시대에 영혼의 개념은 현대와는 많이 달랐다.

아리스토텔레스 이전에는 영혼은 종교적인 의미가 강했다. 원래 일리아스나 오뒷세이아에는 인간은 필멸의 존재로 묘사되는데, 오르페우스가 사람의 영혼(Psychē)이 불멸이라고 처음 주장했다. 인간은 반드시 사멸하는 존재로 알던 그 당시 사람들에게 인간의 영혼이 불멸이라는 생각은 엄청난 사고의 전환을 가져왔다고 한다.[5]

우리에게 '피타고라스 정리'로 친숙한 피타고라스 학파는 폐쇄적인 종교 집단이었는데, 그들은 영혼의 불멸과 윤회를 믿었고, 이에 영향을 받은 플라톤도 영혼은 윤회하고 더 나아가 영혼이 승천하여 이데아를 본 다음에는 다음 생에 철학자로 환생한다고 했다(『파이드로스(Phaedrus)』. 248c-d).

플라톤에게 영혼은 철학과 종교의 가교 역할을 하는데, 소크라테스가 순순히 독약을 먹고 죽은 이유도 자신의 영혼이 승천하여 좋음의 이데아를 볼 수 있다는 이유도 한몫했다. 즉 철학은 영혼이 이데아에 접근하도록 도와주는 일종의 매개체가 되는데, 이렇게 보면 철학은 종교적인 의미도 가지게 된다.

아리스토텔레스는 영혼의 종교적인 측면을 배제해서 이해했고, 단순히 영혼의 기능인 로고스(이성)에 따라 잘 활동을 하는 것을 도덕적 미덕이라고 했다. 따라서 도덕적인 미덕은 순수한 사고의 영역인 이성의 명령에 따라 이를 거부하거나 복종하여 행동으로 나타나는, 용기, 절제, 통큼, 후함, 정의, 우애 등이 여기에 속하고 이러한 미덕을 갖춘 사람들의 말이 설득력이 있다.

한편 아리스토텔레스 철학은 행복에서부터 출발한다고 말했는데, 인

5) 박종현, 『헬라스 사상의 심층』, 도서출판 서광사(2012, 제1판 제4쇄), 제22면

간은 자신의 미덕들을 추구하여 행복에 도달하기 때문에, 미덕들은 행복을 달성하는 수단이고, 미덕으로 획득할 수 있는 가장 높은 선(좋음)은 행복이다. 예를 들면, 어떤 사람이 운동을 잘 하는 소질이 있다면, 운동을 잘 하는 소질을 개발하여 경기에 우승함으로써 가장 좋은 삶, 즉 행복에 도달할 수 있다. 우승을 하지 못하더라도 하고 싶은 운동을 하는 것만으로도 행복하다.

2) 자발적인 선택

도덕적 미덕들을 갖춘 행위는 자발적으로 선택한 것이다. 자발적인 선택은 문화적인 측면에서 중요한 의미를 가진다. 서양의 문화를 개인주의 문화라고 하는데, 개인주의는 바로 각 개인이 스스로 선택(choice)을 하고, 각 개인은 선택의 결과(Consequences)를 받아들이는 것을 당연하게 생각하는 사회이다. 각 개인은 외부적인 조건에도 불구하고 자발적으로 선택을 할 수 있는 자유를 가졌다는 점에서 서로 평등하다. 자발적인 행동은 그 행위자가 행동의 구체적인 상황을 잘 알고 있고, 행동의 준칙을 스스로 가지고 있을 때, 이를 자발적이라고 할 수 있다(윤리학. 1111a). 즉 자기 스스로 설정한 기준이 행동의 기준이 되고, 외부 조건의 변화나 타인이 정한 기준이 행동의 기준이 되지 않는다. 이에 반해서 우리나라에서는 자신이 좋아서 하는 일보다는 남이 시키는 것을 잘 하는 문화이고, 스스로 나서서 무슨 일을 잘 하지 않는다.

도대체 미덕과 자발적인 선택이 무슨 상관인지 잘 이해가 되지 않을 텐데 나의 경험으로 설명하려고 한다. 최근 '워라밸'을 강조하면서, 법원에서도 '워라밸' 풍조가 생겨났고, 새로운 대법원장도 이를 장려했다. 문제는 법원의 일이라는 것이 적은 수의 판사가 많은 사건들을 처리하다 보니 정규 근무시간 이외에도 추가로 일을 할 수밖에 없기 때문에 근면함 내지 일 중독이 미덕이 되어 버린 구조라는 것이다. 그럼에도 불구하고 워라밸, 워라밸 하다 보니 실제 판사가 옛날만큼 일을 하지 않는 것을 당연하게 여기는 풍조가 만연해지고, 그러다 보니 만나는 판사마다 "일 적당히 해라."라는 말이 인사가 되었다. 그래도 판사 중에는 종전과 같은 업무 강도로 일하는 판사들이 있는데 그 판사들의 근면성실이 바로 미덕에 해당한다. 남들이 시키지 않아도, 더 하지 않아도 비난받지 않지만, 밀려드는 사건을 제때 처리하려는 의지와 의무감을 가지고 자발적으로 선택해서 일하는 것이 바로 미덕이 있는 사람의 태도이다. 그런데 워라밸을 강조하자마자 종전에 미덕으로 인정받은 근면함이 순식간에 사라져 버린 것이다. 과거에 내가 근무하던 한 법원에서는 "나는 다른 판사들보다 일을 많이 한다, 혹은 적게 한다."로 설문조사를 한 적이 있는데, 내 기억으로는 7명이 일을 더 적게 한다고 대답했다. 한창 열심히 일하고 배워야 할 초임 판사조차 "나는 주말에는 일 못한다."라고 말하는 것을 들은 적도 있다. 사실 법원 일은 제대로 배우고, 밀려드는 일들을 다 마치려면 신참 판사들은 야근과 주말 특근을 친구로 삼아야 한다. 분위기가 바뀌었다고 일을 적게 하는 현상이 생기는 내면에는 우리나라에서 존중받는 미덕은 근면함이 아니라 새로운 상황에 잘 적응하는 것이라는 것을 반증한다. 즉, 새로운 장(場, Field)에 따라서 미덕의 내용이 바뀐다.

이처럼 우리나라에서는 각 개인 스스로에게 선택을 맡겨 놓으면 어떻게 해야 하는지 갈피를 못 잡는 경우가 많은데, 이것은 자발적으로 선택을 하는 습관이 없어서 그런 것으로 집단주의 문화의 한 측면이다. 집단주의 문화에서는 개인이 한 집단에 편입되어 일을 시작할 때에는 주위에서 도제교육으로 많은 지도와 보호를 해 주고, 각 개인은 집단이 부여한 과제를 수행하면서 집단이 요구하는 인재가 되어 간다. 집단의 목표가 더 중요하기 때문에 자발적으로 개인적인 목표를 선택해서 추구할 필요가 별로 없고, 집단 내에서 지위의 상승을 의미하는 승진 같은 것이 개인적인 욕구의 대상이 된다. 이런 맥락에서 우리나라의 회사나 관공서에서 조직원에게 해외 연수 기회를 준다면, 이것은 그 개인의 조직에서의 공헌한 것에 대한 대가이거나 그 조직의 엘리트라는 상징과 같은 의미가 강하고, 개인의 미덕을 개발하는 기회라는 의미가 부족하다. 따라서 실제 그 개인이 해외 연수를 가서 자신의 능력과 미덕을 개발하기보다는 그냥 골프나 쇼핑을 즐기면서 쉬고 오는 경우가 많다. 관공서에서 특히 그런 경향이 더 강하다.

나는 외국계 컨설턴트 회사에 다니는 후배로부터 아주 재미있는 이야기를 들은 적이 있는데, 팀원들과 회의를 하던 중 오후 6시 퇴근할 무렵 화장실을 다녀오니 직원들이 다 퇴근하고 없어서 황당했다고 한다. 다음 날 직원들에게 전날 말도 없이 퇴근한 이유를 물어보니까, "저희들은 팀장님만큼 봉급을 많이 받지 않기 때문에 야근 안 합니다."라고 대답했다고 한다. 남보다 더 열심히 잘 하려는 의욕이 사라진, 즉 미덕이 부재한 시대를 보여주는 현상이다. 어떤 관공서에서는 신참 직원들이 일을 많이 하는 직원을 왕따를 시키거나 눈치를 준다는 이야기도 들었다.

존 스튜어트 밀은 인간은 많은 선택을 함으로써 지적 능력과 정신 능력을 발달시킬 수 있기 때문에 선택이 중요하다고 주장했는데, 인간이 지적으로 성숙하는 데에는 자발적인 선택의 역할은 절대적이라고 할 수 있다. 사실 우리나라 국민들은 살면서 인생의 갈림길에서 선택을 할 기회가 별로 없다. 유아기 때부터 부모로부터 과보호를 받고, 학교 생활이 대부분은 대학입시 준비로 채워지고, 성적으로 결정되는 출신 대학교에 따라 삶의 내용이 달라지고, 심지어는 직장도 시험으로 들어가는 공무원이 최고의 직장이다. 삼성, 엘지, SK 같은 글로벌 대기업들은 자체 개발한 입사시험을 가지고 있다. 게다가 최근 국민의힘 당은 선거에 출마할 예비정치인들에게 '공직후보자기초자격평가'라는 시험제도를 도입한다고 한다. 그 사람의 미덕을 가지고 사람을 평가하지 않고, 시험의 결과를 가지고 개인을 평가하는 것이 우리의 현실이다.

우리나라에서는 판사들도 미덕이 아닌 시험성적으로 선발한다(현재는 면접평가도 들어가서 많이 달라졌다). 세상 사람들로부터 부러움을 받는 판사들이지만, 막상 어느 정도 나이가 든 판사들은 자기가 잘 할 수 있는 것이 무엇인지 궁금해 하는 사람들이 많다. 왜냐하면 평생 동안 자기가 잘 하는 것을 선택해 본 적이 없기 때문이다. 우리나라에서는 재판을 담당하는 판사보다 소위 사법행정을 하는 판사를 더 좋게 평가하는 관행도 있다. 훌륭한 판사의 미덕은 재판을 잘 진행하고, 판단을 잘 하고, 판결을 잘 쓰는 것이 아니라, 사법행정이라고 해서 지휘명령을 받는 사법행정 조직에서 처세를 잘 하는 것이다. 이 또한 미덕 부재의 문화를 잘 보여준다. 이러다 보니 재판만 주로 한 판사들은 재판을 더 잘 하려는 의욕을 크게 가지지 않는다.

우리 전통 문화는 개인의 자발적인 선택의 중요성에 대하여 그리 큰 중점을 두지 않았다. 각 개인은 주로 타고난 자신의 처지에 맞게 살아가는 것이 훌륭한 삶이다. 예를 들어, 왕과 신하의 관계에서는 훌륭한 신하는, 왕이 폭군이라고 하더라도 왕을 몰아내고 스스로 왕이 될 수는 없다. 부모와 자식의 관계에서는 효녀 심청처럼 자신의 목숨을 팔아서 아버지의 눈을 뜨게 만드는 것이 훌륭한 딸의 전형이다. 흥부는 형인 놀부로부터 학대를 당해도 항상 형에게 착하게 행동한다. 남편과 부인의 관계에서는 부인은 남편이 죽어도 재혼을 하지 않는 것이 제대로 된 도리이다. 가학적이기까지 한 우리의 전통 문화는 아리스토텔레스의 개인주의 미덕론과는 다른 관점, 즉 집단주의 관점에서 훌륭한 인간상을 구현한 것이다. 또한 각 개인이 재능을 발견해서 발전시키는 것보다 '입신양명'이라고 하여 공무원이 되어 가문의 명예를 높이는 것이 가장 좋은 것이기 때문에 자신의 소질과 관련이 없는 시험 공부에 매진한다.

최근에 우수한 학생들이 의과대학에 묻지마 진학하는 이유는 장래에 수입이 많이 보장되기 때문인데, 그 이면에는 미덕이 무시되는 우리의 민족정신이 깔려 있다. 내가 보기에는 우리 국민이 불행한 가장 근원적인 이유가 바로 자발적인 선택이 없는 삶을 살았기 때문이다. 그나마 자신의 개성과 미덕을 보여줄 기회가 없으니 명품 자랑이나 갑질로 자신의 지위를 과시하는 것으로 미덕을 대신한다.

미국 영화나 드라마를 보면 주인공들이 "I made my choice."라고 말하는 것을 간간이 들을 수 있는데, 이는 각 개인이 자신의 선택과 그 결과에 책임을 진다는 개인주의 사회의 단면을 잘 보여준다. 『선택 → 결과』라는 인과과정이 명확하다. 아리스토텔레스가 가장 뛰어난 비극이라고 극찬한 소포클레스의 『오이디푸스 왕』의 대사는 각 개인의 선택과 이로 인한 결과를 승복하는 과정을 잘 보여준다.

자신이 친부이자 선왕인 라이오스를 죽인 것을 모른 채 테바이(테베)의 왕이 된 오이디푸스는 왕비 이오카스테가 자신의 어머니인 것조차 모르고 이오카스테와 혼인 후 테바이를 통치하고 있었다. 그런데 테바이에 역병이 돌자 어떻게 하면 도시를 구할 수 있을지에 관하여 신탁을 받아 오게 한다. 신탁의 내용은 선왕을 죽인 사람이 도시에 있기 때문에 역병이 생긴 것이고, 그 살해범을 도시에서 내쫓으면 도시를 구할 수 있다는 것이다. 아폴론의 사제와 이오카스테는 오이디푸스에게 범인을 찾는 것을 단념하라고 말리고 특히 아폴론 사제는 오이디푸스의 파멸을 경고하면서 더 이상 조사를 하지 말 것을 경고한다. 그럼에도 불구하고 오이디푸스는 계속해서 범인을 추적하게 되었고, 결국 자신이 바로 선왕을 죽인 범인이라는 것을 알게 된다. 그러자 이오카스테가 자살을 하고, 오이디푸스는 그녀의 옷의 황금 브로치를 꺼내어 들고 자신의 두 눈을 찔러 스스로 맹인이 된다.

오이디푸스는 "한때는 테바이의 둘도 없이 고귀한 아들이었으나, 지금은 가장 불행한 인간이 된 내가, 신들에 의해 부정한 것으로 밝혀지는 자는 라이오스의 친족이라도 모두들 그 불경한 자를 내쫓아야 한다고 나 스스로 명령함으로써, 그런 것들을 내게서 손수 빼앗았으니 말이오. ……"6)라고 하면서 자신의 선택을 한탄하며 테베를 떠난다.

이에 대비되는 것이 동아시아적 사고방식인데, 이러한 동양식 사고는 변화(Change), 모순(Contradiction)의 포용, 관계(Relationship or Holism)의 원리를 특징으로 하며(Richard e. Nisbett, 『The Geography of Thought』, 제174−175면), 그 속에서 각 개인의 선택과 그 결과는 중요하지 않고, 상황의 변화가 더 중요하다. 즉 어떤 선택으로 인하여 어떤 결과를 가져오는 측면이 아니라, 『선택 ≠ 결과』, 즉 선택과 결과 사이에 인과관계가 명확하지 않고, 상황의 변화에 더 초점을 맞춘다. 쉽게 예를 들면, 요즘에는 가족들을 부양하는 것이 너무 힘들어서 결혼을 하고 아이를 둔 것을 후회하는 남자들이 많다. 선택과 결과의 관점에서는 나의 힘든 상황은 내가 결혼을 선택한 행위에서 비롯된 것으로 이해한다. 하지만 우리나라 사람들은 "내가 전생에서 지금의 아내에게 죄를 지었기 때문에 현 세상에서 벌을 받는다."라고 말하는 사람들이 많다. 우리나라에서 점을 보거나 명리학 등을 공부하는 사람들이 많은 이유가 이런 동양적인 사고방식 때문이다.

새옹지마(塞翁之馬)의 고사는 변화와 모순의 원리를 가장 잘 보여주는 일화이다. 새옹지마의 이야기를 정리하면, 변방의 한 노인의 말이 도망갔는데 노인이 이를 슬퍼하지 않았고, 도망친 말이 다른 말들을 데리고 돌아와도 노인이 이를 기뻐하지 않았고, 노인의 아들이 돌아온 말을 타다가 떨어져 다쳤는데도 노인은 이를 슬퍼하지 않았고, 마침 전쟁이 발

---

6) 아이스퀼로스·소포클레스·에우리피데스 지음, 천병희 옮김, 『그리스 비극 걸작선』, 도서출판 숲(2016년 제1판 5쇄), 제228면에서 그대로 인용.

발하였으나 노인의 아들은 다리를 다쳐 징집에서 면제되어 화를 면했다
는 내용이다. 상실 – 획득, 슬픔 – 기쁨과 같은 서로 모순되는 것들이 계
속 반복되면서 변화를 하고, 그 변화는 다음 사건의 원인이 된다. 노인
은 관계로 인한 모순, 변화에 모두 달관한 사람으로서 동양적인 지혜의
상징이다.

3) 숙고

미덕은 숙고를 한 후에 한 선택을 의미한다. 사람들은 자신들이 결
정할 수 있는 행위들에 관하여 숙고하는데(윤리학. 1112a), 대체로 어떤
방향으로 일어나기는 하지만 그 결과가 확실하지 않고 한정적이지 않
은 것들에 관하여 숙고한다(윤리학. 1112b). 사람들은 목적이 아니라 수
단에 관하여 숙고를 하는데, 이는 마치 웅변가는 설득할 수 있을지 여
부를 숙고하지 않고, 어떻게 설득할 것인지에 관한 수단을 숙고하는 것
과 같다(윤리학. 1112b). 나는 어느 대학교 교수님이 자신이 아는 가장
머리 좋은 사람은 태릉선수촌에 있는 한 운동선수라고 말하는 것을 들
은 적이 있는데, 올림픽경기에서 우승하기 위해서 항상 상대방을 이길
방법을 강구하는 것이 전형적인 숙고이다. 이와 같이 미덕은 불확실한
상황 속에서 목적을 향해 잘 찾아가는 수단을 잘 강구하는 것을 포함
한다.

상황의 불확실성을 대처하는 방법은 대체로 개인에게 맡겨 두는 방
법과 집단이 통제하는 방법이 있다. 자유주의 사회의 출발점은 정부가
모든 것을 통제할 수 없기 때문에 개인에게 선택을 맡겨야 한다는 것에
서부터 출발한다. 통제를 할 수 없는 이유는 간단한데, 이 세상에는 개
별적인 사태가 너무나도 많기 때문이다. 아리스토텔레스는 개별자의 무
한정성, 통제 불가능성에 대하여 여러 차례 언급했다. 예를 들면 성문
법이 모든 사건을 규율할 수 없는 이유가 사건이 무제한이기 때문이고

(수사학. 1374a), 의술과 같은 기술(Technē)은 개별적인 사안을 연구하는 것이 아니라 개별자들에게 공통된 것을 연구하는데, 그 이유는 개별적인 것은 무한정해서 불가지하기 때문이다(수사학. 1356b). 각 개인이 속한 상황들이 통제할 수 없을 정도로 많기 때문에 각 개인은 그 상황 속에서 최선의 방법을 숙고할 수밖에 없고, 자유주의 사회는 이러한 각 개인의 최선의 숙고와 선택이 전체 사회에 최대한의 기여를 가지고 온다고 믿는 사회이다. 예를 들어 삼성전자는 고 이병철 회장이 반도체 불모지인 우리나라에서 반도체를 생산할 수 있음을 숙고한 결과이고, 정부가 시켜서 한 일이 아니지만, 그가 일군 삼성전자가 우리나라의 경제의 주축이 되었다.

　사실 미국은 원래 정부의 역할보다는 개인의 숙고에 의하여 국가 전체가 도움을 받는 경우가 아주 많았다. 지금도 위대한 기업가들이 칭송되고, '스티브 잡스'나 '빌 게이츠' 같은 기업가들이 시민들에게 더 많은 영감을 주는 국가이다. 철도왕 밴더빌트, 철강왕 카네기, 석유왕 록펠러, G.E.를 세운 발명왕 에디슨도 유명하지만, 믿거나 말거나 지금도 유명한 금융투자회사 J.P. Morgan의 설립자인 John Pierpont Morgan이라는 금융가는 1895년과 1907년의 미국 연방 정부의 자금부족 사태를 두 번이나 구제해 주었는데, 그 당시에는 미국에 중앙은행이 없었기 때문에 J.P. Morgan이 혼자서 중앙은행의 역할을 대신했다. 최근 코로나 사태 때도 미국의 사기업에서 만든 백신들이 코로나 사태의 종식에 기여를 했고, 우크라이나 전쟁에서는 우크라이나인들은 엘론 머스크가 띄운 스타링크 위성들을 이용하여 전쟁을 수행하고 전 세계에 전쟁의 참상을 알렸다.

　이에 반하여 집단주의 문화에서는 개인이 아닌 집단에서 모든 상황을 통제해서 공동선을 달성하는 것이 가능하다고 믿기 때문에 각 개인은 집단이 정한 것들을 수용하기만 하면 된다. 앞서 플라톤이 모든 개별자들과 구분되는 일반자인 이데아가 우주에 실재하고 있다고 믿었다고 설명한 적이 있는데, 플라톤이 바로 이런 집단주의 이념의 원조라고 할 수 있겠다. 플라톤이 숭상한 스파르타에서는 시민들은 체제를 보존하기 위한 목적에서 군인 교육을 받고 군인으로 살았고 다른 직업을 가질 수 없었는데, 집단주의 사회의 이상적인 시민의 모습을 잘 보여준다. 우리 전통 문화도 개인은 지배집단이 요구하는 충, 효, 예와 같이 사회 조직을 유지하는 의무들을 최고의 미덕으로 간주했는데, 그것을 이행함으로써 사회 조직이 유지되기 때문이었다. 대체로 집단이 모든 것을 통제할 수 있다고 생각하는 문화는 발전과 외부와의 교류가 없고 폐쇄적이고 정체적인 사회를 배경으로 한다.

4) 즐거움과 고통

도덕적 미덕은 사실상 즐거움과 고통의 문제이다. 탁월한 인간(미덕이 있는 인간)은 평소 소망한 것을 이룰 때에 즐거움을 느끼고, 목적을 추구하기 위하여 고통을 참는다. 가령 운동선수들은 고통을 참고 오랜 훈련을 거쳐서 대회를 대비하고, 군인들은 전장에서 승리를 위하여 지겹고 힘든 훈련을 반복한다. 인간은 본성에 따라서 하는 것을 즐거워하고, 습관은 제2의 천성이기 때문에 습관에 따른 행위도 즐거움을 준다. 따라서 미덕을 가진 습관을 가진 사람에게는 자신이 소망한 것이 실제로 좋은 것이 되고, 비천한 사람에게 좋은 것은 소망해서 달성하려고 노력한 것이 아니라, 행운에 따라오는 것이 좋은 것이 될 것이다. 예를 들어 탁월하지 않은 체육선수가 훈련이 고통스러워 훈련을 게을리하였는데, 막상 대회에서는 상대방 선수가 컨디션이 나빠서 쉽게 승리를 하였다고 하면, 그에게는 즐거움을 준 것은 행운에 의한 승리이기 때문이지, 고된 훈련을 거쳐 소망한 것을 달성했기 때문이 아니다. 이런 이유 때문에 입법자들은 시민들이 좋은 습관을 가지도록 장려하고, 나쁜 습관은 제재를 하는 교육과 제도를 법으로 만들어야 한다.

5) 중용(meson)

아리스토텔레스의 도덕적 미덕 또는 탁월함이 어떠한 의미인지는 대략 설명이 되었을 것이라고 생각된다. 하지만 이론적으로는 이해가 될 수 있어도, 미덕이나 탁월함을 이루기 위하여 구체적으로 어떻게 행동하여야 하는지 의문이 생길 수 있는데. 구체적인 행동기준으로 아리스토텔레스가 제시한 것이 바로 중용(Meson)이다. 즉, 아리스토텔레스에게 미덕(탁월함)은 중용이다. 탁월하기 위한 인간의 행동과 마음가짐에 있어서는 과다, 결핍, 중간이 있다. 사람들은 두렵거나, 확신을 하거나, 식욕이 있거나, 화가 나거나, 불쌍하게 느낄 수 있는데, 일반적으로 즐거움과 고통을 가지고 있을 수 있지만, 너무 많거나 적으면 좋은 것이 아니다. 만일 행동과 감정들을 바른 시기에, 바른 대상에 대하여, 적합한 사람에게, 바른 목적을 위하여, 바른 방법으로 가지는 것은 중간 입장을 취하는 것으로 최선이라고 할 수 있고, 이것이 미덕에 부합하는 것이다. 따라서 미덕은 중간을 지향하는 한 중용(정중간)을 의미한다(윤리학. 1106b).

하지만 매사에 중간을 선택하는 것은 정말 어렵기 때문에 차선으로 두 극단 중에서 덜한 것을 선택해야 한다고 설명한다(윤리학. 1109a - 1109b). 만일 우리가 양 극단인 과다 또는 과소에서 조금 벗어나 있다고 한다면 비난을 받지 않지만, 만약 많이 벗어나 있다면 우리는 쉽게 발각이 될 것이기 때문에 비난을 받을 것이다(윤리학. 1109b).

고대 그리스에서는 원래 적도(適度, metron)가 생활의 준칙이었다고 한다. 예를 들어, 델포이 신전에 새겨진 일곱 현인의 격언들 중에서 가장 유명한 것이 바로 "너 자신을 알라"이지만, 그 외에도 "그 어떤 것도 지나치지 않게"라는 말이 새겨져 있었다고 한다. 델포이 신전은 고대 그리스인들의 종교의 구심점이었기 때문에, 델포이 신전의 격언은 고대 그리스인들에게 공통적으로 적용되던 생활 철학을 새긴 것이다. 이에 반하여 중용을 지키지 못한 오만, 모욕, 무절제 등을 '휘브리스(hybris)'라고 했고, 솔론은 그라페 소송을 창설하면서 누구나 휘브리스를 저지른 사람을 기소할 수 있도록 했다(grapē hybreōs)(박종현, 『헬라스 사상의 심층』, 제39-40면). 아리스토텔레스의 중용 이론은 이와 같은 고대 그리스인들의 생활관을 자신의 실천 철학의 영역으로 편입한 것이다. 비극 메데이아(Medeia)에 나오는 "중용은 그 이름도 월등히 뛰어나지만, 그것을 지키는 것이 인간들에게 최선이지요. 지나친 것은 인간들에게 어떤 이익도 줄 수 없어요."라는 구절도 이러한 맥락에서 이해할 수 있다(천병희, 『그리스비극 걸작선』, 제312면).

6) 행운에 관하여

사람들은 흔히들 지위가 높거나, 돈이 아주 많거나, 집안이 좋으면 이를 그 사람의 능력, 즉 미덕으로 간주하는 경향이 있다. 부자가 되거나 권력을 장악하는 것은 실제는 운이 좋아서 되는 경우가 대부분인데, 사람들은 그런 우연한 사태에 인과관계를 부여해서 일관적인 이야기로 만드는 경향이 있다.

하지만 아리스토텔레스는 집안(좋은 태생), 돈, 권력을 행운이 준 선물이라고 명확하게 말했다. 수사학에는 행운이 준 선물이라고 하여 행운의 중요성을 가끔 언급하는데, 특히 위 세 가지가 인격에 미치는 영향에 관하여도 설명했다(수사학. 제2권 제15장-17장). 예를 들면, 명문가 출신들이 더 야심이 많거나, 부자들은 오만하고, 신흥 부자들이 오래된 부자들보다 더 큰 악덕을 가지고 있다고 한다.

아리스토텔레스는 수사학에서 행운을 행복의 요소로도 언급하는데(수사학. 1361b-1362a), 이는 일반인의 통념이 그렇다는 것이고, 아리스토텔레스는 행복은 운이 좋던 나쁘던 간에 미덕을 추구하여 도달하는 것이고, 단순히 운이 좋은 것은 축복으로 간주하는 것이 그의 기본적인 입장이다. 일견 탁월함으로 보이는 것들의 이면에는 사실은 그 사람이 탁월하기 때문에 그렇기보다는, 좀 더 높은 프레임에서 보았을 때에는 행운의 선물을 받은 경우가 많다. 예를 들면 마이클 샌델 교수의 『Justice』 강의에는 자신의 강의를 듣는 하버드 학생들의 70% 이상이 장남이나 장녀라는 것을 말하는 내용이 있는데, 한 집안에서 가장 먼저 태어나는 아이들이 부모로부터 더 많은 관심과 사랑을 받고 공부도 잘 하는 것이 현실이다. 즉 운이 좋게 첫째로 태어난 것이 둘째로 태어난 것보다 행운이고, 이는 신이 정해 준 것이다.

사회의 구성원들이 탁월함과 행운을 잘 구분할수록 그 사회의 평가 시스템은 정확하고 공정하다. 정의로운 사회일수록 탁월함이 존중되고 장려되어야 하고, 행운의 선물이 성공에 기여하는 것을 명예롭게 간주하면 안 된다.

나는 판사가 될 수 있었던 배경에는 판사 임용 기준이 오로지 '시험 성적(사법시험＋사법연수원 성적)' 하나로만 평가되던 우리나라의 유별난 시험 평가시스템에서 기인한 것이라고 생각한다. 미국에서는 판사들은 변호사 중에서 선발되는데, 판사로 임용되는 변호사들은 구술 변론을 잘 하는 법정 변호사(Litigator)들이다. 법정변론이라는 것이 사실은 철저한 사건 분석과 임기응변능력, 그리고 설득을 위한 전략과 대단한 말솜씨를 필요로 한다. 또한 다른 사람을 설득하기 위하여 상대방이 속한 문화와 인간의 심리도 잘 알고 있어야 한다. 미국 법정에서는 의뢰인의 이익을 최대로 생각하고 재판부에 정직하게 변론을 하는 법조윤리가 대단히 엄격하기 때문에 인격적인 요소도 판사 임용에 당연히 고려된다. 이러한 배경을 갖춘 법정 변호사(Litigator)나 검사들 중에서 판사로 임용되기 때문에, 이런 경로로 선발된 미국 판사들은 탁월한 사람들이라고 할 수 있다. 과거 우리나라의 사법시험은 응시자들의 분석력이나 암기력을 잘 평가할 수 있을지 모르지만, 나머지 미덕을 평가하는 것에는 의미가 없다. 결국 한국의 법관들은 유별나게 시험을 선호하는 시대와 장소에서 태어난 행운이 있기 때문에 판사로 임용될 수 있었다고 할 수 있다. 큰 틀에서는 행운이 준 선물을 받은 것이다.

3. 실천적 지혜

1) 정의

에토스의 다음 요소는 실천적 지혜이다. 실천적 지혜(Phronesis)는 영어로는 Good sense, Prudence, Practical Wisdom, Administrative Skills 등으로 번역되고, 우리말로는 '슬기'로도 번역된다.

아리스토텔레스는 지적인 미덕 내지 탁월함은 학문(앎, episteme), techne(기술), 실천적 지혜(phronesis), 지성(nous), 지혜(Sophia)의 5가지가 있다고 하였으므로, 실천적 지혜는 지적인 미덕, 즉 이성으로 추론하고 판단하는 것에 속한다. 지적인 미덕 중에서 실천적 지혜만이 에토스로 인한 설득의 요소가 된다. 실천적 지혜는 각 개인에게 가장 좋은 것이 무엇인지를 숙고할 수 있는 능력이고, 국가 전체를 위해서도 무엇이 좋은 것인지를 알아내는 능력이기 때문에 실천적 지혜를 가진 사람들의 말은 설득력이 있다.

실천적 지혜는 무엇이 좋은 것인지에 관한 일반적인 이론 외에도 개별적인 지식들을 포함한다. 왜냐하면 실천적인 것은 행위와 관련이 있고, 행위는 개별적이기 때문이다. 즉, 일반적인 것에서부터 추론을 통하여 개별적인 좋은 결과를 잘 찾아내는 능력 이외에도(증명), 대전제를 몰라도 개별적인 것을 바로 잘 알고 있는 상태가 실천적 지혜라고 할 수 있다. 예를 들면, 먹기에 가벼운 고기가 소화도 잘 되고 건강에 좋다는 대전제에서 출발해서, 시장에 가서 식재료를 사서 먹기에 가볍고 건강한 음식을 새로 만들어 내는 능력도 실천적 지혜이지만, 몸살에 걸렸을 때에 닭죽이 건강 회복에 좋은 음식이라는 개별적인 지식을 잘 알고 있는 것도 실천적 지혜이다. 실천적 지혜가 개별적인 것을 잘 알고 있을 것을 요구하기 때문에 실천적 지혜를 갖추기 위해서는 경험이 필요하고, 이를 축적하는 것은 많은 시간이 걸린다. 경험 많고 나이가 많은 사람들의 증명되지 않는 말과 의견들이 이런 것이 많다.

앞서 닭죽을 먹는 이유는 건강이라는 최종적인 목표를 명확하게 인식하고 있는 것처럼 실천적 지혜는 최종적인 결과를 인식하는 것과 관련이 있다.

2) 세 요소

실천적 지혜의 세 가지 구성요소로는, 잘 숙고함(euboulia), 이해력(synesis), 이해심(gnōmē)가 있다.

잘 숙고함은 적절한 시기, 방법, 적절한 것 등에 관하여 무엇이 이익이 되는 것인지를 바르게 판단하는 것을 의미하고, 특히 목적에 도달하기 위하여 무엇이 효용이 있는지를 정확하게 판단하는 것이다.

잘 숙고하는 방법은 구체적으로는 가능한 한 여러 수단 중에서 하나씩 검토한 후 가장 효용이 없는 것부터 차례대로 제거를 하고 가장 효용이 있는 것을 남기는 방식으로 판단하는 것으로 생각된다. 갑자기 오류 없는 방법을 찾아내는 경우는 별로 없으니까.

노무현 정부 시절 재정경제부 장관이었던 이헌재 씨는 경제 위기를 극복하는 방안을 설명하면서, 왜 우리나라가 1997년 외환위기 당시에 IMF의 구제금융을 받은 후 그 감독을 받아 경제주권을 상실하게 되었는지를 설명하였는데, 잘 숙고함의 전형적인 예를 보여준다.

경제위기를 극복하는 방법은 ① 경제성장으로 극복하는 방법, ② 디레버리징(부채를 줄이는 방법), ③ 가장 흔한 방법인 디폴트 선언, ④ 인플레이션 정책이 있다. 우선 ① 경제성장으로 극복하는 방법은, 경제가 별다른 이유 없이 성장하지는 않고 새로운 산업을 개발해야 하는데 이것이 쉽지 않고, 맥킨지가 조사한 바에 따르면 32가지 위기 중에 성장으로 위기를 극복한 예는 없었다고 한다. ② 디레버리징의 경우에는 부채를 갚는 과정이 고통스럽고 시간도 오래 걸린다. 보통 경제 규모의 4분의 1 정도가 축소되어 엄청난 희생을 수반하므로 이를 선택할 수도 없다. 새살을 긁어낸 후 소독약을 뿌리고 새살이 돋을 때까지 기다리는 것과 같다. ③ 디폴트 선언은 돈을 못 갚겠다고 선언하는 것인데, 과거에 중남미 국가들이 많이 사용했고, 2015년경 그리스도 디폴트를 선언했다. 하지만 디폴트를 한 후 정상적인 금융시장을 이용하려면 4년이 걸리고, 우리나라처럼 수출의존도가 높은 국가에서는 향후 수출입에 어떤 영향을 끼칠지 알 수 없기 때문에 이를 선택할 수 없다. ④ 인플레이션으로 해결하는 방법은 정부가 돈을 풀어서 1년에 물가를 4 % 내지 6% 올리는 것을 의미하는데, 부의 불균등이 심화되고, 인플레이션이 진정되지 않을 수도 있기 때문에 함부로 이를 택할 수 없다. 이를 '케첩병 이론'이라고 하는데 케첩병을 흔들면 케첩이 조금씩 나오지만 나중에는 마구 쏟아져 나오는 것처럼 인플레이션이 통제되지 않을 수 있다고 한다.[7]

위와 같이 전통적인 위기 대응 방식으로는 외환위기를 극복할 수 없었기 때문에 IMF로부터 구제금융을 받을 수밖에 없었다고 한다. 그 과정이 마치 객관식 시험문제를 푸는 것과 같은 방식으로 하나씩 오답들을 소거하면서 정답을 도출하는데, 이것이 잘 숙고함의 전형적인 예이다.

이해력은 다른 사람이 말한 것을 판단할 때에 의견(Doxa)을 잘 적용

---

7) 이헌재, 『경제는 정치다』(이헌재의 경제특강), 로도스 출판사(2012), 제86-91면 요약

하는 것을 의미한다. 따라서 대중들이 잘 공감하는 대전제를 잘 구사하
는 능력을 의미한다고 생각된다.

이해심(gnome)은 형평을 잘 판단하는 것이다. 형평을 잘 하는 사람
은 특히 공감을 잘 한다. 형평은 법이 일반적인 규정으로 되어 있어 이
를 모든 사건에 똑같이 적용할 경우, 개별적인 사건에서 생겨나는 불의
를 보완하는 것인데, 정의가 나의 정당한 몫을 가지는 것이라면, 형평
은 나의 정당한 몫을 다른 사람에게 주는 것이다. 형평에 관해서는 법
정연설 편에서 이미 상세하게 설명한 적이 있다.

잘 숙고함, 이해력, 이해심은 서로 충돌할 수 있다. 문재인 전 대통령
은 이자제한법 등을 개정하면서 경제 약자와 공감을 한다는 취지로 "그
동안 신용이 높은 사람은 낮은 이율을 적용받고, 경제적으로 어려워 신
용이 낮은 사람들이 높은 이율을 적용받는 구조적인 모순이 있었다."고
말을 했다.[8] 이런 금융권의 관행은 신용이 낮은 사람들에게 불리한 것
은 맞는데(저신용자들에 대한 개별적 사정을 잘 알고 있으므로, 이해심 있음),
문재인 대통령의 말대로 은행이 저신용자들에게 저리의 이자로 대출을
실시한다면, 금융기관의 입장에서는 원금과 이자의 변제 실적이 나빠져
부실채권이 증가하게 될 수도 있고, 저신용자들에 대한 대출 연체위험
은 결국 고신용자들의 이자에 전가되어 고신용자들도 이자를 더 내게
될 수도 있다(잘 숙고함에 반함). 그런데 저신용자들의 대출금리가 더 낮
은 현상이 실제로 일어났는데, 정부에서 가계부채를 관리하기 위하여
은행들을 압박하자 시중 은행들이 대출금의 규모를 줄이기 위해서 고신
용자들의 대출금리를 높여서 원금의 변제를 유도하기 시작한 것이고,[9]

8) 이해준, 『文 "저신용자에 높은 이율은 모순"… 금융상식 뛰어넘는 정책 촉구』,
중앙일보, 2021. 3. 30., https://news.joins.com/article/24024109 (2021/5/1
접근)
9) 안효성, 홍지유, 『규제 탓 대출금리 역전 … 은행보다 2금융이 싸다』, 중앙일
보, 2021. 11. 12., https://www.joongang.co.kr/article/25023080 (2022. 2.

은행의 구조적인 모순 때문에 그런 현상이 생긴 것은 아니었다.

3) 영혼의 눈

인간에게 가장 좋은 것은 행복이기 때문에 어떻게 하면 행복에 이르는지에 관해서 구체적이고 개별적인 지식을 많이 알고 있는 사람이 실천적으로 지혜로운 사람이다. 앞서 도덕적 미덕에서 설명하였듯이 각 인간은 미덕을 추구하여 행복에 이르기 때문에, 결국 실천적으로 지혜로운 사람은 어떻게 미덕을 추구하여 행복에 이를 수 있는지를 잘 알고 있다고 할 수 있다. 이렇듯 실천적 지혜는 지적 미덕에 속하지만 도덕적 미덕을 알아내는 것과 관련되기 때문에 양자의 가교 역할을 하는 개념이며, '영혼의 눈'이라고도 불린다. 아무리 건강한 사람이라도 시력을 잃게 되면 이리저리 움직이다가 크게 넘어질 수 있듯이, 미덕에도 실천적 지혜가 없다면 무엇이 미덕이 있는 행위인지를 알 수 없어 크게 실수를 할 수 있기 때문이다(윤리학. 1144b).

4) 지배자의 자질

실천적인 지혜는 개인의 삶을 향상시키는 문제에 한정되지 않고, 도시의 운영 단계에서는 재정, 입법, 사법적인 문제들에 관하여 많은 사람들이 행복을 달성할 수 있도록 해 줄 수 있는 지적인 능력, 즉 경륜을 의미한다. 이런 이유로 실천적 지혜는 특히 통치자에게 유별하게 요구되는 미덕이다(정치학. 1277a25). 왜냐하면 서로 평등한 사람들 사이에서는, 다른 사람을 지배할 수 있는 권한을 가진 사람은 탁월함과 최선의 행동을 할 능력이 우월하여야 다른 사람들이 그를 따르는 것이 정당화되기 때문이다(정치학. 1325b). 즉, 지도자는 다른 사람들을 행복하게 만드는 탁월함이 남달라야 한다. 이러한 측면에서 아리스토텔레스가

---

28. 접근)

민주정체를 이상적으로 보기 했지만, 실천적 지혜가 가장 뛰어난 사람이 지배자가 되어 통치하는 정치형태(왕정)도 이상적인 것으로 수용한다. 물론 이론적으로 그렇다는 것이고, 아리스토텔레스는 대부분의 사람들은 착하지 않다고 보기 때문에(수사학. 1382b), 실제 왕정이 덕치로 잘 운영된다고 생각하지는 않았을 것이다.

사람들은 페리클레스와 같은 사람들이 실천적 지혜를 가지고 있다고 간주한다. 왜냐하면 그들은 자신뿐만 아니라 인류 전체를 위하여 좋은 것을 숙고할 수 있기 때문인데, 경제인이나 정치인들이 그런 부류에 속하는 사람이다(윤리학. 1140b). 이에 반하여 아낙사고라스나 탈레스가 실천적 지혜를 가지고 있다고 하지 않고, 철학적 지혜(Wisdom)를 가지고 있다고 한다. 철학자들은 무엇이 자신들에게 유리한 지도 모르고, 그들의 지식은 별나고, 경이롭고, 추상적이고, 신성하지만 인간에게 좋은 것은 무엇인지에 관한 것이 아니어서 쓸모가 없다.

이러한 아리스토텔레스의 전통은 근대에 이르러서 마키아벨리에 의하여 중단되었다고 말해진다. 마키아벨리는 『군주론』에서 반드시 덕이 있는 사람이 왕이 되어야 할 필요가 없고, 군주는 짐승처럼 행동하는 방법도 알아야 하고 특히 여우와 사자를 본받아야 하는데, 그 이유는 사자는 덫에 잘 걸리지만 여우의 꾀로서 덫을 알아 챌 수 있고, 여우는 늑대에게 사냥을 당하지만 사자는 늑대들을 겁주어 쫓아 버릴 수 있기 때문이라고 서술하고 있다. 심지어 군주는 법은 효율적이기 않다면 이를 지킬 필요가 없고, 폭력에 의존해도 된다고 말했다. 이로서 그는 아리스토텔레스가 구상한 덕이 있는 사람이 통치를 한다는 정치철학과는 결별하게 된다.

하지만 피렌체의 훌륭한 시민 마키아벨리가 군주론을 저술한 의도는 실제 왕들에게 간사하고 폭력적이고, 약속을 지키지 않아도 된다고 권고하려고 한 것이 아니라, 시민들에게 왕이라는 존재들은 실제로는 간사하고 폭력적이며 믿을 수 없는 존재라는 것을 알리려고 한 것이다. 그는 은연중에 자신의 의도를 드러내는데, "여우 같은 교활함은 잘 감추어져야 하고, 따라서 군주는 잘 속이고 분산시킬 술 알아야 한다. 사람들은 너무 순진하고, 생업에 너무 바쁘기 때문에, 능숙한 사기꾼은 항상 속는 인민들을 찾아낼 수 있다(군주론 제18장)." 혹은, "우리는 상황에 맞추어 유연할 능력이 있을 정도로 현명한 사람을 찾을 수 없다(군주론 제25장)." 등에서 그의 의도를 추측할 수 있다. 실제 마키아벨리의 군주론은 그의 사후에 교황청에 의하여 금서로 지정되어 유통이 금지된다. 마키아벨리 자신도 반역죄로 구금되기도 했다.

5) 교양(Paideia)

실천적인 지혜는 경험으로 얻어지는 것이기 때문에 교육으로 이를 학습하고 훈련시키는 것이 중요하다. 중요한 것은 교육의 내용인데, 미리 정해진 내용을 수동적으로 배우는 것이 아니라, 각 시민들이 개별적인 상황에서 바르고 선한 행위를 선택할 수 있도록 숙고할 수 있는 능력을 배양하는 것이 중요하다. 다시 말해 물고기를 주는 것이 아니라 물고기를 잡는 법을 가르치는 것이다. 현대의 서양에서 교육의 목적이 비판적이고 창의적인 사고력을 가진 인재를 키워낸다고 했을 때에는, 그 철학적인 기원은 바로 실천적 지혜라고 할 수 있겠다.

아리스토텔레스의 교육관에 관하여 잠시 설명하려고 한다. 국가는 모든 시민들에게 공통된 같은 내용의 공교육을 실시하여야 한다(정치학. 1337a–1337b). 왜냐하면 국가는 국가의 정체성에 따라서 그에 맞는 시민들을 길러내야 하기 때문이다. 가령 민주정체하에서는 민주정체에 적합한 시민들이 교육으로 배출되도록 교육해야 하고, 귀족정하에서는 이에 맞은 인재들을 교육으로 배출해야 한다. 이러한 관점에서 현재 우리나라처럼 진도빼기 형태로 시행되는 주입식 암기교육은 민주주의 시민들이 받는 교육이라고 할 수 없고, 누군가의 지시를 받고 명령을 이행하는 데 익숙한 권위주의 정부의 피지배층들이 받는 교육이라고 할 수 있겠다. 또한 아리스토텔레스는 맞춤형 교육을 선호했다. 아리스토텔레스는, 의사의 의료행위처럼 각 개인에 맞추어진 교육이 내용이 공통된 교육보다 훨씬 우월하다고 생각했다. 각 개인이 자신에게 더 잘 맞는 것을 획득할 것이기 때문이다. 예를 들어 체육지도자처럼 일반인과 특정한 개인에게 각 무엇이 좋은지에 관한 일반적인 지식을 가진 사람들이 개인을 맞춤형으로 지도하는 형태의 교육이 가장 바람직하다고 했다 (윤리학. 1180b).

아리스토텔레스는 소위 '워라밸'의 창시자이다. 아리스토텔레스는 공교육의 내용은 기계공이 되는 것과 같이 생활에 필수적인 유용한 것을 가르치는 것과 자유인으로서 탁월함을 추구하는 공부, 즉 인문학을 같이 병행하여 가르쳐야 한다고 했다(정치학. 1337b). 생활필수품을 마련하기 위하여 일을 할 수밖에 없지만, 일을 하여 얻은 여가에는 탁월함을 추구하여 행복에 도달한다는 그의 행복관과 관련이 있다. 나라가 전란에 빠졌을 때에는 용기라는 탁월함이 필요하듯이, 평화로운 시기에는 자유 시민들은 여가 시간에 미덕을 추구도록 노력을 해야 한다. 영어의 학교를 의미하는 School은 그리스어인 'Scholē'에서 유래된 단어인데, 원래 의미가 '여가'를 뜻한다고 한다(Richard E. Nisbett, 『The Geography of Thought』, 제4면).

6) 페리클레스의 연설

아리스토텔레스가 실천적 지혜를 가진 사람으로 서술한 페리클레스가 민회에서 한 연설을 소개한다. 기원전 431년부터 404년까지 스파르타와 그 동맹국들인 펠로폰네소스 동맹국은 아테네와 델로스 동맹국을 상대로 전쟁을 벌이고, 그 결과 스파르타가 승리하고 그리스 전체의 주도권을 가지게 되는데, 이를 '펠로폰네소스 전쟁'이라 한다. 펠로폰네소스 전쟁은 아테네 민주정체의 아버지라고 불리는 페리클레스가 유도한 전쟁이라는 설이 유력하다. 특히 플루타르코스는 페리클레스가 인민들에 의하여 재판을 받는 것이 두려워서 민중들의 민심을 돌리려고 전쟁을 유도한 것으로 묘사했다. 언변과 행동에 관한 최고의 능력을 가진 페리클레스는 민회에서 다음과 같이 펠로폰네소스 동맹국들과 전쟁을 벌일 것을 주장했다. 페리클레스는 전쟁에 대한 자신의 견해는 종전과 동일하다고 하면서 시민들에게 자신의 견해에 대한 자신감을 보여주면서 연설을 시작했다.

　　"아테네인들이여, 저의 견해는 이전의 의견과 같습니다. 우리는 펠로폰네소스인들에게 항복하지 말아야 합니다. 그러나 저는 전쟁을 독려하던 패기는 행동할 때 변하고, 결심도 운에 따라 변한다는 것을 잘 알고 있습니다. 나의 권고 역시 과거에 제가 한 권고와 같습니다만 저는 지금 그것을 다시 말해야 할 것 같습니다." (펠로폰네소스 전쟁사. 1. 139)

페리클레스는 스파르타가 아테네시 외곽으로 군대를 이끌고 왔을 때 중장보병끼리 벌판에서 맞서 싸워서는 승산이 없다는 것을 잘 알고 있었다. 그래서 그는 아크로폴리스가 있는 아테네시와 항구인 피라이우스(Piraeus)와 연결된 긴 장성 안으로 시민들을 들어와 살게 하고, 그 대신 함대를 펠로폰네소스 반도로 출동시켜 약탈한다는 전략을 세웠다. 사실 아테네 시민들은 부족 단위로 자치권을 누리면서 아티카에서 흩어져 살고 있었기 때문에 고향을 버리고 성안으로 들어와 생활하는 것에 거부감이 많았지만 결국에는 페리클레스의 제안대로 성안으로 들어와 전쟁 준비를 하게 된다.

　"…… 제가 보기에 우리에게는 적들이 가진 약점이 없고 그들과 비교하지 못할 장점들을 가졌습니다. 만약 그들이 육지로 공격을 한다면, 우리는 그들의 영토로 항해할 것입니다. 펠로폰네소스 반도의 일부라도 폐허가 되는 것은 아티카(Attica)의 전부가 폐허가 되는 것과는 비교할 수도 없습니다. 그들은 전쟁을 벌이지 않으면 조금의 땅도 획득할 수 없는 반면에, 우리는 섬과 아티카에 많은 땅들을 가지고 있습니다. 제해권을 가진 것은 최상의 장점입니다. 생각해 보십시오. 우리가 섬이라면, 누가 더 우리보다 난공불락이겠습니까? 그러므로 향후 우리의 입장은 우리들을 섬사람과 같다고 생각하는 것입니다. 우리의 육지와 집을 포기할 것을 각오하고, 바다와 도시에 관하여 촘촘히 경계를 해야 합니다. 우리는 적들이 수적으로 우세한 전투를 유발하더라도 흥분하지 말아야 합니다. 만일 그런 전투를 이기더라도 또다시 많은 전투를 벌여야 하고, 만일 우리가 진다면 우리는 동맹 도시들을 잃어버릴 것입니다. 동맹 도시들은 우리의 힘의 원천이기는 하지만, 만일 우리가 통제를 할 수단이 없어지면, 그들은 우리들의 통제에 순종하지 않을 것입니다." (펠로폰네소스 전쟁사, 1. 143)

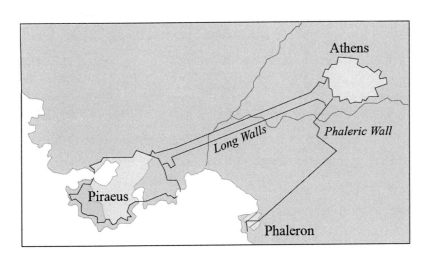

4. 호의(Eunoia, 사심 없는 마음 혹은 선의)

에토스의 세 번째 요소인 호의를 살핀다. 번역서 중에는 호의를 '사심 없는 마음'으로 번역하기도 하는데, 호의는 구체적으로 상대방에게 도움이나 이익을 베풀지만, 본인의 이익이나 즐거움을 위하여 하는 행동이 아닌 것을 말하기 때문에 사심이 없는 마음이다. 따라서 연설할 때에는 본인의 이익을 위한 것이 아니라 청중의 이익을 배려해서 연설한다는 인상을 주어야 한다.

아리스토텔레스는 윤리학에서 도덕적 미덕 중 우애(Philia, '친애'로도 번역)를 다루면서 호의에 관하여 설명하고 있다. 우애는 시민들이 같이 살 수 있도록 만드는 원리로서, 사람들이 하나의 공동체(가족, 부족 등)를 이루어 살 수 있도록 하는 원리이다(정치학. 1280b). 참고로 정의(Justice)는 정치 공동체를 형성하도록 만드는 원리이다. 따라서 아리스토텔레스는 우애를 사회의 형성과 운영의 원리로 보고, 정의를 정치 조직의 원리로 파악하고 있다. 이에 반하여 우리의 유교 문화에서는 삼강오륜이 있어 우애와 비슷하게 사회를 유지하는 기능을 하는데, 정치조직의 논리인 정의의 문제, 즉 누가 지배하고 지배를 받아야 하는 지에 관하여는 별로 이론이 없는 것 같다.

호의는 우애와는 구별되는 개념인데, 모르는 사람들 사이에서 형성될 수 있고, 잠시 동안 생길 수 있고, 경쟁자들 사이에도 생길 수 있기 때문이다. 호의가 없이 우애로 발전하는 경우는 없지만, 호의가 바로 우애를 의미하지는 않는다. 왜냐하면 사람들이 호의만 가지고 있을 경우에도 다른 사람에게 좋은 것이 생기도록 바랄 수도 있지만, 호의만 있는 상태에서는 그 사람과 협동을 하지 않을 것이고, 그를 위하여 굳이 고생을 하지 않기 때문이다(윤리학. 1166b – 1167a). 운동 경기에 참가한 선수들끼리 부상 없는 최선의 경기를 할 것을 서로에게 기원하는 것이나, 처음 만나는 사람에게 건강과 안녕을 빌어주는 것이 호의이다.

남으로부터 호의를 받은 사람은 호의를 되갚아야 한다(윤리학. 1167a). 이러한 이유로 사람들은 호의를 보답하지 않는 것은 우리를 경멸한 것과 같은 것이고, 그러한 행동은 정당화될 수 없기 때문에 그런 사람들에게 분노한다(수사학. 1379b). 예를 들어 우물 옆을 지나던 나그네가 아낙네에게 물 한 그릇을 청하자, 아낙네가 나그네가 물을 급히 마시고 체하는 것을 막기 위해서 바가지 안에 나뭇잎을 띄워 주었는데, 나그네가 물을 다 마신 후에 "감사합니다."라는 말 대신 "물이 생각보다 안 시원하네요."라고 하면, 아낙네로부터 물벼락을 받을 수 있다.

호의를 불러일으키는 일상적인 언행은 인사, 칭찬, 완곡한 반대나 거절, 친절한 안내, 상대방의 이름 불러 주기, 상대방의 말을 듣고 요약해서 확인하는 것, 상대방이 말을 할 때에 맞장구나 추임새를 넣는 것 등이다. 이런 행동들은 상대방에게 고마움을 느끼도록 만들고, 선물을 받은 것과 마찬가지로 빚을 지도록 느끼게 만드는 효과가 있어서, 이를 되갚아야 한다는 의무감을 만들어 낸다. 우리 문화 중에 접대 문화의 실질은 향응을 대접해서 상대방에게 노골적으로 마음의 빚을 지게 하는 행위이다. 나는 사법연수원생 시절에 처음으로 미국을 방문해서 하버드 로스쿨을 방문했었는데, 어떤 미국 교수님의 초등학생 아들이 그 자리에 있었다. 그 아이는 한국이 어떤 나라인지를 아빠에게 물었는데, 그 교수님은 아들에게 "네가 성인이 되어 한국을 가게 된다면 너는 훌륭하게 어른이 된 것이란다."라고 말하는 것을 들은 적이 있는데, 이런 것이 호의를 불러오는 말이다.

5. 청중의 성격 분석

사람들은 자신의 인격에 상응하는 연설과 청중을 닮은 연설가의 말을 듣기 때문에(수사학. 1390a), 스피치의 내용과 연설가 자신의 모습을 청중의 성격에 맞추어야 한다. 아리스토텔레스는 이런 이유로 청년, 장년과 노년의 성격 분석, 태생이 좋은 사람과 부자들의 성격 등을 분석하여 설명했다. 요즘에는 20−30대와 40−50대 간의 세대갈등이 화두이기 때문에 청년과 노년의 성격을 분석한 것을 소개한다. 미리 말하지만 청년과 노년의 성격은 서로 대조적이다.

청년들은 명예를 사랑하기 때문에 무시당하는 것을 참을 수가 없고, 만일 불공정한 취급을 받는다면 분개한다. 명예를 사랑하는 반면에, 승리를 더 사랑하는데, 왜냐하면 청년들은 다른 사람들보다 우월함을 갈망하고, 승리는 우월함의 한 형식이기 때문이다. 청년들은 명예와 승리를 돈보다도 더 사랑한다. 청년들은 돈에 별로 신경을 쓰지 않는데, 돈이 없이 산다는 것이 어떠한 것인지를 아직 잘 배우지 못했기 때문이다. 청년들은 나쁜 면보다는 좋은 면을 더 보는데, 아직까지는 나쁜 경험들을 겪지 못했기 때문이다. 청년들은 사람들을 잘 믿는데, 아직까지 속아 본 경험이 적기 때문이다. 청년들은 고양된 정신을 가지고 있는데, 왜냐하면 인생의 비참함을 겪지 않았거나, 필연적으로 생기는 한계를 배우지 못했기 때문이다. 게다가 그들이 희망을 지향하는 기질은 스스로를 위대한 것들과 동등한 것이라고 간주하게 만드는데, 이것이 바로 고양된 정신이라는 것이다. 청년들은 항상 유리한 행위보다는 숭고한 행위를 하는데, 왜냐하면 그들의 삶은 이성에 따른 판단보다도 그들의 인격에 의하여 규제되기 때문이다. 그리고 이성은 우리로 하여금 이익이 되는 행위를 선택하도록 하지만 미덕은 숭고한 행위를 선택하도록 한다.

노인들의 성격은 대부분 청년들과는 반대이다. 그들은 이미 오래 살았고, 자주 속았으며, 실수도 많이 했다. 그들에게 인생이란 대체로 나쁜 일이다. 그 결과 노인들은 아무것도 확신하지 않고, 모든 것을 잘 하려고 하지 않는다. 그들은 숙고하기는 하지만 결코 알지 못하고, 이런 주저함 때문에 '아마' 또는 '어쩌면'을 항상 붙이고, 모든 것을 이런 식으로 말하고 단정적으로 말하지 않는다. 그들은 냉소적인데, 다시 말하면 모든 것에 최악의 경우를 갖다 붙이는 경향이 있다. 게다가 그들의 경험은 그들을 항상 불신하게 만들고, 그러므로 항상 악행을 의심한다. 노인들은 인생의 쓴 맛을 보았기 때문에 소심하다. 그들은 스스로를 너무 좋아하는데, 이것은 소심함의 또 다른 형식이다. 이것 때문에 그들은 자신들의 삶에 이익이 되는 것을 지나치게 고려하지만 숭고한 것은 가볍게 여긴다.

젊은이들의 성격을 이용하여 한 연설로는 제2차 세계대전 당시 미국의 조지 패튼 장군이 D－Day(노르망디 작전 개시일) 전에 휘하의 부하들에게 한 연설이 꽤 짜임새가 좋다. 패튼 장군이 전쟁의 경험이 없는 병사들에게 전쟁을 독려하는 연설인데, 연설을 듣는 젊은 병사들이 가진 성격과 감정을 잘 이용해서 연설을 했다. 그리고 아주 쉽고 단순하게 말을 해서 병사들이 직관적으로 이해할 수 있도록 말했다. 영화『패튼 대전차 군단(1970)』은 패튼 장군이 연설을 하는 장면부터 시작한다.

"미국은 전쟁을 원하지 않는다고 너희들이 듣는 말들은 말똥 같은 소리야. 미국인들은 싸우는 것을 좋아해. 진짜 미국인들은 전투의 강렬함을 좋아하지. 너희들이 어렸을 때에 모두 총잡이, 가장 빠른 달리기 선수, 메이저리그 야구선수들과 가장 강한 권투선수들을 우러러봤어. 미국인들은 승자를 좋아하고 패자에게 관대하지 않지. 미국인들은 항상 이기기 위해서 경기를 하지. 그게 바로 미국인들이 한 번도 전쟁에서 지지 않았고, 앞으로도 지지 않을 이유야. 지는 생각은 미국인에게 증오스러운 것이지. 전투는 사람이 할 수 있는 가장 중요한 경쟁이지. 그것은 최선의 것을 끌어내고, 가장 비천한 것을 없애지."

"너희들은 다 죽지 않아. 지금 여기 있는 너희들 중 오직 2퍼센트만이 큰 전투에서 죽게 될 거야. 모든 사람은 첫 번째 행동에서 겁을 먹지. 만약에 그렇게 말하지 않는 사람은, 그 사람은 완전 거짓말쟁이야. 그런데 진정한 영웅은 겁을 먹었을 때도 싸우는 사람이지. 어떤 사람들은 포화 속에서 1분 뒤에 바로 두려움을 떨쳐 낼 거고, 어떤 사람들은 한 시간이 걸리고, 어떤 사람들은 며칠이 걸릴 거야. 그러나 진짜 사나이는 절대로 죽음의 공포가 그의 명예, 조국에 대한 의무, 그리고 타고난 사나이다움을 압도하도록 내버려 두지 않을 거야."

"Men, all this stuff you hear about America not wanting to fight, wanting to stay out of the war, is a lot of horse dung. Americans love to fight. All real Americans love the sting and clash of battle. When you were kids, you all admired the champion marble shooter, the fastest runner, the big-league ball players and the toughest boxers. Americans love a winner and will not tolerate a loser. Americans play to win all the time. That's why Americans have never lost and will never lose a war. The very thought of losing is hateful to Americans. Battle is the most significant competition in which a man can indulge. It brings out all that is best and it removes all that is base."

"You are not all going to die. Only two percent of you right here today would be killed in a major battle. Every man is scared in his first action. If he says he's not, he's a goddamn liar. But the real hero is the man who fights even though he's scared. Some men will get over their fright in a minute under fire, some take an hour, and for some it takes days. But the real man never lets his fear of death overpower his honor, his sense of duty to his country, and his innate manhood."

이 부분 연설이 젊은 미국 남성의 인격에 부합한다는 점에 관해서 구체적으로 설명하려고 한다. 호프스테더는 문화를 남성형 문화와 여성형 문화로 나눌 수 있고, 그의 분석에 따르면 대체로 영미권 국가들을 남성형 문화로 분류할 수 있었는데,[10] 이들 남성적 사회에서의 소년의 특징이 "자기 주장적이고, 야심차고, 경쟁력을 갖도록" 교육을 받았다는 것이다(『세계의 문화와 조직』, 제197면). 조지 패튼이 젊은 미국 병사들에게 위 연설할 때에는 호프스테더의 문화비교 같은 것은 있지도 않았을 때인데, 패튼 장군이 나름대로 자신의 문화에 속한 젊은이들의 인격을 잘 알고 이를 연설에 이용했다는 것을 잘 보여준다.

  말이 나왔으니, 현재는 전 세계의 각 민족들의 민족성이 서로 비교되어 그 특징이 어느 정도 객관적으로 분석되어 있으므로, 청중이 속한 집단의 문화가치를 분석하여 그에 맞게 연설을 하는 것이 더 효과적이다. 국가별, 또는 집단별 문화의 차이에 대해서는 네덜란드의 헤르트 호프스테더(Geert Hofstede)가 이 분야의 선구자이다. 호프스테더의 문화 가치 비교에 따르면, 우리나라의 경우에는 ① 권력거리지수가 높고(즉, 조직의 하위 구성원이 상위 구성원을 많이 두려워하고, 리더의 권위가 강하다), ② 개인주의지수가 낮고(집단주의 경향이 강하다), ③ 불확실성지수가 높고(불안과 걱정이 많다), ④ 자제지수가 높고(잘 참는다), 자적지수가 낮은데, 다시 말하면 현재의 행복을 잘 누리지 않고 잘 참는 특징을 가지고 있다.

6. 에토스를 실현하는 방법

  에토스는 화자와 청중 간의 정체성과 이익을 공유하는 문제이다. 연설가가 청중을 설득할 수 있는 범위는 연설가가 청중과 자신의 정체성과 이익을 일치할 수 있는 범위 내에서 그를 설득할 수 있다고 말할 수

---

10) Geert Hofstede et al., 차재호·나은영 공역, 『세계의 문화와 조직』(Cultures and Organizations)(3rd ed), 학지사(2014), 제170−171면

있겠다(Sam Leith, 『Words Like Loaded Pistols』, 제48－49면). 이는 로고스를 이용한 설득에서 연설가가 청중과 함께 생략삼단논법의 대전제를 공유하는 범위 내에서 설득을 하거나, 파토스(감정)를 이용한 설득에서도 연설가와 청중이 서로 공감하는 범위 내에서 설득이 되는 것과 같은 맥락이라고 할 수 있겠다.

아리스토텔레스는 인간은 자기애가 유별난 동물이라고 했는데, 내가 낳은 자식들, 내가 쓴 책, 내가 하는 생각, 내가 가진 것은 모두 나에게 소중하다. 따라서 연설할 때도 내가 당신이 가진 것, 당신의 생각을 함께 가졌고, 같은 이해관계를 가지고 있다고, 즉 "나＝당신"의 메시지를 주어야 한다. 예를 들어, 나는 2009년경에 미국 보스턴에 있는 제1연방 항소법원을 방문했다가 당시 William Young이라는 판사님을 만난 적이 있었는데, 그분은 나에게 인사를 한 후 자신은 1960년대 한국에서 포병 장교로 근무했다고 말씀하셨다. 사실 아주 포근하고 부드럽게 말씀하시는 분이었는데도 불구하고, 나는 바로 얼어붙었다. 그 당시 나는 영어가 짧기도 했지만, 그때부터는 그분이 하는 말에는 무조건 "Yes"만 했다. 나보다도 더 오래전에 나의 조국을 위해서 기여를 했던 분이었기 때문에 그분이 외국인이라는 생각도 들지 않았다. 이런 것이 전형적으로 에토스를 이용한 설득이라는 것이다.

대화를 할 때에 효율적으로 에토스를 설정하는 방법은 대부분의 경우 화자가 청중에게 나는 당신들과 같은 아이덴티티를 가지고 있다, 즉 나는 당신과 같은 부류에 속한다는 것을 알게 하는 것이다. 가령 외국 지도자들이 우리나라에 와서 "안녕하세요?"라고 한국말로 인사할 때 우리 국민들은 그 지도자들을 아주 친근하게 생각하게 된다. 판사들이 법정에서 대여금 소송이나 임대차 소송을 다룰 때에 당사자들에게 "저도 돈 떼 먹힌 적이 있습니다.", "저도 전세집에서 살고 있습니다."라고 말을 하는 것이 바로 인격을 이용한 스피치의 일종이다. 교회를 다시는 판사님은 당사자들이 모두 교인인 사건에서는 "저도 교회 다닙니다."라고 말하면 조정이 잘 된다고 말했던 기억도 난다. 영국 『British God Talent』라는 유명한 경연대회 출신의 팝페라 가수 폴 포츠(Paul Potts)는 우리나라의 『복면가왕』이라는 프로그램에 출연하여, 포청천 가면을 쓴 상태에서 소리새의 '그대 그리고 나', 김범수의 '보고 싶다'와 같은 가요를 불러서 시청자들의 탄성을 자아냈다. 그때 복면가왕의 패널이던 인기 뮤지컬 가수 카이 씨도 외국 공연을 갈 때 그 나라의 말로 노래를 한 곡씩 부르려고 노력한다고 말했다. 사실 폴 포츠는 한국을 아주 좋아한다고 하며 『불후의 명곡』에서도 한국말로 멋지게 노래들을 불렀다. 그는 한국의 소주를 좋아한다고 하는데, 암튼 그는 한국인들에게 친구처럼 느껴지는데 이게 모두 에토스를 이용하여 대중의 마음에 감동을 주는 소통 방법이다.

　최근에 MBC 주말 예능 프로그램 『놀면 뭐하니』의 WSG워너비 프로젝트에서 씨야 출신 가수 이보람 씨가 에토스를 이용하여 친분을 쌓는 장면이 있어서 이를 소개하려 한다. 12명의 가수가 모여서 무대 의상을 입고 연습을 하는데, 이보람 씨가 윤은혜 씨에게 "언니랑 치마가 다 똑같다."라고 말하면서 말을 붙이는데,[11] 한 달 뒤 방송에서는 윤은혜 씨가 "사실 이거 하면서 보람이랑 많이 친해졌어요."라고 말한다.[12] 치마 길이가 같은 것 말고도 사실은 이보람 씨나 윤은혜 씨는 모두 울보라서 공통점이 있는 모양이다. 윤은혜 씨는 "제가 정말 눈물이 진짜 많거든요. 근데 저보다 눈물이 더 많아서"라고 말한다. 이보람 씨가 처음에 한

---

11) 놀면 뭐하니? 2022. 6. 15., 『[놀면 뭐하니? 미방분] WSG 워너비 "어마어마해" 비하인드 영상』, https://www.youtube.com/watch?v=1d_xwDvCnLU&t=243s, (영상 중 00:17초)
12) MBCentertainment, 2022. 7. 23., 『가야G, 기쁨의 눈물, 울보람보 눈물샘 보수공사 시급, 저 정도면 누수아냐』 https://www.youtube.com/watch?v=gLHckwdl7WI&t=51s, (영상 중 00:13초)

말이 작은 정체성을 공유하면서 조금씩 친해지는 수법이라고 할 수 있겠다.

다음은 히틀러가 1933년 지멘스 자동차 공장에서 한 연설의 도입부이다.

> "독일 애국자들이여, 저의 독일 노동자들이여, 만일 제가 당신들과 수백만의 다른 독일 노동자들에게 연설한다면 저에게는 누구보다도 더 큰 그럴 자격이 있습니다. 저는 한때 당신들 중에 서 있었습니다. 4년 6개월의 전쟁 동안 저는 당신들 중에 있었습니다. 근면과 배움, 그리고 제가 반드시 언급해야 하는, 굶주림을 통해서 저는 점점 성공으로 올라갔었습니다. 제 깊은 곳에서는, 항상 그때의 제가 존재하고 있습니다." (Sam Leith, 『Words Like Loaded Pistols』, 제176면 번역)

히틀러가 노동자들 앞에서 자신도 정치적으로 성공하기 전까지는 노동자였고 아직도 그것을 잊지 않고 있다고 말을 하면서, "나＝당신"이라는 확실한 신호를 주고 있다.

1963년 6월 26일 미국의 케네디 대통령이 서독의 베를린을 방문하여 한 연설도 명문이다. 당시 베를린은 장벽을 경계로 동베를린은 공산주의, 서베를린은 자유주의 체제를 가진 채로 나뉘어져 있었는데, 케네디 대통령이 서베를린을 방문하여 자유주의 체제의 우월함에 관하여 연설했다. 케네디 대통령은 『자유＝서베를린＝번영』으로 연결시켜 이를 고대 로마의 번영과 일치한다고 표현하여 서베를린 시민들의 열광적인 호응을 유도한다. 케네디는 "저는 베를린 시민입니다(Ich bin ein Berliner)"라는 말로 에토스를 이용하면서 연설을 시작했다.

> "…… 2000년 전, 가장 자랑스러운 말은 '저는 로마 시민입니다'였습니

다. 오늘날 자유 국가에서 가장 자랑스러운 말은 '저는 베를린 시민입니다'
입니다.

저는 독일어를 번역해 준 제 통역사에게 감사드립니다.

세상에는 자유 세계와 공산주의 세계 사이에서 가장 큰 쟁점을 사실상
이해하지 못하거나, 이해하지 못한다고 말하는 많은 사람들이 있습니다.
그들을 베를린으로 오게 하십시오. 어떤 사람들은 공산주의가 미래의 물결
이라고 말하는 사람들이 있습니다. 그들을 베를린으로 오게 하십시오. 그
리고 유럽과 다른 곳에서 우리는 공산주의자들과 협업을 할 수 있다고 말
하는 사람들이 있습니다. 그들을 베를린으로 오게 하십시오. 심지어는 공
산주의는 사악한 시스템이지만, 우리를 경제적으로 진보하게 할 수 있다고
말하는 사람들도 있습니다. Lass'sie nach Berlin Kommen. 그들을
베를린으로 오게 하십시오."

"Two thousand years ago, two thousand years ago, the
proudest boast was "civis Romanus sum." Today, in the
world of freedom, the proudest boast is "Ich bin ein
Berliner."

I appreciate, I appreciate my interpreter translating my
German!

There are many people in the world who really don't
understand, or say they don't, what is the great issue
between the free world and the Communist world. Let them
come to Berlin. There are some who say, there are some
who say that communism is the wave of the future. Let
them come to Berlin. And there are some who say in Europe
and elsewhere we can work with the Communists. Let them
come to Berlin. And there are even a few who say that it is
true that communism is an evil system, but it permits us to
make economic progress. Lass' sie nach Berlin kommen. Let
them come to Berlin.

엘리자베스 1세 여왕이 1588년 스페인의 무적함대와 전쟁 중에 틸버리라는 곳에서 병사들에게 한 연설도 만고의 명문이다.

> "저의 사랑하는 백성들이여, 우리가 무장한 대군을 상대하는 동안에 반란이 일어날 수도 있기 때문에 우리 자신의 안전을 염두에 두어야 한다는 권고를 받았습니다. 그러나 저는 충직하고 사랑스러운 백성을 불신하기를 원하지 않습니다. 독재자들이나 겁내라고 하십시오. 저는 항상 신의 가호 아래 제가 가진 최고의 권력과 안전은 백성들의 충직한 마음과 호의에 있다고 생각해 왔습니다. 그렇기 때문에 바로 이 순간 그대들이 보듯이 저는 그대들의 속으로 왔습니다. 휴양이나 놀이를 위해서가 아니라, 저의 신 앞에서, 제 왕국, 제 명예와 피를 위하여 비록 먼지 속에서도 죽어 눕더라도, 전투의 열기 속에서 그대들 모두의 속에서 살고 죽기를 각오하였습니다."[13]

엘리자베스 여왕은 '나'는 '당신들' 위에 군림하지만(즉, 나는 당신들은 아니지만), 당신들 속에서 함께 죽으러 왔다고 말하면서, 백성들 속에 자신이 있다며 정체성을 일치시킨다. 그로 인해서 나의 안전은 백성들의 안전과 같다는 메시지를 명확하게 주고 있다. 또한 그녀의 백성들은 가

---

13) 출처: The British Library, https://www.bl.uk/learning/timeline/item102878. html, My loving people, We have been persuaded by some that are careful of our safety, to take heed how we commit ourselves to armed multitudes, for fear of treachery; but I assure you I do not desire to live to distrust my faithful and loving people. Let tyrants fear. I have always so behaved myself that, under God, I have placed my chiefest strength and safeguard in the loyal hearts and good−will of my subjects; and therefore I am come amongst you, as you see, at this time, not for my recreation and disport, but being resolved, in the midst and heat of the battle, to live and die amongst you all; to lay down for my God, and for my kingdom, and my people, my honour and my blood, even in the dust. (이하 생략)

장 충직하고 숭고한 사람들이라고 추켜세운다. 당시 영국 병사들은 아마 여왕이 하는 연설을 듣고 여왕과 왕국과 그들의 신(영국은 성공회 교도들이고, 스페인은 카톨릭 정교이다)을 위하여 전장에서 죽으려는 용기가 솟구쳤을 것이다. 엘리자베스 여왕의 명연설 때문인지 실제 영국 함대는 칼레 해전에서 스페인의 무적함대를 격파하고, 대영 제국으로 발전할 기반을 닦는다. 위 칼레 해전에서는 유명한 해적 프랜시스 드레이크 백작이 활약한다.

　에토스를 이용한 연설의 핵심은 나를 청중의 친구로 만들고, 상대방을 청중의 적으로 만드는 것인데, 나를 청중의 친구로 만들기가 어렵다면 적어도 착한 사람으로 보이게 만들어야 한다. 아리스토텔레스는 덕이 있는 사람은 자신을 착하게 만들어 보이는 것이 정교한 추론가로 보이는 것보다 더 적합하다고 했다(수사학. 1418b). 친구의 특징이 대가 없이 나의 안녕을 빌어주는 존재이고, 친구와 대화할 때에는 지루해 하지 않고 경청하며 일단은 신뢰하는 마음으로 기꺼이 그 내용을 수용하는 경향이 있다. 즉, 친구가 자연스럽고 정직하게 대화를 할 수 있는 사람의 특징을 잘 가지고 있기 때문에 청중을 친구로 만들어야 한다.

현대에서 에토스의 원리를 잘 이용한 사람이 바로 스티브 잡스이다. 스티브 잡스가 왜 정장을 입고 애플의 신제품을 발표하지 않는지 궁금했던 독자들이 분명히 있을 것이다. 스티브 잡스의 덥수룩한 수염, 검은 티셔츠, 청바지, 하얀 운동화는 자신을 친숙한 동네 아저씨로 설정하여 자신의 발표 내용이 청중들에게 쉽고 거부감이 없이 스며들 수 있도록 연출한 것이다. 또한 사진에서 보면, 스티브 잡스는 왼쪽 손바닥을

펴고 있는데, 손바닥을 보이는 행동은 감추는 것이 없음을 보여주는 몸
짓 언어이다. 스티브 잡스는 위대한 기업인보다 위대한 수사학자로 불
리는 것이 더 타당할지도 모른다. 실제 스티브 잡스는 중학생 수준의
단어를 사용하여 발표를 하고, 최대한 쉽게 설명을 했기 때문에 지적
수준이 낮은 대중들도 그의 말을 이해할 수 있다.

　미국 일리노이주의 상원의원이던 버락 오바마 대통령의 2008년 당선
수락 연설에서는 당시 연설이 있었던 곳이 일리노이주의 시카고였고,
그 시민들이 연설장에 몰려 있었기 때문에 "Hello, Chicago?"라며 인사
하면서 연설을 시작하고, 인사를 받은 현장에 있던 시카고 시민들이 소
리를 지르며 호응하면서 본격적으로 연설이 시작되었다. 비록 오바마
대통령이 시카고 시민들과 정체성을 공유하는 표현을 했을 뿐이지만,
그 환성과 열광의 분위기는 TV 시청자들 모두에게 전달되었다. 오바마
대통령은 퇴임 연설도 "Hello, Chicago?"로 시작한다. 이것이 다 에토
스를 이용한 스피치이다.

　에토스로 확립된 신뢰는 상표처럼 대중에게 각인될 수 있다. 사람들
이 명품 상표나 상호에 부여하는 가치는 현대 소비사회에서 거의 절대
적인 영향력을 가진다. 연설가도 어떤 이미지나 단어 등으로 자신만의
특질을 어필할 수 있는 이미지를 확립해야 한다. 연설가가 하나의 상표
처럼 자신의 에토스를 확립한 다음에는 청중들은 연설가의 말에 순응하
고 반박하지 않기 때문에 그때부터는 자신의 에토스를 이용하여 본격적
인 선동을 할 수 있다. 하지만 에토스를 확립하는 데에는 오랜 기간 노
력이 필요하다. 예를 들면, 유명 가수 토니 안 씨는 아이돌 가수가 인지
도를 얻는 데에는 평균 7년 걸린다고 말한 적이 있는데,[14] 그 기간이

---

14) 히어로콘텐츠팀, 『H.O.T 출신 토니 안 "아이돌, 인지도 얻기까지 평균 7년 걸려"』,
　　동아일보, 2021. 7. 23., https://news.v.daum.net/v/2021072213 4430747 (2022.
　　6. 8. 접근)

연예인으로서 에토스를 확립하는 기간이다. 과거 나에게 정치를 한번 해 보라고 농담조로 말하신 원로 변호사님들이 계셨는데, 그분들은 "그런데, 10년은 밑밥 깔아야 돼."라고 했다. 그 10년 동안 사람들 만나고, 밥을 사면서 소통해야 지역구의 시민들이 겨우 이름 석 자 기억해 주는 정도가 되어 선출직 공무원 선거에 도전할 수 있다. 그만큼 대중들에게 에토스를 확립하는 것은 많은 노력과 시간이 걸리는 일이다.

에토스를 이용한 가장 오래되고 강력한 표현들은 종교에 남아 있다. 예를 들어 "부처 안에 마음이 있고, 마음 안에 부처가 있다." 혹은 "주님이 내 안에 계신다." 등과 같은 표현이 그렇다.

7. 에토스의 실연 방법

화자와 청중의 관계를 설정하는 것이 에토스의 역할이기 때문에 화자와 청중이 처음 만나는 시점에서 에토스를 이용한 스피치를 하는 것이 좋다. 스피치의 서두에 청중들의 집중력이 가장 높기 때문에, 바로 이때 연사의 인격과 능력에 강한 인상을 주어야만 청중들의 집중력이 계속될 수 있다.

에토스를 이용한 연설을 시작할 때에는 차분하고 평온한 대화체 말투로 시작하는 것이 원칙이다. 말의 속도는 일상적인 대화체보다 조금 느리게 시작하고 톤도 중간 톤으로 시작한다. 대중가요나 가요의 처음이 보통 저음으로 조금 느리게 시작된다는 것을 기억하면 이해가 쉽게 될 것이다.

수사학 기술 중에는 'Tricolon'이라는 것이 있다. 예를 들면, 셰익스피어가 쓴 『Julias Caesar』라는 연극에서, 카이사르의 장례식장에서 안토니우스가 로마 시민들에게 연설하면서 서두를 "친구들이여(Friends), 로마 시민들이여(Romans), 동포들이여(Countrymen), 나의 말을 들어 주시오!"라고 하면서 연설을 시작하는데, 안토니우스는 청중에게 자신은 당신들의 친구이고, 같은 로마 시민이고, 같은 동포라고 하면서 삼단계에 걸쳐서 자신의 정체성을 청중과 동일하게 만드는 노력을 하고 있다. 이를 'Tricolon'표현법이라고 한다. 특히 Friends(1음절), Ro－mans(2음절), Count－ry－men(3음절)에서 알 수 있듯이 점점 긴 발음으로 음가를 증강하면서 극적인 효과를 가져온다. 머리말의 서두를 이렇게 구성하면, 자신의 정체성을 아주 강하게 강조할 수 있다.

앞서 에토스는 자신의 정체성이 상대방과 같다는 것을 보이는 것이라고 말했는데, 이를 이용해서 상대방이 자주 쓰는 단어, 음성의 톤, 말하기의 속도, 어순, 자세나 동작, 생각 등을 자연스럽게 따라한다면 상대방으로부터 더 많은 공감을 얻을 수 있다. 예를 들어, 대화에서는 맞장구를 치거나 추임새를 넣어 상대방의 생각이나 말에 공감하는 행동을 보여 준다면 대화의 양을 몇 배나 증가시킬 수 있다. 주의할 것은 너무 의식적으로 따라 한다면 다음에서 설명할 에토스의 역설에 빠질 수 있어, 상대방이 의심을 한다.

실제 판사님 한 분이 당사자들에게 말을 하게 하고는 꼭 그 내용을 요약해서 다시 당사자들에게 차분하게 되물어보고 확인하는 습관을 가졌는데(Paraphrasing), 변호사님들로부터 전해 들은 이야기로는 그 판사가 관내 판사들 중에서 가장 의뢰인들로부터 존경받고 신뢰받는 판사이고, 그 판사로부터 패소 판결을 받아도 의뢰인들이 그 판사를 원망하지 않는다고 했다. 사실 그 판사님은 내가 아는 판사들 중에 가장 인격(에토스)이 훌륭한 사람이다.

8. 에토스의 역설

에토스를 이용한 연설은 말투를 평이하고 차분하게 하고, 청중에게 즐거운 기분을 주도록 하며, 철저한 논증보다는 상당한 가능성이 있다는 식으로 해도 충분하다. 지나치게 감정을 넣어 흥분하거나 웅대한 연설을 하면 오히려 연사가 청중을 속이려고 한다는 의심이 생긴다(에토스의 역설). 오히려 말을 못하는 사람들이 더 정직하게 보이기 때문에 일부로 어수룩하게 말하는 것이 더 나을 수도 있다. 그렇기 때문에 퀸틸리아누스는 나쁜 사람들은 일부러 연설을 못할 것을 권고한다. 인성이 좋지 않은 사람들이 너무 말을 잘 하면 그 사람의 나쁜 인성이 그대로 드러나기 때문이다(웅변가 교육. 6. 2. 18). 따라서 청중을 속이기 위하여 인격, 목소리, 특성을 한꺼번에 모두 표현하면 청중들은 그 의도를 간파한다. 따라서 말투가 거칠면, 목소리와 표정까지 거칠게 만들 필요는 없다. 한 경우에 하나의 방법만을 이용하여 연설하면, 청중들은 그 의도를 알아채지 못한다(수사학. 1408b).

실제 1994년 서울시장 선거에서는 가장 눌변이던 조순 후보가 TV토론에서 훨씬 잘했다는 평가를 받았고, 그 이후 조순 씨가 서울시장에 당선되었다. 2002년 서울시장 선거에서도 민주당의 김민석 후보가 한나라당의 이명박 후보를 TV토론에서 압도하였지만, "말로는 못 당하겠구먼"이라는 이명박 후보의 한 마디에 사람들의 평가는 이명박 후보에게 호의적으로 변했다.[15] TV토론을 보던 시청자들은 조순 후보나 이명박 후보가 비록 말을 못하지만 그들의 평소 언행과 경력을 잘 알고 있었기 때문에, 말을 잘 못하더라도 그들이 오히려 정직하다는 인상을 받았을 것이다. 또한 시민들은 조순 후보와 이명박 후보의 과거 업적을 통하여 실천적 지혜가 더 많다고 알고 있었기 때문에 이들을 더 신뢰했을 것이다. 이미 에토스가 확립된 사람들이었다는 의미이다.

---

15) 임태섭, 『스피치 커뮤니케이션』, 커뮤니케이션북스(2014, 개정2판), 제20－21면

파토스

Ethos Pathos Logos

파토스

1. 정의

사람들은 만일 장래에 어떤 일이 생길 경우에도, 즐거운 일을 기대하거나 희망이 있을 때에는 그 일은 일어나는 것이 확실하다고 생각하지만, 만일 그 일이 사람들과 관련이 없거나 귀찮은 일이라면, 그 일이 일어나지 않을 것이라고 생각하는 경향이 있다(수사학. 1377b – 1378a). 기분에 따라서 판단이 달라지는 것은 명백한 사실이다. 예를 들어 이스라엘의 가석방 판사들이 간단하게 식사를 한 후에 석방을 해 준 경우가 더 많았다는 보고도 있다. 기분이 안 좋은 상사들이 흠집을 많이 잡는 것을 다들 경험해 봤을 것이다. 이런 맥락에서는 일을 꼼꼼하게 하기 위해서는 스스로 어느 정도 부정적인 감정을 가질 필요가 있다.

비단 기분에 따라 판단력이 달라지는 것뿐만 아니라, 생각이 행동에 영향을 주기도 한다. 예를 들어, 심리학에서는 『플로리다 효과(The Florida Effect)』라는 유명한 실험이 있다. 젊은 학생들에게, 플로리다(은퇴한 노인들이 많이 산다), 잘 잊는, 대머리, 흰 머리, 주름살의 단어에 노출을 시킨 다음 복도를 걷게 하는 실험을 하였는데, 노년과 관련된 단어들에 노출된 학생들은 그렇지 않은 학생들보다 상당히 느리게 복도를 걸었다는 실험 결과를 얻었다(Daniel Kahneman 『Thinking, fast and slow』, 제53면).

기분은 특히 직관에 의한 사고에 영향을 미치는데, 사람이 행복할 때에는 좀 더 직관적으로 사고하고 창조적으로 되는 반면에 경계를 별로 하지 않고 논리적인 실수를 많이 한다. 기분이 좋다는 것은 일이 잘 풀린다는 것이고, 환경이 안전하고, 경계를 낮추어도 된다는 신호이다. 기분이 좋지 않다는 것은 일이 잘 안 풀리기 때문에 경계를 해야 한다는 신호이다. 대체로 즐거운 기분, 직관, 창의성, 잘 속음과 연상에 의하여 어림짐작(Heuristic)을 하는 것을 한 집단으로 분류할 수 있고(시스템 1 사고방식, System 1 Thinking), 슬픔, 경계심, 의심, 분석하려는 태도, 더 많이 사고하는 것을 다른 집단으로(시스템 2 사고방식, System 2 Thinking) 분류할 수 있다(Daniel Kahneman, 『Thinking, fast and slow』, 제69면).

결국 연설가는 청중의 기분을 좋게 만들어서 자신의 말은 쉽게 듣고 직관적이고 자동적으로 판단하게 만들고, 청중이 상대방에게는 불쾌한 기분을 가지도록 해서 경계하도록 한 후 깐깐하게 분석하도록 만들어야 한다. 따라서 청중이 자신의 말에 경계를 하지 않도록 청중을 기분 좋게 만드는 것은 정말 중요하고, 이를 이용하여 설득을 하는 것은 탁월한 말기술이다. 이처럼 청중의 감정을 이용하는 연설을 파토스(Pathos)에 의한 연설이라고 한다.

아리스토텔레스는 연설자의 인격을 이용하는 것은 정치연설에 유용하고, 듣는 사람의 감정을 이용하는 것은 법정연설에서 수지가 맞다고 하였다(수사학. 1377b30). 그 이유는 정치연설에서는 불확실한 미래에 집행될 정책에 관하여 숙고를 하는데 대중들은 정책의 결과를 미리 확신할 수 없어서 에토스가 확립된 정치인들의 말을 쉽게 믿기 때문이다. 따라서 정치지도자들은 자신의 에토스를 확립하는 데 힘써야 한다. 하지만 법정연설의 경우, 심판하는 사람들은 자신의 이익이 아닌 다른 사람들의 이익에 관하여 재판을 하기 때문에 사안을 심각하게 고려하지 않고, 자신들을 즐겁게 해 주는 편에 유리한 판정을 할 가능성이 높기 때문에 감정을 이용한 설득이 법정연설에 수지가 맞다고 한 것이다.

청중의 감정을 이용하여 스피치를 하는 것은 본질적인 사실들과는 관련이 없기 때문에 고대 그리스의 잘 정비된 도시국가들 중에는 이를 이용하여 연설하는 것을 법으로 금지했다고 한다(수사학. 1354a). 결국 에토스나 파토스를 이용한 설득은 청중이 진실과는 무관하게 판단할 위험이 존재한다.

파토스는 이렇게 사실들과 관련성이 떨어지는 청중의 감정을 이용하여 설득하는 것이기 때문에, 판사들이 재판할 때에는 파토스에 의한 설득에 휘둘리지 않도록 조심해야 한다. 그런데, 요즘에는 판사들이 파토스에 휘둘리거나, 판결문의 내용을 파토스로 꾸며서 독자로 하여금 감정에 휩쓸리게 하여 설득하려는 희한한 현상이 벌어지고 있다.

실제 사건 중에 판사가 교통사고로 사망 사고를 낸 피고인을 엄벌하면서 판결문에 엄벌에 처하는 이유로 "피해자의 아내와 어린 두 아이들이 매일 밤 현관문으로 웃으며 퇴근하는 피해자를 상상하면서 괴롭고 힘든 나날을 보내고 있다."고 적어 놓은 판결문을 본 적이 있다(약간 각색을 했음). 이 판사는 냉정함을 유지하지 못하고 감정에 휘둘려서 피고인을 처벌했다는 것을 보여주었기 때문에 그 판결은 일단 잘못되었고, 판결문을 읽는 사람을 파토스로써 설득하려고 한 잘못도 저질렀다. 파토스는 판사의 감정에 호소하여 비이성적으로 설득하기 위하여 동원하는 말기술인데, 거꾸로 판사가 파토스를 이용하여 판결한다면 전후가 뒤바뀐 것이다.

2. 파토스에 약한 한국인들

호프스테더의 분석에 의하면 한국은 불확실성 회피지수(불확실한 상황이나 미지의 상황에서 위협을 느끼는 정도)가 전체 76개국 중에서 23 – 25위권으로 높은 편에 속하는데(Geert Hofstede et al., 『세계의 문화와 조직』, 제223 – 224면), 쉽게 말하면 많이 불안한 편이라는 것인데, 높은 자살율도 불안과 관련이 있고, 우리나라에 사기 범죄가 많은 것도 불안하기 때문이라는 분석도 있다. 『하멜표류기』에는 조선인들이 사람을 속이는 것을 자랑하고, 자살을 잘 한다고 시술하고 있는 것을 보면, 우리 민족은 원래 불안해하고, 감정적으로 기복이 많은 민족임을 추측할 수 있다. 실제 우리 민족의 특성으로 '냄비 근성'이라는 말을 많이 쓴다. 게다가 집단주의 경향은 높은 편이다 보니, 지역 감정에 잘 휘둘리고, 자신이 애착을 느끼는 정치인들이 선동하면 잘 선동이 된다. 내가 보기에는 우리나라 민족은 본래적으로 파토스에 의해 잘 설득되는 문화적인 틀을 가지고 있다.

우리나라에서는 과거 대중의 공포감이나 연민을 이용하는 것이 정치적으로 이득이 되는 경우가 많았다. 최근에는 한미 FTA 체결의 선결 조건이던 미국산 쇠고기 수입 파동 등에서 보듯이 국민들이 가진 두려움의 감정을 이용하여 정부의 기능을 거의 마비시킨다.

인간의 뇌 구조가 파충류의 뇌인 뇌간(Brainstem) – 포유동물의 뇌로서 감정을 담당하는 변연계(The Limbic System) – 이성을 담당하고 인간에게 유별나게 발달한 대뇌 피질(Cortex)로 구성되어 있다. 피질보다 변연계를 더 많이 사용하는 사람은 공적인 영역에서 선동가이거나 사적인 영역에서의 깡패들이다. 사람의 감정에 호소하는 정치인들을 경계해야 하는 이유가 대중의 공포와 분노를 이용하여 이성을 마비시키고 선거에서 이겨 권력을 획득한 다음에 권력 행사에 방해되는 법치주의나 법의 지배를 보장하는 법적인 장치들을 파괴하여 권력을 자신들의 것으로 영속하도록 만들기 때문이다(존 콜라핀토, 『보이스』, 제302면). 원래 인간은 생존 본능 때문에 부정적인 행동과 언어들에 본능적으로 반응하기 때문에 특히 분노, 두려움, 시기심, 수치심 같은 것을 이용하는 연설은 효과가 강력하다.

3. 프레임

아리스토텔레스는 어떠한 감정을 불러일으키기 위해서는 감정이 (1) 일어나는 이유, (2) 누구를 향하여, (3) 어떤 상황에서 일어나는지 세 가지를 모두 연구하여야 한다고 했다. 흔히들 사람들에게 특정한 관점에 관심을 가지도록 유도하는 것을 프레임(FRAME)을 씌운다고 한다. 액자 틀, 안경테도 프레임이라고 불리는데, 카메라의 뷰 파인더에 눈을 대면 피사체만 보이고 나머지는 보이지 않는 것처럼 어떤 목표에만 관심을 집중하게 하는 것을 의미한다. 한 사건을 보는 관점은 여러 가지가 있을 수 있는데, 여러 관점 중에서 자신에게 유리한 관점만을 선택하여 청중이 이에 집중하도록 만들고, 다른 관점에는 관심을 가지지 못하도록 하는 것이 프레임의 역할이다. 아리스토텔레스가 어떤 감정을 일으키기 위해서는 감정이 일어나는 ① 이유, ② 대상, ③ 상황 세 가지를 알아야 한다고 한 것이 바로 프레임을 이용한다는 의미이다.

1) 삶의 관점

프레임은 기본적으로 삶의 관점이다. 예를 들어 나는 뉴욕 시민들이 청소부들의 실직을 막기 위하여 길거리에 쓰레기를 버린다는 이야기를 들어왔다. 말이 그렇지 나도 뉴욕을 여러 번 갔었지만 사람들이 일부러 길거리에 쓰레기를 버리는 것을 보지 못했고, 뉴욕 맨해튼 거리는 깔끔하다. 얼마 전 나는 동네 길거리에서 휴지를 들고 다니다가 쓰레기통을 찾지 못해서 불편하게 손에 들고 있었는데, 그 동네를 잘 아는 사람이 "여기에서는 쓰레기 버리면 공공근로 하시는 분들이 주워 갑니다."고 말을 했다. 나는 길거리에 쓰레기를 버리는 것은 나쁘다는 생각에 갇혀서 휴지를 거추장스럽게 들고 다니다가, 막상 그 말을 듣고 나니, 공공근로를 하시면서 용돈이나 생활비를 조금이나마 버시는 노인 분들을 연상하게 되었고, 마음 한편은 좀 불편했지만 그래도 좀 편안한 마음으로 휴지를 길거리에 버릴 수 있었다. 뉴욕 사람들이 청소부들의 실직을 막기 위해서 쓰레기를 버리는 마음의 관점을 내가 가지게 된 것이다. 휴지를 버리는 죄책감이 공공근로자를 위한 연대감으로 바뀌면서 공공근로 한마디에 마음의 짐이 줄어든 것이다. 프레임은 어떤 생각의 맥락만을 바꾸는 데도 사람의 마음을 180도로 바꾸어 버리는 힘이 있다.

프레임은 사람들이 행복하게 사는 데에 아주 중요한 역할을 한다. 예를 들어 암과 같은 중병에 걸렸을 때에는 병을 친구처럼 여기고 마음의 안정을 찾고 음식을 조절하면서 희망을 가지는 사람들은 치료를 잘 버틸 수 있지만, '왜 나만 암에 걸리는가?'라고 분노하면 암을 극복하기가 어렵다. 미국의 한 안과전문병원에서 안과질환에 걸린 환자들에게 하는 충고 중 하나가 기억이 나는데, "걷기를 멈추고 장미꽃 향기를 맡아라."는 것이었는데, 안질환에 걸린 것이 무슨 사형 선고도 아니므로, 장미를 보면서 여유를 가지는 것이 바람직한 환자의 태도라는 것이다.

2) 민식이법과 프레임

소위 '민식이법'이라는 것이 2020년부터 시행되고 있는데, 이를 폐지하자는 주장이 있다. 민식이법은 2019. 12. 24. 자로 새로 생긴 특정범죄 가중처벌 등에 관한 법률 제5조의13을 의미하는데, 어린이보호구역에서 제한속도를 위반하여 운전하다가 어린이를 치어 ① 사망에 이르게 한 경우에는 무기 또는 징역 3년 이상, ② 상해에 이르게 한 경우에는 1년에서 15년 이하의 징역, 500만 원 이상 3,000만 원 이하의 벌금형에 처벌하도록 한 것이다. 사실 고의범인 살인죄의 형량이 5년 이상, 무기징역 또는 사형에 처할 수 있도록 규정한 것을 고려하면, 단순한 과실범에게 형량이 가혹하게 규정되어 있는 것은 사실이라고 생각된다.

민식이법이 제정된 것은 김민식 군(사고 당시 9세)이 동생의 손을 잡고 어린이보호구역 내의 신호등 없는 횡단보도를 건너다가 제한속도를 지키면서 운전 중이던 차량에 치여서 사망하는 사고가 발생하였는데, 운전자의 입장에서는 어린이보호구역에 불법 주차한 차량 때문에 김민식 군이 갑자기 횡단보도로 진입하는 것이 잘 보이지 않는 상황이었다고 한다. 당시 민식군을 사망케 한 운전자는 규정속도 이하로 운전을 했고, 차 사이에서 갑자기 나온 아이를 치었는데, 과실로 인한 교통사고치고는 무거운 중형인 금고 2년을 선고받았다.

어린이보호구역(스쿨존)에서 어린이의 통행권이 절대적으로 보호되어야 하는 것은 맞는데, 과연 교통사고 운전자들을 살인범 수준으로 처벌하는 것이 합리적인지 살펴보려고 한다.

우리는 자유주의 사회에 살고 있는데 각 개인은 스스로 선택을 하고 탁월함을 추구할 권리가 보장된다. 하지만 누구나 그런 자유를 누리는 것은 아니고 선택을 할 능력이 모자라는 사람들은 보호의 대상이 되는데, 미성년자, 장애인 같은 사람들이 그렇다. 이런 사람들은 어느 정도의 교육과 훈련으로 스스로 자유를 누릴 기본적인 능력을 갖춘 다음에 자유를 누리게 된다. 이것은 존 스튜어트 밀이 생각한 자유 시민사회에서 약자를 보호하는 원리이다.

이에 따라서 미국 같은 곳에서는 어린이들이 통행하는 스쿨존에서는 차량들이 서행하고, 스쿨버스와 거리 제한을 두거나, 스쿨버스가 정차하였을 때에는 후행 차량도 정차를 하는 등의 법률이 있다. 미국에서는 부모가 어린이들을 혼자 집에 두는 것도 금지되고, 어린이들이 보호자 없이 길을 함부로 돌아다니는 것도 금지된다. 따라서 어린이들이 보호자 없이 거리를 돌아다닌다면 부모들은 유기죄로 기소되기도 하고, 경우에 따라 구속된다. 예를 들어 6세와 10세 아이들을 공원에 자기들끼리 놀게 한 후 귀가하도록 한 부모들은 기소되었고,[1] 잠깐 졸다가 2세와 4세 아이들이 보호자 없이 길을 건너도록 방치한 아버지가 체포되기도 한다.[2] Minor Wandering Without Parents(미성년자가 부모 없이 돌아다님)로 검색하면 꽤 기사가 많이 나온다.

사실 부모가 옆에 아이들을 놓고 보호하는 것이 훨씬 아이들을 관리하기 쉽기 때문에 아이들이 안전할 가능성이 더 높고, 아이들이 부모나 보호자가 없이 동네를 돌아다니는 것은 아동에게 위협이라는 것이 서양 사람들이 생각인데, 아주 합리적이다.

우리 전통 문화에서는 어린 아이들이 집을 나가서 뛰어 노는 것이 당연하게 인정되던 관습이기 때문에, 부모가 아이들을 동네에서 돌아다니도록 하는 것이 범죄가 된다고 생각하면 전혀 공감을 하지 못할 수 있지만, 사실은 요즘에는 차나 오토바이 등의 통행으로 인해서 아이들이 안전하게 놀 수 있는 공간은 거의 없기 때문에 새로운 관점을 가질 때가 되었다고 생각한다. 사실 우리는 세상을 두렵고 위험한 곳으로 간주하고 자녀들을 과보호하는 문화를 가지고 있음에도 불구하고, 아이들이 나가서 노는 문제에 관하여는 관대한 것은 모순적이다.

교통사고는 처벌을 각오한 고의범이 아니라 범행을 의도하지 않은 과실범이기 때문에 형을 높인다고 예방효과가 크다고 할 수 없다. 다시

---

1) USA TODAY, Parents in trouble again for letting kids walk alone, 2015. 4. 13., (https://www.usatoday.com/story/news/nation/2015/04/13/parents−investigted−letting−children−walk−alone/25700823/) (2022. 4. 23. 접근)

2) https://www.clickorlando.com/news/2018/08/17/children−saved−from−walking−into−traffic−father−accused−of−child−neglect/#commentDiv (2022. 4. 23. 접근)

말해 사람들은 자신도 모르는 상태에서 실수로 사고를 내는 것이기 때문에 민식이법이 시행된다고 하더라도 교통사고가 줄어들지도 않을 것이고, 운전자들이 강화된 규범을 지키느라 피로만 가중될 것이다. 민식이법이 시행된 2020. 3. 25. 이후에 스쿨존에서는 오히려 교통사고가 늘었다는 보도가 있고, 통계적으로 줄었다는 보고도 있는데, 코로나 사태로 인해서 아이들이 주로 집안에서 지내온 것을 감안한다면, 형을 높여서 스쿨존에서 교통사고를 줄이겠다는 발상은 사실은 실패한 것으로 보아야 한다. 다만, 스쿨존에서 속도제한, CCTV설치나 안내 표지판 추가, 신호등 추가 설치 등이 아이들에 대한 교통사고를 막는 수단일 것이다. 과실범을 살인범에 준할 정도로 처벌하면서 교통사고를 막겠다는 것은 과잉 입법이고 권위주의 정책으로 실천적 지혜가 결여된 것이라는 것이 나의 생각이다.

이야기가 길어졌는데, 스쿨존 사고에 관하여는 『운전자 책임』에서 『보호자 책임』으로 프레임이 바뀌어야 하고, 『동네가 안전』에서 『동네가 위험』으로 프레임의 전환이 되어야 민식이법 폐지 논쟁이 합리적으로 해결될 수 있다. 민식이법을 둘러싼 논쟁은 사실은 문화 논쟁이다.

3) 조국 사태와 프레임 전쟁

정치 영역에서는 항상 국민들에게 특정한 프레임을 씌우려는 시도가 존재한다. 조국 전 법무부장관 사태는 프레임 전쟁이었다. 2019년 9월 6일 조국 전 법무부장관 후보가 국회 인사청문회를 받던 중에 검찰이 조국의 부인 정경심 씨가 딸 조민 씨의 동양대 표창장을 위조한 것을 공소사실로 하여 정경심 씨를 전격 기소했다.

이때 쟁점은 부모가 표창장 등을 조작하여 자녀의 명문대 입학을 돕는 것이 범죄인지, 즉 '입시 비리'였다. 그런데, 조국을 방어하기 위하여 박지원 국회위원이 검찰이 압수한 동양대 표창장이라고 하면서 출처 미상의 표창장을 공개하면서 검찰의 수사기밀 누설을 문제삼았다. 평소 공정을 외쳐온 집권 여당이 입시 비리의 문제를 검찰의 조직적 비리로 프레임을 바꾸려고 한 것이다. 당시 조국을 지지하는 세력들은 조민 씨가 입학할 무렵에는 상류층은 다 그렇게 입시를 치렀고, 그 입시제도는 이명박 정부의 입시제도 개혁에서 비롯된 것이라고 했다. 입시 불공정에서 이명박 실정으로 프레임을 바꾸려고 한 것이다.

그 결과 대한민국은 집권 여당의 프레임에 넘어간 조국 지지자들과 '입시 불공정' 프레임을 가진 국민들로 절단이 났다. 플라톤의 말처럼 빈자와 부자의 나라로 쪼개진 것이 아니라, 조국을 지지하는 국민과 반대하는 국민으로 쪼개진 것이다. 흥분이 가라앉은 현재에는 조국을 옹호하는 사람은 거의 없고, 결과적으로 집권 여당의 프레임 전환 시도는 대실패였고, 집권여당은 내로남불당으로 낙인찍혔다.

4) 현대 법정연설에서의 프레임

배심원을 상대로 변론을 하는 미국 법정에서는 배심원들을 특정한 프레임에 넣고 스토리텔링을 하게 되므로, 미국의 로스쿨에서는 효과적으로 프레임을 이용하는 변론 및 증인신문의 기술을 가르친다. 변호사들은 배심원들에게는 증인신문을 하기 앞서 사건을 바라보는 프레임을 먼저 제공한다. 배심원들은 어떤 관점이나 의견을 수용할 마음의 틀을 가지게 되는데, 그 상태에서 변호사가 특정한 관점과 의견을 유도하는 이유나 원인들을 증인의 입으로 말을 하게 되면, 배심원들은 변호사가 유도한 관점과 의견을 가질 수밖에 없다.

원래 재판이라는 것은 양 당사자의 이야기 중에서 법률과 증거에 더욱 부합하는 스토리를 선택하는 것이 그 본질이라고 할 수 있다. 자신의 일도 아닌 다른 사람의 스토리를 진지하게 듣고, 더 나아가 그 내용을 믿는다는 것은 쉬운 일이 아니기 때문에, 스토리를 말하는 사람은 항상 듣는 사람이 지루하거나 이상하게 여기지 않도록 흥미롭고 논리가 탄탄한 이야기를 계속해야 하는데, 이는 고도의 창의력을 요구하는 지적인 작업이다. 실제 나는 미국 법정에서 변호사가 판사에게 "지루하게 증인신문을 해서 죄송하다."라며 사과하는 것을 본 적이 있다.

미국 법정에서의 설득력 있는 스토리텔링을 위한 증인신문의 기초작업은 ① 스토리텔링의 관점을 제공하는 프레임(Frame), ② 자신의 입장을 하나의 문장으로 표현한 주제(Theme), ③ 주제를 한 단락 정도의 개요로 정리한 떼어리(Theory)를 기초로 하여 이루어진다.

우선 프레임에 관하여 설명한다. 모든 사람은 서로 다른 경험, 교육, 가치관, 선입관을 가지고 있기 때문에 하나의 사실을 받아들이는 것도 서로 다른 관점에서 바라본다. 따라서 배심원들로 하여금 자신이 원하는 관점에서 사건을 바라보도록 만들기 위해서는 청중들의 마음에 프레임을 만든 후에 자신의 스토리를 말해야만 배심원들이 이를 수용할 수 있다. 가령 일방의 당사자가 계약을 파기한 경우에, 계약을 파기한 쪽은 그 이유를 치열한 경쟁에서 살아남기 위한 유일한 방법이라고 말할 수 있고, 파기를 당한 상대방은 이를 배신이라고 말할 수 있는데, "생존 vs. 배신"이 바로 이 사건의 적절한 프레임이 될 수 있다. 각 사건을 바라보는 프레임은 여러 가지가 있을 수 있기 때문에, 각 사안에서 배심원들에게 가장 크게 어필할 수 있는 프레임을 찾아 선택하는 것은 어렵다.

그다음 주제(Theme)는 사건을 윤리적인 관점에서 구성하여 한 문장으로 구성한 것이다. 주제의 역할은 떼어리를 윤리적인 관점에서 보강하고, 정의 관념에 부합하도록 만드는 힘이 있다.

예를 들면 "원고가 계약을 파기한 것은 시장 경쟁에서 생존을 위해 불가피한 것이었다." vs. "원고는 더 싼 공급처를 구하자 고의로 계약을 불이행하였다." 또는 "피고인은 이별에 대한 복수로 피해자를 살해하였다.” vs. “검사가 시체도 없이 무리하게 짜 맞추기 수사로 기소했다.”
등이 주제이다.

떼어리(Theory)는 사실관계를 법적인 이슈에 맞게 변용한 것으로 한
단락 정도의 길이로 된 개요이다. 떼어리는 사건의 법적인 이슈를 포함
하면서도 간단하고, 쉬워야 한다. 떼어리에 포함되어야 하는 내용은 무
엇이 일어났는지(사실), 왜 일어났는지(이유), 그리고 의뢰인이 승소를
한다는 것은 어떠한 의미를 가지는 지(형벌, 손해배상) 등이다.

구체적으로 예를 들면 한 남자가 애인을 살해한 사건에 있어서 모두
진술, 증인신문, 최후 진술을 진행하기 위하여, 검사나 변호인들은 떼어
리, 주제, 프레임을 생각하게 된다. 검사가 모두진술 시에 “배심원 여러
분, 저희의 이야기를 듣기 위하여 와 주셔서 감사합니다. 이 사건은 복
수에 관한 이야기입니다. 냉정한 피고인은 피해자로부터 이별을 통보받
자 권총으로 피해자를 쏘았습니다.”라며 프레임과 주제를 말하게 되면,
배심원들은 복수라는 동기의 관점에서 사건을 이해하려는 마음가짐을
가지게 되고, 향후에 있을 증인신문 등에서는 피고인과 피해자의 관계,
이별을 한 경위 등에 관하여 집중하고 경청할 것이다.

반면에 피고인 측에서는 모두진술 시에 “배심원 여러분, 시체는 도대
체 어디에 있습니까? 이 사건은 검사가 제대로 조사도 하지 않고 피해
자가 죽었다고 단정한 후에 무리하게 기소한 것입니다.”라고 말을 하면,
배심원들은 검사가 하는 이야기와 제출하는 증거들이 조작되었을까 의
심하면서 재판에 임하게 된다. 이것이 프레임과 주제의 역할이다.

미국의 법정 변호사들이 실제로 제안하는 모두진술의 실제를 예를
들겠다. 만일 자동차 접촉사고의 가해자가 배상을 하지 않아 피해자가
소송을 제기할 정도에 이르게 되었을 때에는 피해자의 소송대리인은 다
음과 같이 배심원들에게 말을 할 수 있다.[3]

---

3) Shane Read, 『Turning Points at Trial』, Westway Publishing(2017), 제11면

"신사 숙녀 여러분, 만일 자동차 사고에 한쪽이 잘못을 한 것이 명백하면 우리는 이 짓을 할 필요가 없습니다. 우리는 이 모든 것들을 다 겪어야 한다고 생각하지 않습니다. 우리는 소송을 제기해야 한다고 생각하지 않습니다. 변호사를 고용할 필요도 없습니다. 이것은 책임 있는 사람이 직접 솔직하게 해결해야 하는 것입니다. 그런데 우리는 법정에 있고, 여러분들이 '이 짓을 하지 마라. 당신이 교통사고에 책임이 있다면 이 짓을 하지 마라'고 말할 기회입니다."

"Ladies and gentlemen, we should not have to do this when someone is at fault in a car wreck. We're not supposed to have to go through all of this. We're not supposed to have to file a lawsuit. We're not supposed to have to hire lawyers. This ought to be dealt with forthwith, straight away by responsible people. But here we are, and this is your chance to say, 'Don't do this. If you're responsible for someone's wreck, don't do this.'"

교통사고를 내고도 손해배상을 하지 않고 있는 피고의 뻔뻔함과 무책임이 프레임인데, 듣고 있으면 피고에게 저절로 화가 난다.

미국 법정드라마 중에서 비교적 법정의 구술변론을 사실적으로 묘사한 것으로 평가되는 『Law & Order: Trial by Jury』라는 미국 드라마 중 애인을 살해한 한 농구스타를 변호하는 변호사가 배심원들에게 다음과 같은 모두진술을 하는 장면이 있다.

"여러분, 이제 로렌(피해자)이 그녀가 가질 수 없었던 한 남자를 절망적으로 갈망한 측면을 직시합시다. 단단한 육체를 가진 운동선수의 감촉. 그의 힘센 손이 주는 느낌. 그렇습니다. 신사 숙녀 여러분, 켄(피고인)이 로렌에게 그만 만나자고 했을 때, 켄은 로렌 포드가 우울증 전력이 있다는 것을 알지 못했습니다. 자살을 시도한 적이 있다는 것도 몰랐습니다. 켄이 로렌에게 아내와 가족들에게 다시 헌신하겠다고 했을 때, 그는 로렌 포드가 자살을 할 것을 전혀 생각하지 못했습니다. 신사 숙녀 여러분, 여러분들은 비극을 마주하고 있습니다. 살인사건이 아닙니다. 감사합니다."

"Let us now view Lauren's desperate yearning for a man she could not have. The feel of a hard-bodied athlete. The caress of his strong hands. Yes, ladies and gentlemen, when Ken told Lauren that they were through, that he was breaking it off, Ken didn't know that Lauren Ford had a history of depression. That there were prior suicide attempts. When Ken told Lauren that he was devoting himself to his wife and his family, he never, ever thought Lauren Ford would take her own life. Ladies and gentlemen, you are confronted with tragedy, not a murder. Thank you."[4]

약 1분 남짓한 짧은 모두진술의 일부인데 피고인이 보는 사건의 프레임(자살), 주제(우울증이 있는 여자가 실연을 당하자 슬픔을 못 이겨 권총으로 자살했다), 떼어리를 아주 잘 묘사하고 있다. 실제 미국의 법정 변호사(Litigator)들은 저 정도로 말을 잘 한다. 이것이 내가 말한 프레임, 주제, 떼어리가 실제로 작용하는 모습이다. 부가하여 설명하면, 위 모두진술 중에서 "여러분 …… 직시합시다."는 청중의 집중력을 환기시키기 위한 관용적인 표현이고, "단단한 …… 감촉"은 훅(HOOK)이라고 하여 청중의 흥미를 최대로 유발시켜 집중력을 모으는 구절이다. 이렇게 배심원들의 관심을 최대로 집중시킨 후에, 그다음 문장에서 주제와 프레

---

4) 『Pattern of Conduct』, Law & Order: Trial by Jury, created by Dick Wolf, episode 6 aired Apr 1. 2005. NBC

임을 제시하고 있다.

4. 지역연고주의와 민족

1) 지역연고주의

지역연고주의는 동향 사람들에게 느끼는 우애나 동료애, 혹은 소속감을 기준으로 하여 생각과 행동을 결정하는 경향을 말하는데, 따라서 지역연고에 호소하는 것은 파토스에 기초한 연설법이다.

지역연고주의가 라이벌 의식이 되면 서로 선의의 경쟁을 벌일 수 있어서 좋겠지만, 우리나라의 지역연고주의는 배경을 중시하는 문화의 하나로서 폐해로 인식되고 있고, 지역연고주의는 시간이 흘러도 전혀 약해지지 않았고, 속칭 '내로남불'은 더 심해졌다.

지역연고주의가 갈수록 심각해지는 것은, 정치인들이 지역감정을 이용하지 않아야 되는데, 자기들의 호구지책이 지역감정에 호소하는 방식으로 쉽게 해결이 되니까 이를 해결할 생각을 별로 하지 않는 것 같다. 그래도 노무현 대통령은 지역 감정에 관하여 나름대로 대책은 있었다. 노무현 대통령은 현행 국회의원 선거처럼 1 선거구에서 1명의 국회의원만 뽑는 것(소선거제)을 반대하고 새로운 선거제도의 도입을 구상했었다.

"영남에서는 모든 인재와 자원이 한나라당(현재 '국민의힘'의 전신)으로 몰린다. 호남에서는 민주당(현재 '더불어민주당'의 전신)으로 몰린다. 그 지역에서는 다른 정당을 통해서 국회에 진출하는 것이 사실상 불가능하다. 그 반작용으로 지역당이 끈질긴 생존력을 유지했다. 수도권 유권자 사이에서도 부모와 자신의 출신 지역에 따라 투표하는 경향이 강하게 나타난다. 정책 개발보다는 다른 지역 정당과 지도자에 대한 증오를 선동하는 것이 훨씬 더 효율적인 선거운동 방법이 된다.""지역대결 구도를 선동하기만 하면 본거지에서 정치적 이익을 얻을 수 있도록 만드는 제도가 존속하는 한, 누구도 이 문제를 해결하지 못할 것이다." (유시민, 노무현 재단 엮음, 『운명이다(노무현 자서전)』, 제290-291면)

2) 민족

우리는 수천 년 동안 단일 민족으로 생존해 왔기 때문에 단일 민족이라는 것에 친근감을 느낀다. 민족 감정을 강조하는 것도 파토스에 기초한 연설법이다.

서양에서는 대체로 민족을 강조할 때에는 전쟁과 같은 부정적인 측면을 떠올린다. 예를 들어 서양 문명의 근원인 일리아스도 그리스 민족과 트로이인들 사이의 민족 전쟁을 다룬 서사시이다. 20세기의 제1, 2차 세계대전도 민족 전쟁이었다. 제1차 세계대전 종전 후 베르사이유 조약에서 패전국인 독일에게 막대한 배상금을 물도록 했을 당시, 영국의 경제학자 케인즈는 독일이 배상금을 부담할 수 없어 경제가 무너지고 그 결과 독일과 유럽의 불안으로 연결될 수 있다고 경고했다고 한다. 하지만 그의 경고는 무시되었고, 결국 막대한 배상금을 물게 된 독일은 하이퍼인플레이션을 겪으면서 경제가 붕괴되었고, 경제 파탄과 불안한 사회 분위기 속에서 히틀러가 등장하였는데, 히틀러가 집권을 할 때 다시 등장한 토포스가 바로 민족이었다. 히틀러가 왜 민족을 선택했는지는 다음과 같은 그의 말에서 그 이유를 알 수 있다.

"나는 집회에서 농부들이 듣기 좋아하는 것을 말할 수 없습니다. 아울러 노동자, 도시인, 세입자 등이 즐겨 듣고 싶어 하는 것을 말할 수 없습니다."[5]

---

[5] 김종영, 『히틀러의 수사학』, 커뮤니케이션북스(2010), 제74면.

　다시 말해서 대중들은 이해관계나 견해를 달리하는 수많은 하부집단들로 나뉘어 있는데, 대중연설에서 한 집단에게 유리한 말을 할 경우에는 다른 집단의 반발을 유발할 수 있다. 따라서 대중의 하부집단과 계층들 간에 서로 대립하게 함이 없이 대중 전체를 설득해야 할 경우에 유용하게 사용할 수 있는 최상위 주제가 바로 민족이라는 의미이다.

　서양 근현대사에서 민족 감정은 공산주의나 사회주의 이론보다도 더 강한 단결력을 가지고 있었다. 사회주의 이론가들은 자본주의의 모순으로 빈부의 격차가 심해지면 전 세계의 노동자들이 (민족과 상관없이) 연대하여 자본가와 대결할 것이라고 믿었고, 그런 신념하에 마르크스와 엥겔스는 1864년에 국제노동자협회를 런던에 설립했는데, 이를 '제1차 인터내셔널'이라고 부른다. 비슷한 시기에 아나키스트(무정부주의자)들도 활동했는데, 이들은 계급과 국가가 없는 사회를 지향한 점에서는 사회주의자들과 공통점이 있었지만 이들은 특이하게 혁명은 노동자 계급이 아닌 농민과 실업자들에 의해서 일어난다고 주장했다. 제1차 인터내셔널은 1876년에 해체되고 마르크스가 죽은 후인 1889년에 제2차 인터내셔널이 성립되어 사회주의 활동을 계속했다. 제2차 인터내셔널은 모든 나라들의 노동자들은 형제들이고 자본주의 국가 간의 전쟁을 방지할 책임이 있다고 주장했고 실제 1910년에 열린 회의에서는 각국의 사회주의 대표들은 전쟁 차관에 반대한다는 결의안을 만장일치로 의결했다. 그런데 1914년에 제1차 세계대전이 발발하자 독일의 사회민주당과 프랑스의 사회주의당이 자국 정부가 전쟁차관을 빌리는 데 찬성하면서 자국의 전쟁을 지지했다. 결국 사회주의자들조차도 민족이 없는 노동자 계급보다는 각 소속 국가와 민족에 더 충성했다.[6)]

　제2차 세계대전이 종전한 후에는 각국의 민족주의는 쇠퇴하고, 자유

---

6) 리처드 파이프스, 이종언 옮김, 『공산주의의 역사(Communism)』, 을유문화사(2014, 신판 1쇄), 제42-43면 요약

에 기반을 둔 자유주의 국가들과 이론적으로는 평등에 기반을 둔 공산주의 국가들(실제로는 공산당이 지배하는 불평등 국가이지만)이 사상에 기반을 두고 서로 대립하게 되었고 이러한 이유로 20세기를 자유와 평등이 대립했던 세기라고 한다. 우리 민족도 남북으로 분단되었고, 대한민국은 자유주의를 기반으로 국가를 수립하고 미국의 지원을 받아 북미시장에 수출할 기회를 얻은 후 기적적인 경제성장을 이루었고, 이를 바탕으로 정치, 사회, 문화 전 방면에 놀라운 변화를 겪고 있는데, 이는 정치, 경제적으로 자유주의 정치체제를 선택한 결과이다. 나는 우리의 민족성이 다른 민족보다 월등히게 탁월해서 그렇게 된 것은 아니라고 생각하는데, 그 증거가 바로 북한이라고 할 수 있다.

5. 대립되는 감정들

아리스토텔레스는 파토스에 의한 설득을 위해 사용하는 감정들을 분석할 때에는 반대되는 감정들이 서로 짝을 이루어 대립하는 관계라고 봤다. 예를 들어 분노와 평온함이 서로 대립하는데, 분노의 감정이 생기면 평온함을 몰아내고, 평온해지면 분노가 사라진다, 분노가 강해지만 평온함이 약해지고, 분노가 약해지면 평온함이 강해진다는 방식으로 이해한다.

분노	우애 (친애, 우정)	두려움	호의	수치심	연민	만족	경쟁심
평온	증오, 적대감	자신감	배은 망덕	파렴치함	분개	시기심	멸시

원래 서양인들은 감정들을 이렇게 대립 모순적으로 이해하는데, 동양인들은 모순되는 감정을 대립적으로 이해하지 않는다. 예를 들어 중국인, 한국인, 미국인들에게 자신의 감정 상태를 점수로 평가하라는 실험

을 하였는데, 미국인은 긍정적이거나 부정적인 감정만을 보고하였는데, 중국인과 한국인은 강한 긍정적인 감정들과 부정적인 감정들을 동시에 보고했다(Richard e. Nisbett, 『The Geography of Thought』, 제188면). 우리나라에서 '웃프다'라는 말이 유행하고 있는데, 동양인들이 모순되는 감정을 수용하는 문화를 보여주는 말이다. 아무튼 화가 난 사람에게는 화가 난 이유를 제거하여 주면 평온하도록 만들 수 있다는 것이 아리스토텔레스의 파토스 이론의 전제임을 잊으면 안 된다.

6. 분노 vs. 평온함

1) 분노

분노란, 본인 또는 본인이 가진 것이 가해자로부터 경멸을 당하는 것을 알게 된 후에 고통을 느끼고, 가해자에게 복수를 하려는 욕구이다. 분노의 특징은 항상 경멸하는 행위를 한 특정인을 대상으로 하는 것이고, 특정인을 대상으로 하는 것이 아니라 어떤 일반적인 부류의 사람들을 대상으로 할 때에는 이를 증오라고 하여 구분한다. 분노는 복수를 원하는 것이기 때문에 복수를 상상할 때에 쾌감을 느낀다. 또한 분노를 느끼는 사람은 실현 가능한 복수를 바라는 사람이다.

분노는 경멸에 의하여 발생하는데, 아리스토텔레스는 경멸하는 행위들에 관하여 자세히 설명한다. 경멸은 어떤 것이 보잘 것이 없다고 하면서 적극적으로 의견을 외부로 표현하는 것인데, 예를 들어 상대방을 가볍게 여기는 것을 외부로 표현하는 행위, 본인이 가지기 위한 것이 아니라 단순하게 다른 사람의 희망을 실현하는 것을 방해하는 것 등이 경멸하는 행위이다. 이때 가해자는 상대방으로부터 피해를 입지 않을 것이라고 생각하는데, 만일 상대방이 피해를 줄 수 있다고 생각한다면 두려움을 느끼기 때문에 경멸하는 행동을 할 수 없다. 또한 상대방은 가해자에게 어떤 이익을 줄 입장도 아닌데, 만일 이익을 줄 입장이라면 가해자는 상대방과 친구가 되려고 궁리를 하게 된다.

사람들은 다른 사람들보다 우월한 것들을 가졌을 때에는 열등한 사람들로부터 존경받기를 원한다. 가령 돈이 많은 사람들은 가난한 사람들로부터, 연설을 잘 하는 사람은 연설을 잘 못하는 사람들로부터, 지배자는 피지배자들로부터 존경받기를 원한다. 그들이 더 우월할수록 더 분노하게 된다. 또한 사람들은 자신이 큰 대접을 베풀었다고 생각하는 사람들로부터 존경을 바란다. 따라서 이러한 상황에서 대접을 받은 상대방으로부터 존경을 받지 못하는 경우에는 분노하게 된다.

분노가 일어나는 상황은 다음과 같다. 누군가의 경멸로 인하여 고통이 느껴지는 이유는 항상 어떤 욕구의 대상이 되는 것이 존재하고, 이를 충족하지 못했을 때에 고통을 느끼기 때문이다. 따라서 어떤 욕구를 충족하지 못하게 되거나 방해받을 때, 경멸을 당하게 되면 분노한다. 예를 들면, 갈증이 난 사람이 물을 마시지 못하도록 직접 또는 간접적으로 방해하는 사람이 바로 분노의 대상이 되는 사람이다. 욕구가 충족되지 않은 상태에서 상대방이 욕구를 충족하는 것을 못하게 하거나, 도와주지 않거나, 어떤 방법이건 방해를 하는 사람들에게 분노한다. 사람들은 예상과 다른 결과가 나올 때 분노하는데, 뜻하지 않게 소원을 성취하는 것이 더욱 즐겁듯이, 예상치도 않게 자신의 욕구의 충족이 좌절된다면 특히 더 분노한다.

분노의 대상이 되는 사람들은 다음과 같다. 사람들은 자신이 귀하게 생각하는 것을 비난하거나 경시하는 사람들에게 분노한다. 예를 들어 철학이나 외모가 뛰어나다고 생각하는 사람들에게 철학이나 외모를 비난하거나 경시하는 것과 같은 경우이다. 이 경우에 본인이 귀하게 생각하는 자질을 전혀 가지고 있지 않거나 부족하다고 생각할 때에 더욱 화가 난다. 예를 들면, 자기도 외모가 뛰어나다고 생각하고 있는데 훨씬 외모가 뛰어난 사람이 자신을 비웃는다면 더욱 화가 난다. 그런데 만일 본인이 남들이 비웃는 자질에 대하여 남들보다도 우월하다면 그런 비웃음에는 별로 신경을 쓰지 않는다.

　사람들은 친구들에 대하여 더 분노하는데, 친구들은 우리를 더 잘 대해 줄 것이라고 기대하기 때문이다. 사람들은 평소 잘 해 주던 사람이 상황이 변했다는 이유로 다른 방식으로 대할 때도 분노한다. 사람들은 본인이 행한 친절에 보답을 받지 못하거나 부족하게 보답받았을 때, 열등한 사람들이 우리를 반대할 때도 화를 내는데 이 또한 경멸이기 때문이다. 사람들은 본인의 욕구를 알아채지 못하는 친구들, 자신의 불행에 기뻐하는 사람들에게 분노한다. 사람들은 라이벌, 자신이 우러러보는 사람들, 자신을 우러러봐 주기를 원하는 사람들, 자신을 존경하는 사람들 앞에서, 경멸하는 행위를 하는 사람들에 대하여 특히 분노한다. 자신이 지켜주지 않는다면 불명예스러운 사람들, 구체적으로 나의 부모, 아내, 아이들, 하인들을 경멸하는 사람도 분노의 대상이다. 호의를 되갚지 않은 사람들에게 분노하는데, 왜냐하면 그러한 경멸은 정당화되지 않기 때문이다. 우리가 진지하게 말하는데 웃거나 경솔하게 대답하는 사람에게 분노한다. 사람들은 어떤 사람들보다도 우리를 푸대접하는 사람들에 대하여 분노한다. 잊어버림(Forgetfulness)도 분노를 유발하는데, 특히 자신의 이름을 잊어버렸을 때에 이것이 사소하더라도 분노를 유발한다. 따라서 화자는 청중을 분노하는 마음의 틀을 만들어 놓고, 상대방은 분노의 대상이 되는 사람이고, 이에 책임이 있다는 것을 보여야 한다.

　고대 연설 중에서 뤼시아스(Lysias)의 10번째 연설 『명예훼손죄를 저지른 테옴네스토스(Theomnestus)에 대하여』는 청중의 분노를 일으키는 방법을 잘 보여준다. 이 소송을 제기한 연설가의 정체는 알려져 있지 않지만 그 내용으로 보아 30인 참주들에게 살해를 당한 살라미스 섬 출신의 레온(Leon) 장군의 아들로 추정이 된다. 피고인 테옴네스토스는 다른 소송에서 연설가가 아버지를 살해했다고 허위로 말했다. 어린 나이에 아버지를 잃었던 연설가는 테옴네스토스를 상대로 사적 소송인 디케 카케고리아스(dike kakēgorias)라는 명예훼손 소송을 제기했다.

앞서 분노가 일어나는 이유, 상황, 대상을 설명했는데, 이를 위 연설에 적용하면 다음과 같이 정리할 수 있다.

테옴네스토스는 연설가가 13살 때에 아버지를 존속 살해했다고 말했는데, 이는 뻔한 거짓말로서, 사실은 테옴네스토스는 연설가의 아버지가 30인 참주에 의하여 살해당한 불행을 조롱한 것이다. 연설가는 아버지와 같이 살고 싶은 욕구가 좌절된 상태로 살아왔는데, 이런 상태에서 테옴네스토스의 조롱은 연설가에게 고통을 가져오고 분노의 감정을 불러일으킨다. 이를 들은 청중들은 테옴네스토스에게 분노의 감정을 가지고, 연설가에게는 연민의 감정을 가진다.

> "[4] 저는 서른 두 살이고, 지금은 당신들이 해외로 추방되었다가 돌아온 때(30인 참주정이 붕괴된 기원전 403년경)로부터 20년째이므로, 제 아버지가 30인 정부에 의하여 살해된 때에 제가 열 세 살이었다는 것은 명백합니다. 저는 그때 과두정이 무엇인지도 몰랐고, 아버지가 해를 입었을 때에 도울 수도 없었습니다. [5] 제가 아버지의 돈을 노리고 계략을 꾸밀 수도 없었는데, 저의 형 판탈레온이 모든 것을 관리하면서 저의 후견인이 되었고 우리들의 상속재산을 가로 챘기 때문입니다. 배심원 여러분, 저는 그가 살아 있었기를 바라는 많은 이유들을 가지고 있고 이 점을 기억해 주셨으면 합니다. ……"

연설가의 아버지 레온은 무공으로 인해서 신전에서 추모를 받는 장군이므로 연설가는 아버지가 사람들로부터 존경받기를 원하는 욕구를 가지고 있었는데, 테옴네스토스는 연설가의 그러한 욕구도 방해했으므로, 이는 분노를 할 사안이다.

　"[27] 제 아버지는 숱한 상황에서 장군으로 복무하면서 당신들과 함께 숱한 위험을 맞이했습니다. 그는 단 한 번도 적의 손에 쓰러진 적이 없고, 임기 후 감사에서 한 번도 벌금형을 받은 적도 없었습니다. 그는 민주정에 호의적이었다는 이유로 과두정에 살해당할 당시에 60세였습니다.[7]

　[28] 마땅히 당신들은 그런 말을 한 사람에게 분노해야 하고, 저의 아버지를 도와야 합니다. 왜냐하면 저의 아버지도 모욕을 당했기 때문입니다. 적들에 의해 살해를 당하고, 적들의 아들들에게 기소를 당하는 것보다 더 비참한 운명이 그에게 닥칠 수 있겠습니까? 배심원 여러분, 지금 이 순간에도 그의 용맹을 기리는 기념물이 당신들의 신전에 헌정되어 걸려 있습니다. 반면에, 피고인과 그의 아버지의 비겁함을 상징하는 기념물들은 당신들의 적들의 신전에 있습니다. 그 정도로 그들의 비겁함은 타고난 것입니다.

2) 평온

　평온함은 분노의 반대인데, 분노가 가라 앉거나 약해지는 것이다. 평온함이 생겨나고 강해지는 것은 분노의 반대로 생각을 하면 된다. 예를 들면, 분노는 경멸하는 행위에 의하여 생겨나는 것인데, 그 경멸한 행위를 한 사람이 이를 후회할 때에 평온해진다. 사람들은 겸손하고 말대꾸를 하지 않는 사람에게 관대한데, 그 이유는 그런 태도는 자기 지위의 열등함을 인정하는 것처럼 보이기 때문이다. 평온해지는 이유, 대상, 상황은 분노와 정반대이다.

---

7) 원래 고대 그리스에는 남자들이 40세 정도가 되어야 결혼했기 때문에 자식들과 나이 차이가 많이 났을 것이다.

평온해지는 이유는 분노하는 이유와는 정반대이므로 경멸이 약해지거나 없어지기 때문이다.

평온함을 가져오는 사람들은 경멸한 행위를 후회하거나 반대로 행동하는 사람들이다. 사람들은 자기 잘못을 인정하고 정당한 벌을 받는 사람들에게 평온해진다. 왜냐하면 뻔한 잘못을 해 놓고도 이를 부인하는 것은 상대를 경멸하는 것이기 때문이다. 이런 이유에서 법정에서는 피고인이 자백하면 그나마 관대한 형을 선고하고, 뻔한 사실들을 부인하는 피고인들에게는 중한 형을 선고한다.

사람들은 진지하게 행동할 때에 진지하게 받아 주는 사람들에게 온화한데, 본인은 진지한데 상대방이 진지하게 대응하지 않는 것은 경멸이기 때문이다. 예를 들어 돈이 좀 부족해서 물건을 좀 싸게 사기 위하여 진지하게 흥정하는데, 상인이 웃으면서 흥정하면 은근히 화가 난다. 하지만 상인이 심각한 표정을 지으며 가격을 깎아 줄 수 없다고 대응하면 그 상인에게 화를 낼 수 없다. 마찬가지 이유에서 화가 난 사람들은 언성을 높이는데, 이런 사람들을 상대할 때는 같이 언성을 좀 높여서 이야기하면 진정시킬 수 있다.

욕이나 조롱하는 등 경멸하는 행위를 자제하는 사람들, 미덕이 있는 사람들, 자신과 닮은 사람들에게도 평온해진다. 일반적으로 말해서 평온해지는 이유는 그 반대를 봄으로써 알아낼 수 있다. 사람들은 두려운 사람들에게 분노할 수 없고, 같이 있으면 수치심을 느낄 수 있는 사람들과 함께 있을 때도 분노하지 않는데, 왜냐하면 분노와 두려움, 또는 수치심을 동시에 느낄 수가 없기 때문이다. 또한 가해자가 화가 나서 한 행동에 대해서는 화가 나지 않거나 덜 화가 나는데 그 이유는 그런 행동은 경멸하려는 욕구에서 비롯된 것이 아니기 때문이다.

사람이 평온해지는 상황도 분노의 반대이기 때문에 어떤 바라는 욕구가 충족된 상태가 마음이 평온해지는 상황이므로, 고통이 없거나 즐겁거나 올바른 희망이 있다면 마음이 평온해진다. 분노도 오래 지속되면 평온해지는데 시간은 분노를 가라앉히기 때문이다. 만일 한 사람에게 복수하면 또 다른 사람에 대한 분노도 약해진다. 따라서 처벌도 공범들이 먼저 처벌받은 후에 처벌받는 것이 가볍게 처벌받을 가능성이 크다. 지난 대선 때에 이재명 후보와 윤석열 후보 간에는 다른 대선과는 달리 유난히 가족들 비리 문제가 많이 보도되었는데, 서로 간의 폭로전으로 서로의 비리들이 전반적으로 심각하게 느껴지지 않게 묻혀 버린 느낌이 있었다. 예를 들어 이재명 후보의 형 욕설 문제는 얼마 후 윤석열 후보의 장모 문제로 덮이고, 그러다가 이재명 후보의 아들의 도박 문제가 터지고, 얼마 후 윤석열 후보의 아내인 김건희 씨의 녹취록 사건이 터지고, 그다음에는 이재명 후보의 처 김혜경 씨의 법인카드 사용 논란이 터지면서, 대중의 분노가 이리 갔다 저리 갔다 하면서 이전의 분노는 다른 분노로 인하여 약해지고, 결국에는 가족들의 비리들은 큰 이슈가 아닌 것처럼 대통령 선거가 실시되었다는 의미이다. 뤼시아스의 6번째 연설에서는 배심원들이 다른 사람에게 화가 나서 피고인을 제대로 처벌하지 않을까 싶어서 배심원들에게 "당신들이 다른 사람에게 화가 났다는 이유로, 이 범죄자를 무죄로 방면하지 말아야 합니다."(Lys. 6. 42.)고 경고한다.

사람들이 연민을 느낄 때도 평온해지는데, 내가 복수를 하겠다고 생각했던 사람이 더 큰 해를 입게 되면, 그 사람에게는 연민을 느끼게 되는데 이는 내가 복수한 것과 같기 때문이다. 예를 들어 故 노무현 대통령의 가족들이 박연차 씨로부터 돈을 받은 사실이 알려지자 국민들이 크게 분노했는데, 막상 노무현 대통령이 자살하자마자 노무현 대통령을 추도하면서 그의 가족들의 금전문제가 묻힌 것과 같다. 내가 맡았던 대여금 사건 중에는, 한 중년 남성이 피고가 돈을 많이 번 후에 오래 된 친구인 자신을 모욕했다고 하면서 피고에게 10년 전에 빌려주었던 소액의 돈을 돌려 달라는 소송을 제기했으나, 소송 중에 피고가 급사하자 마자 당황하면서 소를 취하한 사람도 있었다(많은 사람들이 돈을 달라고 소송을 하지만 실제 소송을 통해서 추구하는 내면의 욕구는 다른 경우가 많은 데, 위 사건의 경우에는 원고는 피고가 얼마나 뻔뻔한 사람인지를 다른 사람들 이 알게 하는 복수의 욕구를 충족하는 것이 소송의 목적이었다).

잘못을 한 사람들은 정당한 처벌을 받을 때에는 화를 내지 않는데, 왜냐하면 정의로운 것에는 분노가 일어나지 않기 때문이다. 그러므로 잘못한 사람들에게는 처음부터 혼나는 이유를 설명해야 한다.

청중을 평온하게 하려면 위와 같은 마음 상태를 가지도록 한 후에, 청중이 분노의 대상이 되는 사람들을 두려운 사람, 그 사람 앞에서는 청중이 창피함을 느낄 사람, 청중에게 호의를 베푼 사람, 비자발적으로 행동을 한 사람, 그들의 한 행위에 비하여 과다한 고통을 받은 사람들 이라고 묘사해야 한다.

『펠로폰네소스 전쟁사』에 페리클레스가 자신에 대한 아테네 시민들 의 분노를 평온함으로 바꾼 연설이 소개되어 있다. 페리클레스는 펠로 폰네소스 전쟁을 일으킨 후 시민들을 모두 아테네의 장성 안으로 불러 들였다. 성 밖의 적군들과는 전투를 벌이지 않고 절대적인 우위에 있는 해상전만 벌인다는 그의 전략이 별로 성과도 없고, 때마침 역병이 돌아 장성 안에 시민들이 죽어 나가는 데다 설상가상으로 적군들이 장성 밖 에서 자신의 집들과 땅을 불태우는 것을 지켜보던 아테네 시민들은 페 리클레스에 대한 분노가 일었다. 페리클레스는 민회에 출석해서 민중들 을 직접 상대하여 그들의 분노를 진정시키는데, 아리스토텔레스가 제시 한대로 평온함을 가져오는 연설을 한다(펠로폰네소스 전쟁사. 2. 59-64).

페리클레스는 연설의 도입부터 시민들의 분노를 달래기 위하여 민회 를 소환했다고 직설적으로 말을 한다.

"저는 저에 대한 당신들의 분노를 예상하고 있었고, 그 이유를 잘 알고 있습니다. 저는 당신들의 기억을 환기시키고, 나를 비난하거나 현재의 고난에 자포자기하는 것은 잘못이라는 것을 권고하려 합니다."

그리고는 자신의 인격과 행동이 고결함을 강조한 후에, 자신의 태도는 변하지 않았는데, 민중들의 태도가 바뀌었다고 비난한다. 다시 말해 민중들의 분노의 감정을 수치심으로 바꾸어 버린다. 그리고 지금의 고통은 자신의 잘못 때문이 아니라 역병이라는 불운에 기한 것이라고 강변한다.

"당신들의 분노는 한 사람에게 향하고 있습니다. 비록 그 사람이 바로 저이기는 하지만, 무엇이 필요한지를 알아내는 지성과 그것을 설명할 기술을 가진 사람들 중 한 사람이고, 조국을 사랑하고, 타락한 적이 없었습니다. 명확하게 소통할 수 없는 지성은 텅빈 마음과 다르지 않습니다. 그러나 이 두 가지의 능력을 가지고 있으면서도 조국에 충성하지 않는 사람은 공동체의 이익을 위하여 연설하지는 않을 것입니다. 그가 충성심을 가지고 있더라도 매수될 수 있는 사람이라면 이 단 하나의 결점이 그의 다른 모든 자질 또한 매수될 수 있게 합니다."

"저는 그대로이고, 저의 입장도 변하지 않았습니다. 당신들이 변했습니다. 당신들이 해를 입지 않았을 때에 가졌던 신념은, 고통이 당신들에게 닥치자 후회로 변했습니다. 그리고 당신들의 약해진 사기로 인해서 저의 주장들은 잘못된 것으로 보였습니다. 고통은 모든 사람들에게 느껴지지만, 우리 전체의 이익은 아직도 보이지 않습니다. 이 큰 행운의 반전은 갑자기 나타나 당신들이 승인한 정책을 유지하려는 의지를 약하게 하였습니다. …… 그러나 당신들은 위대한 도시에 거주민들이고 이 도시에 어울리는 생활방식에 따라 길러졌습니다. 당신들은 최악의 불운 앞에서도 굳세게 서 있도록 준비해야 하고 당신들의 명성이 훼손되도록 하면 안 됩니다."

페리클레스는 다시 자신의 전략을 설명한 후에 민중들에게 전쟁의 결과에 의하여 아테네가 제국의 지위를 상실한다면 그동안 아테네로부터 핍박 받던 동맹국들로부터 복수를 당할 수 있다고 연설하는데, 이는 민중들에게 두려움을 일으켜서 자신의 대한 분노를 약화시키지 위한 것이다.

"당신들은 제국의 지위에서 오는 도시의 특권에 자부심을 기지고 그것을 지키기 위하여 준비해야 합니다. 당신들은 이 영광을 포기함이 없이는 그 부담을 회피할 수 없습니다. 지금 유일한 쟁점이 종속 또는 자유라고 생각 하지 마십시오. 제국의 상실, 당신들의 지배에서 비롯된 동맹들의 증오의 문제도 남아 있습니다. 만약 지금 두려움 때문에 전쟁을 마친다는 생각이 숭고하게 들릴지 몰라도, 당신들은 더 이상 당신들의 제국을 폐지할 여유 가 없습니다. 당신들이 소유한 제국은 지금은 독재정과 같습니다. ……"

그리고는 현재의 상황이 자신의 잘못에 기인한 것이 아니고 신으로 부터 기인한 것이므로, 자신에게 분노할 것이 아니라고 말을 한다.

"…… 현재 저를 향해 점점 커지는 비호감은 대부분 역병에 기한 것입니 다. 하지만 당신들이 저에게 예상하지 못한 성공을 저의 공적으로 인정해 주지 않는 한 이것은 부당합니다. 우리들은 신으로부터의 시련을 체념으로 받아들여야 하고, 적으로부터의 시련을 용기로 받아들여야 합니다. ……"

민회는 페리클레스의 연설에 설득되어 다시 전쟁에 집중하기로 결정 하였으나, 페리클레스에게는 거액의 벌금을 부과하였다. 그러다가 다시 그를 장군으로 선출하여 국정을 맡겼다.

7. 친애(우애) vs. 증오, 적개심

1) 친애

그다음 감정은 친애(우애, 우정)와 증오(적개심)이다. 파토스에 의한
설득의 기본은 청중들로 하여금 나를 긍정적으로 보이게 만들고, 상대
방을 부정적으로 보이게 만드는 것이기 때문에, 연설가는 청중들이 자
신에게 우애를 느끼게 만들고, 상대방에게 적개심이나 증오심을 가지도
록 만들어야 한다.

미국 TV나 영화에서 권력자, 부자들, 심지어 왕과 대통령들도 "My
friends"라고 말하는 경우를 많이 보았을 것인데, 물론 이는 상대방과
정체성을 일치시키는 에토스의 측면도 있지만, 일단 평등한 시민들끼리
우정을 느껴서 호감을 불러일으킨 후에 말을 해야 설득력을 가져올 수
있다는 그들의 평등한 스피치 문화가 잘 반영된 것이다. 우리처럼 "존
경하는 국민 여러분"이라고 말을 하면서 자신과 국민의 정체성을 가르
지 않는다.

아리스토텔레스가 사용하는 친애(Philia)의 개념은 가족, 마을 등과
같은 일반적인 사회 공동체가 유지되는 원리인데, 이는 가족 간의 존경
과 사랑, 친구 사이의 우정, 사회 구성원들 간의 연대감 같은 것이 모두
포함된 개념이다. 다만 공동체 중에서도 사람들이 정치조직인 국가를
이루는 것은 정의(Justice)의 문제라고 본다.

수사학에서 사용되는 친애는 이런 정치철학적인 원리를 다루는 것이
아니고, 보통 사람들이 일상생활에서 느낄 수 있는 우정, 연대감, 좋아
하는 감정, 호감 등을 의미한다. 설득에 필요한 친애의 감정은 자신이
아닌 상대방만을 위하는 마음에서 비롯되어, 자신이 희망하는 좋은 것

을 상대방도 가지도록 기원하고, 내가 할 수 있는 범위 내에서 이를 가지도록 돕는 것이다. 따라서 친애의 핵심은 같은 소망을 공유하는 것이고, 기쁨과 고통을 함께 하는 것이다. 이런 이유에서 같은 것을 희망하는 점에서는, 좋거나 나쁘던지 간에 같은 생각을 가진 사람들은 친구이고, 같은 사람을 미워하거나 좋아해도 친구이다. 따라서 친구의 친구를 좋아하고, 자신이 좋아하는 사람들을 같이 좋아하는 사람들, 적들의 적들을 좋아한다.

우리에게 또는 우리가 소중하게 여기는 사람들에게 좋은 일을 해 주었거나 해 주려고 하는 사람들을 좋아하고, 만일 그 일이 중요한 것이거나, 친절했거나, 어떤 상황하에서 우리만을 위하여 한 것이라면 더욱 그러하다.

사람들은 큰 도움을 주거나 어려운 시기에 돕거나 성심성의껏 돕는 사람들을 좋아한다. 이런 이유로 내 경험에 의하면, 결혼식 축하보다는 장례식 문상을 가는 것, 장례식 중에서도 처가나 시댁의 장례식에 문상 오는 사람들이 더 고맙게 느껴진다.

같이 살거나 시간을 보내기에 즐거운 사람들을 좋아하는데, 그런 사람들은 성격이 원만하고, 남을 흉보지 않고, 말싸움을 좋아하거나 따지지 않는 사람들이다.

농담을 잘 하거나 잘 받아주는 사람들은 서로 좋아하는데, 각자가 이웃이 필요한 이유에 관하여 같은 견해를 가지고 있기 때문에 좋은 취향의 농담들을 서로 주고받을 수 있다. 우리가 가진 장점을 칭찬하는 사람들, 특히 우리조차도 그 장점을 가지고 있는지 잘 모를 때에 그런 칭찬을 하는 사람들을 좋아한다.

과거의 잘못에 집착하지 않고, 불행에 집착하지 않는 사람, 쉽게 화해하거나 조정하는 사람들을 좋아하는데, 그 이유는 그런 사람들은 자신들에게도 그런 태도를 보일 것으로 믿기 때문이다.

같은 이해관계를 가진 동업자들이나 같은 것을 놓고 경쟁하는 사람들도 서로 좋아하지만, 시기를 할 정도가 되거나 서로의 수입이 감소하게 되는 경우에는 그렇지 않다.

이러한 우정의 분석을 통해서, 상대방이 친구라고 주장할 때에 친구인지 적인지를 구분할 수 있고, 우리를 분노나 적개심을 가지고 대적할 때나 친구인 척할 때도 이를 반박할 수 있으며, 청중들을 바람직한 방향으로 바꿀 수 있다.

기원전 404년 아테네가 펠로폰네소스 전쟁에 패하고, 아테네에서는 스파르타의 지원을 받은 30인 참주들이 혁명을 일으키고, 과두정을 지지하는 시민들과 민주정체를 지지하는 시민들 사이에 내분이 일어나 아테네 장성(長城) 위에서 서로 마주 보고 격렬한 시가전을 벌이게 되고, 30인 참주의 우두머리 크리티아스(Critias)가 사망하게 된다. 양 측의 대치가 계속되자, 민주정체 지지자 중에서 좋은 목소리를 가진 클레오크리토스(Cleocritus)가 아테네 시민간의 우애에 기초하여 다음과 같이 연설했다.

"동료 시민들 여러분, 왜 당신들은 우리들을 도시에서 축출하려는 것입니까? 왜 당신들은 우리를 죽이려는 것입니까? 우리들은 당신들에게 아무런 해를 끼치지 않았습니다. 우리는 당신들과 가장 성스러운 종교의식들, 제물과 화려한 축제들을 공유해 왔고, 당신들과 같이 춤을 추었고, 같은 학교를 다녔고, 공동의 안전과 자유를 방어하기 위해 영토와 영해에서 함께 용감하게 위험을 맞이했습니다. 우리 아버지들과 어머니들이 모시던 신의 이름으로, 양 편의 대다수가 공유하는 혈족, 혼인, 우정으로 맺어진 연대의 이름으로, 저는 당신들에게 신과 인간 앞에서 수치스러움을 느끼고, 당신들이 조국에 대하여 죄를 저지르는 것을 멈추기를 간청합니다. 당신들의 충성심을 30인 참주들에게 바치지 마십시오. 그들은 8개월 동안 사적인 이익을 위하여 펠로폰네소스인들이 10년의 전쟁 동안 살해한 아테네인들과 거의 필적한 정도로 많은 아테네인들을 살해했습니다. 어떠한 것도 우리가 도시에서 평화롭게 사는 것을 막을 수 없음에도 불구하고, 그들은 우리들에게 내전을 초래했고, 이것보다 더 수치스러운 것도, 더 참을 수 없는 것도, 더 불경스럽고 신과 인간 모두로부터 미움을 받는 것도 없을 것입니다. 당신들 역시, 우리뿐만 아니라 당신들 모두 방금 쓰러뜨린 사람들을 위해 많은 눈물을 흘렸다는 것을 잘 알고 있을 것입니다." (헬레니카. II. 4. 20-22)

또 다른 예로는 펠로폰네소스 전쟁이 발발하기 전에 코린토스와 코르키라 사이에 전쟁이 벌어졌는데, 코르키라인들이 아테네에 와서 동맹을 요구하면서 아테네의 적(코린토스)의 적(코르키라)은 아테네의 친구라는 논리를 설득을 시도한다.

"우리들의 충성심에 관하여 가장 중요하게 고려할 사항은 당신들과 우리는 같은 적을 공유하고 있고, 그 적은 강력하고 이탈자들을 분쇄할 수 있다는 것입니다." (펠로폰네소스 전쟁사. 1. 35)

2) 적개심과 증오

우정에 반대되는 감정들은 적개심과 증오가 있다. 적개심은 자신을 분노하게 하거나 모욕이나 명예를 훼손했을 때 그 행위자를 미워하는 감정인데, 아테네 시민들이 소크라테스를 미워한 것과 같은 것이다. 이에 반해 증오심은 자신이 어떤 해를 입지 않았지만 행위자가 어떠한 유형의 사람들(예를 들어 도둑 혹은 고자질쟁이)이라는 것을 알게 된 후에 미워하게 되는 감정이다. 특정 개인에 대한 분노는 시간이 지남에 따라서 치유가 되므로 적개심은 약해지지만, 증오는 그렇지 않다. 예를 들어, 자신의 아버지가 너무 무능하고 가정 폭력을 행사해서 미워하다가도, 늙고 병든 아버지가 자식들에게 부담을 주기 싫다면서 자살하거나 치료를 거부해서 돌아가실 때에는 철이 든 자식은 이상하게 죽은 아버지를 연민한다.

분노로 인한 적개심은 상대방이 해악을 입는 것을 직접 보는 것을 원하는 욕구인 데 비하여, 증오는 그런 것은 문제되지 않는다. 분노로 인한 적개심은 상대방이 고통을 느끼는 것을 직접 보기를 원하지만, 증오심은 해악을 가할 것을 목적으로 하지만 직접 볼 것을 원하지는 않는다. 고통을 가하는 것은 감각으로 느낄 수 있지만, 불의나 어리석음과 같은 특히 나쁜 해악은 현존하더라도 지각할 수 없다. 예를 들어 도둑이 억울하게 다른 사람에게 사기를 당하는 것은 불의이지만, 사람들은 그 소식을 듣고 즐거워하는 것과 같은 것이 증오에 의한 해악의 특징이다.

분노 때문에 적개심을 가진 사람은 고통스럽지만, 증오하는 사람은 고통스럽지 않다. 적개심을 가진 사람들은 많은 경우에 상대방을 연민할 수도 있지만, 증오심을 가진 사람들은 단순히 그들이 사라지기를 바란다.

기원전 404년 30인 참주의 우두머리인 크리티아스는 30인 참주의 일원인 테라메네스(Theramenes)가 민주정체 지지자로 변절했음을 이유로 민회 위원회에서 즉결 처형을 할 것을 주장하면서, 다음과 같은 연설을 하여 청중들의 적개심과 증오를 불러일으켰다.

"지금 당신들과 우리가 민주정체 지지자들의 적개심을 불러일으킨 것이 명백한 상황에서, 테라메네스는 현재 일어난 사건들을 탐탁지 않게 생각하기 시작했습니다. 물론 그의 생각은 자신은 안전한 편에 붙고, 우리들은 저지른 일들에 대하여 처벌을 받게 하는 것입니다. 그러므로, 나는 그는 적으로서 또한 당신들과 우리들에 대한 변절자로서 처벌받을 것을 주장합니다." (헬레니카. II. 3. 28-29)

8. 두려움 vs. 자신감

1) 두려움

두려움은 파멸이나 고통을 수반하는 임박한 해악을 예상할 때 생기는 고통과 불안이라고 정의된다. 실제 범죄인들은 범죄를 저지를 당시에는 아무 겁 없이 범죄를 저지르지만, 경찰의 수사망이 좁혀지거나 판사로부터 형을 선고받기 직전에는 겁을 먹는다.

사람들은 큰 고통이나 파멸을 동반하는 해악이 임박할 때에 두려움을 느낀다. 예를 들어 죽음도 해악이지만 임박하지 않기 때문에 두려워하지 않는다. 파멸이나 큰 고통을 가지고 올 것 같은 징조도 급박하여 보이기 때문에 두려움의 대상이다. 이런 이유로 그런 불행의 상징들도 두려운데, 두려운 것이 임박한 것으로 보이기 때문이다. 권력자의 분노나 적개심은 이런 징조인데 왜냐하면 그들은 기꺼이 불의를 행할 능력이 있기 때문에 해악이 임박한 것과 같기 때문이다.

대부분의 사람들은 나쁘고, 이익의 노예들이며, 위험할 때에는 겁쟁이로 변하기 때문에, 사람들은 대체로 자신이 다른 사람의 재량에 맡겨졌을 때에 두려워한다(수사학. 1382b). 따라서 공범들을 두려워하는데, 그들이 당국에 신고를 해서 속칭 자신에게 독박을 쓰도록 할 수 있기 때문에 두려운 것이다. 비슷한 예로 형사사건의 피고인들은 판사들의 판결이 무서운지 조용히 재판을 받는다. 내 경험으로는 억울하게 기소되어 무죄 주장을 하는 사람들조차도 보통은 차분하게 재판을 받는다. 사람들은 불의한 사람들이 권력을 가졌을 때도 두려워하는데, 왜냐하면 대체로 그런 인간들은 권력을 가지는 동안에 계속 불의를 저지르기 때문이다.

자신보다 더 강한 상대를 쓰러뜨린 자도 두려움의 대상이지만, 더 약한 자를 공격한 자들이 힘이 더 강해질 때에는 두려움의 대상이 된다. 쉽게 화를 내거나 수다쟁이들보다, 차분하고, 고요하고, 양심 없는 사람들이 더 두려운데, 그들의 행동이 임박한 것인지를 알 수가 없어 멀리 있어도 안심할 수 없기 때문이다.

대개 두려운 것들이 다른 사람들에게 생겼을 때에는 연민을 불러일으키지만, 막상 본인에게 생겼을 때에는 두려움이 생긴다. 예를 들어 동료 판사가 불치의 병에 걸리는 것을 보면 연민을 느끼지만, 자신이 불치의 병에 걸리는 것은 두렵다.

사람들이 두려움을 가지는 상황은 어떤 사람들에 의해서, 언제, 무엇에 의하여 어떤 해를 입힐 것이라고 예견할 때이다. 그런 해악이 발생하지 않거나 일어나더라도 자신에게는 발생하지 않을 것이라고 생각하는 사람들은 두려움이 없다. 아주 번성하는 사람들은 어떤 해를 입을 것이라고 생각하지 않기 때문에 두려움을 느끼지 않고, 그 이유 때문에 재산, 힘, 친구들, 권력이 있는 사람들은 오만하고, 모욕적이고, 성급하다.

온갖 무서운 고초를 다 겪어서 더 이상 겪을 일이 없다고 생각하거나, 미래에 냉담한 사람들도 두려움을 느끼지 않는데, 마치 죽도록 맞은 사람들처럼 말이다. 왜냐하면 두려움을 느끼기 위해서는 걱정의 원인으로부터 구원될 수 있다는 희망이 있어야 하기 때문이다. 그 징표로서 두려움은 사람들을 숙고하게 만드는데, 희망이 없는 곳에서는 아무도 숙고하지 않는다.

따라서 청중이 두려움을 느끼게 하는 편이 더 낫다고 판단하면, 청중이 겪은 피해보다 더 큰 피해를 상기시켜서, 그들과 동등한 자들도 그 피해를 겪었고, 예상치 못한 사람들과 방법에 의해서 생각도 못한 시기에 피해를 입을 것이라고 생각하게 만들어야 한다. 청중에게 두려움을 가지게 하는 연설의 예로, 앞서 분노 편에서 예를 든 페리클레스의 연설 중에 민중들에게 전쟁을 계속하지 않으면 제국의 지위를 상실할 수 있다고 한 부분이 이에 해당한다.

2) 자신감

자신감은 두려움의 반대의 이유와 상황에서 생기는데, 대체로 안전을 보장하는 것들이 근접하였고, 두려움을 야기하는 것들이 사라졌거나 멀리 있다고 생각할 때에 가지게 된다.

통상 자신감을 가지는 마음의 상태는 많은 경우에 성공을 하고 실패를 겪지 않았을 때나, 무서운 상황에 빠졌으나 넘겼을 때인데, 특히 인간이 위험을 차분하게 맞이하는 경우는, 시련을 겪은 적이 없거나 이를 극복할 수단을 가졌을 때이다. 또한 우리가 상대방보다 더 강하다고 느낄 때, 장점들을 더 많이 가지고 있을 때에 자신감을 가진다. 또한 불의를 행하지 않았거나 조금만 행하였거나, 두려운 자들에게 불의를 행하지 않았을 때도 자신감이 생긴다. 무엇보다도 분노가 자신감을 심어준다고 하는데, 분노는 불의를 행한 적이 없는 사람이 불의를 당했을 때 느끼는 것이고, 신들은 불의를 당한 자들을 도와준다고 믿기 때문이라고 한다.

두려움을 없애는 연설은 전투를 앞두고 장군들이 부하들을 상대로 하는 독려 연설들이 이런 부류의 연설에 속한다. 펠로폰네소스 전쟁 당시 아테네가 바다를 지배했는데, 스파르타와 동맹국들도 해상에서의 전략적 불리함을 극복하기 위하여 바다에서 아테네 해군을 공격하는 전략

을 세웠다. 첫 번째 해전은 기원전 429년경 리옴(Rhium)이라는 곳에서
코린토스와 동맹국의 함선 72척이 아테네의 함선 20척과 맞붙었으나,
포르미오(Phormio)가 지휘하던 아테네 해군에게 참패했다. 투퀴디데스
의 말에 따르면 펠로폰네소스 해군들은 수적인 우세에도 불구하고 패배
를 당하자, 아테네 해군의 오래된 경험에서 오는 우월함을 이해하지를
못 했고, 오히려 자기편의 병사들이 겁을 먹은 것은 아닌지 의심했다고
한다.

스파르타가 브라시다스(Brasidas) 장군 등을 파견하여 다시 아테네 해
군과 전투를 독려하는데, 스파르타의 장군들이 이전 해전에서 패배하여
겁을 먹은 부대원들에게 다음과 같이 사기를 진작시키는 연설을 한다.

"펠로폰네소스인들이여, 당신들 중 누군가 지난번 전투가 다음 전투를
두려워하는 이유라고 생각한다면, 이 두려움은 결론을 잘못 이끌어 낸 것
입니다. 우리는 그때 제대로 장비를 갖추지 못했고, 당신들이 잘 알다시
피, 우리들의 항해의 목적은 군사적인 수송이었고 해상 기동이 아니었습니
다. 또한 대체로 운이 좋지 않았으며, 우리들의 첫 번째 해전에서는 경험
미숙으로 인한 실수들이 있었습니다. 패배는 우리 편의 비겁함 때문이 아
니었고, 우리들의 기개는 아직도 무너지지 않았고 오히려 탄력성을 가지고
있는데, 우리들이 그 사건의 결과에 의하여 무디어진다면 그것은 잘못된
것입니다. ……"

"당신들은 우월한 수의 함선들과 우호적인 영토에서 중장보병 부대의
지원을 받을 수 있습니다. 대부분의 교전에서 성공은 많은 물자를 가지고
잘 준비한 편에게 돌아갑니다. 우리는 실패를 할 가능성에 대하여 아무런
이유를 찾을 수 없습니다. 우리가 이전의 실수로부터 배운 이상에는, 우리
에게 이익입니다. 자신감을 가지고, 모든 사람들, 지휘관이나 선원이거나
자신의 임무를 다하고 배정받은 전열에 머물러야 합니다. 우리는 이전의
지휘관들보다 공세를 더욱 잘 관리할 것이고, 누구에게도 비겁자라는 구실

을 주지 않을 것입니다. ……" (펠로폰네소스 전쟁사. 2. 87)

스파르타 장군들의 설득력 있는 독려연설 덕분인지, 그 직후 벌어진 해전에서는 펠로폰네소스 동맹국의 해군은 아테네 함선 20척 중에서 9 척을 노획하는 성과를 거둔다.

제2차 세계대전 당시에 연합군의 노르망디 상륙작전 개시일에 연합 군 사령관 아이젠하워 장군이 한 서면 명령도 유명하다. 작전 개시일 전날 저녁에 배포된 이 서면 명령은 작전을 앞둔 연합군 병사들을 독려 하기 위한 것인데, 그중 특히 자신감을 불어넣는 부분만을 소개한다.

"그러나 지금은 1944년입니다! 나치가 1940년과 1941년 사이에 많은 성과를 이루었지만, 그동안 많은 것이 바뀌었습니다. 연합군은 독일인들에 게 정공전에서나 백병전에서 많은 패배를 안겼습니다. 우리 공군의 공세는 그들의 공중전과 지상전에서의 전력을 크게 약화시켰습니다. 우리 조국의 전선은 우리에게 무기와 탄약에 있어서 압도적인 우월함을 주었고, 잘 훈 련된 예비군들을 활용할 수 있도록 해 주었습니다. 상황이 역전되었습니다. 전 세계의 자유인들이 우리와 함께 승리를 위해 진군하고 있습니다!"

"But this is the year 1944! Much has happened since the Nazi triumphs of 1940-41. The United Nations have inflicted upon the Germans great defeats, in open battle, man-to -man. Our air offensive has seriously reduced their strength in the air and their capacity to wage war on the ground. Our Home Fronts have given us an overwhelming superiority in weapons and munitions of war, and placed at our disposal great reserves of trained fighting men. The tide has turned! The freeman of the world are marching together to Victory!"

9. 자비 혹은 은혜(Charis, 앞서 본 호의라고 번역되기도 함) vs. 배은망덕

호의는 자신의 이익을 위함이 없이, 대가를 바라지 않고 오직 도움이 필요한 상대방에게 어떠한 것을 해 주는 것을 의미한다. 사람은 호의를 받으면 빚을 지는 것이고, 이를 갚으려는 경향이 있다. 앞서 설명한 바와 같이 호의를 되갚지 않으면, 호의를 베푼 사람은 이를 멸시로 여기고 분노한다.

특히 호의의 효과가 가장 클 때는 호의를 받는 상대방이 몹시 도움을 필요로 하거나, 은혜로운 행위, 시기, 상황이 아주 중요하거나 결정적일 때, 은혜를 베푸는 사람이 단 한 사람이고 다른 도와주는 사람이 없을 때, 첫 번째로 베풀거나, 가장 많이 도와줄 때이다. 예를 들면 가난하거나 해외에 있을 때에는 작게 도와주는 것도 참 고맙게 느껴지고, 오래 기억된다.

도움이 필요하다는 것은 충족되지 않은 욕구가 있다는 것이고, 그 욕구가 충족되지 않으면 고통을 가져온다. 욕구는 장소, 시간과 상황에 따라 변하기 때문에, 호의는 상대방의 그런 욕구를 충족시키거나 상당한 부분 충족시켜 주는 것을 의미한다.

호의를 베풀었다는 것을 논증하기 위해서는, 어떤 사람이 어떤 욕구가 충족되지 않아서 고통스러운 상태에 있었고, 그렇게 도움이 필요한 때와 상황에서 그 욕구를 충족시키기에 적절한 정도의 도움을 주었다는 것을 말해야 한다. 즉 나의 어떤 행동이 특정한 크기와 질, 때와 장소의 측면에서 적절한 것이라는 것을 입증하여야 한다. 따라서 위 기준들을 충족하지 않는 호의는 비록 도움을 주는 행위로 보여도 상대방이 은혜를 느끼는 호의로 보기는 어렵다.

청중이 상대방으로부터 어떤 도움을 받아 상대방에게 호의적인 태도를 보일 때에는, 상대방이 한 행위나 도움은 청중을 위한 것이 아니거나, 시간, 장소, 정도에 비추어 부적절한 것이라고 반박을 해야 한다. 또한 도움을 주었다고 하더라도 적에게 더 많은 도움을 주었다고 반박할 수도 있다.

뤼시아스(Lysias)의 19번째 연설문 중에서 『아리스토파네스(Aristrophanes)의 재산에 관하여』라는 법정 방어 연설이 있는데, 자신의 아버지가 도시에 호의를 베풀었다고 강조하면서 배심법정에서 선처를 바라는 부분이 있어 이를 소개한다.

"[57] 어떤 사람들은 스스로 인정하듯이 이타심뿐만 아니라 당신들에 의하여 선출되기 위하여 돈을 미리 쓰고 그 돈의 두 배를 챙기려고 합니다. 반면에 제 아버지는 한 번도 관직을 맡기를 원하지 않았지만, 희극 경연을 위한 기부의무(Chorēgiai)를 이행하였고, 7번 삼단노선 선주가 되었으며, 여러 차례에 걸쳐서 거액의 전쟁세(eisphorai)를 납부하였습니다. 법정서기가 구체적인 목록을 낭독해서 여러분들에게 알려 드리겠습니다.

[58] 배심원 여러분, 당신들은 그 기부의 정도를 들었습니다. 50년 동안 저희 아버지는 노역으로 또는 돈을 들여 기부의무를 이행했습니다. 그는 처음부터 부자라는 명성을 가졌지만, 그 모든 시기에도 어떤 지출도 피하지 않았을 것입니다. 저는 여러분들을 위해 증인을 세우겠습니다.

[증언] [59] 기부한 돈의 합계는 9탈렌트 2,000드라크마입니다. 이것 이외에도 그는 개인적으로 가난한 시민들의 딸과 자매들에게 결혼 지참금을 주어 결혼을 도왔고, 전쟁포로가 된 사람들에게 속죄금을 주어 풀려나도록 했고, 장례식 비용을 대어 주기도 했습니다. 그는 명예로운 사람은 아무도 알아주지 않더라도 마땅히 친구를 도와야 한다는 신념에서 이런 행동을 한 것입니다. 지금 여러분들도 역시 나로부터 그 이야기들을 듣는 것이 마땅합니다. 그 사람과 저 사람을 불러주십시오. [증언]······"

호의는 상대방에게 이익이 되는 행위이기 때문에 이익을 주었다는 변론으로 이어질 수 있다.

"[62] 과거에 얼마나 많은 돈이 쓰였는지를 고려하여 주십시오. 지금 이 순간에도 저는 남은 돈으로 삼단노선의 선주로서 돈을 지불하고 있고, 그리고 저의 아버지가 죽었을 때도 역시 삼단노선의 선주였습니다. 미래에도 아버지가 했던 것처럼 저는 공공의 이익을 위해서, 마치 우리들의 재산이 오랫동안 사실상 도시의 소유였던 것처럼, 조금씩 돈을 아껴 놓으려고 합니다. 저의 재산이 없어지더라도 강탈당했다고 생각하지 않을 것이고, 이렇게 해서 당신들은 우리의 재산을 몰수하는 것보다 더 많은 이익을 보게 될 것입니다."

10. 수치심과 파렴치함

1) 수치심

수치심은 불명예를 가져올 수 있는 과거, 현재, 미래의 나쁜 행위들로 인해 생기는 고통이나 걱정을 말하고, 파렴치함은 그런 것들을 가볍게 여기거나 신경을 쓰지 않는 것이다. 우리 문화에서 체면을 잃는다는 것은 수치심과 비슷하고, 체면도 없다고 했을 때에는 파렴치함과 비슷하다.

불명예를 가져오는 것은 악덕에 의한 행위들이다. 전장에서 방패를 버리고 도주하는 비겁함, 다른 사람의 돈을 횡령하는 것과 같은 불의, 간통과 같은 무절제 등이 이에 포함된다. 돈에 인색함, 지나친 칭찬이나 잘못에 침묵하는 아첨, 남들이 견디는 것을 못 견디는 나약함, 배은망덕한 행위, 허풍 등도 수치심을 일으킨다. 나와 비슷한 입장에 있는 사람들이 대부분 참여하는 훌륭한 일에 참여하지 않는 것도 수치스러운데 예를 들면 공교육을 받지 않는 것 등이 이에 해당한다. 수치스러운 행위가 특히 자기 자신으로부터 비롯되었을 때에 더욱 수치스럽다.

그다음에는 누구 앞에서 수치심을 느끼는지 살핀다. 수치심은, 행위 그 자체 때문에 생겨나는 것이 아니라, 자신의 명예를 인정해 주는 사람들이 가진 의견 때문에 발생하는 것이므로, 필연적으로 관계 지향적인 개념이다. 예를 들어, 젊은 남녀가 팔짱을 끼고 가는 것은 그 자체로 수치스러운 일이 아니지만, 남녀가 유부남, 유부녀이고, 그 사실을 아는 사람 앞에서는 수치스럽다. 따라서 우리가 존경하는 사람들, 우리를 존경하는 사람들, 우리를 존경해 주기를 바라는 사람들, 경쟁자들, 우리가 그들의 의견을 존중하는 사람들 앞에서 수치심을 느낀다. 이에 반해서 자기가 무시하는 사람들 앞에서는 그들이 어떤 의견을 가지던지 간에 수치심이 발생하지 않는다.

수치심은 관계 지향적이기 때문에, 아는 사람들 앞에서는 앞서 말한 수치스러운 것들 때문에 수치심이 생기지만, 모르는 사람들 앞에서는 관습을 벗어나는 창피한 일을 했을 때에 수치심이 생긴다. 앞서 예로 든 팔짱 낀 불륜 커플은 불륜을 모르는 사람들 앞에서는 창피할 일이 없지만, 그들의 사이가 불륜임을 모르는 사람들 앞에서도 과도한 애정 행각을 벌이게 되면 그런 행위는 수치스럽다.

사람들이 수치스러워지는 상황은 다음과 같다. 우선, 앞에서 설명한 대로 우리가 같이 있으면 수치를 느끼는 사람들과 함께 있을 때, 혹은 그 사람들이 근방에 있거나, 그들이 곧 알아 낼 상황일때 수치스럽다. 특히 사람들이 지켜보고 있을 때에 더욱 수치스럽다. 사람들은 그들 자신 혹은 조상들, 교사나 참모와 같이 자신들과 관련이 있는 사람들이 한 행위들에 대하여 수치스럽다. 사람들은 그들의 수치스러운 행위를 잘 알고 있는 사람들 앞에서 공개적으로 노출되거나 돌아다녀야 할 때 수치스럽다.

펠로폰네소스 전쟁에서 스파르타는 페르시아로부터 자금을 받아 함대를 유지했고, 파르나바조스(Pharnabazus)라는 페르시아 태수가 육지와 바다에서 많은 지원을 했다. 스파르타는 전쟁에서 승전한 후에 페르시아를 공략하는 배은망덕을 저지르는데, 파르나바조스도 스파르타의 공격에 피해가 많았다. 파르나바조스는 스파르타의 왕 아게실라오스(Agesilaus)와 그의 30명의 부하들을 만나 다음과 같이 말했다.

"나는 아게실라오스 당신과 다른 스파르타인들에게 당신들이 아테네와 전쟁 중일 때 나는 당신들의 친구였고 동맹이었음을 환기시키고 싶소. 나는 군자금을 주어 당신들의 함대를 강력하게 만들었고, 육지에서는 말 등에 올라 당신의 옆에서 전투를 벌였고, 적군들을 바다로 내몰았소. 당신은 당신들을 말과 행동으로 배신했던 팃사페르네스를 비난하듯이 나를 비난할 수는 없을 것이오. 그것이 나의 당신들에 대한 기록이고, 지금 나는 당신들 때문에 나의 영지에서도 식량을 구할 수 없고, 야생동물들처럼 당신들이 떠날 때 남겼을지도 모르는 식량을 우연히 발견이라도 해야 하는 입장이오. 나의 아버지는 아름다운 집들과 나무와 동물로 가득 찬 정원을 남겨 주셨고, 이것들은 나에게 기쁨이었소. 이제는 모든 나무들이 베어졌고, 모든 집들이 불에 타 버렸소. 아마도 나는 명예와 정의의 의미를 잘못 알고 있는지도 모르겠소. 만약에 당신이 당신들의 행위가 친절을 되갚는 바른 행위라는 것을 입증한다면 명예와 정의의 의미를 제대로 알 수도 있을지 모르겠소." (헬레니카. IV. I. 32-33)

파르나바조스의 말을 들은 배은망덕한 아게실라오스 왕과 30인의 장교들은 수치심에 아무런 말을 하지 못했다고 한다.

10대 연설가들의 연설 중에서 디나르코스(Dinarchus)의 데모스테네

스의 기소 연설 중에는, 배심원들에게 동료 시민들과 그리스인이 이 재
판을 주목하고 있으므로 그들 앞에서 창피하지 않게 재판을 똑바로 하
라는 취지로 반복해서 말하는 부분이 있다.

> "신사분들, 제가 앞서 말한 것처럼 많은 시민들과 다른 그리스인들이
> 당신들이 어떻게 이 사건을 판단할지를 지켜보고 있습니다. 당신들은 뇌물
> 수수를 법률에 따른 기소에 복종시키겠습니까? 아니면 당신들의 이익에
> 반하는 뇌물수수를 무제한으로 허용하겠습니까?" (Din. 1. 46)

2) 파렴치함

파렴치함(뻔뻔함)은 수치심과는 정반대로 생각하면 된다.

11. 연민(애련) vs. 분개

1) 연민

연민은 치명적이거나 고통스러운 해악이 그것을 겪지 않아야 할 사
람에게 닥치는 것을 보고 느끼는 고통이다. 여기서 해악은 자신과 가까
운 사람에게 닥칠 수 있다고 예상할 수 있고, 근접한 것을 말한다. 따라
서 완전히 망해 버린 사람들은 자신에게 더 이상의 시련이 없을 것이라
고 생각하기 때문에 연민을 느끼지 않는다. 또한 행복의 정점에 있는
사람들도 오만으로 인하여 더 이상 불행을 겪지 않을 것으로 믿기 때문
에 연민을 느끼지 않는다.

사람들은 타인의 고통을 자신도 느낄 수 있기 때문에, 연민은 소통
에서 아주 중요시되는 감정이기도 하고, 이런 특징 때문인데 장 자크

루소는 자연상태에서 인간들이 평화롭게 공존하는 데 필수적인 인간의 감정으로 연민을 뽑기도 했다. 인간의 뇌에는 거울신경세포(The Mirror Neuron System)이 있어서, 다른 사람의 행동을 관찰할 때에 이 거울신경세포가 활성화되어 공감을 할 수 있게 해 준다고 알려져 있고, 어떤 사람들은 이를 근거로 인간은 누구나 공감능력을 생래적으로 가진 것처럼 말하기도 한다. 하지만 인간의 본성 중에는 다른 사람의 불행을 보고 이를 즐기는 못된 본능이 있고 이를 샤덴프로이데(Schadenfreude)라고 한다.

연민을 느끼는 있는 사람들은 스스로 고난을 겪고 극복한 사람들, 슬기로움과 경험 많은 노인들, 약한 사람들, 특히 겁이 많은 사람들, 추론능력이 뛰어난 잘 교육받은 사람들, 자신의 분신이라고 할 수 있는 부모님, 아이, 혹은 아내를 거느린 사람들 등이다. 이런 맥락에서 최근 빈부 격차가 심해지면서 서민층에 속하는 젊은 세대들이 결혼을 기피하고, 기성 세대들도 이혼하면서 개나 고양이 같은 반려동물을 키우면서 혼자 사는 사람들이 많아졌는데, 혼자 사는 사람들은 아무래도 결혼해서 사는 사람들보다 연민하지 않을 가능성이 크므로, 사회 전체적으로 사람들 사이에 연민이 약해져서 이기주의와 계급 간의 대립이 심화하고, 남녀 간에 혹은 세대 간의 갈등도 심화되지 않을지 걱정된다.

남성적인 감정인 분노나 자신감에 찬 사람들은 연민을 느끼지 않고, 오만한 사람도 연민을 느끼지 않는다. 연민을 느끼는 사람은 위 극단의 중간에 있는 사람들이다. 심한 두려움에 빠진 사람들도 연민을 느낄 여력이 없다. 그리고 연민을 느끼기 위해서는, 적어도 훌륭한 사람들이 존재한다고 믿어야 하고, 만일 이 세상에 훌륭한 사람이 없다고 생각한다면 불행이 다른 사람에게 닥치는 것은 이상한 일이 아니라고 생각하기 때문에 연민을 느끼지 않을 것이다. 일반적으로 말해서 연민을 느끼기 위해서는 자신이나 자신과 가까운 사람에게 변고가 닥쳤었다는 것을 회상하거나, 장래에 닥칠 수 있다는 것을 예상하여야 한다.

연민의 대상인 사람들은 자신과 연령, 성격, 습관, 지위, 가문에서 같은 위치에 있는 사람들이다. 만일 그 사람들이 가족들처럼 가까운 사람들이라면 연민의 감정이 아닌 두려움을 가지게 되는데, 연민과 두려움의 관계는 자신과 가까운 사람들에게 변고가 생기면 두려움을, 거리가 먼 사람들에게 변고가 생기면 연민이 생긴다. 예를 들어 동료 판사가 암에 걸렸다고 연락을 받았을 때에는 '애 키우는 엄마가 안 됐다'라고 연민을 하는데, 집에서 아내나 아이가 암에 걸렸을 때에는 공포에 질리게 된다.

연민의 경우 변고가 곧 발생한다는 예상에서 생기기 때문에 동작, 의상, 목소리, 연극으로 그 효과를 크게 할 수 있는데, 변고가 근접하였다는 것을 강조할 수 있기 때문이다. 같은 이유로 상징물들도 연민을 불러올 수 있는 소재인데, 고난을 겪은 사람의 옷, 고난을 겪고 죽은 사람들의 말이나 행동 같은 것이 그러하다.

아테네의 배심법정에서는 연민을 불러일으키는 것이 전형적인 변론으로 포함되었고, 재판정에서 가족들과 친구, 유력 인사들을 대동하거나, 눈물을 흘리면서 배심원들의 연민을 불러일으키는 것은 재판의 기본이었다. 소크라테스의 재판에서 소크라테스는 그러한 변론을 하지 않겠다고 하고, 그런 변론을 하는 아테네 배심법정은 전 그리스의 웃음거리라고 배심원들에게 말해서 배심원들의 분노를 가져왔고, 결국 소크라테스는 사형에 처해졌다.

소크라테스의 재판에 관해서 좀 언급하려고 한다. 영국의 철학자 존 스튜어트 밀(John Stewart Mill)이 『자유론(On Liberty)』에서 소크라테스의 재판을 다수가 소수의 의견을 무시하고 핍박하는 전형적인 예로 기술하고 있기 때문인지 대부분의 사람들이 소크라테스가 대중으로부터 일방적으로 박해를 당한 것으로 생각한다. 그러나 소크라테스의 제자

크세노폰은 『소크라테스의 변명(Apologia Sokratous)』이라는 책에서, 소크라테스는 사실 재판을 받기 전부터 죽기를 작정했다고 서술했다. 소크라테스는 재판을 앞에 두고 제자들에게 삶보다 죽음이 더 낫다고 말하기도 하고, 스스로 쇠퇴하고 있어 불만스럽게 더 오래 사는 것이 즐겁지 않다고도 하고, 유죄 판결을 받으면 본인이 가장 편안하고 친구들도 덜 괴롭고 덜 아쉬워하는 방법으로 죽는다[즉 독약인 헴록(hemlock)을 마신다는 의미]고 말했다. 제자들이 배심법정이 죄 없는 사람도 사형에 처하고, 죄를 저지른 사람도 애련하거나 멋진 연설에 따라 무죄를 평결하기 때문에 재판을 준비하라고 충고해도, 소크라테스는 정령(Daimonion)이 이미 두 번이나 변론준비를 말렸다고 하면서 자신은 변론준비를 포기했다고 했다. 즉, 소크라테스가 일방적으로 대중들로부터 박해를 받은 것이 아니고, 재판에서 제대로 변론을 하지 않아서 사형에 처해진 것이다.

고대 아테네의 가장 탁월한 연설가도 재판에 가족을 동원하는 것은 당연했다. 기원전 346년에 데모스테네스가 아이스키네스를 상대로 제기한 임기 후 감사소송(euthyna)인 『타락한 사절단을 기소하며』 사건에서 마케도니아와 평화를 주장하던 아이스키네스도 배심원들로부터 적대감을 느꼈는지 자신의 변론 중에서 가족들을 소개한다.

"[146] 데모스테네스의 많은 억측들은 저를 화나게 하지만, 특히 그는 저를 반역자라고 고발했습니다. 이런 공격은 필연적으로 저를 야비하고 냉정하여 이전의 많은 행적들도 유죄인 것처럼 표현합니다. 저는 당신들이 제 삶과 일상 활동에 대하여 판단할 능력이 있다고 생각합니다. 일반 대중들은 보지 못했지만 착한 사람들에게는 중요한 것들, 저에게는 특히 명예로운 것들이 많이 있습니다. 그것들 중에서 저는 제 가족들을 당신들이 볼 수 있도록 여기에 데려와서, 당신들이 제가 마케도니아로 출발했을 때에 했던 맹세를 알 수 있도록 하겠습니다. 데모스테네스, 당신은 이것들을 모두 꾸며냈지만, 나는 내가 교육받은 대로 저의 이야기를 정직하게 말할 것이오.

이분은 저의 아버지 아트로메토스인데, 시민들 중에 나이가 거의 최연장자이십니다. 그는 이미 94년을 살았습니다. 그가 젊었을 때, 전쟁으로 인하여 모든 재산을 잃기 전에, 운동선수였습니다. 30인 정부에 의하여 국외로 추방을 당하였을 때에는 아시아에서 싸웠고 위험할 때에 탁월함을 입증했습니다. 그는 혈통적으로는 아테네 여신의 여사제들이 배출되는 에테오부타다이 가문과 제단을 같이 쓰는 소부족 출신이고, 제가 조금 전 언급하였듯이 민주정을 회복할 때에 참여했습니다. ……"(Aes. 2. 146)

"[152] 아테네인들이여, 저는 필로와 에피크라테스의 자매이자, 필로데모스의 딸인 아내와 사이에 한 명의 딸과 두 명의 아들을 두고 있습니다. 저는 배심원들에게 물을 하나의 질문을 입증하기 위하여 그들을 이 자리에 데리고 왔습니다. 아테네인들이여, 저는 당신들에게 묻겠습니다. 당신들은 제가 배신하여 필립에게 나의 조국, 제가 사귀었던 친구들, 사원과 조상의 무덤을 공유할 권리뿐만 아니라, 제가 이 세상에서 가장 사랑하는 이 사람들까지도 넘겨서 그들의 안전보다도 필립과의 우정을 더 가치 있다고 생각하였다고 믿는 것입니까? 어떤 열정이 저를 사로잡은 것입니까? 제가 언제 돈 때문에 잘못을 저지른 적이 있었습니까? 사람을 선하거나 악하게 하는 것은 마케도니아가 아니라 사람의 본성입니다. 우리는 사절단의 임무를 마치고 귀환했을 때나 여러분들이 사절단으로 파견하였을 때나 같은 사람입니다." (Aes. 2. 152)

위 소송에서 아이스키네스는 500명(또는 1,000명인지는 명확하지 않음)의 배심원들 중에서 겨우 30표를 더 받아서 어렵게 방어에 성공하는데, 위 재판 이후로는 정치적인 영향력이 약화되고, 아테네에서는 마케도니아와 전쟁을 벌이는 주전파들이 득세를 하게 된다. 그나마 가족을 동원해서 겨우 30표 차이로 이겼으니, 가족을 동원하지 않았다면 그 결과를 점치기 어렵다.

현대에도 직업법관들이 하는 법정에서도 연민은 제일 빈번한 변론이다. 특히 아기나 어린 학생들을 둔 엄마들이 기소되었을 때 가족 관계를 많이 참작하는 것 같다. 법정에 가족들이 따라 나올 때에는 피고인이 책임감 있고 의무를 잘 이행하는 사람이라는 인상을 주기도 한다. 내가 담당한 재판 중에서 고등학생인 딸을 홀로 키우는 피고인이 사기죄로 구속되어 재판을 받는데, 고등학생 딸아이가 항상 법정에서 방청을 하는데, 학교에 안 가고 법정에 자꾸 온다고 핀잔을 주기도 했다. 그 여학생은 얼굴과 체형이 반듯하게 생겼고, 복장도 반듯하고 말도 또박또박 잘했는데, 이것이 그 피고인에게 제일 유리한 양형사유였다. 최근 형사법정에서 변론을 듣자면, 우리나라의 인구고령화를 실감한다. 요즘에는 나이가 많은 노년의 피고인들 중에서 "90세의 노모를 홀로 모시므로" 선처를 바란다는 변론이 꽤 있다.

한번은 조직 폭력배 재판을 할 때였는데, 변호인이 피고인을 불쌍하게 보이도록 하기 위해 조직의 부두목인 피고인에게 "피고인은 시장에서 용봉탕을 한 잔에 1,000원씩 팔아 생계를 유지하지요?"라고 묻고, 피고인이 "예"라고 대답한 적이 있었다. 그러자 검사가 바로 일어나더니 "피고인은 에쿠스를 타고 다니지요?"라고 즉시 되물었는데, 피고인이 "예"라고 대답을 해서 법정이 웃음바다가 된 적이 있었다.

재판을 많이 받아 본 사람은 법정에 올 때 판사에게 딱하게 보이려고 일부러 허름하게 옷을 입고 출석한다. 한번은 조정 중에 내가 원고에게 피고가 사정이 넉넉하지 않아 보이는데 양보 좀 하라고 권유를 한 적이 있는데, 원고가 "저 사람 법정 나올 때만 잠바 입고 옵니다. 법원에

BMW 타고 왔습니다."라고 대답해서 조정이 안 된 적도 있다.

뤼시아스의 24번째 연설문은, 생계를 유지할 수 있는 기술을 보유하였음에도 불구하고 장애인으로 가장하여 장애인 수당을 받았다고 기소된 피고인이 배심원들에게 연민을 일으키기 위하여 한 연설이다. 참고로 아테네에서는 3미나 이하의 재산을 소유하고, 절단상을 당하여 일을 할 수 없었던 사람들에게는 적격심사를 거쳐 하루 2오볼을 장애인 수당으로 지급했다.

"제 아버지는 저에게 아무것도 남겨 주지 않았고, 저는 2년 전까지 고인이 된 어머니를 부양했으며, 저를 부양해 줄 자식도 없습니다. 저에게 조금은 도움이 되는 기술이 있기는 하지만, 지금은 기술을 사용하는 것이 쉽지 않고, 아직까지 저를 대신해 일을 할 사람(노예를 의미하는 것으로 보임)을 구하지도 못했습니다. 저는 이 수당 외에는 아무런 수입이 없고, 만약 당신들이 이마저 빼앗아 간다면, 저는 극히 어려운 상황에 빠질 위험이 있습니다. [7] 위원회 위원들 여러분, 저를 정당하게 구제할 권한을 가진 상황에서, 부당하게 저를 파멸시키지 마십시오. 제가 이제는 노쇠한 마당에 당신들이 제가 젊고 건강했을 때 제게 주었던 것을 회수하지 마십시오. 과거에 당신들은 아무런 해를 입지 않았던 사람들에게도 연민에 가득 차 보였습니다. 지금 나의 적들을 위하여, 적들로부터도 연민을 받아야 할 사람을 야만스럽게 다루지 마십시오. 저를 무정하게 해치지 마시고, 나와 같은 입장에 있는 사람들을 절망하게 하지 마십시오. ……"(Lys. 24. 6 -7)

고대의 연설문 중에서 가장 애련한 것은 기원전 3세기 중반의 스파르타의 왕 레오니다스(Leonidas)의 딸이자 클레옴브로토스(Cleombrotus)의 왕비였던 킬로니스(Chilonis)가 레오니다스에게 한 연설이다. 당시 스파르타의 빈부 격차를 해결하기 위해서 아기스(Agis) 왕은 시민들의 채무를 면제해 주고 땅을 균등하게 재분배하려는 정책을 시도했고, 또 다른 왕인 레오니다스가 부자의 편을 들었다가 축출당하고, 그의 사위인 클레옴브로토스가 레오니다스의 왕위를 이었다. 킬로니스는 남편을 버리고 아버지 레오니다스를 따라다니며 선처를 탄원하다가 아버지와 함께 해외로 도주했다. 아기스 왕의 개혁은 결국 실패하고 레오니다스가 귀국한 후 사위인 콜레옴브로토스를 처형하려고 할 때 킬로니스가 이번에는 남편의 편을 들면서, 사람들 앞에서 헝클어진 옷매무새와 머리카락을 매만지며 두 아이를 그녀의 곁에 두고 아버지인 레오니다스에게 선처를 구한다(영웅전, 『아기스(Agis)』편, 17).

　"아버지, 저의 행색과 복장은 클레옴브로토스 때문에 이렇게 된 것이 아닙니다. 당신이 해외에 체류하면서 비탄에 빠졌을 때부터 슬픔은 저의 짝이었고 동료였습니다. 지금 당신이 스파르타의 왕이 되었고 적에게 승리를 거둔 마당에 저는 여전히 슬프게 살아야 합니까? 혹은 내 젊음을 함께한 남편이 당신의 손에 죽는 것을 보고도 화려한 왕복을 계속하여 입고 있어야 합니까?

　만일 클레옴브로토스가 아내와 자식의 눈물로도 당신의 용서를 받지 못한다면, 그가 가장 사랑하는 제가 자신의 앞에서 죽는 것을 보면서, 당신이 의도했던 죗값보다 더 괴로운 형벌을 받을 것입니다. 저의 탄원이 남편이나 아버지에게 아무런 연민을 일으키지 못한다면 저는 무슨 낯짝으로 다른 여인들을 볼 수 있겠습니까? 그렇게 하지 못합니다. 아내와 딸로서 저는 저에게 가장 소중한 사람들이 겪는 불행과 불명예를 같이 겪을 것입니다.

　제 남편의 입장에서는, 비록 그도 그의 행동에 대하여 변명거리가 있었겠지만, 저는 당신의 편을 들어 그가 저지른 일들을 증언했던 그때에 남편에게 그러한 변명의 기회를 주지 않았습니다. 그러나 당신은 위대한 왕권을 위해 싸우는 것은 사위를 죽이고 딸의 소망을 무시할 정도로 정의로운 일이라는 것을 사람들에게 보임으로써 남편의 행동이 명분이 있었던 것으로 만들었습니다."

2) 분개(Nemesan)

분개는 연민과는 정반대의 감정이다. 연민이 잘못이 없는 사람들에게 변고가 생기는 것을 알고 느끼는 고통인데, 분개는 자격이 없는 사람들이 번성하는 것을 보고 생기는 고통이다. 예를 들어 도둑이 훔친 물건으로 잘 사는 것을 본다면 분개할 것이다. 분개와 연민은 모두 훌륭한 성격을 가진 사람들이 느끼는 감정인데, 우리들은 부당하게 고난을 겪는 사람을 동정하고, 부당하게 잘 사는 사람들에게 분개하여야 하기 때문이다. 이런 이유로 철학자 니체는 분개를 시기의 숭고한 형제라고 말했다고 한다. 주의할 것은 분개나 연민도 남이 번성하여 본인에게 나쁜 일이 생길 수 있다면 두려움이 생긴다.

우리는 훌륭한 사람들이 가져야 할 권력, 부 혹은 좋은 집안, 외모 등을 그렇지 않은 사람들이 가지는 것에 분개한다. 특히 사람들은 오랫동안 그런 것들을 가진 사람들을 자연스럽게 여기기 때문에 오랫동안 그런 것들을 가진 사람들과 새롭게 그런 것들을 가진 사람들 중에서 후자, 예를 들어 졸부들 같은 사람들에게 더 분개한다.

아무나 좋은 것을 누릴 수 있는 것은 아니기 때문에, 좋은 것을 가지는 것은 적합성과 어느 정도의 비례성을 가져야 한다. 훌륭한 사람이 그 훌륭함에 상응한 것을 가지지 못하는 것도 분개를 일으킨다. 마찬가지로 좀 못한 사람이 더 위대한 사람과 다투는 경우에도 분개한다. 이는 꼭 같은 범주의 사람뿐만 아니라 어떤 측면이든지 우열의 차이가 있는 경우에 다 해당하는데, 예를 들어 음악가가 정의로운 사람과 다투는 경우에는, 정의는 음악보다 더 탁월하므로, 분개를 일으킨다.

사람들은 자신만이 가질 자격이 있다고 생각한 것을 그럴 자격이 없는 사람이 가졌을 때도 분개한다. 따라서 노예 근성을 가지고, 비루한 삶을 사는, 야심이 없는 사람들은 잘 분개하지 않는데, 그 이유는 자신들이 가질 자격이 있는 것이 없다고 생각하기 때문이다.

만일 배심원들을 이러한 마음의 상태에 있게 한 후에, 연민을 받아야할 사람과 연민의 이유가 사실은 받을 자격이 없는 사람들이고 연민을 받을 이유가 아니라고 말한다면, 배심원들은 그들에게 분개할 것이다.

기원전 323년 데모스테네스의 뇌물 수수 사건에서 디나르코스의 기소연설에는 데모스테네스가 도시에 많은 기여를 한 티모테우스(Timo-theus)와 다르게 별 다른 공적이 없음에도 티모테우스가 바라지 않았던 특별한 대우를 바라고 있다고 비난하는데, 이는 배심원들의 분개를 일으키는 연설이다.

"[14] 아테네인들이여, 당신들은 티모테우스를 재판할 때에, 그가 펠로폰네소스 반도를 돌아서 항해를 하여 코키라 해전에서 스파르타를 격파한 것들을 고려하지 않았습니다. 그는 그리스를 해방시킨 코논(Conon)의 아들이었고, 사모스, 메토네(Methone), 퓌드나(Pydna), 포티다이아(Poti-daea), 그리고 20개의 다른 도시들을 획득했습니다. 그러나 그때 재판과 투표의 맹세를 함에 있어서 그런 공적들을 고려하지 않았고, 아리스토폰(Aristophon)이 그가 키오스인들과 로도스인들로부터 뇌물을 받았다고 말했기 때문에, 그에게 100 탈렌트의 벌금형을 선고하였습니다. ……
(Din. 1. 14)

[17] 데모스테네스, 티모테우스의 인성은 그랬소. 그는 동정받아 마땅했고 그의 동료 정치인들로부터 감사를 받았을 수도 있었지만 그렇게 하

지 않았소. 그는 도시를 위해 말이 아닌 행동들로 많은 위업을 이루었고, 당신처럼 정책을 이랬다 저랬다 하지 않고 같은 정책에 충실했소. 그가 사형을 선고받았을 때 그는 그를 법률들보다 더 우월하게 만들 수 있는 특별한 혜택을 요구하지 않았고, 법률에 따라서 투표를 하겠다고 맹세한 사람들에게 가장 중요한 것은 그들의 의무를 이행하는 것이라고 생각했소. 오히려 그는 처형을 받을 각오를 하고 있었고, 만일 배심원들이 그렇게 결정하더라도 양형을 감경할 사정들을 호소하지도 않았고, 자신이 가지지 않았던 의견을 공개적으로 말한 적이 없었소." (Din. 1. 17)

3) 조국 사태

조국 사태는 연민과 분개와의 관계를 아주 잘 보여주는 사건이다.

조국 지지자들은 조국 가족에게 연민을 가지고 있는 것 같다. 그런데 연민을 불러일으키기 위해서는 자신과 비슷한 입장에 있는 사람들이 억울하게 해를 입어야 한다는 전제가 충족되어야 하는데, 조국 사건은 전혀 그렇지 않았다. 조국 가족의 비리는, 전형적인 사학 비리, 거액의 자본시장 투자 비리, 그리고 입시 비리가 결합된 것이다. 조국 일가에게 연민을 느끼는 경우는, 조국 집안과 같이 부당하게 취득한 거액의 자산을 보유하고 있고 자녀들을 부정입학시킬 능력과 지위가 있는 사람들이 재수 없게 범죄가 발각되었을 때에 조국을 동정할 수 있다. 하지만 대한민국의 대부분 부모들은 조국 가족처럼 표창장 등을 위조해서 자녀들의 입시에 활용할 생각을 하지도 못하고, 범죄를 저질러도 유력인사들로부터 비호를 받지도 못한다.

게다가 조국은 2012년 신조어로 '가붕개'라는 말이 유행하게 된 트위터를 한 사람이다. 그가 2012년에 트위터에 올린 글에는 서민들 모두가 용이 될 수 없고, 그럴 필요도 없다고 쓰여 있다. 인간이 현재보다 더 나은 삶을 위해 몇 배의 노력을 하면서 미덕을 추구하는 것은 너무나 당연하고, 그것이 바로 자유주의 사회에서 각 개인이 자신의 삶을 구현하고, 사회가 전체적으로 발전하는 방법이다. 즉, 각 개인의 가치는 자신이 노력하고 달성한 것과 같은 것이다. 그것을 부정하는 것은 자유주의 사회의 가치를 부정하고 사실상 계급사회를 주장하는 것이나 다름이 없다. 서민들에게 미덕을 추구하지 말라고 하면서, 본인의 자식들은 더 나은 지위를 가질 수 있도록 불법행위를 일삼는 사람에게, 보통 사람들이 연민을 느끼는 것은 무슨 현상인지 모르겠다.

조국 일가가 잘 사는 것을 보고 보통 사람이 느끼는 감정이 바로 분개이다. 앞서 이야기했듯이 큰 재산과 명예를 가질 자격이 없는 사람이 그런 것을 가졌을 때에는, 정상적인 경우라면 분개를 하는 것이 당연하다.

물론 조국 일가에게 시기심을 일으키는 사람들도 있을 것이다. 조국의 가진 재산과 지위를 질투해서, 저렇게 편법을 일삼는 사람도 돈을 많이 가지고 장관도 할 수 있는데, '난 왜 아무것도 가진 것이 없나'라며 생각하면서, 조국 가족을 시기할 수도 있다.

다만 조국 일가의 재산과 관련된 비리를 제외하면, 조국 부부의 딸 조민이 부정입학한 것이 밝혀져서 그녀의 인생도 바로 나락으로 떨어지는 측면에서 보았을 때에는 연민의 요소도 있는 것이 사실이므로, 조국 일가의 추락을 보고 이를 즐길 일은 아닌 것 같다. 조국 장관이 결국 사퇴하자, 당시 자유한국당은 조국의 사퇴에 공이 있는 국회의원들에게 표창을 하고 상품권 50만 원을 수여했다.[8] 사실 나도 자식을 키우지만 남의 자식이라도 잘 되지 않으면 안타까운 것은 인지상정인데, 자유한

---

8) 채혜선, 『조국 낙마에 '표창장 + 50만 원 상품권' 준 한국당 … 당내서도 눈총』, 중앙일보, 2019. 10. 25., https://www.joongang.co.kr/article/23614609# home (2022. 4. 23. 접근)

국당 의원들이 표창과 상품권을 받으면서도 아무런 연민을 느끼지 못했다면 이 또한 문제이다.

4) 시기심

시기는 우리와 동등한 사람들이 좋은 것들에 번성하는 것을 보고 느끼는 고통인데, 다른 사람들이 그것을 가진 것이 고통스러운 것으로, 인간의 나쁜 본성에 기인한 것이다. 우리 속담에 "사촌이 땅을 사면 배 아프다."고 하는 속담이 딱 시기심을 표현한 것이다.

시기를 하는 사람은 두 부류가 있다. 첫 번째는 출생, 혈연, 나이, 인격, 명성이나 재산에서 동등한 사람들이다. 또한 두 번째 부류는 위 자질들을 거의 다 가진 사람들인데, 하나의 자질만 더 가지면 완벽할 수 있다고 생각하는 사람들은 자신이 가지지 못한 그 자질을 가진 사람들을 시기한다. 이런 면에서 야망이 있는 사람들이 없는 사람들보다 더 시기한다고 할 수 있다. 일반적으로 남들과 구별되는 특정한 것을 목표로 하는 사람들은 그것을 가진 사람들을 시기한다. 소심한 사람들은 모든 것들이 크게 보이기 때문에 시기한다.

인간으로 하여금 영광, 명예나 명성을 갈망하게 만드는 거의 모든 행동과 소유물들, 행운이 준 호의들이 시기심을 일으키고, 특히 사람들이 스스로 갈망하거나, 자신이 가질 자격이 있다고 생각하는 것, 누가 소유하는가에 따라 좀 더 앞서거나 뒤쳐지게 하는 것들이 시기심을 일으키는 대상이다.

시기의 대상이 되는 사람들은, 시간, 공간, 나이, 명성에 있어서 가까이에 있는 사람들이다. 죽은 사람들이나 앞으로 태어날 사람, 먼 곳에 있는 사람들에게 시기심을 느끼지는 않는다. 경쟁자, 이웃, 또한 남들이 획득했을 때 그것이 본인에게 불리한 인상을 줄 수 있는 경우, 예를 들어 내가 실수를 했기 때문에 상대방이 공을 채어가는 사람이 시기의 대상이 되는 사람들이다. 대체로 인간은 경쟁자, 혹은 연적(戀敵)들과 명예를 놓고 경쟁하기 때문에, 같은 것을 목적으로 삼는 사람들은 반드시 가장 많이 시기하게 되어 있다. 자연스럽게 그들이 획득했던 것이나, 한때 획득했던 것을 다른 사람들이 가질 때에도 시기하는데, 이것이 노인들이 젊은이들의 젊음을 시기하는 이유이다. 나는 어렵게 획득했는데, 똑같은 것을 빠르고 쉽게 획득하는 사람들도 시기의 대상이 된다.

기억나는 사건 중에 연인이 어렵게 사랑하다가 좋지 않게 헤어졌고, 몇 년 후 남자가 유명 인사가 된 경우가 있었다. 그런데, 헤어진 지 5년이 지난 시점에서 여성이 갑자기 남성을 상대로 5년 전에 헤어질 때 남성이 부엌칼을 들고 자신의 뒷목을 잡고 끌면서 구타했다고 형사고소를 한 사건이 있었다. 내용 자체가 너무 창작극 같았고, 그 여성의 위증이 문제되어 무죄를 선고했다. 사실 연애를 할 때에는 여성이 남성에게 경제적으로 도움을 주던 입장이었는데, 막상 크게 싸우고 헤어진 다음에 남성이 멋지게 성공을 한 반면에 자신은 계속 궁핍하게 남아 있으니까 갑자기 옛 연인에게 시기심이 생겨서 해코지를 할 심정으로 형사고소를 한 것이다.

연민, 분개, 시기는 서로 밀접한 관련이 있기 때문에 청중으로 하여금 연민의 감정을 일으키려는 사람들은, 역으로 분개나 시기의 감정이 일어나지 않도록 신경을 많이 써야 한다. 만일 상대방이 판사들에게 연민의 감정을 가지도록 시도하려는 경우에, 상대방이 자격이 없는데도 번성하거나, 판사들이 갈망하는 것을 가졌다고 말을 한다면, 판사들은 오히려 분개나 시기심을 가지게 될 것이다.

12. 경쟁심 vs. 멸시

1) 경쟁심

경쟁심은 자신과 비슷한 사람들이, 자신도 획득할 수 있는 존경받는 좋은 것들을 가지는 것을 보고 느끼는 고통인데, 다른 사람이 그것을 가졌기 때문이 아니라, 스스로가 그것을 가지지 못해서 생기는 고통이다. 경쟁심은 훌륭한 사람들이 가지는 좋은 감정이고, 시기심은 천한 사람들이 가지는 나쁜 감정이다. 경쟁심은 스스로 획득하도록 독려하지만, 시기심은 남이 못 가지게 만든다.

경쟁심은 남이 가진 것을 자신도 가지도록 만드는 감정이기 때문에 현대 서구 문명이 확립되는 데에 중요한 역할을 한 감정으로, 인간이 미덕을 추구하는데 원동력이 되는 감정이라고 할 수 있다. 자유주의 사회에서는 인간은 미덕을 추구하도록 장려되고 그 과정 중에 타인과 경쟁에 의하여 사회의 발전을 추구한다. 이것은 내 말이나 현대 정치 철학자들이 한 이야기가 아니고 고대 그리스에서부터 그런 사상이 있었다. 스파르타의 왕 아게실라오스(Agesilaus)가 스파르타 시민들에게 너무 많은 인기를 얻게 되자, 왕의 감시자(Ephor)들이 그에게 벌금형을 부과했다. 그 죄목은 시민들을 국가로부터 횡령해서 자신의 소유로 했다는 것이다. 왜냐하면 스파르타의 입법자들은 경쟁심과 야심이 미덕을 추구할 동기를 부여하므로 이를 국가의 요소로 보았기 때문에 분란과 경쟁이 있어야 한다고 보았다. 나태하고 경쟁하지도 않으면서 검증되지도 않은 명성에 순응하는 것은 가식적인 조화로 생각했다. 감시자들의 걱정이 틀린 것도 아닌 것이, 아게실라오스는 페르시아 정벌 등 여러 전쟁에서 많은 승리를 거두어 인기가 높았으나, 너무 잦은 원정으로 스파르타 군대의 전술이 적들에게 간파되도록 했다. 스파르타는 기원전

371년 레욱트라 전투에서 테베 군에게 대패하여, 그 이후로는 과거의 전성기를 회복하지 못했다.

니얼 퍼거슨 같은 역사학자는 서구 문명이 동양 문명을 지배한 이유 중에 하나로 경쟁을 든다.[9] 수많은 민족국가들로 나뉘어 있는 서구 문명은 국가들끼리 서로 경쟁하면서 경쟁이 없이 정체된 사회인 중국의 국력을 압도하기 시작했다고 한다.

경쟁심을 가지는 사람은 스스로 좋은 것을 가질 자격이 있는데 가지지 못한 사람들인데, 그 좋은 것은 가질 가능성이 있는 것이다. 따라서 희망이 많은 청년이나 야망이 큰 사람들이 경쟁심을 많이 가진다. 또한 이미 존경받는 사람들조차도 다른 사람들이 가진 훌륭한 것들에 대하여 경쟁심을 가진다. 어떤 특정한 것, 예를 들어 훌륭한 조상, 가문, 친지, 국가로 인하여 생기는 명예도 경쟁심을 불러일으킨다. 예를 들면 밀티아테스와 그의 아들 키몬의 집안과 크산티포스와 그의 아들 페리클레스의 집안이 서로 권력을 놓고 경쟁한 것과 같다.

경쟁의 대상이 되는 것들은 용기와 지혜 같은 미덕, 건강보다는 부나 아름다움처럼 다른 사람들에게도 효용이 되거나 쓰여질 수 있는 것, 관직(관직을 가진 사람들은 사람들에게 많은 이익을 줄 수 있는 권력을 가지기 때문에), 친구나 지인들 등이 경쟁의 대상이 되는 것들이다.

경쟁심을 느끼는 상대방은 위에서 말한 것들을 가진 사람들이다.

2) 멸시

경쟁심과 반대의 감정은 멸시이다. 멸시는 경쟁심을 불러일으키는 좋은 것들과 반대되는 것들을 가지거나 추구하는 사람들에 대하여 생기는 감정이다.

---

9) Nial Ferguson, 『Civilization(THE WEST and the Rest)』, The Penguin Press New York(2011), 제49면

가령 게으름, 나태, 불의를 추구하는 사람들에게 멸시의 감정이 생긴
다. 따라서 훌륭한 사람들은 운이 좋은 사람들을 멸시하는데, 그들이
좋은 것을 가지는 과정에서 어떤 존경받을 훌륭한 속성을 가지지 않았
기 때문이다. 멸시는 보통 상대방의 타락과 비열함을 비난하는 것을 바
로 표현하는 식으로 표현된다.

로고스

Ethos Pathos Logos

VI

로고스

1. 정의

1) 논리적으로 들리는 말

에토스와 파토스의 설명을 마쳤고, 지금부터 법정연설에서 가장 많이 이용되는 로고스를 설명하겠다. 로고스에 의한 설득은 논리적인 말의 내용을 가지고 설득을 하는 것을 말한다. 사실을 논리적으로 말하는 것은 당연히 로고스에 포함된다. 하지만 단순히 사실을 이야기한다고 해서 사람들이 그대로 믿지 않기 때문에 로고스에 의한 설득은 사실을 더 사실처럼 들리게 하거나, 사실이 아닌 것을 사실로 들리게 하는 것 혹은 그 반대로 사실을 덜 사실처럼 들리게 하거나 사실을 사실이 아닌 것처럼 만들기 위해 연설가가 구상해 낸 논리적으로 들리는 말이라고 정의할 수 있다.

예를 들어, 한 남성이 이혼한 전 부인에게 전화를 걸어 "그 돈을 언제 줄 수 있나요?"라고 물었고, 부인은 "돈 없다."라고 대답했다. 이런 상황에서, 남편은 차용증 없이 부인을 상대로 빌려준 돈을 갚으라고 소송을 제기하면서 이렇게 주장한다. "내가 돈을 언제 줄 수 있는지를 물었는데, 상대가 '내가 왜 돈을 주는데'라고 대답하지 않고, '돈 없다'고 대답한 것은 돈을 빌렸기 때문이다." 사실 차용증 같은 증거가 없는 한, 판사는 남자가 전 부인에게 돈을 실제로 빌려주었는지를 알아낼 방법은 없다. 또한 전 부인이 왜 "돈 없다."라고 대답했는지를 알아낼 수 있는 방법도 없다. 위와 같이 차용증과 같은 객관적인 증거가 없는 상황에서는 오로지 논리적으로 들리는 말들로 판사를 설득할 수밖에 없는데, 이것이 바로 로고스를 이용한 설득이다.

2) 증거, 증인과는 구별됨

계약서나 차용증과 같은 증거, 증인 등은 연설가가 논리적으로 들리도록 발견해 낸 말기술이 아니고, 그 내용 자체로서 증명력을 가지므로 이는 수사학의 영역이 아니다. 판사는 재판을 할 때에는 함부로 계약서나 차용증의 내용과 다른 내용을 사실로 인정하지 못한다. 특히 당사자의 권리, 의무가 기재된 차용증과 같은 서류를 법률 용어로 '처분문서'라고 하는데, "처분문서는 그 기재내용을 부정할 만한 분명하고도 수긍할 수 없는 반증이 없는 한 그 기재내용에 따라 의사표시의 존재 및 내용을 인정하여야 한다."는 대법원 판례가 형성되어 있다.

예를 들면, B 회사의 대표이사가 작성한 차용증에 A라는 사람이 B 회사 채권자로 기재가 되어 있다면, 특별한 사정이 없는 한 판사는 A는 B 회사의 채권자라고 판단해야 한다. 그런데, A가 B회사를 상대로 대여금의 반환을 구했는데, 만일 판사가 A는 전과자이기 때문에 그의 말을 믿을 수 없어 A의 청구를 기각하는 판결을 한다면, 그 판사는 로고스를 가지고 A의 청구를 기각한 것이고, 증거에 의한 재판을 한 것이 아니다. 기억나는 사채업자가 있는데 다른 사건에서 판사가 당신의 말은 사채업자라서 믿을 수 없다고 하면서 패소 판결을 받은 적이 있다고 하면서 울었다. 만일 판사가 돈을 빌려준 증거가 없다고 해서 패소 판결을 내렸다면 증거에 의한 판결을 내린 것이지만, 사채업자라서 믿을 수 없다고 해서 패소 판결을 내렸다면 그 판사는 로고스에 의하여 패소 판결을 내린 것이다.

3) 증인의 말만 있는 경우

증인의 말은 로고스에 의한 설득이 아니라고 했지만, 만일 증인이 피해자이고, 목격자, 사진, CCTV, 처분문서와 같은 객관적인 증거가 하나도 없는 사건에서 순전히 증인의 말만 믿고 사실인정을 한다면, 증인의 말은 바로 로고스에 의한 설득과 동일한 차원의 문제가 된다. 이럴 때에는 판사는 피고인과 피해자의 말 중에서 더 그럴듯한 말과 행동을 하는 쪽을 믿고 판결을 하는 수밖에 없다. 즉, 로고스 간의 대결이 된다. 이런 사건에서는 판사들은 증인의 말을 믿고 피고인을 형사처벌하는 것에 상당히 부담감을 느끼는데, 특히 성범죄와 뇌물 사건에서는 물적 증거가 없이 피해자나 증뢰자의 말만 있는 경우가 많고, 무고도 많다.

그래서 대법원에서는 피해자의 진술이 유일한 증거일 경우에는, "이를 근거로 피고인을 유죄로 판단하기 위해서는 진술 내용의 자체의 합리성과 타당성분만 아니라 객관적인 정황과 경험칙에 비추어 피해자의 진술이 합리적인 의심을 할 여지가 없을 정도로 공소사실이 진실한 것이라는 확신을 가지게 하고, 피고인의 무죄 주장을 배척하기에 충분할 정도로 신빙성이 있어야 한다."(대법원 2017. 10. 31. 선고 2016도21231 판결 등)는 등의 판례를 확립해 놓고, 함부로 피해자의 말을 믿지 말라고 하고 있는데, 재판 현실에서는 위 법리와는 달리 피해자의 말만 믿고 유죄를 인정하는 경우가 많아서, 재판 불신의 한 원인이 된다.

극단적인 예가 기억이 나는데, 술에 만취한 한 여성이 평소 알던 남성과 술을 마시고 자다가 갑자기 일어나 남성의 집을 뛰어나가 울면서 자신이 강제추행을 당했다고 말하고 경찰을 부른 사건이 있었다. 남성은 강제추행죄로 기소되었는데, 그 남성은 그 여성이 갑자기 잠에서 깨더니 집을 뛰어나갔고, 자신은 추행을 한 적이 없다고 주장했다. 문제는 현장에서 즉시 채취한 여성의 신체 부위(입술과 가슴)의 DNA 시료에서는 남성의 DNA가 전혀 검출되지 않았고, 거짓말탐지기도 남성이 사실을 이야기하는 것으로 결과가 나왔다. 객관적 과학 증거들인 DNA와 거짓말탐지기의 결과는 남성이 사실을 말한 것으로 나왔는데도 불구하고, 술에 만취한 여성의 말만 믿고 남성을 유죄로 처벌할 수 있을 것인가? 게다가 정신과 전문의의 의견에 의하면, 술에 만취하여 소위 필름이 끊긴(블랙아웃) 사람들의 경우 기억을 잘 하지도 못하고 심한 경우 없던 기억을 만들어 내거나[이를 작화(作話)라고 한다] 기억이 왜곡되기도 한다. 형사 사건이 이 정도가 되면 바로 증거의 문제가 아닌 로고스에 의한 설득의 문제가 되므로, 그때부터는 누구 말이 더 그럴듯한지에 따라서 유죄와 무죄가 갈릴 수 있다.

독자들 중에는 주사가 심하거나 술에 취해 거짓말하는 친구를 본 사람이라면 분명히 "뭐 술에 만취한 여자의 말을 믿고 재판을 하나? 게다가 거짓말탐지기도 남성이 사실을 말한다고 나왔는데!"라고 의문을 가질 것이고, 반면에 그런 경험도 없고 술주정하는 친구도 없는 독자는 분명히 거짓말탐지기, DNA검사, 정신과 의사들의 의학 상식을 무시하고 피고인을 유죄로 생각할 것이다.

이와 반대로 거짓말탐지기 결과에서 피고인이 거짓반응, 피해자는 진실반응이 나왔고, 피해자의 입술에서 남성의 DNA가 검출되었음에도 불구하고 범행을 부인한 사건도 있었는데, 물론 피고인이 유죄임을 누구도 부인하지 못하는 사건이다. 이를 통해 알 수 있는 것은 판사가 객관적인 과학 증거보다 피해자의 진술을 우선하는 것이 사실은 오류의 가능성이 아주 높다는 것은 것이고, 이것이 바로 로고스에 의한 설득력이라는 것임을 알 수 있다.

4) 로고스의 위력

독자들 중에서는 혹시 무고라도 당해 본 사람이 있다면 로고스의 힘이 얼마나 대단한지를 잘 알겠지만, 그런 경험이 없는 사람은 로고스에 의한 설득이 얼마나 강력한지 실감하지 못할 수 있다. 그러나 피해자라고 주장하는 사람이 연극을 하면서 피해를 호소하고 감정(파토스)을 자극하면서 말을 할 때에는 피해자의 말은 사실을 말하는 것처럼 논리적으로 들리고, 경찰, 검사, 판사는 피고인의 말을 믿지 않고, 심지어는 CCTV와 같은 과학증거들도 무시하도록 만든다.

한 여성이 남성 2명을 강제추행으로 고소했는데, 그 남성들은 1심에서 유죄로 인정되었다. 내가 사건을 맡아서 기록을 보는데, 문제는 CCTV 영상이었는데 여성이 피고인들 중 한 명의 머리를 뒤에서 잡아 쥐어뜯는 장면은 있었어도, 피고인들이 그 여성을 성추행한 장면은 경찰이 도착할 때까지 나오지 않았고, 다만 머리 잡힌 피고인이 1초도 안 되는 짧은 순간에 여성의 멱살을 잡으려다 실패한 장면은 있었다. 아마 수사관, 검사, 1심 판사는 피고인이 순간적으로 멱살을 잡으려고 한 화면을 보고 이를 강제추행으로 본 것 같은데, 아무리 봐도 그 피고인은 여성에게 머리카락을 잡히는 공격을 당하자 화가 나서 멱살을 잡으려다 실패한 것이었고, 다른 피고인은 성추행이라고 할 행동 자체가 없었다. 진실은 그 여성의 일행이 피고인들을 너무 때려서 코뼈를 부러뜨리자, 그 여성은 일행이 중한 처벌을 받을 것이 두려워 선제적으로 거짓말을 한 것이었다. 경찰, 검사, 1심 판사가 모두 CCTV영상을 제대로 살피지도 않고, 그 여성이 연극을 하면서 호소하는 거짓말에 쉽게 넘어갔던 것이었다.

로고스의 힘이 막강하기 때문에, 법정에서 로고스를 제대로 사용하지 못하는 피고인은 부당한 판결을 받을 가능성이 많다. 한 피고인이 법정에서 거칠게 말하고, 수기로 날려쓴 맥락 없는 변론 요지서를 제출하면서 자신이 무고를 당했다고 주장했는데, 1심 판사는 피고인이 "망상 장애나 기타의 정신질환이 의심되고 치료가 필요한 것으로 보인다."라고 판결문에 이유를 기재하면서 피고인이 부인하던 범죄를 유죄로 인정했다. 하지만 그 피고인은 항소심에서는 자신이 부인하던 범죄들에 관해서는 무죄 판결을 받았다. 그 피고인은 상대방 여성의 동의를 얻지 않고 나체 사진을 찍었다는 죄로 징역형을 받아 구속되었는데, 피해 여성은 설날(2월 12일)에 남편 몰래 피고인의 집에서 2박 3일을 지냈고 그때 피고인으로부터 폭행을 당하고 나체 사진을 찍혔다고 구체적으로 진술했고, 피고인은 설날+7일째 되는 날 여성의 동의를 얻어서 사진을 찍었다고 변론했다. 내가 항소심 재판장이 되어 사건을 심리하다 보니 일단 피고인이 말을 횡설수설하면서 광인(狂人) 같이 거칠게 행동해 보이는데도, 피고인의 핵심 주장은 『설날+7』일째 되는 날 여성의 동의를 얻어 촬영했고, 여성이 자신을 무고하여 복수한 것이라고 명확하게 주장했다. 그런데 내가 기록을 살펴보니 희한하게 사진 파일 이름에 숫자로 『……0219……』가 포함되어 있었다. 내가 의문을 가지고 있자 검사가 자원해서 핸드폰 디지털 포렌식을 다시 해 보겠다고 했고, 그 결과는 나체사진은 『설날+7』일 째인 2월 19일에 촬영된 것이라는 것이 밝혀졌다. 피고인이 구속되어 재판을 받은 지 거의 1년 만에, 경찰, 수사검사, 1심 판사가 전혀 문제가 없다고 판단한 여성의 진술이 사실은 로고스로 장난을 친 것이라는 것이 밝혀졌다.

　로고스에 의한 설득이 어떤 것인지 설명했는데, 법정에서는 증거 재판주의가 지배해야 하지만, 사실은 너무 확실한 증거가 없는 재판에서는 한쪽의 말이 더 그럴듯하게 보이는 로고스에 의한 설득으로 재판의 결론이 달라진다. 이럴 경우에 판사가 잘 판단한다는 보장도 없다.

이상으로 로고스의 개략적인 설명을 마치고, 앞서 아리스토텔레스가 수사학을 삼단논법의 연장이라고 생각했다고 설명했는데, 삼단논법에는 연역법과 귀납법이 있듯이, 수사학에서는 각 생략삼단논법과 예증법이 있으므로, 이에 관하여 차례대로 설명한다.

2. 수사학적 삼단논법(생략삼단논법)

삼단논법에 관하여 먼저 설명한다. 아리스토텔레스가 인류에 가장 크게 기여한 것은 바로 삼단논법인데, 아리스토텔레스 이전에는 삼단논법이라는 것이 없었고, 동양에서도 그런 논리 체계는 존재하지 않았다. 삼단논법의 특징은 일반자와 개별자의 관계를 이용하여 일반자로부터 개별자가 진실임을 입증하는 것이다. 삼단논법에는 연역법과 귀납법이 있듯이, 수사학에서도 수사학적인 연역법인 생략삼단논법(Enthymeme)과, 수사학적 귀납인 예증법이 있다(수사학. 1356b). 우선 삼단논법 중 연역법부터 살핀다.

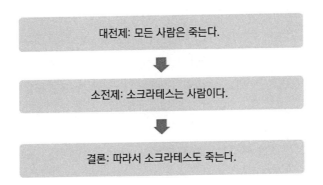

대전제: 모든 사람은 죽는다.

소전제: 소크라테스는 사람이다.

결론: 따라서 소크라테스도 죽는다.

"모든 사람은 죽는다. 소크라테스는 사람이다. 따라서 소크라테스도 죽는다."가 전형적인 삼단논법 중 연역법의 예시인데, '모든 사람은 죽는다'

라는 오류가 없는 대전제를 사용함으로써, 소크라테스 대신 어떤 사람
을 대입하여도 결과에 오류가 없다. 따라서 형식이 맞으면 진리가 확보
된다고 하여 연역법을 형식 논리라고 한다. 또한 삼단논법은 원칙적으
로 설득이 아닌 진리를 입증하는 과학적 증명의 방법이다. 하지만 삼단
논법에서 있어서는 오류가 없는 대전제를 발견하는 것이 어렵고, 대전
제 자체는 구체적인 경험에서 법칙을 발견하게 되므로 귀납으로 발견
된다.

이에 반하여 수사학적 삼단논법인 생략삼단논법은 절대적인 진실이
아닌 상대적인 진실, 즉 개연성, 또는 대체 가능한 더 나은 의견을 입증
하는 것이 목적이다. 예들 들어 "법인세를 올리면 기업이 해외로 이전한
다. 왜냐하면 기업의 이윤이 줄어들기 때문이다."라는 논증에서 실제 법인
세를 올렸을 경우에 기업이 해외로 이전할 것인지는 여러 가지 사정들
에 따라서 결정되므로, 위 논증은 상황에 따라 참이 되기도 하고 거짓
이 되기도 한다. 예를 들면 군수산업이나 첨단 기술산업은 국가안보 때
문에 해외 이전이 어려울 수도 있고, 노조가 강한 회사라면 노조의 반
대 때문에 해외로 공장을 이전하기 어렵다. 이와 같이 법인세를 올렸을
때에 실제 기업이 해외로 이전하는지는 나중에 데이터를 확보해서 분석
을 해 봐야 그 논증이 정확한지를 판단할 수 있다. 따라서 "법인세를
올리면 삼성전자가 해외로 이전한다."는 형식을 취하더라도, 그 논증이
참인지는 실제로 그 결과를 따져 봐야 하므로, 생략삼단논법의 논리를
실체 논리라고 한다.

3. 대전제

1) 생략 가능하거나 불필요한 대전제들

생략삼단논법도 삼단논법처럼 대전제를 이용하여 논증하는데, 생략

삼단논법의 경우 대전제가 항상 필요한 것도 아니고, 대전제가 항상 진리인 것도 아니다. 앞서 이야기했듯이 생략삼단논법은 대체 가능한 의견, 즉 상대적인 진실을 더 설득력이 있게 논증[1]하는 것이기 때문이다. 생략삼단논법에 이용되는 대전제는 통상 친숙한 사실이어서 굳이 언급을 하지 않아도 청중이 이를 스스로 추가하여 논증을 이해할 수 있다(수사학. 1357a). 대전제도 없이 말하는 생략삼단논법이 설득력이 있는 이유에 관하여 아리스토텔레스는 원래 사람들은 스스로 생각해서 아이디어를 이해할 때 즐겁기 때문이라고 했는데, 다시 말해 생략삼단논법은 청중들이 생략된 대전제를 찾아내어 스스로 추론하게 해서 깨닫는 지적인 즐거움을 주기 때문에 효과가 있다고 했다.

예를 들어 "돈이 궁한 사람이 돈을 빌린다. 홍길동은 돈이 궁했다. 따라서 홍길동이 돈을 빌렸다."라는 논증을 보자. 여기서 대전제는 "돈이 궁한 사람이 돈을 빌린다."인데, 돈이 궁하면 돈을 빌리기도 하지만, 장발장처럼 빵을 훔치기도 하고, 그냥 안 빌리고 궁한 대로 살 수도 있다. 즉, 대전제는 확실한 진리도 아니고, 맞을 수도 있고 틀릴 수도 있지만 사람들이 상식으로 당연히 간주하는 것이기 때문에 대전제 없이 나머지 문장들만으로도 논증이 된다. 실제 대화에서는 "홍길동이 돈을 빌렸다."고 간단하게 말해도 무슨 맥락인지 다 알아듣는다.

2) 생략삼단논법의 대전제들(통념과 표지)

생략삼단논법에서 있어서 통상 대전제로 사용될 수 있는 것은 통념(A Probability, eikos, '통념'으로 번역됨)과 표지(Sign)이다. 통념은 앞서 본 예와 같이 "기업은 이윤을 목적으로 한다."처럼 상식적인 명제들을

---

1) 논증(Arguments)이 통상 논제 혹은 주장(Statements)을 제시한 후에 입증(Support)의 과정을 거쳐서 논제와 주장의 당위성이나 진실성을 밝히는 것을 의미한다[즉, 논제 제시＋입증].

의미하는데, 절대적인 진리가 아니다.

표지에는 두 종류가 있다. 오류가 있는 표지와 무오류표지이다.

무오류표지(tekmērion)는 거의 과학적인 진리와 유사하여 반증이 불가능한 표지를 말한다. 가령 "그가 열이 있다는 사실은 그가 아프다는 표지이다."고 말을 한다면, 열은 아픈 사람들에게 나타나는 생리적인 현상이어서, 위 논증은 경험에 비추어 거의 반박이 불가능하기 때문에 이를 오류 없는 표지라고 하고 완전증거라고도 한다. 예를 들면 친생부인의 소나 친생자관계부존재확인의 소에서 DNA 감정을 들 수 있다. DNA 감정결과가 소송에서 결정적인 이유는 그 대전제라고 할 수 있는 "자식들이 부모들의 유전자를 물려받는다."가 과학적 진실이기 때문에 수사학적인 논증이 필요 없기 때문이다.

오류표지(semeion)은 "그가 급하게 숨을 쉰다는 사실은 그가 열이 있다는 표지이다."는 논증에서는, '급한 숨'을 쉰다고 다 열이 나는 것은 아니기 때문에 얼마든지 반증이 가능하므로, 이를 오류 있는 표지라고 한다.

소송에서 자주 보는 오류표지는 바로 도장(圖章)이다. 우리나라에서는 계약서 같은 법률문서에 본인의 도장을 찍는 문화가 있는데, 찍힌 도장의 모양을 인영(印影)이라고 한다. 어떤 서류에 인영이 존재하는 경우, 그 인영은 도장의 소유자가 찍은 것으로 추정할 수 있고, 특히 인감도장에 의한 인영이라고 한다면, 인감도장은 인감증명 제도를 통하여 국가가 관리하는 것이기 때문에, 그 서류에 있는 인영은 인감도장의 소유자가 직접 찍은 것으로 인정하는 것이 상식에 부합한다. 이는 서명이나 손가락 지문인 무인(拇印)의 경우에도 마찬가지이다. 그래서 우리나라 민사소송법 제358조는 "사문서는 본인 또는 대리인의 서명이나 날인 또는 무인(拇印)이 있을 때에는 진정한 것으로 추정한다."는 규정을 두었다. 그런데, 다른 사람이 본인의 서명을 위조하거나, 도장을 훔쳐서 찍는 경우가 꽤 있어서 실제 소송에서 많이 다투어진다. 그래서 도장 소유자가 남이 자신의 도장을 훔쳐서 차용증을 위조한 것이라고 입증을 하면 그 도장이 찍힌 차용증은 다른 사람이 작성한 것으로 무효임을 주장할 수 있다. 그런데 사실 남이 본인의 도장을 훔쳤다는 것을 입증하는 것이 쉽지 않고, 그것을 입증하기 위하여 사문서 위조죄로 형사고소를 하기도 한다.

3) 경험칙

판사가 사실인정을 할 때에는 증거를 바탕으로 하지만 제출된 증거를 종합해서 어떤 사실을 인정할지는 결국은 판사의 자유재량에 따르게 되는데 이를 자유심증주의라 한다. 우리나라 민사소송법 제202조는 다음과 같이 규정하고 있다.

> 제202조(자유심증주의)
> 법원은 변론 전체의 취지와 증거조사의 결과를 참작하여 자유로운 심증으로 <u>사회정의와 형평의 이념</u>에 입각하여 <u>논리</u>와 <u>경험의 법칙</u>에 따라 사실주장이 진실한지 아닌지를 판단한다.

민사소송법에는 법관이 사실의 주장을 가리는 데 기준을 제시하고 있는데, ① 사회정의와 형평의 이념, ② 논리, ③ 경험의 법칙에 따라서 하도록 규정하고 있다.

우선, 정의와 형평을 사실인정에 고려하는 것은 타당하지 않다. 예를 들어, 부자와 빈자 사이의 소송을 할 때에 가난한 자들에게 유리하게 사실인정을 하라는 것인지 명확하지 않다. 객관적이고 냉정하게 사실관계를 인정하는데 왜 정의와 형평의 추상적인 이념을 고려해야 하는지 그 이유도 알 수 없다(참고로, 우리 민사소송법의 모범이 된 일본의 민사소송법이나, 독일의 민사소송법에는 이런 구절은 없다). 정의와 형평은 보통 사실인정의 단계가 아닌, 최종 결론이 정의로운지, 혹은 형평에 맞게 결론을 조절하는지의 문제로 논의된다. 사회정의와 형평과 같은 개념은 사실 법관의 사실인정을 하는 데 아무런 도움이 되지 못하고, 오히려 사실인정에 방해가 된다.

그다음 기준이 논리인데, 논리는 사실은 애매하고 막연한 개념이다. 앞서 삼단논법은 형식을 분석해서 진실을 검증하는 것이라고 설명했다. 법정에서 이루어지는 사실인정의 논리는 이와 같이 논리학에서 말하는 삼단논법은 아니고, 추론을 말하는데, 일반적으로 추론이라고 할 때에 는 하나의 정당한 근거를 기본으로 해서 순차적으로 다른 사안에도 정 당함을 밝히는 것이라고 할 수 있다. 이런 측면에서는 논리는 추론을 잘해서 더 설득력이 있도록 사실인정을 하라는 의미로서, 증거로부터 알 수 있는 사실이나 사정에서부터 이익과 같은 동기, 범주의 문제, 시 간의 선후, 장소 등 위치, 인과관계, 부분과 전체의 관계, 모순·대체· 주종 등의 관계, 피고인과 피해자의 심리 등을 잘 추론해 내라는 의미 가 아닐까 한다. 법관이 적용하는 논리는 자연법칙처럼 절대적인 진리 를 적용하는 것이 아니므로, 법정에서 어떤 사건을 논리적으로 분석하 는 것은 일반인이나 직업 판사들이나 별 차이는 없고, 오히려 이익이 걸 린 개별 사건에서는 일반인들이 논리적으로 분석을 더 잘하기도 한다.

일반적으로 법조인들은 판사들이 성문법의 규정을 대전제로 삼아 삼 단논법으로 판결한다고 알고 있는 경우가 많다. 예를 들면, ①『타인의 재물을 절취한 자는 6년 이하의 징역 또는 1천만 원 이하의 벌금에 처 한다(형법 제329조)』를 대전제로 하고, ② 소전제로『홍길동은 이몽룡의 물건을 절취했다』로 사실인정한 후에, ③『그러므로, 홍길동에게 징역 1년에 처한다』로 결론내리는 것이 삼단논법이라는 것이다.

그러나, 대전제인 형법 조문은 국회가 입법으로 만든 것으로 절대 진리도 아니고, 홍길동은 경우에 따라서는 처벌이 되지 않을 수도 있는 등 법정에서 변론의 내용에 따라 결론이 천차만별이 될 수 있다. 이러한 판사의 추론 방식은 삼단논법이 아니다. 일반적으로 대륙법계 국가에서는 판사들을 불신하는 입법자들이 법률로써 요건과 효과를 엄격하게 규정해 놓고, 판사들은 재량 없이 기계적으로 사실인정을 해서 법률효과를 주라는 의도가 있다.[2] 즉, 판사의 추론을 법조문에서 출발하는 삼단논법이라고 할 때에는 판사에 대한 불신과 법률을 만드는 입법부와 행정부의 우위가 근저에 깔려 있다. 이런 법 체계에서 판사의 주된 임무는 법조문을 임의로 해석해서 창의적으로 사건을 해결하는 것이 아니라, 법전 중에서 법조문을 잘 검색해 내는 것이 주된 임무가 된다.

예를 들어, 만취한 유부녀가 너무 좁아서 접촉할 수밖에 없는 좁은 남녀 공용 화장실에서 피고인이 자신의 허벅지를 아래에서 위로 쓰다듬었다고 경찰에 강제추행으로 신고했다. 그런데 다음과 같이 경찰에게 말을 했다.

신고 당시 현장	피고인이 의도적으로 한 것인지 모르겠습니다. 술이 깨어 마음이 진정되면 정식으로 조사받고 싶습니다.
일주일 후 경찰서	• 누군가 손으로 만지는 느낌이 들었어요. 그게 스치는 그런 느낌은 아니었습니다. • 저는 전혀 취하지 않았습니다.

이런 상황에서 여성의 말을 믿고 피고인이 강제추행죄를 저질렀다고 사실인정을 하는 것이 논리적인가? 이럴 경우 판사나 변호사들이 관심을 가지는 논리는, ① 여성이 진술이 일관성이 있는지, ② 피고인이 범

2) John Henry Merryman, Rogelio Pērez-Perdomo, 『The Civil Law Tradition』(An Introduction to the Legal Systems of Europe and Latin America)(3rd), Stanford University Press, 제36, 37면

행을 하게 된 이유나 동기, ③ 여성이 피고인을 무고할 동기가 있는지, ④ 피고인과 피해자의 진술이 화장실의 구조와 일치하는지 등의 쟁점이다[앞서 법정연설에서 다루어야 할 내용으로 ① 행위의 동기, ② 범죄자의 심리상태, ③ 피해자들의 특징이라고 설명한 적이 있다(수사학. 1368b)]. 이런 문제를 따지는 것이 법정에서 문제 삼는 논리이고, 삼단논법의 논리와는 다르다는 것을 쉽게 알 수 있다.

그다음 기준이 경험의 법칙인데 이를 줄여서 '경험칙' 또는 '사회통념'이라고 부른다. 대법원은 경험칙을 "각개의 경험으로부터 귀납적으로 얻어지는 사물의 성상이나 인과의 관계에 관한 사실판단의 법칙"이라고 하며, 각 판사는 경험칙에 부합하도록 사실인정을 할 것을 요구한다. 대표적인 경험칙은 도시 일용노동자의 가동연한(정년)은 만 65세라는 것이다. 물론 65세를 넘어서 일을 하는 사람들도 있으니, 반드시 경험에 부합할 정도로 규칙이 된 것은 아님에도 불구하고, 하급심 판결은 도시 일용노동자는 65세까지 일하는 것을 법칙처럼 취급해서 판결한다. 독자들은 왜 저게 법칙이 되는지 의문을 가질 수도 있다.

각 판사는 서로 다른 경험을 가지고 있어 경험칙의 내용이 판사들마다 다르기 때문에, 모든 판사들이 공유하는 경험칙 같은 것은 사실상 존재하지 않으므로 당사자의 주장이나 증거를 대하는 태도가 같지 않다. 특히 당사자의 주장이 흔하지 않은 경험에 기초한 주장이나 경험일 경우에는 판사들이 이를 이해하지 못할 가능성이 크다.

실제 연구에 따르면 경험에 기초하여 판단을 할 경우, 사람들은 드물게 발생하는 사건에 대하여 발생가능성을 과소평가하는 경향이 있다고 할 수 있는데, 그 이유는 대체로 사람들이 그런 경험을 안 겪어 보았기 때문에 그렇다는 것이다(Danial Kahneman, 『Thinking, fast and slow』, 제332면). 예를 들어, 최근 '영끌족'이라고 해서 20－30대 중에서 빚을 내어 집을 사거나 가상화폐 등에 투자하는 젊은이들이 많은데, 이들은 1997년 외환위기나 2008년의 금융위기를 겪어 보지 않아서 자산이 급락할 수 있다는 사실에 대하여 발생 가능성을 실제보다 낮게 보고, 위험한 자산투자를 쉽게 하는 것이다.

실제로 나의 개인적인 경험으로는, 수영장에서 발이 아파 발을 주무르고 있을 때에 이를 지켜보던 초면의 여성 강사가 와서 나의 발을 마사지해 주면서 근육통 등을 설명해 준 적이 있었다. 아마 자신의 수강생을 모집하려는 의도에서 혹은 자신이 부상을 당한 경험에서 온 동정심 같은 것에서 그렇게 행동했을 것이다. 그런데, 이 이야기를 나에게서 들은 다른 판사들이 처음 보는 사람이 그렇게 한 것은 성추행이라고 하면서, 당신이 무슨 매력이 있어서 그런 대접을 받느냐는 듯한 뉘앙스로 거짓말하지 말라고 했다. 운동이 직업인 사람들이 보통 성격이 화통해서 아파 보이는 사람에게 마사지 좀 해 주는 일에 상대방으로부터 일일이 허락을 구하지 않을 것이 그들의 습관일 것이라고 경험으로 알고 있거나 짐작할 수 있는 사람이라면 나의 경험에 쉽게 공감하겠지만, 그런 경험이 전혀 없는 사람들은 저런 호의도 성추행으로 간주한다.

우리나라에서는 전문 법관이 사실인정을 하는 것을 당연시하지만, 서양 문화에서는 고대부터 일반인이 사실판단을 해 오던 것이 그들의 문화였다. 아테네의 배심법정도 그러했지만, 로마인들도 다툼이 주로 사실 문제에서 발생하기 때문에 일반인들도 사건을 판결할 수 있었다고 믿었고, 실제 소송의 판결은 법무관이 지명한 일반인 심판인(judex)이 담당했다(한동일, 『법으로 읽는 유럽사』, 제113, 114면). 현대에도 영미법 국가에서는 배심원들이 사실인정을 하는 것은 주지의 사실이고, 미국에서는 작은 행정구역인 town이나 village에서는 변호사 자격도 없는 일반인이 판사로 선출되어 판결을 하는 시스템이 아직도 존재하는데, 이런 판사들을 town court judge/justice, village court judge/justice라고 한다.

4) 청중이 알고 있는 대전제를 이용함

당연한 이야기이지만, 화자와 청자가 생략삼단논법의 숨겨진 대전제를 반드시 서로 공유해야만 생략삼단논법으로 설득이 가능하다. 연설가가 생략삼단논법으로 설득할 수 있는 범위는 청중들이 알고 있는 대전제의 한도 내이다.

유능한 연설가는 청중들이 알고 있는 대전제에 맞추어 이야기를 해야 하는데, 청중의 규모가 커질수록 대체로 교양이 부족하거나 공통의 대전제를 공유하지 않는 사람들이 다수를 이룰 것이기 때문에 쉽고 평범한 대전제를 이용해야 한다. 따라서 특히 대중을 상대로 이야기를 할 때에는 쉬운 대전제를 이용할 수밖에 없고, 대중의 감정도 이용해야 한다.

히틀러는 대중에게 쉽게 말해야 한다는 것을 잘 알고 있었고, 철저하게 쉽게 이야기를 하고, 대중의 단순한 감정을 이용했다.

> "대중은 단순한 사고도식과 단순한 감정도식을 갖고 있습니다. 대중이 정리할 수 없는 것은 대중을 불안하게 만듭니다. 그들의 삶의 법칙을 고려함으로써만이 나는 그들을 지배할 수 있습니다." (김종영, 『히틀러의 수사학』, 제22면)

아리스토텔레스는 생략삼단논법의 이러한 단순한 논증구조 때문에 덜 교육받은 범부들이 지식인들보다 연설을 더 잘 할 수 있다고 했다. 범부들은 자신들이 겪은 구체적인 경험들을 대전제로 사용하여 쉽게 공감할 수 있는 말을 하는 반면에, 지식인들은 일반론을 많이 이용하기 때문에 쉽게 공감을 끌어내기 힘들기 때문이다.

　현대의 행동 경제학에서도 이런 경향을 인정한다. 사람들은 숙고를 해서 결론을 도출(시스템 2 사고방식, System 2 Thinking)할 수 없는 상황에서 연상을 이용하여 성급하게 지레짐작을 하는 경향이 있다(시스템 1 사고방식, System 1 Thinking). 연상을 할 때에는 생각난 정보만을 이용하여 이야기를 만들어 낸다. 이런 시스템 1 사고방식이 제대로 작동하였는지 기준이 되는 것은 그 만들어진 이야기가 논리적 일관성을 가지는지 여부인데, 시스템 1 사고방식에서는 판단의 근거가 되는 정보의 양과 질은 중요하지 않다. 다시 말해 시스템 1 사고방식에서는 자신이 알고 있는 정보의 수가 적고, 그 정보들 간에 논리적으로 일관성이 있을 경우에는 자신의 믿음이 확실하다고 과신한다. 따라서 활용할 수 있는 정보의 수가 적을수록 일관성이 있는 이야기를 만들어 내기가 수월하다. 이를 "보는 것이 전부이다(What You See Is All There Is, WYSIATI)."라고 한다(Daniel Kahneman, 『Thinking, fast and slow』, 제85-86면). 따라서 청중들을 잘 설득하는 연설가의 특징은 청중이 알고 있는 소수의 정보들을 잘 연결시켜서 논리적으로 일관성 있도록 만들어 내는 사람인데, 그 정보들의 질이 신뢰할 만한 것인지는 문제되지 않는다. 따라서 소수의 정보만 알고 있는 범부가 지식인보다도 더 설득력이 있게 이야기를 만들어 낼 수 있다고 할 수 있다.

　예를 들어, 정치자금법위반으로 처벌된 한명숙 전 총리나 드루킹과 공모하여 댓글을 조작하다가 처벌된 김경수 전 경남도지사의 경우에는 자신들의 무죄를 주장하면서, 자신들이 처벌되는 이유를 정치 보복이나 검찰의 음모, 과잉수사 때문이라고 주장한다. 하지만 그들을 유죄로 처한 판결문을 읽어 보면 법원은 수많은 증거들에 근거하여 그들을 유죄로 인정했음을 알 수 있는데, 민중들은 복잡한 판결문을 잘 읽지도 않고 이해도 어려우므로, 단순한 스토리텔링이나 음모론을 더 믿는 경우가 많다. 따라서 한명숙 전 총리나 김경수 전 도지사의 경우 자신의 지지자들이 가지고 있는 정치보복이나 검찰의 음모론을 대전 제로 삼아서 자신들의 무죄를 강변하는 것이 효과적인 설득이 될 수 있다.

5) 반박하기 힘든 대전제를 이용할 것

주의할 것은 이런 이유로 생략삼단논법을 이용하여 설득하기 위해서 는 일반적으로 받아들여진 의견들이라고 이를 대전제로 이용하여서는 안 되고, 연설을 듣는 청중들이 반박할 수 없는 권위를 가진 의견들과 결정들을 대전제로 삼아야 한다는 것이다. 인간은 현실에서는 리더를 뽑아서 그들의 영도하에 살아가지만, 정신의 영역에서도 자신의 사상이 라는 것이 없을 정도로 과거의 권위자들의 사상에 종속되어 있다. 예를 들면 친동생이 집 안에서 문지방에 서 있었는데 이를 본 어머니가 "문 지방 밟지 마라"고 소리를 지르셨다. 내가 어머니에게 왜 문지방을 밟 지 말아야 하는지 물어보면서, "공자님은 평소 문지방을 밟지 않았는 데,[3] 왜 동생이 문지방을 밟으면 안 되느냐?"고 물어본 적이 있다. 그러 자 어머니가 말하기를, "공자님처럼 훌륭한 분도 문지방을 안 밟았으니, 네가 당연히 문지방을 밟는 것이 아니다." 그 말을 듣고 나는 뭐라고 반박할 수가 없었는데, 공자님을 최고의 성인으로 알고 있는 사람에게 공자님이 틀렸다고 말할 수가 없었던 것이다. 다시 말해 공자님을 최고 의 성인으로 알고 있는 사람에게는 공자님의 말씀을 대전제로 이용하여 설득하는 것이 현명하고, 예수님이나 부처님의 말씀은 차선책으로 쓰는 것이 좋을 것이다.

이처럼 반박하기도 애매하고, 사람들이 들으면 설득되는 대전제를 개 발하는 것은 설득에 있어서 아주 중요하다. 나는 왼발에 족저근막염이

---

3) 논어, 향당(鄕黨) 제10편에 나온다. "入不中門, 行不履閾(서 있을 때에는 문 가운데 있지 않았고, 다닐 때에는 문지방을 밟지 않았다.)"

생겨서 혹시 침이라도 맞으면 금방 나을까 싶어 어느 한의원을 방문한 적이 있다. 그런데 한의사의 설명이 범상치 않았다. 그 한의사의 말은 배 근육이 딱딱한 것이 문제라고 했다. 그러고는 나의 배를 만져보고는 횡경막 부분과 아랫배 부분이 딱딱하다고 말하고는, 침을 꼽고 15분인 가 그대로 있으라고 한 후 물리치료를 했다. 내가 과거에 가끔씩 다니 던 한의원들은 침놓고 뜸을 뜨거나 어혈을 제거하는 방법을 써서 바로 효과가 있었는데, 이 한의사의 치료는 전통적인 방법이 아니었다. 내가 물리치료실에 누워 있는 동안, 그 한의사가 다른 환자들에게 말하는 것 을 들어 보니, 허리디스크 환자에게도 배 근육이 딱딱해서 풀려야 한다 고 하고, 교통사고를 당해 치료를 받고 있던 여환자에게도 배근육이 딱 딱하다고 하고 마침 그 여환자가 근육을 풀기 위해서 마사지를 받고 있 다고 하니까, 웃으면서 "마사지 받아도 배 근육 안 풀립니다."라고 말했 다. 한의학을 잘 모르는 나는 '이 사람 대전제 하나는 참 잘 개발했다' 는 생각이 절로 들었다. 그 한의사의 치료는 나와는 별로 맞지 않는 것 같아서 두 번 다시 그 한의원에 가지 않았다.

6) 교양, 인문학의 중요성

사회 전체의 의사결정절차에서 보았을 때에는 사회 구성원들의 지적 인 수준, 교양 수준이 높아야 집단 전체가 사회의 운명을 결정 짓는 이 슈들과 대전제들을 잘 이용하고 판단할 수 있다.

아리스토텔레스는 철학자의 지식 혹은 앎(Epistēmē)과 의사 등 전문가 들이 가진 전문기술(Technē)과 일반대중들이 가지고 있는 교양(Paideia) 을 구분했다. 비록 대중들이 전문가들의 지식과 기술을 구사할 능력은 없을지라도, 집단적으로는 교양(교육)을 통하여 적어도 전문가 집단과 동 등한 정도의 판단력을 가지고 있을 수 있다고 생각했다. 예를 들어 국가 는 여러 다른 사람들이 모여 사는 곳인데 그런 사람들끼리 파트너십을 이루어 조화하는 것은 교양(교육)(paideia)을 통해서 이루어지고(정치학. 1263b), 민주정체하에서 시민 각자는 기술자보다 못한 판단자일 수 있지만, 집단적으로는 더 낫거나 동등한 판단자일 수가 있다(정치학. 1282a). 보편 교육은 각 개인이 거의 모든 전문 지식의 영역에서 판단을 내릴 수 있도록 하는 것을 속성으로 하고, 어떤 특수 분야에 한하여 판단능력을 갖추는 것을 의미하지는 않는다(동물 부분론. 639a).

사회 전체가 합리적인 판단을 내리기 위해서는 각 시민이 교육을 통하여 여러 분야에 관심을 가지고 지식을 갖추어서 독자적인 판단을 할 수 있도록 훈련되어야 하고, 이런 교양을 갖춘 시민 집단이 내린 판단에 의하여 국가가 지속하는 것이 이상적인 국가이다. 대중들이 그런 교육을 받지 못해서 분석력과 판단력이 집단적으로 떨어지고 선동가들이 유도하는 감정에 쉽게 휩쓸리면 그 나라는 몇 세대 못 가서 주저앉는다고 봐야 한다.

몇 년 전 대표적인 친문 인사인 유시민 씨가 한 TV 토론에서 소득주도 성장정책을 옹호하면서, "최근 최저임금이 너무 많이 올라 30년 함께 일해 온 직원을 눈물을 머금고 해고했다는 기사를 보고 눈물이 났다." "아니, 30년을 한 직장에서 데리고 일을 시켰는데 어떻게 30년 동안 최저임금을 줄 수가 있나?"라고 말하고, 방청객들이 적극적으로 웃음으로 호응했다.[4] 그 사업주를 비웃는 유시민 씨나 방청객 혹은 시민들은 당연히 사업주가 최저임금을 줄 수 있는데도 안 준다는 대전제하에서 사업주를 조롱했을 것이다. 하지만 내가 재판에서 보는 개별자들의 삶의 현실은 그렇지 않다. 법정에서는 최저임금을 받지 못하는 근로자도 많지만, 최저임금을 줄 여건이 안 되는 사업주들도 심심치 않게

---

4) 김지혜, 『유시민 "최저임금 올라 30년 일한 직원을 해고했다고요?"에서 방청객이 빵 터진 이유는?』경향신문, 2019. 1. 3., https://m.khan.co.kr/national/national−general/article/201901031110001#c2b (2021. 8. 7. 접근)

만난다. 솔직히 최저임금을 받지 못한 근로자보다 돈을 줄 여력이 없는 사업주들이 더 딱해 보이는 경우도 있다. 유시민 씨의 말을 듣고 내가 제일 걱정되는 것이 그 사업주가 최저임금을 줄 여력이 되는데도 안 준 사람이라면 비난받아 마땅하지만, 최저임금을 겨우 줄 수 있는 정도의 사업주라면 마음의 상처를 받지 않을지가 걱정이다. 말로만 극빈자들에 대한 배려를 주장하지만, 실제로는 정말 어려운 사람들의 입장을 전혀 이해 못하는 배려 없는 사회의 단면을 보여준다. 실제로 최저임금이 크게 상승한 2018년과 2019년의 경우 임금 체불의 규모도 늘어난 것은 최저임금을 줄 수 없는 영세 사업자들이 상당한 규모로 존재한다는 것을 의미한다.[5]

최저임금 인상을 주장하는 사람들이 간과한 가장 중요한 대전제가 있는데, 행복을 추구할 책임은 누구에게 있는지 문제이다. 보통은 개인이 행복을 추구할 주체인지, 혹은 국가가 개인이 행복을 추구할 조건을 만들어 줄 책임이 있는 주체인지를 가지고 논쟁한다. 예를 들면, 미국과 같은 개인주의 국가에서는 각 개인이 자유와 행복을 추구할 절대적인 권리를 가지고 국가가 이를 방해하지 말 것을 헌법에 규정해 놓았다. 이에 반하여 복지국가에서는 국가가 각 개인이 행복을 추구할 수 있도록 적극적으로 시스템을 구축하는 것을 목표로 한다.

그런데 최저임금의 급격한 인상의 숨은 대전제는 "행복의 조건을 사업주가 책임진다."는 것이다. 가령 동네 편의점주가 한 달 동안 600만 원을 버는데, 최저임금의 상승으로 150만 원을 알바생들에게 더 나누어 주고 나면 450만 원의 수입이 남게 되는데, 알바생들의 삶의 조건을 높여주기 위하여 본인의 수입을 줄여 나와 가족의 삶의 조건을 악화시키

---

5) 김희래, 『최저임금 인상 후폭풍… 밀린 월급 1조 6,000억, 임금체불 일본의 16배』, 매일경제신문, 2022. 6. 2., https://www.mk.co.kr/news/economy/view/2022/06/488919/ (2022. 9. 28. 접근)

는 것은 정당한가?

자유주의하에서 행복은 각 개인이 추구하는 것이고, 국가는 이를 방해하지 않는 것이 원칙이고, 국가가 개인의 행복을 방해하는 것을 막는 것이 가장 기본적인 문제이다. 예를 들어 자유주의 사회에서는 어떤 지도자가 "국가가 당신들을 행복하게 해 주겠다."고 말한다면(나폴레옹이 이런 식으로 연설했다고 한다) 이는 거짓말이라고 봐야 한다. 행복은 각 개인이 자신만의 미덕을 추구하여 도달하는 것이지, 국가나 집단이 규정한 행복의 조건들을 각 개인이 수용한다고 해서 개인이 저절로 행복해지는 것이 아니다.

급격한 최저임금 인상보다는 국가가 직접 저소득층을 보조하는 것이 자유주의 원리에 맞는 제도였을 것이다. 최저임금을 과도하게 올려 중상공인들에게 과도한 부담을 지우는 것은 중상공인들이 누려야 할 경제적인 자유와 행복을 지나치게 제한하는 것이다. 게다가 정부는 결국 한시적으로 '일자리 안정자금'을 만들어 최저임금을 지급하기 힘든 중상공인들에게 정부 보조금을 지급하였는데, 이런 정부보조금은 저임금 근로자들에게 직접 지급하는 것이 자유주의 원리에 부합하는데, 소상공인들을 국가보조금을 받는 신세로 전락시키는 것은 무슨 논리인지 모르겠다.

7) 대전제와 논증과정의 예측가능성

생략삼단논법을 사용할 때에는 생략되는 대전제와 주장 사이에 논증과정이 멀어질수록 청중이 대전제를 추측하기가 어렵게 되어서 명확성을 해친다(수사학. 1395b24 – 25). 다시 말하면 대전제-소전제-결론의 각 단계가 서로 관련이 있어야만, 순서대로 이해를 할 수 있다는 뜻이다.

우리나라의 이혼소송 제도는 유책주의라고 해서 혼인관계의 파탄에 주된 잘못이 있는 유책 배우자는 이혼청구를 할 수 없다. 예를 들어 부인을 상습적으로 폭행해 온 남편, 간통남이나 간통녀는 원칙적으로 이혼청구를 하지 못하고 반대편 배우자만이 이혼을 청구할 수 있다. 내가 담당한 사건 중에 남편으로부터 상습적으로 폭행당한 부인이 더는 못 참겠다고 남편을 상대로 이혼청구를 한 사건이 있었는데, 남편도 자신의 폭행을 인정하고 부인의 요구대로 이혼하기로 원만하게 조정되던 중이었다. 그런데 갑자기 남편이 부인을 상대로 반소로 이혼청구를 했다. 황당해진 나는 남편의 변호사에게 "피고는 왜 갑자기 반소를 합니까?"라고 물은 적이 있었는데, 이는 '유책 배우자는 이혼청구를 할 수 없다'는 대전제를 생략해서 물은 것이었다. 그러자 남편의 변호사는 "기세상 반소를 제기했습니다."라고 말했다. 솔직히 이미 결론을 다 내어 놓은 판사 입장에서는 당황스러운 상황인데, 위 대화는 생략삼단논법이 정확하게 사용된 법정대화였다. 그 변호사의 대답에는 "유책 배우자라서 승소할 수 없다는 것을 잘 알고 있지만"이라는 대전제가 생략된 대화이다.

그런데, 법정에서 이런 전후 맥락과 대전제를 모른 채 그 변호사의 말을 듣는 방청객의 입장에서는 아마도 '남편이 기세상 이혼을 구하는 반소를 제기하다니'라고 하면서 부인도 아주 나쁜 사람으로 잘못 알아들었을 것이다.

그렇다고 해서 논증과정을 명확하게 한다고 생략삼단논법의 모든 단계를 입증하거나 다 아는 것들을 나열하는 것도 필요하지 않는데, 명백한 것을 굳이 말하는 것은 말을 낭비하기 때문이고, 무엇보다 듣는 사람이 스스로 깨치는 즐거움이 줄어들기 때문에 적절히 생략해야 한다. 앞서 내가 "왜 반소를 합니까?"라고 간단하게 물으면 상대방이 내 말의 취지를 알아듣지 못할까 봐 "우리 판례상 원칙에 의하면 유책 배우자는 이혼 청구를 할 수 없고, 피고는 이미 부인을 상습적으로 폭행하였음을 인정하였습니다. 따라서 유책 배우자인 피고는 반소를 제기하더라도 승

소 판결을 받을 수 없습니다. 그런데 왜 반소로 이혼을 청구합니까?"라
고 다 물을 필요가 없다는 것이다.

8) 생략삼단논법과 사실관계

생략삼단논법을 효과적으로 적용하려면, 주제와 관련된 구체적이고
개별적인 사실관계를 잘 파악하여야 한다. 만일 사실들을 잘 모르는 경
우에는 생략삼단논법을 구성할 재료가 없어서 공허한 논증이 된다. 실
제로 주제와 관련된 사실들을 많이 확보하고 있을수록 수사학은 필요
없어지고, 논증도 간단하다.

변증론에 소개된 '많고 적음'의 토포스, "즐거움은 좋음이므로, 보다
많은 즐거움은 보다 많은 좋음이다."를 이용하여 어느 정치인이 다음과
같은 논증을 했다고 가정한다(『변증론』. 115a). "우리는 대학교육을 의무
교육으로 만들어야 합니다. 왜냐하면 배움은 즐거움이고, 따라서 대학
에서 더 많이 배우는 것은 즐거움이 더 많아져서 더욱더 좋기 때문입니
다." 토포스를 이용하기는 했지만, 너무 진부해서 사람들이 이런 말을
들으면 바로 집중력을 잃는다. 이러한 논증은 설득력이 없다. 하지만
"대학 졸업생들의 혼인율과 취업율이 더 높기 때문에 우리는 대학교육
을 의무 교육으로 만들어야 합니다."라고 말을 하면 구체적인 사실을
제시하기 때문에 설득력이 높다.

한 번은 군청에서 골프연습장 설치를 불허한 사건이 있어 현장검증을
간 적이 있다. 군청이 골프연습장 설치를 불허한 이유는 골프공 타격음
이 인근 고등학교까지 들려서 학생들의 학습에 방해가 된다는 것이었다.
소송을 제기한 원고는 "골프연습장과 학교 사이에 언덕이 있어서 소음
이 차단되고, 소음전문가에게 자문을 받았는데 학교에서 골프타격음은
들리지 않는다는 의견을 받았다."라고 말했다. 이에 반해서 군청을 대리
하는 상대방 변호사는 "소음은 거리에 비례해서 커지는데, 골프 연습장

과 학교 사이의 직선거리가 가까워서 소리가 들린다."고 했다. 누구의 말이 더 구체적이고 설득력이 있는지는 말할 필요가 없을 것이다.

4. 격언

아리스토텔레스는, 격언을 이용하는 것도 생략삼단논법의 일종이라고 했다. 격언은 '이피크라테스(Iphicrates)는 누구인가'와 같이 개별적인 것이 아니라, 일반적인 것을 다룬 것 중에서 인간 행동의 목적, 어떤 것들을 선택하고 회피해야 하는지 등에 관한 명제를 의미한다. 생략삼단논법이 격언과 같은 현실적인 주제를 다루기 때문에 격언은 추론과정이 생략된 생략삼단논법의 대전제나 결론이 된다고 할 수 있다.

예를 들어, "모든 것에서 자유로운 사람은 없다."라는 격언에다가 '왜냐하면', '그러므로'를 붙이면 각 생략삼단논법이 된다.

"모든 것에서 자유로운 사람은 없다. 왜냐하면 모든 사람은 부나 운의 노예이기 때문이다."라는 이유를 붙이면 격언이 생략삼단논법의 결론이 되었다.

"모든 것에서 자유로운 사람은 없다. 따라서 너는 국가의 명을 따라야 한다."에서는 격언이 대전제로 사용되었다.

격언이라도, 일반적인 의견과 일치하지 않아서 논란의 여지가 있거나 반대되는 내용이라면 이를 보완하는 문장을 덧붙여야 한다. 예를 들면 "적어도 나는, 사람들로부터 시기를 받지 않거나 게으르게 되지 않기 위하여, 아이들은 교육을 받지 말아야 한다고 생각한다."와 같다.

격언의 사용이 적절한 경우는 나이가 많고 경험이 많은 분야에 관련하여 연설할 경우이다. 젊은 사람이 격언을 사용하는 것은 만들어 낸 것으로 보여서 어울리지 않는다. 사람들이 분노나 공포의 감정에 있을 때에 격언을 이용하는 것도 바람직하지 않다고 한다.

"너 자신을 알라", "무슨 일이든지 지나치지 않게"와 같이 너무 많이 알려진 격언들에 반대되는 격언들로 자신의 인격을 더 좋게 만들어 보이거나, 감정을 표현하는 경우에는 적절하게 사용될 수 있다. 예를 들어 "'너 자신을 알라'라는 말은 합당합니다. 그러나 그는 그렇고 그런 사람이었기 때문에, 만일 그가 자신을 잘 알았다면, 그는 최고 지휘권을 주장하지 않았을 것입니다."는 인격을 표현하는 데 사용된 것이고, "저는 '어느 것도 지나치지 않게'라는 격언에 공감할 수 없습니다. 왜냐하면 사람은 악당을 지나치지 않게 미워하지 않을 수 없기 때문입니다."는 감정을 표현하는데 각 격언을 사용한 예이다.

　격언이 도움이 되는 또 다른 이유는, 일반적으로 청중들은 자신의 의견을 다른 사람이 말하는 것을 듣는다면 즐거워하는 근성이 있기 때문이다. 예를 들어 이웃에 나쁜 사람이나 아이들이 있다면, "이웃들보다 더 귀찮은 것은 없어요." 또는, "아이들의 부모가 되는 것보다 더 어리석은 것은 없어요."라고 말을 해 주면 듣는 사람은 자신의 입장을 잘 공감해 주었다고 생각하면서 그러한 말들을 반긴다.

　따라서 연설가는 평소 청중들이 가진 의견이 어떻게 형성되어 왔고, 그 의견의 구체적인 내용은 무엇인지를 알고 있어야 하고, 그 의견을 일반적인 명제나 격언의 형태로서 말할 수 있어야 한다. 내가 미국에서 법조윤리 수업을 들을 때에 교수님이 전설적인 법정 변호사(Litigator)들은 배심원들이 어떤 성격과 사상을 가졌는지를 알아내기 위하여 심리 전에 배심원들이 사는 동네를 일부러 돌아봤다고 했다.

　또한 에토스에 의한 연설이 가장 설득력이 있다고 설명했는데, 격언의 가장 큰 이점은 연설을 윤리적으로 만든다는 것이다. 연설가가 격언을 일반적인 명제의 형태로 사용하면 그의 윤리적인 의도를 보여줄 수 있다. 만일 좋은 격언을 쓴다면, 연설가도 좋은 인격을 가진 사람이라는 것을 보여 준다.

5. 생략삼단논법의 실제 예시(2권 23장)

생략삼단논법은 증명을 위한 것과 상대방의 주장을 반박하기 위한 것으로 나눌 수가 있다. 그중에서 반박하는 생략삼단논법이 더 인기가 있다고 한다. 증명을 위한 것이든지 반박을 위한 것이든지 간에 가장 인기가 있는 생략삼단논법은 피상적이지 않으면서 시작하자마자 청중이 결론을 예상할 수 있는 것과 청중들이 조금씩 뒤처져 따라가다가 말이 끝났을 때 그 의미를 이해할 수 있는 것이라고 한다(수사학. 1400b). 아리스토텔레스는 수사학 2권 23장에서 생략삼단논법으로 증명하거나 논박하는 28가지의 실례를 설명하고 있다. 아래에서는 그중 몇 가지를 소개한다. 아리스토텔레스가 로고스를 이용한 설득으로 명명하기는 했지만 실제 생략삼단논법과 무관한 것도 꽤 있어서, 실제로는 말싸움의 구체적인 기술들을 쭉 나열한 것으로 본다.

1) 반대를 이용하여 증명하기

우선 반대를 고려하는 것이다. 한 명제가 반대의 성질을 가지고 있는지를 살핀 후에, 만일 그런 것이 없다면, 바로 명제를 반박하고, 만일 반대의 성질이 있다고 한다면, 그것을 이용하여 논증을 확립한다. 예를 들어 "절제는 유익하다, 왜냐하면 음란함은 해롭기 때문이다."고 말을 하는 것이다. '절제'와 '음란함'이 서로 반대이고, '유익하다'와 '해롭다'가 서로 반대가 된다. 절제가 유익하다는 것과 정반대의 명제를 언급하여, 절제가 유익하다는 것을 더욱 설득력 있게 입증했다.

2) 상호관계 이용하기

만일 A가 B에게 숭고하거나 정의로운 대우를 하였을 때에는, B는 숭고하거나 정의로운 대우를 받았음이 틀림이 없다, 혹은 명령이 정당한 경우에는, 그 명령에 복종하는 것이 정당하다고 말하는 것이다. 하지만 이 논증방법에는 오류의 가능성이 존재한다. 위 논증에서는 A가 B에게 어떠한 행위를 하는 것이 정당한지와 B가 그러한 행위를 받아들여야 하는지는 별개로 따져야 한다. 예를 들면 "그녀는 사형에 처할 범죄를 저질렀기 때문에, 당신이 그녀를 처형하는 것도 정당하다."라고 논증했다고 했을 때, "판사들은 그녀를 사형에 처한다고 판단하였지, 내가 그녀의 처형을 집행해야 한다고 판단하지 않았다."와 같이 반박했고, 만일 '내'가 '그녀'의 아들이라고 한다면 위 논증은 명백히 잘못된 것이라고 할 수 있겠다.

실제 소송에서, 피고인이 여성에게 노골적인 구애의 문자 메시지를 보냈기 때문에, 피고인은 나중에 여성을 만나 성추행을 한 것이 틀림이 없다고 주장하는 경우가 있었다. 그러나 위 추론이 타당하기 위해서는 구애의 문자메시지를 한 남성이 이후 실제 메시지를 받은 여성을 성추행 하는 통계(빈도)에 대한 조사가 있어야 한다. 다시 말해서 구애의 문자 메시지를 보내는 문제와 그 남성이 성추행을 하는 것은 별개의 문제이다.

3) A fortiori, 과다 혹은 과소

A fortiori라는 말하기 기술은 특히 유명한 기술이다. 어떤 것이 존재할 상황에서 그것이 존재하지 않는다면, 그것이 덜 존재할 것 같은 상황에서 그것이 더욱더 존재하지 않는다고 말하는 것이다. "신들도 전지하지 않거늘, 하물며 인간이랴!"처럼 신도 전지하지 않기 때문에 그보다 못한 인간은 당연히 전지하지 않다는 것을 대구를 만들어 표현했다. 위 예처럼 A fortiori는 대구법으로 많이 사용된다.

또한 같은 원리로 덜 진실로 보이는 상황에서 어떤 것이 진실인 경우에는, 더 진실로 보이는 상황에서는 더욱더 진실이라고 할 수 있다.

"아버지를 폭행한 자는, 이웃도 폭행한다."의 경우, 존속폭행이 흔하지 않기 때문에 아버지를 때린 자는 이웃도 당연히 폭행할 수 있다는 의미이다.

아리스토텔레스가 든 재미있는 예로는, "다른 전문가들이 모욕을 당하지 않는다면, 철학자들도 모욕을 당하지 말아야 한다." 혹은 "만일 장군들이 자주 패했음에도 경시되지 않는다면, 소피스트들도 경시되지 않아야 한다." 등이 있다.

4) 정의(Definition)을 이용하기

가령 "무엇이 정령(daimonion)입니까? 확실히, 그것들은 신(god)이거나 신의 작품들입니다. 그렇다면 신이 만들어 낸 것을 믿는 사람은 신이 존재한다는 것을 믿을 수밖에 없지 않습니까?"와 같은 것이다. 플라톤이 서술한 『소크라테스의 변명』에 나오는 내용이다. 소크라테스는 자신이 무신론자가 아니라는 것을 로고스를 이용하여 멋지게 증명하고도 적개심에 가득 찬 배심원들에 의하여 유죄에 처해졌다.

5) 논리적 분류

예를 들면 "모든 사람은 세 가지 동기들로부터 잘못을 저지르는데, A, B 혹은 C 때문이다. 나의 사건에 있어서는 A와 B가 아님은 명백하고, 나를 고발한 사람도 C를 주장하지는 않았다."라고 입증하는 것이다.

6) Divarication(상충되는 결과를 모두 제시하기)

이 방법은 어떠한 것을 권유 또는 제지할 때에 예상되는 좋은 결과와 나쁜 결과를 모두 적용하는 것을 의미한다. 예를 들면 그 여사제는 그녀의 아들에게 대중 연설을 하지 말라고 말리면서 "왜냐하면 만일 네가 사실을 말하면 사람들이 너를 미워할 것이고, 만일 네가 거짓말을 하면

신들이 너를 미워할 것이기 때문이다." 여기에 대한 대답은 "반대로, 너
는 대중에게 연설을 해야 한다. 왜냐하면 만일 네가 사실을 말하면 신
들이 너를 사랑할 것이고, 만일 네가 거짓말을 하면 사람들이 너를 사
랑할 것이기 때문이다."

7) 의중 간파하기

사람들은 표면적으로는 정의와 숭고함을 천명하지만 내심으로는 개
인의 이익을 더 중시한다. 따라서 상대방이 아직까지 내세우지 않은 새
로운 관점을 추론하여 입증하는 깃은 유효한 논증방법이 된다. 이 기술
은 패러독스를 다룰 때 가장 설득력이 있다.

주택 재개발과 관련된 소송에서는, 조합이 집주인들에게 집을 명도하
여 달라는 소송을 자주 하는데, 집주인들은 "이 땅에 애착을 가지고 수
십 년을 살았다.", "조부 때부터 지킨 집이다."라고 말하면서 집의 명도
를 거절하는 경우가 많다. 이때 조합에서 집주인이 시세의 3배를 보상
금으로 요구했다는 증거를 제출하면, 판사들은 바로 피고들이 내심의
의도를 파악하고 신속하게 조합 측에 승소판결을 내린다.

좀 엽기적인 사건도 있었는데, 내가 이혼소송을 담당할 때에 남편과
5살 된 아들을 버리고 본가로 돌아간 젊은 아내가 남편을 상대로 이혼
을 청구한 사건이 있었다. 아내가 이혼을 원하는 이유는 남편이 부동산
투자에만 관심이 있고 집안일을 소홀히 한다는 것이었다(그 남편은 당시
갭 투자를 통해서 강남과 분당에 3채의 집을 취득했었다). 그런데, 나중에 남
편이 낸 자료를 보니, 사실은 아내는 집을 나간 후 명문대 대학원을 등
록해 다니면서 처녀 행세를 하고 재혼할 준비를 했던 것이 밝혀진 적이
있었다.

8) 어느 쪽이든지 결과는 동일하다는 것을 밝히기

두 가지 경우의 결과가 동일하다는 것을 밝히는 것도 가능하다. 예를 들면 신들도 태어난다고 말하는 것은 신들이 죽는다고 말하는 것과 마찬가지로 신성 모독이라고 할 수 있는데, 위 두 명제의 결과들은 모두 신들이 존재하지 않는 시기가 있었다는 결과에 이르게 되기 때문이다.

고대 아테네에서는 부자들이 기부의무인 Liturgy를 이행하여야 했는데 그 의무를 이행하지 않을 경우에는, 다른 시민들이 그 의무자를 상대로 서로의 재산을 교환하자는 소송을 제기할 수 있었다. 만일 소송에서 이기면 부자의 재산을 자신이 취득하고 그 재산으로 기부의무를 이행하는 것이다. 이러한 소송제도를 안티도시스(Antidosis)라고 했다. 이소크라테스는 말년에 삼단노선 선주로서 의무를 이행하지 않는다는 이유로 Antidosis를 제소당했고, 자신이 직접 이를 방어하기 위하여 변론하게 된다. 당대 제일의 철학자 이소크라테스는 다음과 같이 말했다.

"우리가 하고 있는 논쟁과 결정은 사소한 문제가 아니라 가장 중요한 문제들을 다루고 있습니다. 당신들은 나에 관해서만 투표하는 것이 아니라, 젊은이들이 관심을 가졌던 나의 경력에 관하여 투표하는 것입니다."(Isoc. 15. 173). 즉 소송에서 패소하는 것은 자신의 재산을 빼앗는 것이기도 하지만 결과적으로는 자신에게 더 중요한 학자의 명성을 다 빼앗는 것이라고 변론한 것이다.

9) 사람들의 선택 성향을 이용하기

사람들은 항상 이전에 한 선택과 동일한 선택을 나중에 다시 하지는 않고, 오히려 그들이 한 과거의 선택을 뒤집는 경향이 있는데, 이를 이용하여 말을 할 수 있다.

아테네가 펠로폰네소스 전쟁에 패전한 직후, 스파르타의 요구로, 포르미시오스는 토지를 소유하지 않은 아테네 빈민들의 참정권을 제한하는 법안을 민회에 제출했다. 민주정체 도시에 살던 아테네 민중들이 반대했음은 명백한데, 다음은 뤼시아스가 작성한 위 안건에 반대하는 연설의 일부이다. 스파르타와 다시 싸우는 일이 있어도 참정권을 제한해서는 안 된다는 주장이다.

> "아테네인들이여, 만일 우리가 해외에 머물렀을 때에는 귀국하기 위하여 스파르타와 싸웠다면, 지금 귀국한 마당에 스파르타와 싸우지 않기 위하여 출국한다는 것은 끔찍한 일일 것입니다." (Lys. 34. 11)

10) 시간, 행위, 말과 대조되거나 모순점을 언급하기

논박을 할 때에, 상대방의 주장을 과거의 모순되는 행동, 말 혹은 두 가지를 대조하여 반박할 수 있다. 예를 들면 상대방의 과거 행동을 언급하는 경우는, "그는 여러분들에게 헌신하겠다고 말을 합니다. 하지만 그는 30인 참주들의 활동에 연루되었습니다."

자신의 행동을 들어 반박하는 예는, "그는 내가 소송을 좋아한다고 말했습니다. 하지만 그는 제가 제소한 단 한 건의 소송도 제시하지 못했습니다."

두 가지를 모두 원용하는 예는, "그는 한 번도 누구에게 1페니라도 빌려준 사실이 없지만, 나는 여러분 중 많은 사람들에게 이미 속죄금을 대신 지급하여 주었습니다."와 같은 것이다.

11) 더 잘 할 수 있었음을 입증하기

시간 차이를 이용한 입증방법의 일종인데, 과거에 더 나은 방법을 이용할 수 있었는데 이를 하지 않았다면, 그 피고인은 무죄이다. 이러한 논증은 오류가능성이 높다. 왜냐하면 어떤 사건이 실제로 일어나기 전에는 무슨 경로가 더 나은지를 미리 판단하는 것이 아주 어렵고, 사건이 끝나고 시간이 흐른 뒤 비로소 더 나은 것을 발견할 가능성이 크기 때문이다.

예를 들어, 최근에 집값이 폭발적으로 올랐음을 이유로 2008년도 금융위기 때 폭락한 부동산을 사지 않은 사람은 어리석다고 할 수 없다. 왜냐하면 10년도 더 지난 현재 시점에서 보았을 때에는 2008년에 집을 사는 것이 좋은 선택이었다고 하더라도, 2008년도 금융위기 당시에도 부동산을 매수하는 것은 그리 좋은 선택이라고 볼 수 없기 때문이다.

실제 형사소송에서는, 도구를 이용하는 전문 절도범들은 도구를 이용해서 큰 규모로 절도를 하기 때문에 단순한 소액의 물품 절도를 잘 하지는 않는 경향이 있다. 한 전문 절도범이 단순 절도로 기소된 적이 있었는데 자신은 도구를 이용해서 귀중품을 쉽게 훔칠 수 있었는데도, 이번처럼 단순 절도를 할 리가 없다면서 무죄를 주장하는 경우가 있었다.

12) 이름의 의미를 이용하기

사람의 이름을 이용하는 것인데, 솔직히 이것이 왜 생략삼단논법에 들어가는지는 나는 잘 모르겠다. 예를 들어 민주정 지도자 트라쉬불로스(Thrasybulus)의 이름에는 그리스어로 '용감한, 용기 있는'이라는 뜻의 'Thrasys(θρασύ)'가 포함되어 있는데, 이를 이용하여, 코논은 트라쉬불로스를 "대범한 자문관"이라고 불렀다고 하는데, 이 말기술은 사람이 연상을 하는 시스템 1 사고방식(System 1 Thinking)을 이용한 것이다.

사람이 이름에 따라서 더 굴욕적이거나 명예롭게 들리는 것은 사실이다. 역대 대통령들의 이름 중에서는 '김대중'이 좋아 보인다. "그는 대통령이 될 운명이었다. 이름부터 대중을 데리고 다녔으니."라고 할 수 있겠다.

6. 부진정 생략삼단논법

아리스토텔레스는 수사학 제2권 제24장에서 외형상은 생략삼단논법
으로 보이지만, 실질은 생략삼단논법이 아닌 아홉 가지 경우를 설명한
다. 주의할 점은 이런 형식의 말이라도 생략삼단논법처럼 보이는 형식
을 가지는 한 설득력을 가진다.

우선 생략삼단논법의 추론과정이 없이 "그러므로 이것도 저것도 아
니다." 등 논리적으로 들리는 결론만을 가져다 붙이는 것은 물론 생략
삼단논법이 아니다. 또한 "그는 누구를 구했고, 누구를 위하여 복수를
하였으며, 그리스인들을 해방시켰다."와 같이 마치 삼단논법처럼 논증
되는 것처럼 들리게 말하는 것도 부진정 생략삼단논법이다.

전체와 부분을 혼동시키는 것도 부진정 삼단논법이다. 예를 들어
글자를 아는 사람은 단어를 아는 사람이라고 말하거나, 피라이우스
(Piraeus) 항구에 삼단노선이 있다는 것을 알고 있기 때문에 피라이우스
항구와 삼단노선을 다 안다고 말하는 것과 같다.

아리스토텔레스는 부진정 생략삼단논법 중에서 특히 절대적인 가
능성과 상대적인 가능성을 혼동시키는 말기술에 관하여 비난한다. 당
시'eikos(개연성)' 논증이라는 수사학 기술이 유행했는데 이를 못마땅하
게 생각한 것 같다. 이러한 부진정 생략삼단논법은 ① 절대적으로 발생
할 가능성과 ② 절대적으로 발생하는 것이 아니라 개별 사건에서만 생
기는 가능성을 혼동시킬 때에 생긴다.

개별적인 발생가능성과 일반적인 발생가능성은 같지 않다. 예를 들어
사람들 중에서 돈이 궁한 사람이 도둑질을 할 가능성과 돈이 궁했던 장
발장이 실제 빵을 훔칠 가능성은 서로 다르다. 그런데도 장발장은 돈이
궁했기 때문에 빵을 훔친 것이 틀림없다고 주장한다면, 이것은 잘못된
논증인데, 이런 식의 논증이 바로 일반적인 발생가능성과 개별적인 발

생 가능성을 혼동시킴으로써 상대방을 기만하려는 것이다.

기만적인 논증은 구체적인 맥락, 관련성, 장소와 시간을 언급하지 않는 데에서 생겨나며, 또한 항상 특정한 사안에서 논란이 되는 발생가능성은 일반적인 것이 아니고, 개별적인 것임에도 이를 혼란스럽게 하는 데에서 출발한다. 수사학의 창시자라고 불리는 코락스(Corax)의 수사학이 이러한 내용으로 채워져 있다고 한다. 예를 들면 만일 약골이 폭행죄를 저질러 기소를 당할 염려가 있는 경우에는, 그의 변론은 그는 약골이어서 그러한 범죄를 저지를 가능성이 적다는 것이다. 만약에 힘센 사람이 폭행죄를 저질러 기소를 당할 염려가 있을 때에는, 그의 변론은 역시 그는 그럴 범죄를 저지르지 않을 것 같다는 것인데, 그 이유는 사람들은 힘센 사람이 폭행죄를 저지를 것이라고 확신하기 때문이라는 것이다(그래서 사람들로부터 오해를 받지 않도록 평소 폭력을 행사하지 않도록 조심한다는 취지이다). 이러한 논증 형식을 역가능성 논증(The Reverse-Probability Arguments, 또는 The Art of Corax)이라고 한다.

실제 형사사건 중에서 한 피고인은 "제가 전과가 많아서 다시 범죄를 저지르면 중한 처벌을 받을 것을 알고 있는데, 이 사건 범행을 또 저질렀겠습니까?"라고 변명하는 사람들이 꽤 있다. 자신의 여자 친구를 꽃뱀으로 유인하여 유부남의 돈을 갈취한 피고인이 "제가 여자 친구를 사랑하는데 그런 일을 시키겠습니까?"라고 말하는 경우도 있었다.

개별적인 사건의 발생가능성과 일반적인 발생가능성을 혼동시키는 기술이 당시 소피스트들 사이에 대단히 유행했던 모양으로, 실제 10대 연설가들의 연설에서 eikos를 이용한 변론이 많이 있다. 특히 안티폰이 eikos 논증을 이용한 모범변론문을 남겼다.

7. 생략삼단논법의 반박

생략삼단논법을 반박하는 것은 두 가지의 방법이 있다.

우선 상대방의 대전제를 이용하여 반대로 추론하는 것이다. "빈부의 격차가 심하다. 그러므로 부자들로부터 세금을 더 거두어야 한다. 왜냐하면 빈민들에게 소득을 나누어 주어야 하기 때문이다."라고 주장한다면, 이에 대하여 "빈부의 격차가 심하다. 그러므로 부자들의 세금을 줄여 주어야 한다. 왜냐하면 그들의 소비를 촉진해서 소득을 재분배할 수 있기 때문이다." 식으로 정반대의 결론을 낼 수 있다. 생략삼단논법의 대전제는 통상 통념을 기반으로 하므로, 정반대로 결론을 내도 논리가 맞는 경우가 많다.

그다음 방법은 이의를 제기하는 것인데 4가지 방법이 있다. 우선 상대방의 대전제 자체를 반박하거나, 추론의 결과에 반대되는 실제 사례를 들어 반증을 하는 것이다. 예를 들어, "사랑은 좋은 것이다."라는 말에 대하여, "결핍은 나쁘다(사랑은 결핍이다)."와 같은 일반적인 통념으로 바로 반박할 수 있고, "근친상간은 나쁘다."고 바로 상대방의 결론과 일치하지 않는 반증을 해서 반박할 수 있다.

앞서 반대를 이용한 생략삼단논법은 반박에도 유용하다. 예를 들어 "훌륭한 사람은 모든 친구들을 우대한다."라고 했을 때 "악한 사람도 친구에게 잘 한다."라고 반증할 수 있다.

유사한 관계를 이용하여 반박을 하는 것은 "고통을 입은 사람은 항상 미워한다."는 "은혜를 입은 사람이 항상 사랑하지 않는다."라고 반박할 수 있다.

권위자가 이미 한 판단을 이용하여 반박하는 것도 가능하다. 예를 들면 "소크라테스는 그렇게 말하지 않았다."와 같은 것이다.

8. 예증법 (Example)

1) 정의

로고스를 이용하는 방법에는 생략삼단논법과 예증법이 있는데, 예증법은 쉽게 말을 하면 서로 같은 것을 보여주는 것이다. 예증법은 귀납의 한 형태인데, 법칙은 경험을 통해서 발견하기 때문에 아리스토텔레스는 귀납을 추론의 기본이라고 했다(수사학. 1393a). 현대적으로 표현하면, 귀납은 '패턴 인식'을 의미한다.

2) 논리학의 귀납법

예증법은 논리학의 귀납법을 수사학에 변용한 것인데, 우선 논리학의 귀납법을 먼저 살핀다. 논리학의 증명방법으로서 귀납법은 다음과 같은 과정을 거치면서 진리를 입증하게 된다.

소크라테스는 죽었다. 부처님도 죽었다. 예수님도 죽었다.

소크라테스는 사람이다. 부처님도 사람이다. 예수님도 사람이다.

그러므로, 모든 사람은 죽는다.

위 과정 이외에도, 위 각 단계에서의 반증이 없다면, 최종 결론인 "모든 사람은 죽는다."는 진실로서 증명된 것으로 간주되는 것이 논리학의 삼단논법 중 귀납법이다. 그리고 귀납으로 얻어진 명제인 "모든 사람은 죽는다."는 삼단논법의 대전제가 되어 진리로 인정된다.

3) 수사학적인 귀납법

예증법은 수사학에서의 귀납법인데, 논리학의 귀납법과 차이점은, 귀납법은 전체와 부분의 상호 관계를 증명하는 것이지만, 예증법은 두 개의 논제가 같은 종류에 속하거나, 하나가 다른 하나보다 더 친숙하다는 것을 입증하는 것이다. 반드시 두 개의 관계가 절대적으로 관련성이 있다는 것을 증명하는 것이 아니라, 이것으로 보았을 때 저것일 가능성도 있다는 것을 보이는 것이 예증법이다.

예증법의 종류로는 ① 실제 과거 사실을 인용하는 방법과 ② 연사가 예를 만드는 방법이 있다. 실제 과거사실을 인용하여 입증하는 방법은 다음과 같다.

> "우리는 페르시아 왕과의 전쟁을 준비해야 하고, 그가 이집트를 점령하도록 내버려 두면 안 됩니다. 왜냐하면 다리우스는 이집트를 점령한 후에 에게해를 건너왔습니다. 크세르크세스도 이집트를 점령한 후에 우리를 공격했습니다. 만일 현재의 페르시아 왕이 이집트를 점령한다면 그는 다시 에게해를 건널 것입니다. 그러므로 우리는 그가 이집트를 점령하지 못하게 해야 합니다." "아테네인들은 솔론의 법률을, 라케다이몬인들은 뤼쿠르고스의 법률을 따랐을 때에 번영했고, 테베도 지도자들이 철학자가 되자 번영을 누리기 시작했다."

뤼시아스의 13번째 연설 『아고라토스(Agoratus)를 기소하며』라는 연설 중에 아고라토스가 처벌되어야 하는 이유를 예증법으로 제시한 부분이 있어서 소개한다. 아고라토스는 노예 출신인데 30인 참주들에게 민주정체 지도자들을 밀고하여 처형되도록 했다는 이유로 민주정체가 복구된 후 살인죄로 기소되었다.

"[67] 배심원 여러분, 피고인은 네 형제 중에 한 사람입니다. 장남은 시킬리에서 적군에게 비밀스럽게 불꽃으로 신호를 보내다가 라마코스(Lamachus) 장군에 발각되어 처형되었습니다. 차남은 여기에서 코린토스로 노예를 밀매하였고, 코린토스에서 노예 소년의 밀반출을 시도하다가 발각되어 구금된 후에 죽었습니다.

[68] 셋째는 옷을 절도하다가 파에니피데스에 의하여 체포되었고, 당신들이 배심법정에서 사형을 언도하고, 그도 처형되었습니다. ……"

"[69] 당신들에게 이 자를 유죄에 처할 의무가 있다는 것에 어떤 의문이 있겠습니까? 그의 형제들 각자가 하나의 범죄로 사형에 처해진 것이 당연하다면, 아고라토스가 공개적으로 도시를 상대로 많은 범죄를 저질렀고, 개별적으로 여러분들 각 개인을 상대로 많은 범죄를 저질렀기 때문에, 당신들은 절대적으로 아고라토스를 유죄에 처하고, 각 범죄에 대한 형벌로써 사형에 처해야 합니다." (Lys. 13. 67-69).

연사가 예를 만들어 내는 것은 유사한 사안을 만들어 내는 것과 우화를 드는 방법이 있다. 아리스토텔레스는 연사가 직접 유사한 예를 만들어 내는 예로 소크라테스의 말을 예로 들었다, "관리를 추첨으로 선발하여서는 안 된다. 이것은 대회에 출전할 운동선수들을 추첨으로 선발하는 것과 같다. 또한 이것은 선원들을 선발하면서 키잡이를 추첨으로 선발하는 것과 같은데, 이는 우리가 키잡이에 관하여 가장 많은 지식을 가진 사람 대신 추첨된 사람을 선택하는 것과 같은 것이다."라고 하면서 아테네 민주정체를 비난했다.

우화는 이솝우화 같은 것을 의미하는데, 연사가 실제 사례를 찾기는 어렵지만 우화는 창작하기가 쉽다는 장점이 있고, 대중을 상대할 때 유용하다고 한다. 아리스토텔레스는 이솝의 우화를 소개했다. 이솝

이 사모스(Samos) 섬에서 중죄를 저지른 인민 선동가를 다음과 같이
변론했다.

> "여우 한 마리가 강을 건너다가 바위의 구멍에 쓸려 들어간 후 빠져나
> 오지 못했습니다. 여우는 오랫동안 등에 벼룩들이 달라붙어 고통을 겪었습
> 니다. 지나가던 고슴도치가 그 장면을 보고 불쌍하게 여겨 여우에게 벼룩
> 들을 없애 줄지를 물었는데, 그 여우는 그 제안을 거절하였고, 고슴도치가
> 그 이유를 물었습니다. 그 여우는 '이 벼룩들은 이제는 피를 다 빨아서 더
> 이상 제 피를 빨지 않습니다. 하지만 당신이 벼룩들을 제거한다면, 다른
> 굶주린 벼룩들이 와서 저의 남은 피를 다 빨아먹을 것입니다.'라고 대답했
> 습니다." "그러므로 사모스 시민 여러분, 제 의뢰인은 당신들에게 더 이상
> 의 해를 끼치지 않을 것입니다. 그는 이미 부유하기 때문입니다. 만일 당
> 신들이 그를 사형에 처한다면, 가난한 사람들이 대신 들어올 것이고, 그들
> 의 횡령은 당신들의 재정을 완전히 바닥낼 것입니다."

쭉 따라 읽으면 알 수 있지만, 그 내용은 인상적이기는 하지만 이야
기를 다 듣기 위하여 시간이 걸리고 청중이 인내심을 가져야 한다.

4) 예증법의 반박

예증법을 반박하는 방법은 다음과 같다.

우선 상대방이 든 사례와 모순되는 사례를 들어서 반박할 수 있다.
혹은 상대방이 든 사례보다 더 빈도가 많고 통상적인 사례가 있음을 밝
힐 수도 있다. 만일 상대방의 든 예가 빈도가 더 많고 통상적으로 일어
나는 것이라고 하더라도, 지금 예를 든 것은 동일한 경로로 사건이 발
생하지 않을 것이고, 어떤 차이가 있다고 하는 등으로 반박할 수 있다.

9. 생략삼단논법과 예증법과의 관계

아리스토텔레스는 로고스의 두 방법 중에서 예증법이 생략삼단논법과 같은 설득력을 가지지만, 생략삼단논법에 의하여 말을 하면 더 큰 박수를 받는다고 했다(수사학. 1356b). 생략삼단논법은 대전제를 생략하더라도 청중들이 스스로 삼단논법을 구성하여 즉시 판단하는 것과 같은 효과가 있기 때문에 사람들이 스스로 논증을 이해하는 즐거움과 생생함을 주기 때문이다. 예증법은 아무래도 예를 들어서 설명해야 하니까 논증시간이 길고, 반증을 들기도 쉬우며, 청중도 듣다가 지칠 수 있기 때문에 청중의 즉각적인 반응을 이끌어내는 것이 좀 어렵다. 그래서인지 생략삼단논법으로 논증할 수 없을 때에 예증법을 사용하라고 한다(수사학. 1344a). 만약 생략삼단논법을 사용할 수 있는 경우에는 예증법은 후속적이고 보조적인 증거로 사용한다.

또한 예증법은 생략삼단논법보다 먼저 배치되면 안 되는데, 그 이유는 귀납법적인 느낌을 주기 때문이고, 이러한 구성은 좋은 스피치의 구성방법이 아니다. 만약에 생략삼단논법의 뒤에 예증법이 오게 되면, 이것은 증인과 같은 효과가 있기 때문에 항상 효과가 있다. 같은 이유로 만약에 예증법을 먼저 배치하는 경우에는 많은 예를 들어야 하고, 만약에 마지막에 예증법을 사용할 것이면, 단 하나의 예를 들어도 충분하다.

10. 동서양의 사고방식과 언어습관에 대하여

로고스에 의한 설득이 연역법과 유사한 생략삼단논법과 귀납법과 유사한 예증법이 있다고 했는데, 실제 서양 사람들의 사고방식과 말하기는 대전제인 원칙을 중시하는 방식(원칙 우선 사고방식)과 결론을 중시하는 방식(적용 우선 사고방식)으로 나눌 수가 있다(에린 메이어, 『컬처 맵』, 제126-139면 요약).

원칙 우선 사고방식(Principle–First Reasoning)은 유럽대륙의 철학자들(데카르트, 칸트, 헤겔) 등과 같이 거대 담론을 다루는 경향에서 알 수 있듯이 연역법의 대전제가 되는 일반론에 관한 이론을 우선시하는 사고방식이다. 법률 분야에도 그러한 경향이 존재하는데, 프랑스, 독일 등은 모두 성문법 국가로서 국가의 법체계가 통일적으로 정립되어 있는 형태를 띠며, 개별 사건의 판결은 성문법을 적용하는 형태일 뿐 성문법보다 우선하는 효력은 없다. 비즈니스의 영역에서는 직장 내의 소통은 주로 '왜'를 기준으로 이루어진다. 원칙 우선 사고방식 문화에서 온 사람들과 원활한 소통을 하기 위해서는 항상 원칙과 이유를 먼저 설명하고, 반론도 보여주어야 한다. 즉 결론을 나중에 말한다. 청중들은 분명히 원리나 원칙을 먼저 이해하기 위하여 계속 질문을 하거나, 또는 결론을 먼저 말하는 발표자를 무능하다고 간주할 가능성이 있다. 또한 이런 문화에 익숙한 사람들에게는 특정한 행위를 지시하는 것만으로는 부족하고 이유를 설명하여야 원활한 소통을 할 수 있다.

적용 우선 사고방식(Application–First Reasoning)은 이론을 적용하여 낸 결론을 미리 생각하는 사고방식을 의미한다. 즉 귀납법적으로 사고하는 것이 기저에 깔린 사고방식을 의미한다. 사례가 먼저 제시되고 원칙이 나중에 제시된다. 영국의 경우 13세기의 로저 베이컨, 16세기의 프랜시스 베이컨과 같은 경험주의자들이 이러한 사고방식을 유행시켰고, 그 때문인지 실증을 중요시하는 뉴턴, 다윈과 같은 천재 과학자들이 영국에서 탄생했다. 영국과 미국 문화가 대표적인 귀납법적으로 사고방식을 하는 문화이다. 법률 영역에서는 영국과 미국은 불문법 국가인데, 개별적인 사건에서 내린 법원의 선례가 법률과 같은 효력을 가지고 있다. 이러한 국가의 비즈니스 영역에서는 직장 내에서의 의사소통은 '어떻게'에 중점이 있다. 이런 문화에서 온 사람들과 이야기를 할 때에는 항상 구체적인 결론을 먼저 이야기를 해야 질문을 적게 받거나 중간에 제지를 당할 가능성이 적다. 프레젠테이션을 할 때도 항상 구체적인 결론을 먼저 제시하고 이유와 사례를 제시하여야 한다. 서두에 먼저 결론을 제시하지 않을 경우에 상대방은 내용을 집중하지 못할 가능성이 크고, 많은 질문을 하거나 흥미를 잃는다.

이에 반해 동양인의 사고방식과 말하기는 전체적 사고방식이라고 해서 연역법이나 귀납법에 기반을 둔 것이 아니다. 원칙 또는 적용우선 사고방식은 서양 사람들의 논리적인 사고방식인 반면에 한국, 중국, 일본인들의 사고방식은 이와는 전혀 다른 패턴을 가지고 있다. 서구인들의 사고방식을 구체적(Specific)인 것이라고 한다면, 동양인들의 사고방식은 전체적(Holistic)이라고 할 수 있다(에린 메이어, 『컬처 맵』, 제140면). 예를 들어 피실험자들에게 어항 속의 물고기들을 보여주고 이를 묘사하라고 하면, 서양인 피실험자들은 눈에 띄는 물고기를 자세하게 묘사하는 반면에, 동양인 피실험자들은 물고기가 몇 마리가 있고, 어항 속의 모습이 어떠하며, 물고기와 어항 속의 사물(수초 등)들과의 관계를 설명하는 경향이 있었는데(Richard E. Nisbett, 『The Geography of Thought』, 제90–91면), 이와 같이 개체 자체보다는 주변 배경과의 관계를 더 중시하는 사고방식이 전체적인 사고방식이다.

전체적 사고방식의 원류는 고대 동양 사상이다. 동양 사상은 사물과 그를 둘러싼 환경은 모든 연결되어 있다고 가르쳐 왔다. 도교의 음양(陰陽) 혹은 기(氣) 사상은 전형적인 예들이다. 불교의 경우에도 그 교리(제행무상, 제법무아)와 모순되는 연기사상을 가르쳐 왔는데, '옷깃만 스쳐도 인연'이라는 표현이 말해 주듯이 서로 남남인 사람도 사실은 과거에는 서로 관련이 있던 사람이라고 한다. 유교의 경우 삼강오륜이라는 말이 집약하듯이 각 개인의 사회적인 위치와 입장에 따라서 달라지는 역할과 의무를 규정하였다. 개인의 삶은 다른 사람들과 구분이 되는 특이한 특성을 가진 독립된 삶이라는 인식이 별로 없었고, 각 개인의 삶과 역할이 상황이나 지위에 의하여 변하게 되므로, 각 개인은 자신이 속한 상황이나 자신의 지위에 관하여 더 많은 관심을 가지게 된다. 이러한 동양인의 사고방식을 '장(場)에 의지하는(Field – dependent)' 사고방식이라고 한다(Richard E. Nisbett, 『The Geography of Thought』, 제42면). 구체적인 상황을 더 중요시하므로, 전통에 대한 존중이나 애착이 없고, 새로운 문물을 거부감이 없이 잘 받아들인다. 예를 들어, 현대 자동차의 그랜저는 주기적으로 완전히 디자인을 바꿔서 출시되어 이전 모델과 유사성을 발견하기 어렵다. 내가 보기에는 새로운 것에 민감하고, 과거의 것에 별로 집착이 없는 한국인의 의식 구조를 잘 파악한 영업전략이라고 생각한다. 반면에 독일 차량인 벤츠나 BMW 차량의 경우에는 구식 모델과 비교를 해도 벤츠나 BMW 차량만의 특징이 그대로 남아 있다는 것을 알 수 있다.

이런 사고방식을 가진 사람과 소통하기 위해서는 무대와 배경을 잘 파악하고 있어야 하고, 일단 대화를 다 들어봐야 전체 맥락을 알 수 있다. 법정에서 당사자들이나 변호사들에게 질문을 하면 많이 처하게 되는 상황이 판사가 '예, 아니오'가 예상되는 질문을 하면 상대방은 '예, 아니오' 대신 '이게 사실은'이라고 시작하면서 질문과 관련 없는 대답하는 경우이다. 통상 그런 사람들 중에는 "판사님, 이것은 처음부터 들어야 해요."라고 대화를 시작하고, 결국에는 답변서나 준비서면에 적혀 있어 판사들이 알고 있는 내용을 지루하게 말하는 경우가 많다.

예를 들어 내가 원고에게 "이자 청구가 연 19%인데, 연 19%로 이자 약정을 한 사실이 있습니까?"라고 묻자, 원고는 "이 사건은 제가 9년 전에 돈을 빌려주고 아직도 못 받아서 하는 소송입니다."라고 대답하기도 하고, 다른 원고에게 "이자 청구가 연 8%인데, 이렇게 이자 약정을 하였습니까?"라고 물으면 "지금 그쪽에서 잠적이 된 상태입니다."라고 대답하는 경우도 있었다. 자신이 돈을 빌려주고 받지 못한 채권자의 입장,

혹은 소송을 제기하게 된 배경만을 강조하고, 판사가 관심을 가지는 쟁점인 이자 약정이 있었는지에 관해서는 대답하지 않는다. 주의할 것은 위와 같은 대답하는 사람들은 우리 문화 속에서 잘 적응하고 자란 사람들로서, 위와 같은 대답하는 사람들이 이상한 것이 아니다.

　또한, 서양인들은 논리를 이용하여 모순을 해결하는 것에 민감한 반면, 동양인들은 모순을 수용하고 그럴듯한(Plausible) 이야기를 잘 믿는 경향이 있다고 할 수 있다(Richard E. Nisbett, 『The Geography of Thought』, 제171면). 형사 재판에서는 경찰, 검사, 판사들이 모순에 둔감해서 잘못된 판단을 하는 경우가 종종 있다. 한 피고인은 후배 여학생을 강제추행을 해서 징역형을 받고 구속되었는데, 문제는 피해자가 집요하게 엄벌을 요구하면서 피고인이 법정에서는 자백을 하고, 학교 징계위원회에서는 성추행을 부인했다고 말했다. 그런데 피고인은 학교 징계위원회에서도 자백을 했다고 말했다. 피고인의 말과 피해자의 말이 서로 모순되는데, 1심 판사는 모순관계를 해결하지 않고, 피해자의 말을 그대로 믿고 피고인이 학교 징계위원회에서 거짓말을 해서 나쁘다고 징역형을 선고하고 구속했다. 항소심에서 내가 사건을 살펴보니 피해자의 말은 상식에 반했다. 피고인이 법정에서 자백을 했는데, 학교 징계위원회에서 범행을 부인할 이유가 없었던 것이다. 어차피 피고인이 법정에서 자백한 것을 피해자를 통해 학교 징계위원회에서 알게 되기 때문이다. 결국 피고인의 학교에 징계위원회 회의록을 보내 달라는 문서제출명령을 하였고, 그 회의록을 보니 피고인은 징계위원회에서 자백을 했던 것이 밝혀졌다. 피해자가 거짓말을 했던 것이다. 1심 판사가 로고스에만 의존한 재판을 했기 때문에 오판을 내렸는데 모순 관계에 둔감했기 때문이다.

스피치의 문체(Style)

스피치의 문체(Style)

1. 문체(스타일)의 중요성

스피치의 내용(에토스, 파토스, 로고스)을 발견하였다면, 그다음 단계는 스피치를 어떻게 표현할지도 연구해야 한다. 정확한 판단은 청중들에게 사실관계를 정확하게 전달함으로써 이루어지고, 청중들에게 즐거움이나 고통을 주면서 말하는 것은 피해야 하지만, 청중의 결함 때문에 연설의 내용을 효과적으로 전달할 스타일과 실행(연기)도 연구하여야 한다. 하지만, 수학이나 과학을 배울 때에는 문체를 이용하거나 감정을 이용하여 학습하지 않듯이, 문체나 실행은 진지한 학문을 배울 때에는 사용되지 않기 때문에 실제 연설에서의 효과는 그리 크지 않을 것이라는 것이 아리스토텔레스의 의견이다.

수사학 제3권 제1장부터 제12장까지가 문체에 관한 것으로 그 내용이 많고, 내용도 복잡하다. 특히 고대 그리스어와 문학을 잘 모른다면 이해가 어려운 내용도 많다. 아리스토텔레스의 수사학보다 후대에 쓰여진 『헤레니우스를 위한 수사학』이나 퀸틸리아누스의 『웅변가 교육』에 문체를 잘 정리해 놓았는데, 고대의 그리스인들이나 로마인들이 실제로 책에서 가르치는 대로 연설을 했을까 의문이 들 정도로 정교하게 문체를 수련했던 것 같다. 아래에서는 현대에서도 실용적이라고 생각되는 것을 추렸다.

2. 명확성(제3권 제2장)

좋은 스피치는 명료하여야 한다. 평이한 내용을 전달하지 못하는 스피치는 그 역할을 할 수 없는 말의 낭비이다. 스피치가 명료하기 위해서는 경박하거나, 지나치게 권위적이면 안 된다. 명료성은 현재 사람들이 쓰는 평범한 말(동사나 명사 포함)을 사용함으로써 얻을 수 있다.

또한 이국적인 표현도 명확성에 도움을 주는데, 사람들은 같은 고향 출신의 사람들에게 느끼는 감정을 외지인에게 느끼지 못하는데, 이는 말에 관하여도 마찬가지이고 이국적인 말에서 즐거움을 느낀다.

젊은이들이 숭고한 말을 하거나, 사소한 문제에 관하여 숭고하게 말을 하는 것은 어울리지 않으므로, 주제에 비례하여 과장과 축소를 적절하게 사용하여야 한다.

연설가가 어떤 의도를 가지고 있을 때도 자연스럽고 평범한 말을 사용해야 하고 인위적으로 만든 말을 사용하지 말아야 한다. 왜냐하면 청중들은 인위적으로 들리는 말에는, 마치 다른 사람들이 그들을 위하여 포도주를 섞어 주는 것과 같은 편견을 가지고 있어서, 모종의 의도가 숨어 있을 것이라고 의심하기 때문이다. 따라서 우리의 목적을 달성하려면 일상생활에서 사용되는 용어들 중에서 단어들을 뽑아 스피치를 하여야 우리의 목적을 성공적으로 숨길 수 있다.

같은 이유로, 귀에 익지 않은 이상한 말, 복합어, 인조어(만들어 낸 말) 등은 반드시 예비적으로 필요한 경우에 사용한다. 모호한 말들은 소피스트들이 주로 청중을 현혹하는 말이다. 故 박원순 시장이 자살했을 때 박원순 시장으로부터 성추행을 당한 것으로 알려진 여성에 대하여 당시

여권에서는 '피해 호소인'이라는 말을 만들어 유포했다가, 여론의 역풍을 맞았는데, 이에 잘 부합하는 사례이다.

아리스토텔레스는 적절하고 평범한 말들 외에도 은유법(Metaphor)을 다른 스타일이 줄 수 없는 명료함, 호소력, 돋보임을 주는 것으로 아주 중요하게 간주하는데, 그것은 배워서 사용할 수 있는 것이 아니라고 했다.

故 노무현 대통령을 옆에서 보좌했던 윤태영 씨의 글에 따르면, 노무현 대통령의 언어 습관에서 아리스토텔레스의 언어 원칙이 녹아 있음을 잘 알 수 있다. 아래 글은 윤태영 씨가 노무현 대통령의 평소 말을 기록한 것이다.[1)]

그의 언어감각에는 남다른 데가 있다. 화려한 수식어는 없다. 하지만 사람의 마음을 움직이는 힘이 있다. 우선 그의 언어는 대중적이다. 서민적인 표현들이다. 사투리도 등장한다. 사촌이라 할 만한 토속어도 등장한다. 기가 막힌 비유들도 있다. 말을 만들어 내는 재주도 있다. 이야기에는 고저가 있고 장단이 있다. 시쳇말로 듣는 사람들을 들었다 놨다 한다. 속담도 있고 경구도 있다. 그것이 원래 있던 말인지, 스스로 만들어 낸 말인지 헷갈릴 때도 있다. 그 많은 표현과 문구들을 어떻게 기억하고 있는지 궁금해진다. 그것이 어떻게 적절한 타이밍에 튀어나오는지 정말 알 수 없다.

"날아가는 고니 잡고 흥정한다." 대화가 되지 않는데 애써 붙잡고 어떻게든 뭘 해 보려는 상황을 빗댄 말이다.

"목욕도 안 가고 장가를 가는 격이다." 기본도 갖추지 않은 채로 무리하게 욕심을 부리는 모습을 이른다.

"물 젖은 솜이불에 칼질하는 격이다." 역시 되지도 않을 일을 억지로 추진하는 경우를 빗댄 표현이다.

---

1) 윤태영, 『기록』(윤태영 비서관이 전하는 노무현 대통령 이야기), 노무현 재단 기획, (주) 한솔수북 출판(2014), 제30−33면에서 일부 발췌

3. 표현의 정확성(제3권 제5장)

아리스토텔레스는 좋은 스피치의 구성요소로서 언어사용은 정확하여야 한다고 주장하면서, 이에는 다섯 가지의 요소가 있다고 설명한다.

우선 접속구, 접속사 등을 순서에 맞게 정확하게 사용하여야 한다. 가령 "그런데 저는, 그가 저에게 말을 하자마자, 그들을 따라서 출발했습니다."라는 표현은 주어인 '저는'과 나머지 술어인 '출발했다'와 거리가 떨어져 있어서 불명확한 표현이 된다.

두 번째는, 사물을 부를 때 그들의 고유한 이름을 불러야 하고, 막연한 일반적인 말을 하지 않는 것이다. 예를 들면 현대 자동차가 생산한 '국산 중형 자동차' 대신 '그랜저'라고 이름을 말하는 것이 혼동의 여지가 없는 정확한 표현이다.

세 번째는, 불명확함을 피하는 것이다, 뭘 아는 척하려고 하지만 실제로는 아는 것이 없는 사람들이 말할 때를 제외하고는, 불명확한 표현을 하지 말아야 한다. 예를 들면 신탁을 해석하는 사람들은 그냥 "그 일은 일어날 것이다."라고 이야기하는 편이 특정한 날짜를 추가해서 "그 일은 언제 일어날 것이다."라고 구체적으로 말하는 것보다 훨씬 틀릴 가능성이 낮다.

네 번째는 분류를 정확하게 표현하는 것인데, 명사는 남성, 여성, 무생물로 구분하는 것과 같은 것이다.

다섯 번째는 단수와 복수를 정확하게 표현하고, 명사, 대명사, 동사도 그에 맞게 사용하는 것이다.

4. 적절성(제3권 제7장)

감정과 인격을 표현하고, 주제에 상응하면 그 언어는 적절한 것이다. 주제에 상응한다는 것은 심각한 문제에 경박하게 말하지 않고, 사소한

문제에 진지하게 말하지 않으며, 통용되는 명사들에 미사여구를 붙이지
않는 것을 말한다. 이를 지키지 않으면, 그 말은 비웃음의 대상이 된다.
예를 들어 과거에 KBS『시청률의 제왕』이라는 코미디 프로그램에서
주인공 이상훈 씨가 로봇청소기를 소개하며, "세련된 디자인에 소음이
적고 흡입력이 강하며, 사람 손이 닿지 않는 침대 밑과 소파 밑까지 알
아서 구석구석 청소를 해 주는 인공지능 똘똘이 로봇청소기"[2]라고 말
한 적이 있는데, 한마디로 웃긴다. 분노를 말할 때에는 분노의 언어를
사용하고, 불손함이나 더러움을 표현할 때에는 역겹거나 일부러 잘 쓰
지 않는 말들을 사용하며, 영광스러운 일화를 말할 때에는 기뻐서 흥분
한 말을 사용해야 한다.

언어를 적절하게 사용하면 연설의 내용을 더 신뢰하게 만든다. 청중의
심리는 연설가가 진실을 말한다는 인상을 받으면, 자신의 감정도 동화되
어서, 연설가가 진실을 말하고 있다고 잘못 생각한다. 이런 이유로 연설
가가 격정적으로 말을 하면 청중들은 그 내용이 공허하더라도 공감한다.

성격은 증표에 의하여 표현될 수 있는데, 성격의 유형과 습성이 바로
그것이다. 유형은 나이, 성별, 출생 국가 등으로 나누는 것을 말하고, 습
성은 그 사람의 삶에 의하여 특징이 지워진 것을 의미하는데, 농부와 지
식인이 서로 같은 표현을 쓰지 않는 것과 같다. 에토스 편에서도 설명하
였는데, 가령 경상도 지방을 방문한 타지 사람은 "내가 내려와쓰예"같은
말을 쓰거나, 전라도 지방에 가서는 "내가 와땅께"라는 방언을 쓰는 것
처럼 청중이 가진 유형과 습성에 호소하여 호감을 얻을 수 있다.

감정을 표현하는 데 유의할 점 중의 하나는, 감정과 인격, 목소리, 특
성을 한꺼번에 모두 표현하면 청중들은 그 의도를 간파한다. 따라서 말투

---

2) KBS, 2019. 6. 20.『크큭티비: 130630 703회 개그콘서트 시청률의 제왕 박성광,
   김태원, 박소라, 이상훈, 양선일, 이희경』, https://www.youtube.com/watch?v
   =JSbxX−7CJaI (영상 중 06:20초부터)

가 거칠면, 목소리와 표정까지 거칠게 만들 필요는 없다. 한 경우에 하나의 방법만을 이용하여 연설하면, 청중들은 그 의도를 알아채지 못한다.

합성어, 다수의 형용사구, 외국어 등은 격정적인 연설가에게 잘 어울릴 수 있고, 특히 연설가가 군중을 장악한 상태에서도 유효하다. 예를 들면, 반대편 정당 사람들을 비난하면서, '1인 1망언 제조기' '삼류 데려와 나라 망친 불법무능 정권' 같이 합성했거나, 긴 형용어구가 수식하는 단어를 격정적으로 말해도 어색하지 않다.

5. 리듬(제3권 제8장)

고대 그리스에서는 연설가들이 연설에다가 시에서 사용되는 운율과 리듬을 적용했었던 모양이다. 아리스토텔레스는 연설에 운율이 들어가면 인위적으로 들리고, 청중들이 운율을 따라가느라 산만해지기 때문에 운율을 쓰면 안 된다고 했다. 하지만 연설에 리듬이 어느 정도 필요하다고 했고, 운율은 이를 보조하는 한도에서 이용할 수 있다고 했다.

연설에 무슨 리듬이 필요한가 의문을 가질 수 있는데, 연설에 리듬이 없으면 문장이나 구절이 구분이 되지 않기 때문에 집중이 어렵고, 연설이 산만하게 들려서, 의미를 잘 전달하기가 어렵다.

언어의 마술사인 버락 오바마 대통령의 연설을 들어보면, 문장이 끝나면 길게 멈추고, 단어나 구절을 말한 다음에 짧게 멈추고, 단순 예시나 긴 단어 등 중요하지 않은 부분은 빨리 말하고, 숫자, 중요한 명사, 핵심 단어 등을 말할 때에는 좀 느리고 강하게 각 단어마다 악센트를 주는 등 분명히 리듬과 변화, 무엇보다 각 문장과 구절들의 의미가 서로 붙어 엉켜 있지 않고 독립되어 있다는 구분감과 의미의 명료함이 분명히 존재한다. 버락 오바마 대통령이 대학에서 영문학을 부전공했다고 하는데 그 때문인지 그의 연설은 듣기가 좋고, 별로 지루하지 않다.

오바마 대통령은 심지어 연설 중에 실제로 노래를 부르기도 했다.

2015년 6월 26일 사우스 캐롤라이나주의 한 흑인 교회에서 9명의 흑인
이 백인의 총격에 희생된 것을 추모하는 연설에서, 오바마 대통령은 장
문의 연설을 하던 중에 자신은 최근 'Grace'라는 말을 생각해 왔다고
하면서 눈을 감고 긴 침묵의 시간을 보낸 후에 갑자기 'Amazing
Grace'라는 노래를 부르기 시작하고, 얼마 지나지 않아 같이 있던 청중
들이 다 같이 노래를 부르기 시작한다.

　시의 운율처럼 정확하게 같은 음을 배치하지는 않더라도, 같은 단어
나 같은 구절을 적절히 배열하는 것은 현대의 연설에서도 많이 쓰인다.
예를 들어, 앞서 에토스 편에 소개한 케네디의 베를린 연설을 살펴보면,
'There are'와 'Let them come to Berlin'이 시의 두운과 각운처럼 반
복해서 쓰이는 것을 잘 알 수 있다.

　　Two thousand years ago, two thousand years ago, the
proudest boast was "civis Romanus sum." Today, in the world
of freedom, the proudest boast is "Ich bin ein Berliner."
　　I appreciate, I appreciate my interpreter translating my
German!
　　There are many people in the world who really don't
understand, or say they don't, what is the great issue
between the free world and the Communist world. **Let them
come to Berlin. There are** some who say, **there are** some
who say that communism is the wave of the future. **Let
them come to Berlin.** And **there are** some who say in
Europe and elsewhere we can work with the Communists.
Let them come to Berlin. And **there are** even a few who
say that it is true that communism is an evil system, but it
permits us to make economic progress. **Lass' sie nach
Berlin kommen. Let them come to Berlin.**

6. 문장(제3권 제9장)

문장은 시작과 끝을 가지고 있고 하나의 의미를 가진 말의 단위이므로, 실제 문장은 그런 역할에 맞게 구성되어야 한다. 현대적으로 이야기를 하면 주어와 술어 등 문장의 최소단위를 갖추고, 한 문장에는 하나의 의미를 담고 있도록 의미의 자족성을 갖추어야 한다는 것이다. 이런 자족성을 갖춘 문장을 듣는 청중들은 무엇인가를 이해하고 있고, 결론에 이르렀다는 느낌을 받는다.

문장이 여러 의미를 전달할 경우에는 접속사를 이용해서 여러 의미를 한 번에 전달할 수도 있는데, 병렬식이나 대조를 이용하는 경우가 많다. 실제 뉴스매체에서는 반대되는 내용들은 대구로 많이 사용된다. 국민의힘 이준석 대표가 당과 갈등이 있자, "이준석 정치, '보약' 대신 '독약'으로 기억될 것인가",[3] 혹은 윤석열 대통령은 후보 시절 "야당후보까지 사찰 … 무릎을 꿇고 살기보다는 차라리 서서 죽겠다."[4]고 말하는 등 실제로 아주 친숙하게 사용된다. 안철수 씨가 이재명 대통령 후보를 비난하는 표현도 있었는데 "30년 전 투자 종목도 기억하는 李, 함께 출장간 부하는 모른다니"[5]도 잘 구성된 문장이라고 할 수 있다.

우리말에는 문장을 구성하는 문체에는 "…다, …까"로 끝을 맺는 격식체와 "…요"로 끝을 내는 비격식체가 있는데, 대중을 상대할 때에는

---

3) 김창균, 『이준석 정치, '보약' 대신 '독약으로 기억될 것인가』, 조선일보, 2021. 12. 30., https://www.chosun.com/opinion/column/2021/12/30/5LZS WSZ2 GNDLHGOHYLGGV3TZOY/ (2022. 3. 10. 접근)

4) 장나래, 『야당후보까지 사찰…무릎을 꿇고 살기 보다는 차라리 서서 죽겠다』, 한겨레신문, 2021. 12. 30., https://www.hani.co.kr/arti/politics/politics_general/1025343.html?_fr=mt2 (2022. 3. 10. 접근)

5) 배성규, 『30년전 투자 종목도 기억하는 李, 함께 출장 간 부하는 모른다니』, 조선일보, 2021. 12. 30., https://www.chosun.com/politics/politics _general/2021 / 12/30/U5XB77CEFBEGTENW6PUYZE4F4U/ (2022. 3. 10. 접근)

특별한 경우가 아닌 한 TV 아나운서들이 사용하듯이 격식체를 사용해
야 한다. 격식체로 말을 하면 전문적으로 들리고 단호한 인상을 주기
때문에 권위와 자신감이 있어 보인다. 하지만 "다, 까"로 말을 계속 하
면 분위기가 너무 딱딱해지므로 필요한 경우에는 비격식체로 전환해서
말하는 것이 좋다.

7. 말과 논리전개의 생생함(선명함)(제3권 제10, 제11장)

아리스토텔레스는 어떠한 표현들이 재치가 있고 인기가 있는지를 정
리해 놓았다. 쉽게 배우는 것은 모두에게 즐겁고, 말은 어떤 것을 의미
하기 때문에 우리로 하여금 어떤 것을 배우게 하는 말들이 가장 즐거운
말들이다.

이런 관점에서는 은유가 가장 뛰어나다. 예를 들어 호메로스가 노년
을 '나무 그루터기'라고 말한 것과 같은 것인데, 둘 다 생기를 잃었다는
점에서 비슷하기 때문에 그렇게 표현한 것이다. 은유가 왜 좋은지는
TV와 신문, 정치인들이 인기를 얻거나 상대방을 비난하기 위하여 은유
가 많이 사용된다는 사실에서 이를 잘 알 수 있다. 윤석열 대통령이 대
통령 선거 유세 중에 말실수를 많이 하니까, 당시 반대편에서는 '1일 1
망언 제조기'[6]로 불렸는데, 바로 선명하게 메시지가 들어온다.

직유도 같은 효과가 있는데, 직유는 '…와 같은'이 추가되기 때문에
은유보다는 좀 더 길다. 『A는 B이다』라고 하지 않기 때문에, 사람들은
왜 A가 B인지 그 표현이 가진 의미를 이해하려고 노력을 적게 한다.
따라서 스스로 생각하는 즐거움이 덜 하다.

대전제가 생략되는 의미를 알게 해 주는 면에서는 생략삼단논법도

---

6) 김보연, 『與, 윤석열 부정식품 발언에, "1일 1 망언 제조기" "불량 대선후보"
  비판』, 조선일보, 2021. 12. 30., https://biz.chosun.com/policy/politics/
  2021/08/02/TLAENLEJHJCT5KWE45SJ3NL6UI/ (2022. 3. 10. 접근)

즐거움을 주는 것이다. 그리고 "모두가 공유한 평화조차 그들의 사적 이익을 방해하는 전쟁으로 간주하는"과 같이 대조를 이용한 문체도 즐거움을 준다. 그리고 단어와 관련하여서는 너무 뻔하거나, 인위적이거나, 이상하지 않은 은유도 즐겁다. 또한, 위 표현들은 눈앞에서 실제로 벌어지는 듯이 말해져야 한다. 따라서 선명한 표현을 위해서는 은유, 대조, 현실감을 목표로 삼아야 하고, 이를 이용한 표현들이 생생한 표현들이다.

표현의 생생함은 청중이 보는 것과 같은 효과를 만들어 낸다는 것인데, 이는 '활동'의 상태에 있음을 표현하는 것을 말한다. 신한 사람을 사각형이라고 말한다면, 둘 다 완벽하기는 하지만 활동성이 없다. 하지만 "활짝 핀 인생의 전성기를 보내는"에서 "활짝 핀"이 활동성을 표현한다. 호메로스가 이런 표현을 자주 했다고 하는데, "무자비한 돌이 들판으로 굴러 내려갔다."도 이러한 선명함을 잘 보여준다. 최근에는 '코로나 쓰나미' 같은 표현도 코로나가 감당할 수 없이 큰 규모로 창궐하고 있다는 것을 잘 보여주는 생생한 은유이다.

은유 중에서는 유추(analogy)에 의한 은유가 인기가 좋다.7) 예를 들어, 페리클레스가 펠로폰네소스 전쟁에서 전사하여 도시에서 사라진 젊은이들을 가리켜 "마치 한 해 중 봄을 빼앗긴 것과 같다."라고 말한 것과 같다. 케피소도토스(Cephisodotus)는 "장군 카레스(Cares)가 올린토스(Olynthus) 원정의 감사 결과를 인민들의 목구멍에 밀어 넣어 질식시켰다."고 말을 했는데, 카레스의 원정이 실패하여 아테네 인민들이 곤경에 처한 상황을 눈에 보이듯 표현한 것이다. 뤼시아스의 추도연설에서 "그리

---

7) 아리스토텔레스는 『시학』에서 은유를 4가지로 분류했다. 그중 '유추에 의한 은유'는 A의 B에 대한 관계는 C의 D에 의한 관계와 같다를 이용한 것이다(『시학』. 1457b15). 페리클레스가 이용한 은유는 "한 해 – 봄" = "아테네 – 젊은이"의 관계를 이용한 것이다.

스는 살라미스 해전의 전몰자들의 무덤 옆에 머리카락을 잘라 바치는 것이 당연합니다.[8] 왜냐하면 그리스의 자유가 그들의 용맹과 함께 묻혀 있기 때문입니다."라고 말한 부분도 자유와 용맹과 같이 형체가 없는 정신적인 가치들을 은유로써 눈에 보이듯이 묘사했다.

생생한 은유와 대조는 실제 현실감 있게 의미를 전달하기 위하여 많이 사용되는 표현법이다. 20대 대통령 선거의 이재명 후보가 젊은이들이 조국 사태에 대하여 느끼는 분개감에 공감하면서 "조국의 강, 안 건넌 게 아니고 못 건넌 것 …… 강폭 넓더라"[9]도 시각적으로 표현한 은유이면서 대구를 포함한 표현이다. 나경원 씨가 "문재인 정부 실정 2년, 곰팡이처럼 피어나고 있다."[10]고 한 표현에서 "피어나고"도 시각적인 은유이다. 환경문제에 관하여 서로 견해를 달리 하는 이재명 대통령 후보가 윤석열 대통령 후보에게 한 "쇄국정책 대원군이 그레타 툰베리를 혼내"[11]라는 표현도 대조와 은유를 함께 사용한 것이다.

앞에서 본 명확성은 말의 의미를 정확하게 이해하는 것이지만, 생생함은 마치 직접 보는 것과 같이 시각을 자극하기 때문에 훨씬 더 효과가 강하다[키케로, 안재원 편역, 『수사학(말하기의 규칙과 체계)』, 제116면].

영화 『Lincoln』에서, 링컨이 한 연설 중에 선명한 은유가 어떤 것인지를 잘 보여주는 부분이 있다. 링컨과 그의 지지자들이 공유하는 가치

---

8) 고대 그리스에서는 키워 준 가족이나 친구를 애도하기 위하여 성년이 되면 머리털을 잘라서 고향의 강물에 바쳤다고 한다(천병희, 『오뒷세이아』 제101면 각주 15 참조).

9) 이보람, 『조국의 강, 안 건넌 게 아니고 못 건넌 것. …강폭 넓더라』, 중앙일보, 2021. 12. 30., https://www.joongang.co.kr/article/25036811#home (2022. 3. 10. 접근)

10) 곽우신, 『나경원 "문재인 정부 2년 실정, 곰팡이처럼 피어나고 있다."』, 오마이뉴스, 2019. 5. 8., http://omn.kr/1j7o4 (2022. 6. 10. 접근)

11) 손덕호, 『이재명, 윤석열 향해 "쇄국정책 대원군이 그레타 툰베리 혼내"』, 조선비즈, 2021. 11. 25., https://biz.chosun.com/policy/politics/2021/11/25/VQPEBDHUIBDTDAQXIR4BPBEHHQ/ (2022. 4. 27. 접근)

들이 깃발이 되어 펄럭이는 것을 활동적으로 잘 표현했다.

> "제가 오늘 할 일은 깃발을 게양하는 것입니다. 기계에 이상이 없다면 제가 깃발을 게양할 수 있을 것입니다. 만일 깃발이 높이 펄럭이면, 여러분들이 계속 펄럭이게 할 책임이 있습니다. 이것이 저의 연설입니다."

> "The part assigned to me is to raise the flag, which if there to be no fault in the machinery, I will do, and when up, it will be for the people to keep it up. That's my speech."

8. 연설 종류에 따른 문체

아리스토텔레스는 정치연설, 법정연설, 예식연설마다 특유의 적절한 스타일이 있다고 설명했다.

연설가는 정치연설과 법정연설 모두에 능통하여야 하는데, 법정연설은 훌륭한 그리스어에 통달한다는 것을 의미하는 반면에, 정치연설은 자신이 할 말이 있을 때 조용히 있을 필요가 없다는 것을 의미한다(즉흥 연설을 해야 한다는 의미이다).

작문과 토론의 문체는 차이가 있는데(현대의 '글성'과 '말성'의 구분과 같다), 구독을 목표로 작성된 연설은 실제 실연을 하면 어색하고, 연설가의 연설도 글로 적어 읽는다면 유치해 보인다. 특히 구술로 하는 연설은 성격과 감정을 잘 표현해야 한다.

"이 사람이 바로 당신들에게 강도질을 한 사람이고, 이 사람이 바로 당신들을 기망한 사람이고, 이 사람이 바로 끝내 당신들을 배신하려고 한 사람입니다."와 같이 동어를 반복하는 것은 문어체에서는 중복이지만, 실제 연설에서는 연기하듯이 말을 하면 설득력이 있다. 주어와 술어도 없고, 과다한 형용사구가 들어간 표현들도 글로 적어 놓으면 조잡스러워 보이지만, 실제로 많은 사람들 앞에서 "삼류 데려다 나라 망친 불법, 무능 정권"[12]과 같은 표현은 글로 읽으면 무식한 사람이 작성한 조잡한 표어 같지만, 실제로 많은 사람들 앞에서 감정을 실어서 말하면 설득력이 있다.

우선 정치연설의 경우에는 풍경화와 같다고 비유하는데, 원거리에 있는 것을 표현할수록 세세한 것을 표현할 필요가 없듯이, 청중이 많을수록 세부내용을 다 말할 필요가 없이 개략적인 스케치를 하듯이 요점만 말하면서 표현한다. 문체도 거칠어도 상관이 없지만 이를 실행하기 위해서는 강한 목소리가 필요하다(다만 현대에서 대중을 직접 상대하는 일이 옛날만큼 없고, 음성확대장치의 도움을 받을 수 있고, 정치인들이 대중매체를 통해서 의사소통을 하기 때문에 강한 목소리가 지금은 과거만큼 중요하지 않다고 생각할지 모르나, 그래도 정치인들이 거리에서 말하는 것 들어 보면 목소리가 크고 좋은 사람들이 하는 연설이 굉장히 설득력이 있게 들린다).

법정연설은 정교해야 하고, 특히 판사가 한 명일 경우에는 더욱 그러해야 하며, 수사학을 동원할 여지가 가장 없다. 왜냐하면 그럴수록 주제에 속하는 것을 한 번에 파악할 수 있고, 그 판단도 명확할 수 있기 때문이다.

예식연설은 가장 문어적이고, 읽는 용도에 적합하다. 다만 문체를 즐겁거나 과대하게 보일 필요는 없다. 그 내용이 되는 절제, 너그러움 등의 미덕이 더 중요하기 때문이다.

---

12) 정주원, 박인혜, 『윤석열 화났다… 삼류 데려다 나라 망친 무능·불법정권』, 매일경제, 2021. 12. 29., https://www.mk.co.kr/news/politics/view/2021/12/1218407/ (2022. 3. 10. 접근)

스피치의 배열(구성 또는 체계)

Ethos Pathos Logos

스피치의 배열(구성 또는 체계)

1. 스피치의 기본적인 체계

스피치의 내용을 배열하는 것은 스피치에 외형을 부여하는 것인데, 그 배열은 연설이 행해지는 상황과 목적에 따라 얼마든지 형태를 달리 할 수 있다. 연설을 배열하는 원칙은 자신의 논거를 강화하고, 상대방의 논거를 약화시키는 것이어야 하고, 주제와 일관성이 있도록 구성되어야 한다는 것이다.

연설이 몇 개의 부분으로 배열되는지 고대 수사학자들도 일치하지 않았다. 아리스토텔레스는 연설의 최소 단위는 『사실의 설명』과 『증명』의 두 부분으로 나뉘고, 필요에 따라 『머리말』과 『맺음말』을 붙일 수 있다고 했으므로, 연설은 기본적으로 네 개의 부분으로 배열된다. 대체로 법정연설에서는 사실관계를 먼저 확정한 다음에 쟁점에 관하여 논증하는 형태를 취하기 때문에 사실의 설명이 먼저 온다.

『헤레니우스를 위한 수사학』은 『사실의 설명』 다음에 자신과 상대방의 쟁점을 분류하여 제시하는 『분리』, 『증명』 다음에 상대방의 주장을 반박하는 『반박』을 따로 집어넣어 분류하는데 이에 의하면, 연설은 6개

부분으로 배열된다. 자신과 상대방의 논점을 제시하는 것과 자신에 대한 선입견을 제거하는 반박은 연설에서 빠질 수 없기 때문에 위와 같이 연설을 6개의 부분으로 배열한다고 생각하는 편이 실용적이라고 생각된다.

따라서, 『머리말』→『사실의 설명』+『분리』→『증명』+『반박』→『맺음말』이 기본적인 연설의 포맷이라고 할 수 있다. 『반박』은 청중에게 자신에 대한 선입견을 제거하기 위하여 필요할 때마다 해야 하기 때문에 머리말에서 바로 반박이 이루어지기도 한다.

주의할 것은 이론적으로 연설을 4개 또는 6개의 부분으로 배열할 수 있지만, 실제 연설에서는 변형할 필요가 있다. 예를 들어 상대방이 너무 지루한 연설을 해서 청중들이 지쳐 있다면, 머리말을 생략하고 강한 논증을 할 수 있는 것부터 시작하고, 이길 가능성이 없는 사건은 사실을 먼저 설명한 다음에 머리말로 다시 돌아갈 궁리를 하거나, 사실의 설명이 설득력이 없는 경우라면 바로 입증 단계로 넘어가는 것과 같이 탄력적으로 연설을 배열해야 한다.

2. 머리말(Exordium)

머리말은 연설에서 가장 중요한데, 그 이유는 대체로 청중들은 연설의 초반에만 집중을 하고 나머지 부분은 집중을 하지 못하기 때문이다(수사학. 1415b). 고대 아테네 민중들만 그랬던 것이 아니다. 현대에서도 공적인 연설의 승패는 처음 30초의 발표에서 결판이 나고, 영화의 성패도 처음 3분 동안 관객의 집중력을 유지시키는 것이 관건이라고 한다.[1] 머리말의 가장 중요한 기능은 연설의 목적을 밝히는 것이므로 프레임과 주제를 제시하는 것이다. 따라서 청중들이 이미 연설의 목적을 알고 있다면 머리말이 필요 없다. 머리말에서 연설의 목적을 밝히는 것 이외에

---

1) John Medina, 『Brain Rules』, Pear Press(2008), 제116면

다른 내용들은 부차적인 목적에 불과하다.

또한 에토스에 의한 설득은 머리말에서 하는 것이 가장 효과적이라고 설명한 적이 있는데, 머리말에서는 연사, 상대방, 청중, 사안의 관한 것 중 상황에 따라 선택하여 구성한다. 연설가의 미덕을 말하거나, 상대방의 악덕을 비난하거나, 청중의 과거 판단을 칭찬하거나, 연설가와 청중 간의 정체성의 문제를 다루거나, 바로 사안의 무거움을 강조하는 방식으로 구성한다.

정치연설에서는 연설가가 이미 에토스를 확립해 놓은 경우가 많고, 연설의 목적은 청중들이 이미 다 알고 있기 때문에 머리말에서는 주제를 제시하거나 연설가의 에토스를 이용하여 머리말을 구성할 필요가 없는 경우가 많다. 하지만 연설가, 청중, 상대방에 대한 편견을 제거하거나 강조하기 위하여, 혹은 청중들에게 연설의 주제를 강조하거나 환기시킬 때에는 머리말을 이용할 수도 있다.

예식연설에서는 통상 찬양이나 비난, 조언 등으로 머리말을 구성할 수 있다. 예식연설에서 특히 언급할 것은 페리클레스의 추도연설처럼 찬사에는 듣는 사람이 자신, 가족, 혹은 그들의 생활 방식과 관련된 것들이 포함된다고 믿게 해야 한다는 것이다.

법정연설의 머리말에는 주제가 들어가야 하는데, 앞서 파토스 편에서 프레임, 주제, 떼어리를 제시하는 것이라고 설명했었다. 이는 마치 서사시의 머리말에서 주제를 제시하는 것과 같다. 예를 들면 호메로스의 『일리아스』가 "노래하소서, 여신이여! 펠레우스의 아들 아킬레우스의 분노를"로 시작하고(천병희, 『일리아스』, 제25면), 『오뒷세이아』는 "들려주소서, 무사여신이여! 트로이아의 신성한 도시를 파괴한 뒤 많이도 떠돌아다녔던 임기응변에 능한 그 사람의 이야기를"(천병희, 『오뒷세이아』, 제23면)로 시작한다.

법정연설의 경우 배심원들은 사건의 내용을 모르기 때문에 프레임이나 주제를 제시해야 사건을 특정한 관점이나 감정선을 쭉 따라 가면서 이해할 수 있다. 법정연설에 있어서 피고인의 방어 연설은 기소 연설 다음에 이루어지기 때문에 청중은 이미 피고인에 대하여 피고인에게 불리한 편견을 가지고 있다. 따라서 피고인은 머리말에서 청중의 편견을 없애고 넘어가야 한다. 반대로 기소 연설의 경우 편견은 청중들이 더 잘 기억할 수 있도록 연설의 맺음말에서도 이를 다루어야 한다.

청중은 연설의 처음에 가장 집중력이 가장 높다고 했는데, 연설의 전체 어느 부분이든지 청중의 주의를 끌 필요가 있을 때에는 언제든지 "주의를 기울여 달라, 당신들과 관련이 있다." 등의 말을 해서 청중의 주의를 끌어내야 한다. 청중은 자신과 이해관계가 있거나 즐겁거나 놀라운 것에 주목하므로, 이를 이용해서 말한다.

한편 청중이 집중하는 것이 항상 본인에게 유리한 것도 아니므로, 사건이 질 것 같은 경우에는 머리말에서부터 청중의 주의를 산만하게 해서 사건에 집중하지 못하게 해야 할 경우도 있다. 이럴 경우에는 자신이 말할 내용이 청중들의 이해와 관련이 없거나, 지루하거나 듣기 싫은 것이라는 신호를 주어서 연설을 잘 듣지 않도록 만들어야 한다. 또한 청중들을 웃게 만드는 것도 방법이다. 적대적인 청중들에게는 처음부터 자신의 주제문을 제시한다면 반감만 가지고 올 수 있기 때문에 주제를 제시하지 않는 것도 방법이다.

이와 같은 머리말의 역할은 청중의 판단력이 낮고, 주제와 관련이 없는 것도 기꺼이 들을 때에 유용하고, 이런 청중이 아니라면 사건의 주제만 소개한다.

데모스테네스의 54번째 연설인 『코논(Conon)을 기소하며』는 법정연설의 전형적인 머리말을 포함한다. 이 연설은 아리스톤(Ariston)이라는 사람이 코논(Conon)으로부터 상해를 입어서 소송을 제기한 사건이다.

"[1] 저는 상해를 입었습니다. 배심원 여러분, 여기 있는 코논의 손에
의해서 말입니다. 저는 너무 상해가 너무 중해서 오랜 기간 동안 제 가족
들이나 의사들이 제가 견디어 낼 것으로 기대하지 않았습니다. 예상과는
달리 제가 위험에서 회복한 후에 저는 코논을 상대로 상해를 원인으로 한
사적 소송(dikē aikeias)을 제기했습니다. 제가 자문을 구한 친척들과 지
인들은 코논을 상대로 외투 절도죄로 약식체포절차(apagōgē)를 진행할
수 있고, 휘브리스(hybris)를 원인으로 한 공적 소송(graphai hybreōs)
을 제기할 수 있다고 했습니다. 그러나 그들은 저에게 제가 감당할 수 있
는 것 이상으로 관여하지 말고, 제가 입은 피해에 관하여 젊은 사람이 불
만을 제기하는 것 이상으로 보이지 말라고 충고했습니다. 그 권고에 따라
저는 사적 소송을 제기했습니다. 저는 기꺼이 사형으로 처벌할 수 있는 범
죄로 그를 재판정에 세울 수도 있었지만 그렇게 하지 않았습니다.

[2] 여러분들이 제가 겪은 일들을 다 들은 후에는 저의 이런 감정을 용
서하실 것입니다. 여러분들은 그가 입힌 상해도 경악할 일이지만 그 이후
에 그가 한 야만스러운 행동들도 경악할 일이라는 것을 알게 될 것입니다.
첫 번째 여러분 모두 한 사람도 빠짐없이 제가 겪은 일들을 설명하는 것을
공감하면서 들어 주시고, 두 번째 제가 피해를 입고 불법적으로 대우받았
다면 정의에 부합하게 저를 도와주시기 바랍니다. 이것은 바른 일이기도
합니다. 제가 사건의 경위를 처음부터 최대한 간략하게 설명해 드리겠습니
다." (Lys. 54. 1-2)

위 연설의 기소자인 Ariston은 자신을 때려서 상해를 가한 코논을 기
소하면서, 처음부터 이 사건은 상해 사건이라고 프레임과 주제를 제시
했다. 그리고는, 자신이 거의 죽었다가 깨어났다고 하면서 배심원들의
연민을 유도한다. 그다음에는 자신이 코논을 중범죄로 기소할 수도 있
었으나 주변의 지인들의 만류로 상해죄로 기소한다고 하면서, 자신이
절제가 있는 사람이고, 자신에게 자문을 준 사람들도 절제의 미덕을 가

진 사람들이라고 하면서 자신의 인격(에토스)을 강조한다. 머리말에 에
토스, 파토스의 요소를 포함시키면서도 자신의 주제를 처음부터 잘 제
시하고 있다. 마지막으로 다음에 올 내용을 소개하면서 "제가 사건의
경위를 처음부터 최대한 간략하게 설명드리겠습니다."라고 말하는데 이
를 말의 이정표(Signpost)를 세운다고 한다.

3. 선입견의 제거 – 처음부터 반박을 해야 하는 경우

앞서 반박은 증명의 다음 단계라고 소개했다. 하지만 자신에 대한 불
리한 반감이나 편견이 형성된 경우에는 머리말에서부터 편견을 없애야
한다. 이는 연설가 본인, 청중이나 연설의 주제에 관하여 상대방이 제
시한 프레임을 바꾸어, 본인에게 유리하게 청중의 마음을 돌려놓는 것
을 말한다. 청중들은 편견이 있으면 연설가의 말을 잘 듣지 않기 때문
에 편견을 없애는 것은 연설의 전체 과정에서 항상 유의를 해야 한다.

법정연설에서 기소 연설 다음에 피고가 방어 연설을 하게 되므로, 기
소 연설이 만든 편견을 없애야 한다. 또한, 기소 연설의 경우에도 기소
하는 사람이 청중의 편견을 없앨 필요가 있을 때에는 편견을 제거하고
연설을 시작한다.

뤼시아스의 22번째 연설 『곡물 도매상들을 기소하며』는 기소하는 연
설가는 청중이 자신에 대하여 가진 편견을 처음부터 다룬다.

> "[1] 배심원 여러분, 많은 사람들이 저에게 와서 제가 위원회 모임에서
> 곡물 도매상들을 고발한 것에 대해 놀라움을 표시했습니다. 피고들이 유죄
> 임을 확신하면서도, 당신들은 그들의 사건에서 연설을 하는 사람들 역시
> 남소에 관련이 있다고 믿습니다. 그래서 제가 왜 그들을 기소할 수밖에 없
> 었는지 먼저 설명하고자 합니다." (Lys. 22. 1)

법정연설에서 피고인은, ① 자신이 그 행위를 하지 않았다, ② 행위를 하기는 했지만 손해를 입히지 않았다, ③ 그 행위는 적법하다, ④ 행위를 하기는 했지만 자연재해나 긴급피난 때문에 한 것이어서 나에게는 책임이 없다고 주장하여 편견을 없앤다. 법정연설에서 피고인의 반박들은 다른 연설에서도 다 응용될 수 있을 것이다. 이 중에서 자신이 한 행위를 부인하는 경우에는 그 피고인은 악당이다. 이런 주장을 하는 피고인은 중한 형벌을 각오해야 한다. 조국의 부인 정경심 씨가 형사사건에서 징역 4년의 중한 처벌을 받은 이유에 관하여 해당 재판부는 "피고인은 조국에 대한 청문회가 시작할 무렵부터 본 재판의 변론종결일까지 단 한 번도 자신의 잘못에 관해 솔직히 인정하고 반성한 사실이 없다."라는 표현을 썼는데, 정경심 씨가 너무나 명백한 범행을 부인하니까 중한 처벌을 받은 것이다.

실제 연설에서 편견을 없애고 본인에게 유리한 프레임으로 전환시키는 것은 연설의 목적을 달성하기 위하여 가장 중요하므로, 항상 신경을 써야 하고, 연설 도중에 항상 청중들의 태도가 본인과 상대방에게 호의적인지 적대적인지를 살펴야 한다.

아래는 뤼시아스의 7번째 연설은 『Sēkos(성스러운 올리브 나무를 둘러싼 담장)에 관하여』는 Sēkos를 임의로 철거하였다는 이유로 기소당한 땅 주인이 한 방어 연설인데, 머리말에서 자신을 기소한 사람을 남소꾼이라고 하면서 바로 프레임을 전환하여 버린다.

"[1] 위원회 여러분, 과거에 저는 조용히 산다면, 그렇게 소망하던 사람은 소송이나 공무에 연루되지 않을 것이라고 생각했었습니다. 그러나 지금은 저는 예상치도 않게 사악한 남소꾼이 제기한 고소들의 한 중간에 서게 되는 바람에, 제가 보기에는, 만일 그런 일이 가능하다면, 아직 태어나지도 않은 사람들조차도 벌써 미래를 두려워할 지경입니다. 나의 적과 같은 사람들 때문에 순진한 사람들이나 많은 범죄를 저지른 사람이나 동일한 위험을 만날 수 있습니다." (Lys. 7. 1)

편견을 없애는 방법은 여러 가지가 있는데 자기의 잘못이 실수나 불운, 어쩔 수 없는 사정 때문에 그랬다고 주장하는 방법이 있다. 얼마 전에 이재명 씨가 대통령 후보 시절에 자신에게 쏟아지는 비난들에 대하여 "태어난 걸 어떡하겠나. 제 출신이 비천한 건 제 잘못이 아니니까 저를 탓하지 말아 달라. 저는 그 속에서도 최선을 다했다. 진흙 속에서도 꽃은 피지 않느냐?"[2]고 말을 해서, 자신의 부적절한 과거 행위들을 집안 문제로 돌려 프레임을 전환하려고 했는데, 내가 보기에는 꽤 적절한 시도였다고 생각된다.

자신의 동기나 의도를 밝히는 방법이 있는데 "실제로 내 의도는 그게 아니었습니다."와 같은 말을 하는 것이다. 이외에도 자신과 비슷한 비난을 받았으나 무죄로 밝혀진 경우, 자신에게 유리한 유사한 판결 등을 제시하여 편견을 없앨 수도 있다. 또한 자신에 대한 비난이 상황을 해결하는 데 도움이 되지 않는다고 하면서 비난과 편견 자체를 반박할 수도 있다.

편견에 대해서는 완전히 이를 인정하고 차라리 정직한 인상을 주면서 연민이나 동정을 얻는 것도 좋은 방법이다. 당장에는 많은 비난을 받을 수 있지만, 나중에 재기하는 데에는 차라리 이 방법이 좋을 수도 있다. 특히, 우리나라에서는 정치인이나 기업인들이 대국민 사과를 하는 모습을 종종 볼 수 있다. 실제로 군인 출신의 대통령 중에서 노태우

---

2) 이보희, 『가족사 꺼낸 이재명 "비천한 집안 제 탓 아냐…진흙 속에서도 꽃은 핀다."』, 서울신문, 2021. 12. 4., hpps://www.seoul.co.kr/news/newsView.php?id=20211204500027 (2022. 3. 10. 접근)

대통령은 광주 5·18 사태에 대하여 사과를 하고, 또 비자금 사건 때도 자신의 잘못을 인정했기 때문에 2021년 서거했을 때에는 국가장으로 장례식이 치러졌고 많은 시민들의 추모가 있었다.

4. 사실의 설명(Narratio)

다음은 사건의 사실관계를 설명하는 부분이다. 앞서 말했듯이 사실을 설명하는 부분은 법정연설에서 필요하다. 왜냐하면, 재판관들은 사건의 내용을 모르기 때문에 사실관계를 먼저 듣고 나서야 쟁점을 이해할 수 있기 때문이다. 반면에 예식연설과 정치연설에서는 청중들이 사실관계를 대부분 미리 알고 있기 때문에 별도로 사실관계를 말할 필요는 없고, 필요한 경우에만 말하면 된다.

예식연설에서는 역사적인 사실을 설명하기는 하는데, 연속적으로 설명하는 것이 아니라, 각 사실들을 잘라서 설명하고, 사실들은 청중들이 다 알고 있으므로, 각 사실에 대하여 증거를 대거나 칭찬을 하거나 과장해서 사람들에게 감동을 주는 방법으로 연설한다. 예를 들면, 이명박 대통령이 한 천안함 전몰자들의 추도연설을 보면, 천안함의 함미와 장병들의 시신이 인양되었다는 정도의 사실만 이야기하고 나머지는 전몰용사들을 기리고 추도하는 내용으로 연설이 이루어져 있다.

> "지난주, 침몰된 천안함의 함미가 인양되고, 실종 장병 한 사람 한 사람
> 이 태극기에 덮여 나오는 모습에 국민 모두가 울었습니다. 우리 젊은이들
> 이 어떻게 이런 일을 당했는지, 가슴이 터지는 듯했습니다. 군 통수권자인
> 대통령으로서 무한한 책임과 아픔을 통감하면서, 살아 있을 때 불러보지
> 못했던 사랑하는 우리 장병들의 이름을 마지막으로 불러봅니다."

뤼시아스의 2번째 연설인 추도연설 중에서 마라톤 전투에서 아테네인들이 승리한 것을 칭송하는 부분도 소개한다.

> "······ 반면에 그들은(페르시아인들을 의미) 바로 이곳(마라톤)으로 온다면, 그리스의 나머지 도시들은 페르시아에게 공연히 적개심을 일으킬까 봐 감히 다른 도시들의 방어를 도와줄 수 없다고 생각했었습니다. [23] 그것이 그들의 계획이었습니다. 하지만 우리 조상들은 군사적인 위험을 고려하지 않았습니다. 그들은, 용감한 사람들 사이에서는 영광스러운 죽음은 불멸의 명예를 남긴다고 믿었습니다. 그들은 적들의 막대한 병력을 두려워하지 않았고 그들의 능력을 믿었습니다. 그들은 야만인들이 영토 안에 있다는 것에 수치스러웠고, 동맹군들이 도우러 오는 것을 알려고 기다리지 않았습니다. 오히려 남들에게 그들의 안전을 맡기는 대신 그들은 그리스 도시들이 그들에게 빚을 지는 편을 선호했습니다." (Lys. 2. 22-23)

위 연설에서도 보듯이 역사적 사실은 거의 소개하지 않거나 개괄적으로 설명한 후에 조상들의 용맹을 기리는 말들을 바로 붙여서 칭송한다.

법정연설에서 주로 사실을 설명한다고 했는데, 구체적으로 상대방이 언제, 어디서, 어떠한 행위를 했고, 피해가 어떻게 발생했고 그것은 중요한 것이었고, 그 행위로 인해 상대방에게 무슨 이익을 주었고, 할 동기가 있었다는 등의 사실들을 적절하게 설명해야 한다. 시간의 순서에 따라서 적절한 정도로 서술을 해야 하는데, 자신에게 불리한 사실은 축소하고 자신에게 유리한 진술은 과장하는 것이 기본이지만, 의도가 간파되지 않도록 항상 적절한 정도로 조절하여야 한다.

설명할 내용 중에는 자신의 미덕과 상대방의 악덕, 그리고 재판관이 좋아할 만한 것들을 모두 포함해야 하고, 연설자에게 연민이나 상대방에게 분노를 가지고 올 내용도 포함해야 한다. 그중 특히 유의를 해야 하는 것은 사건을 설명함에 있어서 연설자나 상대방의 윤리적인 성격을 은밀하게 연설에 포함시켜야 한다는 것이다. 성격을 표현하기 위해서는 도덕적인 의도가 무엇인지를 설명해야 한다. 예를 들어, "나는 그것을 원했고, 그것을 더 선호했습니다. 비록 제가 아무 이익을 얻지는 못했지만, 이것이 더 낫습니다."라는 말과 같은데, 도덕적 의도가 자연스럽게 드러나도록 표현해야 한다. 훌륭한 의도를 이행하기 위하여 어떤 선택을 했는지를 밝혀야 하고, 청중이 그 선택이 훌륭한 것인지를 잘 이해 못할 경우에는 반드시 이유를 붙여 설명해야 한다. 예를 들어 소포클레스의 비극 '안티고네'에서, 안티고네는 반역을 일으키다 오빠가 죽자, 시신의 수습을 금지한 왕명을 위반하여 오빠의 시신을 수습해서 장례를 치러주었다가 결국 처형되었다. 안티고네는 남편이나 자식들보다 오빠가 더 걱정이라고 했는데 그 이유는 자식과 남편은 다시 얻을 수 있지만, 부모가 모두 죽어서 오빠를 다시 얻을 수 없기 때문이라고 설명했다.

감정을 표현할 때도 그 특징을 묘사해야 한다. 예를 들어 "그는 저를 째려보면서 떠났습니다."처럼 그 사람의 행동으로도 어떤 감정을 가지고 있었는지 알 수 있도록 설명해야 한다.

연설가는 자신과 상대방이 어떤 사람이라는 것을 청중이 알게 한 후, 청중이 그러한 인식을 가진 채로 연설을 듣도록 만들어야 하는데, 유의할 것은 연설가가 그러한 프레임을 만들었다는 것을 알아채지 못하도록 해야 한다는 것이다. 예를 들어 전령이 도착했을 때 그의 몸짓언어를 보고도 이미 전령이 전할 내용을 추측하듯이 말이다.

앞서 소개한 데모스테네스의 54번째 연설 『코논을 기소하며』 연설의 사실의 설명 부분을 소개하는데, 앞서 설명한 요령들을 아주 잘 구사한다. 머리말에서 다음에 올 내용의 이정표를 세웠다고 했는데, 이에 따라 사실관계를 설명하고 있다. 이 연설은 고대에서부터 사실을 잘 설명한 연설로 인기가 높았다고 한다.

"…… 제가 사건의 경위를 처음부터 최대한 간략하게 설명하겠습니다. [3] 2년 전 저는 파낙텀(Panatum, 아테네 북쪽에 있던 요새)에 경비업무를 부여받아 그곳으로 갔습니다. 저는 비록 그렇게 되지 않기를 바랐지만, 이 사람의 두 아들들이 저희 옆에 막사를 설치했습니다. 보시다시피 그때가 처음 서로 간의 미움과 충돌이 생겨난 때이고, 여러분들은 무엇 때문에 생겼는지를 듣게 될 것입니다. 이들은 정기적으로 첫 식사 때부터 술을 마시면서 낮시간을 보냈고, 경계를 서는 동안에도 계속 그랬습니다. 반면에 우리들은 도시에서 멀리 떨어진 그곳에서도 여기에서 익숙한 대로 처신했습니다.

[4] 다른 사람들이 저녁 식사를 할 때도, 이 사람들은 벌써 취해서 거칠게 행동했는데, 대부분은 저희들의 시종들에게 그렇게 했고, 마지막에는 우리들에게도 그렇게 했습니다. 보다시피 그들의 변명은 식사를 준비하는 동안에 우리의 시종들이 모닥불 연기를 일으켜 보냈고, 시종들이 그들에게 모욕적인 말을 했다는 것이지만, 이 사람들은 시종들을 구타하고, 변기통을 퍼붓고, 그들에게 오줌을 누었고, 온갖 만행을 저질렀습니다.

우리는 이것을 목격한 후 신경이 쓰여서 그들에게 이의를 제기했는데, 그들은 우리를 비웃으며 그런 행동들을 멈추지 않았고, 우리들은 장군에게 이 문제를 보고했습니다. 공동식사 조원들은 모두 집단적으로 장군에게 갔던 것이고, 저 혼자 간 것이 아닙니다.

[5] 장군은 그들을 비난했고 우리들에게 한 거친 행동들뿐만 아니라 캠프 안에서의 전반적인 행위들에 대하여도 훈계했습니다. 그러나 그들은 이를 멈추거나 창피해하지도 않았고, 그날 밤이 오자마자, 우리를 공격했습니다. 그들은 처음에는 욕설을 하더니, 나중에는 실제 저를 때렸고, 막사

를 향해서 언성을 올리고 고함을 쳐서, 장군과 부족들의 지휘관들, 그리고 일부 병사들이 도착했고, 우리들이 회복할 수 없는 상해를 입거나, 공격을 당한 우리들이 술 취한 사람들에게 복수를 하여 회복할 수 없는 상해를 가할 것을 막았습니다.

[6] 이 일로 말미암아 우리는 아테네로 돌아왔을 때도 서로에 대하여 분노와 악의의 감정을 가지게 되었습니다. 그러나 신들에게 맹세코 저는 그들을 상대로 소송을 하지도 않았고 일어났던 일에 다시는 신경쓰지 않았습니다. 그 대신 저는 장래에 더욱 주의를 기울이고 이런 사람들의 곁에 가지 않기 위해서 경계하기로 마음먹었습니다. 우선 저는 언급한 사건들에 대한 증인을 세운 다음에 이 사람의 손에 의해서 제가 겪은 것을 설명해서, 여러분들로 하여금 먼저 도발한 행위로 말미암아 비난받아 마땅한 바로 이 사람이 더욱더 경악할 범죄를 다시 도발했다는 사실을 설명해 드리겠습니다.

[증인 진술서를 읽음]

[7] 이 사건들은 제가 무시하려고 했던 것이었는데, 얼마 지나지 않아, 어느 저녁 케피시아(Cephisia) 딤(Deme) 출신의 파노스트라토스와 함께 평소에 하던 대로 아고라에서 산책하던 중에, 저와 동년배인 코논의 아들 크테시아가 술에 취한 채로 피도로스 상가의 레오코리온 옆을 지나쳤습니다. 그는 우리들을 보고는 혼자 말을 했는데, 주정꾼이 하는 알아들을 수 없는 그런 말들을 한 후에 멜리테 방면으로 올라갔습니다. 거기에서도 그들은 직물공 팜필로스의 상가에서 술을 마셨다고 저희는 들었는데, 여기에 있는 코논, 테오티모스, 아케비아데스, 에우불로스의 아들인 스핀타로스, 안드로메네스의 아들 테오게네스, 그리고 크테시아가 아고라로 돌아올 때에 한 선동에 따라온 많은 사람들이 함께했다고 합니다.

[8] 우리는 페르세포네 신전으로부터 돌아 걸어오던 중에 레오코리온에서 우연히 이들과 다시 맞닥뜨렸습니다. 그 난투 중에서 제가 모르는 그들

중의 한 사람은 파노스트라토스에게 달려들어 그가 움직이지 못하게 몰아세웠고, 여기 있는 코논과 그의 아들, 안드로메네스의 아들이 저에게 달려들었습니다. 우선 그들은 저의 외투를 벗기고, 저를 진흙 바닥에 넘어뜨린 다음에 제 위에 올라탄 후 어찌나 세게 때렸는지 제 입술이 터졌고, 제 눈은 부어서 감길 정도였습니다. 그들은 그 상태에 저를 버려두었고, 저는 일어나거나 말을 할 수도 없었습니다. 저는 누워 있을 때에 그들이 하는 충격적인 말들을 들었습니다.

[9] 대체로 혐오스러운 내용이어서 당신들 앞에서 굳이 말하지는 않겠습니다만, 저는 그것은 코논의 오만의 증거이고, 그 일이 전부 코논이 선동해 일어난 것은 말씀드릴 수 있습니다. 그는 싸움에 이긴 투견처럼 노래를 하고, 그의 패거리들은 그에게 마치 날개처럼 그의 팔꿈치를 옆구리를 향해서 돌리라고 했습니다. 얼마 후에 지나가던 사람이 저를 집에 데려다 주었고, 그들은 저의 외투를 가지고 갔습니다. 제가 집 문 앞에 도착했을 때에, 제 어머니와 하녀가 울면서 소리를 질렀고 저를 겨우 욕탕에 넣어 전부 씻겼으며, 의사들에게 보였습니다."

정치연설에서도 적절한 정도의 사실관계를 말할 수도 있다.

버락 오바마 대통령이 2015년 1월 20일에 한 신년 연설 중에는 미국이 처한 상황을 적절한 정도로 설명하는 부분이 있는데, 물론 오바마 대통령의 입장에서는 자화자찬이 되기는 했지만, 정치연설에서도 어떤 정책의 전제가 되는 사실들이나, 연설의 분위기를 고양시키기 위해서 사실관계를 적절히 설명할 수 있다.

"······ 오늘밤 우리는 한 페이지를 넘겼습니다. 격변의 한 해를 넘긴 끝에 1999년 이래 가장 빠른 속도로 경제는 커지고 있고, 일자리도 늘어나고 있습니다. 우리의 실업률은 경제 위기 이전보다 더 낮습니다. 우리의 아이들은 어느 때보다 더 많이 대학을 졸업했습니다. 의료보험에 가입된 사람들도 어느 때보다 많습니다. 그리고 우리는 거의 30년간 의존한 해외의 석유로부터도 이제는 자유롭습니다. 오늘 밤 9/11 이후 처음으로 아프카니스탄에서 우리의 전투 임무가 끝이 났습니다. 6년 전 거의 18만 명의 미군들이 이라크와 아프카니스탄에서 복무했습니다. 오늘 자로 1만 5,000명이 안 되는 군인들이 남아 있습니다. 9/11 세대 중에서 우리를 안전하게 지켜준 모든 사람들의 용기와 희생에 경의를 표합니다. 우리는 당신들의 노고에 숙연해지고 감사합니다. ……"

위 연설문의 사실들에 따르면 오바마 대통령은 정말 큰일을 많이 한 것처럼 들리는데, 자신에게 우호적인 분위기를 만든 후에 자신의 정책을 소개하고 호응하여 달라고 말을 한다.

여담인데 나는 오바마 대통령이 2008년에 대통령이 되었을 때에 마침 미국에서 유학 생활을 하고 있었기 때문에 그의 연설과 다른 많은 정치인들의 연설을 들을 기회가 있었다. 내가 듣기에는 힐러리 클린턴 여사나 오바마 대통령의 부인 미셸 오바마 여사도 정말 연설을 잘한다. 김대중 대통령은 빌 클린턴 대통령보다 말을 잘하는 사람을 만나지 못했다고 했는데,[3] 내가 보기에는 힐러리 클린턴 여사도 더 잘하면 잘했지 못하지는 않는 것 같다.

5. 분리(Partitio)

사실을 설명한 다음에는 쌍방이 다툼이 없는 사실과 쟁점을 정리한 후 다툼이 있는 부분을 소개한다. 『헤레니우스를 위한 수사학』은 아주 적절한 예를 보여준다.

"오레스테스(Orestes)가 그의 어머니를 살해했습니다.[4] 그 부분은 상

---

3) 김대중 자서전 2, (주) 도서출판 삼인(2011), 제135면

대방과 다툼이 없습니다. 그러나 과연 그는 그런 행위를 할 자격이 있거나 그 죄를 범한 것이 정당화될 수 있는 것입니까? 그것이 바로 쟁점입니다."

그다음에 얼마나 많은 쟁점들을 다룰지를 말한 다음에 각 쟁점들을 간략하게 소개한다. 구체적으로 쟁점별로 내용을 설명한 후에 자신의 입장을 밝힌다. 쟁점의 개수는 3개를 넘으면 곤란하고, 3개가 넘을 경우에는 청중들은 속을 것을 염려해서 확신을 가지지 않는다고 한다.

또한 쟁점을 구성할 때에는 최대한 쟁점을 단순하게 만들고, 이쪽 아니면 저쪽으로 선택할 수 있도록 명확하게 만들어야 한다. 복잡한 사건의 쟁점을 잘 정리한다면, 연설을 아주 효과적이고 경제적으로 진행할 수 있기 때문에 쟁점을 잘 발견하고 구성하는 것은 아주 중요하다.

6. 입증(Confirmatio)

1) 개요

사실을 설명하고, 논점을 제시했다면, 본격적으로 자신의 주장이 옳음을 밝히고 상대방의 주장은 틀렸음을 논증해야 한다. 입증 부분은 지금까지 설명한 에토스, 파토스, 로고스, 각종 토포스들을 모두 총동원해서 연설의 목적을 달성할 수 있도록 승부를 보는 곳이다. 앞서 『분리』 단계에서 제시한 쟁점들을 순서대로 입증하면 되지만 유의할 것은 가장 강력한 논거를 처음에 제시하고, 지루하거나 약한 논거를 중간에 배치

---

4) 아이스퀼로스의 비극 『아가멤논』에 따르면, 트로이 원정대의 최고 사령관 아가멤논은 해풍에 원정대가 출항할 수 없자, 자신의 딸 이피게네이아를 제물로 바친 후 원정을 떠날 수 있었다. 아가멤논의 왕비인 클뤼타이메스트라는 딸이 제물로 바쳐진 것에 원한을 품었다. 아가멤논이 트로이 원정을 마치고 돌아오자, 클뤼타이메스트라는 정부(情夫)인 아이기스토스와 함께 아가멤논을 살해한다. 아가멤논의 아들인 오레스테스(Orestes)는 자신의 어머니인 클뤼타이메스트라를 죽여 아가멤논의 복수를 한다.

하고, 마지막에도 강력한 논거를 배치해야 한다는 것이다. 그리고 입증의 마지막에서 강력한 논거들을 요약해서 청중들의 기억에 남도록 하는 것이 좋다.

2) 각 연설별 입증방법(제3권 제7장)

예식연설에는 주로 앞서 본 이명박 대통령의 연설이나, 뤼시아스의 연설에서처럼 과장(확대)을 이용하여 증명한다.

정치연설에서는 나의 의견이 실행이 가능하거나 상대방의 정책이 실행 불가능하다는 것, 나의 의견이 더욱 이익이다, 혹은 상대방의 주장보다 손해를 적게 본다는 것을 입증한다. 정치연설의 경우 상대방이 사소한 쟁점에 관해서도 허위의 진술을 하는지도 잘 살펴야 하는데, 이러한 사소한 잘못도 그 주된 쟁점이 허위라는 증거가 되기 때문이다. 정치연설은 법정연설보다 더 어려운데, 미래사를 주로 다루기 때문에 입증이 쉽지 않고, 법정연설은 법률이나 증거들이 있어서 이를 가지고 입증할 수 있기 때문이다. 하지만 정치연설에는 연설가가 주제에서 벗어나는 말을 할 기회가 별로 없기 때문에 고의적으로 그렇게 하지 않는 한, 상대방을 비난하거나 자신에 관해 말하거나 청중의 감정을 일으키는 등의 쟁점과 관련이 없는 말을 할 기회가 별로 없다. 만일 연설가가 연설 도중에 말할 주제들을 잊어버렸다면 상대방을 비난할 수 있다. 정치연설은, 미래의 사실들을 다루므로 가능성의 문제를 많이 다루고, 과거사를 예를 들어 입증하므로 예증법을 많이 사용한다.

법정연설은 과거에 어떤 사실들이 발생하였는지가 가장 중요한 쟁점이 되므로 과거의 사실의 발생/불발생의 토포스가 중요하고, 이는 필연의 문제의 일종이라고 할 수 있다. 생략삼단논법을 주로 사용하여 입증하지만 연속적으로 사용하면 그 효과가 감쇄된다. 그리고 사안의 모든 쟁점에 관하여 생략삼단논법을 이용하여 입증하려 할 필요가 없고, 청중들이 이미 다 알고 있는 것은 말할 필요가 없다. 생략삼단논법으로 감정을 불러일으키려고 시도하면 안 되고, 성격을 표현할 때도 생략삼단논법을 사용하면 안 된다.

하지만 격언은 『사실의 설명』 단계와 『입증』 단계에서도 사용할 수 있는데 이는 성격을 잘 보여주기 때문이다. 예를 들어 "저는 누구도 믿을 수 없다는 것을 알고 있었지만 그에게 그것을 주었습니다."처럼 성격을 나타내거나, "나는 피해를 입었지만 후회하지 않습니다. 그는 이익을 얻었지만, 저는 정의를 얻었습니다."처럼 격언을 이용하여 감정을 불러일으킬 수 있다.

또한 입증할 때에는 항상 윤리적으로 보여야 하는데, 만일 입증에 필요한 생략삼단논법을 가지고 있지 않다면, 차라리 윤리적으로 보여야 한다. 선한 사람은 자기를 착한 사람으로 보이게 하는 것이 정교한 추론가로 보이는 것보다 더 적합하다(수사학. 1418b).

3) 입증의 예시

『헤레니우스를 위한 수사학』은 어떻게 논거를 구성하는지에 관한 구체적인 방법을 제시한다. 이에 따르면, 각 연설이나 연설의 각 주제들을 가장 완벽하게 배열하는 방법은, 『주제제시』→『주제보강』→『입증』→『보충』→『결론』의 다섯 단계로 이루어진다고 한다(헤레니우스를 위한 수사학. II. 18. 27 – 28).

『주제제시』는 간략하게 입증할 내용을 소개하는 것이고, 『주제보강』은 제시된 주제의 근거를 간략하게 설명하는 부분이다. 『입증』 단계는 연설의 본론에 해당하는 것이고, 『보충』 단계는 논거를 꾸미고 풍성하게 만드는 단계라고 할 수 있고, 『결론』은 논거를 종합하는 곳이다. 다만, 상황에 따라서는 『보충』이나 『결론』이 필요 없을 수도 있다.

『헤레니우스를 위한 수사학』은 율리시스(그리스명 오뒷세우스)가 에이젝스(그리스 명 아이시스)를 살해한 것을 기소하는 연설을 예시로 들었는데, 구성이 상당히 좋은데, 과거 사실의 발생의 토포스를 사용했다.

『주제제시』

"저희들은 율리시스가 에이젝스를 살해할 동기가 있음을 설명하겠습니다."

『주제보강』

"진실로 그는 그의 가장 쓰라린 적을 없애기를 소망했고, 상당한 이유 때문에 에이젝스로부터 입을 극단적인 위험을 두려워했습니다."

『입증』

"그는 에이젝스가 살아 있는 한, 자신의 생명이 안전하지 않을 수 있다는 것을 알았고, 에이젝스를 죽임으로써 자신의 안전을 희망하였으며, 무슨 불법적인 수단을 쓰더라도 적들의 파멸을 계획하는 것은 그의 습관이었습니다. 위험에 대한 두려움 때문에 그는 자신에게 복수를 가할 수도 있는 에이젝스를 살해하였고, 게다가 불법을 저지르는 그의 습관 때문에 그런 악덕을 함에 있어서 아무런 양심에 가책이 없었습니다."

『보충』

"모든 사람은 아주 사소한 잘못을 저지를 때도 동기를 가지고 있으며, 가장 극악한 범죄들을 감행할 때도 생기는 어떤 확실한 보상에도 이끌리는 것은 당연합니다. 돈을 벌 수 있다는 희망 때문에 많은 사람들이 범죄를 저지른다면, 만약 권력에 대한 욕심 때문에 거의 모든 사람이 범죄에 스스로를 타락시킨다면, 만약 많은 사람들이 뻔뻔한 속임수로서 얻을 수 있는 작은 이익 때문에 밀매를 한다면, 누가 극심한 공포에 율리시스가 범죄를 저지르는 것을 자제하지 않았다고 하여 놀라겠습니까? 가장 용감하고, 올바르고, 그들의 적과 타협하지 않았으며, 불의에 의하여 분노에 찬 영웅이, 겁에 질리고, 사악하고, 비양심적이고 잘 속이는 인간을 파멸시키기를 희망했습니다. 그러자 그 배은망덕한 인간은 그가 증오하는 원수가 살아 있기를 원하지 않았습니다. 이것이 이상하게 보이겠습니까? 누가 기도하는 것이 이상하게 보이겠습니까? 우리는 야생의 짐승들이 기꺼이 달려들어 서로 단호하게 서로 공격하는 것을 목격하고서도, 짐승들에게는 추론, 선악이 없기 때문에 잔인하고 비인간적인 야생 동물조차 적을 열정적으로 파멸시키려고 한다는 것이 믿을 수 없다고 생각하지 말아야 합니다. 하지만 반면에 우리는 그가 항상 그렇게 많고도 저열한 흉계를 가지고 있다는 것을 잘 알고 있습니다."

『결론』

"그렇다면, 만약에 제가 율리시스가 범죄에 착수한 동기를 밝히겠다는 약속을 하였고, 그리고 민약 증오에서 오는 적개심에서 비롯된 계산과 위험에 대한 두려움이 고려할 요소임을 입증하였다면, 그가 범죄에 대한 동기를 가졌다는 것이 다툼의 여지없이 인정되어야 될 것입니다."

4) 3말 법칙, PREP

입증 부분에 관한 현대의 스피치 이론도 좀 소개하려 한다. 현실에서는 청중들의 집중력과 이해력 부족, 혹은 연설가의 연설 능력 부족 등 소통이 사실상 제한되는 문제점은 분명히 존재하기 때문에 연설의 내용을 청중들에게 다 전달하기보다는 핵심 단어, 핵심 문장이라도 청중에게 각인되도록 하는 것이 더 효과적이다.

연설을 구성하는 기본원칙은 소위 『3말 법칙』이라고 서론 - 본론 - 결론으로 이루어진다. 서론에는 주어와 술어가 명확하게 구분되는 핵심 단어를 이용하여 만든 핵심 문장을 주제로 만들어서 이를 소개하고, 본론에서는 핵심 문장을 상세하게 논증이나 설명하고 증거를 제시한 후 마지막에 다시 주제를 반복하는 것이 기본적인 원칙이다. 『3말 법칙』은 말하기가 중요시되는 서구 문화권에서 통용되는 말하기 원칙이다(에린 메이어, 『컬쳐 맵』, 제52면).

하나의 주제를 입증하는 방법은 PREP이라는 방법이 유용한데, Point−Reason−Example−Point의 구조로 되어 있어서 프렙(PREP)이라고 한다. 주제를 제시하고(Point), 그 주제를 보강하는 이유를 상세하게 논증하고(Reason), 구체적인 예를 든 다음(Example), 다시 결론에서 주제를 말한다(Point). 앞서 말한 『헤레니우스를 위한 수사학』의 5단계 구성과 유사하다. PREP의 전형적인 예는 다음과 같다.

Point: 나는 개를 좋아한다.
Reason: 왜냐하면, 개는 인간에게 유익하기 때문이다.
Example: 개는 외로운 인간에게 친구가 되어 주고, 군견, 마약 탐지
견, 안내견 등이 되어 인간의 작업을 보조한다.
Point: 이런 이익 때문에 나는 개를 좋아한다.

3말 법칙과 프렙을 이용하고, 통상 자신의 주제를 보강하기 위하여 세가지 정도의 소주제를 다시 제시한다고 보았을 때에는 하나의 연설은 대체로 다음과 같이 구성할 수 있을 것이다.

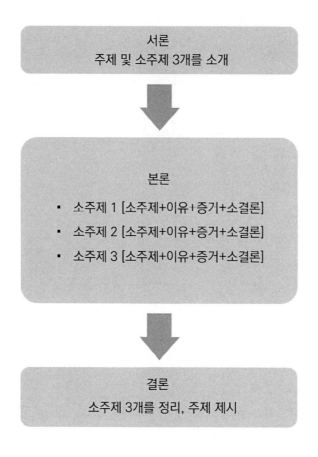

7. 반박(Refutatio)

다음은 입증의 다음 단계인 반박에 관하여 설명한다. 정치연설이나 법정연설에서는, 먼저 연설하는 편은 먼저 자신의 쟁점을 제시하고 논거를 대어서 입증을 마친 후 상대방이 할 것으로 예상되는 쟁점들을 관하여 반드시 미리 이를 논박하거나 분쇄하여야 한다. 만일 상대방의 논거가 여러 개이고 강하다면, 반드시 먼저 이를 다룬 다음에 자신의 주장을 입증하여야 한다.

이와는 반대로 나중에 연설하는 편은 머리말에서 상대방의 연설에 의하여 생긴 편견을 제거한 후에 자신의 주장을 입증해야 한다. 특히 상대방의 논거가 청중의 호응이 좋았을 때에는 생략삼단논법으로 응대한다. 청중의 마음에 자신의 연설이 들어갈 여지를 만들어 놓기 위해서 상대방이 만들어 놓은 인상을 분쇄해야 한다. 가장 중요한 논거, 그럴듯한 논거, 반박하기 가장 쉬운 것 등을 다룬 이후에 본인의 주장을 입증한다.

앞서 소개한 데모스테네스의 54번째 연설인『코논을 기소하며』중에서 연설가 아리스톤은 코논으로부터 상해를 입었음을 입증한 후에, 코논이 할 것으로 예상되는 변론을 미리 배심원들에게는 알려 준다.

"[26] 저는 당신들에게 중재절차에서 그들이 한 짓을 설명하겠습니다. 왜냐하면 그 점에서도 당신들은 그들의 야만성을 볼 수 있기 때문입니다. 당신들도 알다시피, 그들은 자정이 넘도록 시간을 끌은 후 그들의 진술서나 사본들을 제출하지 않았고, 단지 증인들을 표지석에 데리고 나왔으며, 그들에게 맹세를 시킨 다음에 관련이 없는 것들을 적었는데, '그 소년은 코논이 정부(hetaira)와 낳은 아들이고, 이런 저런 것이 그에게 일어났다'와 같은 것들이었습니다. 신들에게 맹세코, 참석한 모든 사람이 이를 비난했고 역겹다고 생각했으며, 결국에는 그들 스스로도 역겹다고 생각했었습니다.

[27] 여하튼, 그들이 할 만큼 한 다음에는, 지연을 목적으로 진술서를 소지한 사람이 이를 봉인하려는 것을 막고 이의를 제기한 후에 제가 입은 상해에 관하여 증언을 할 노예들의 명단을 제출하기 시작했습니다. 그리고 저는 그들의 논거의 대부분이 이것과 관련이 있을 것으로 예상합니다. 그러나 당신들은 이 점을 숙고해야 합니다. 만일 이 사람들이 고문하에 심문을 실시하기 위하여 이의를 했다면, 만일 이런 입증방법에 확신을 가졌다

면, 중재인의 결정이 공표되어 더 이상 변명을 할 여지가 없었던 야밤에 그들이 이러한 이의를 제기하지 않았을 것입니다." (Dem. 54. 26.-27)

아리스톤은 코논이 방어 연설에서 소송을 지연시키고, 쟁점을 흐리면서 사건을 흐지부지하게 만들 것을 미리 경고했다. 또한, 아리스톤은 코논이 위증할 것을 준비하고 있다면서, 그가 내세우는 증인을 믿지 말라고 미리 경고한다.

"[38] 저는 미리 당신들에게 코논이 가장 수치스러운 짓을 계획 중이라는 것을 말하는 것이 나을 것 같습니다. 사람들은 그가 자신의 아이들을 모아 놓고 그들의 목을 걸고 맹세를 하면서, 어떤 무섭고 잔인한 저주들을 소환한다고 하는데, 너무 두려운 것이어서 그 저주들을 듣고 우리들에게 알려 준 사람들은 경악했습니다. 배심원 여러분, 저는 스스로 거짓말을 하지 않는 사람들이 바로 이런 성격을 가진 사람들에게 가장 잘 속는다고 생각하기 때문에 이런 간 큰 행위들에 속지 않고 이겨 내기가 불가능합니다. 그러나 당신들은 그들의 라이프스타일로부터 알 수 있는 것을 믿어야 합니다." (Dem. 54. 38)

특정한 집단에서만 칭찬받는 숭고한 행동과 그 상징들이 있는데, 예를 들면 스파르타에서는 머리를 기르는 것은 자유민들의 상징인데, 머리가 길면 구차한 직업을 가지기 어렵기 때문이었다고 한다(수사학. 1367a). 실제 뤼시아스의 16번째 연설인 『만티데우스(Mantitheus)를 변호하며』라는 연설에는 다음과 같이 자신에 대한 편견을 없애려는 연설 내용이 있다. 만티데우스는 공무를 담당하려고 하는데, 공무적격심사(Dokimasia)에서 과거에 30인 정부 밑에서 일을 하였기 때문에 공무를 담당하기에 부적합하다는 이유로 기소를 당한 후 방어 연설을 하게 된

다. 공무적격소송은 현대의 공직자 청문회처럼 공직 취임 전에 그 자질
이나 경력 등이 적절한지를 미리 가리는 소송이다.

> "[18] 저는 한 번도 출정한 전쟁과 요새에서 이탈한 적이 없습니다. 오
> 히려, 저는 항상 전열의 가장 앞줄에서 전투를 시작하였고, 퇴각할 때에는
> 후방을 보호했습니다. 당신들은 도시를 위하여 야망을 가지고 책임 있는
> 역할을 하려는 사람들을 판단할 때에는 바로 이를 기준으로 판단해야 하
> 고, 단순히 제가 머리를 기른다는 이유로 저를 싫어하면 안 됩니다. 그런
> 버릇은 시민들과 도시 공동체에 아무런 해를 가져오지 않으며, 여러분들은
> 적 앞에서 위험을 기꺼이 감수하는 사람들로부터 이익을 봅니다." (Lys.
> 16. 18)

8. 맺음말(Peroratio)

아리스토텔레스는, 맺음말을 (1) 청중을 당신에게 호의적으로, 상대
방에게 적대적으로 만드는 부분, (2) 사실관계를 요약하는 부분, (3) 감
정을 불러일으키는 부분, (4) 기억을 환기시키는 부분의 네 부분으로
나눈다. 『헤레니우스를 위한 수사학』은 (1) 쟁점을 정리하는 부분, (2)
상대방의 비난을 고조시키는 부분, (3) 감정에 호소하는 부분으로 나눌
수 있다고 본다.

따라서 이런 분류법에 의하면, 맺음말은 대체로 사실과 쟁점을 정리
하는 부분과 감정을 호소하는 부분으로 나눌 수 있겠다.

사실과 쟁점을 정리해서 말하는 것은 청중들의 기억을 환기시키는
것이다. 사실을 요약할 때에는 입증이 되었거나 다툼이 없는 사실들을
요약하여야 하고, 자신에게 유리한 사실은 증강해서 말하고 불리한 사

실은 약화시켜서 말을 한다.

쟁점을 정리할 때에는 『분리』 단계에서 제시된 쟁점들과 『입증』 단계에서 설명된 것들을 간단하게 요약하는 것이어야 한다. 머리말이나 사실의 설명에서 이야기한 것을 다 말한다면 연설가의 영리함이나 기억력을 자랑하는 인상을 줄 수 있고, 연설이 너무 조작되었다는 인상을 주어 역효과를 낼 수 있다.

요약하는 단계에서는 우선 자신은 약속을 지켰다는 말부터 시작한 후에 그다음에 상대방의 연설과 비교를 함으로써 쟁점을 분명하게 드러낼 수 있다. 예를 들면, "상대방은 이 쟁점에 저렇게 말했고, 나는 이렇게 말했는데, 내가 이렇게 말한 이유는 바로 이것 때문이다."와 같은 것이다. 질문의 형태를 이용하는 것도 방법이다. "제가 무엇을 입증하지 못했습니까?" 혹은 "상대방은 무엇을 입증하였습니까?" 그리고 논점별로 혹은 시간 순서대로 이루어진 논증의 순서대로 당신과 상대방의 것을 차례대로 설명하도록 한다.

그다음은 감정에 호소하는 부분이다.

기소 연설의 경우에는 상대방에 대한 비난을 고조시켜야 한다. 예를 들어, 법에 따라 처벌을 하는 것이 국가에 어떠한 영향을 미칠 것인지를 설명하거나, 이 판결의 파급효과가 누구에게 미치고 어떤 일을 발생시킬 것인지, 같은 행위를 하는 자들에게 어떤 동기를 유발하는지, 잘못된 판결은 시정할 수 없다는 등을 설명해서 청중들로 하여금 경각심을 가지게 해야 한다.

주로 방어 연설을 하는 쪽에서는 연민에 호소하게 되는데, 연민에 호소하는 방법은, 행운의 부침을 이야기하거나, 우리가 현재의 이점을 가지고 누리는 번영과 만일 이 소송에서 패하였을 때 겪어야 할 결과들을 일일이 나열하거나, 판사들에게 단순히 애원하거나, 가족, 자녀들이나 다른 친척들이 겪을 불명예 등을 언급하거나, 과거에 남에게 한 친절한 행동 등을 말하는 등으로 판사의 연민을 얻는다.

맺음말의 최후 진술 부분은 단절된 형태로 말하는 것이 바람직하다고 한다. 예를 들면 "저는 입증을 마쳤습니다. 당신들은 저의 말을 들었습니다. 당신들 앞에 사실들이 놓여 있습니다. 저는 당신들의 판결을 구합니다."와 같이 말하는 것이다. 이 부분의 적절한 예는 뤼시아스의 12번째 연설 『에라토스테네스(Eratosthenes)를 기소하며』라고 할 수 있다.

> "저는 이제 나의 기소 연설을 마칩니다. 당신들은 들었고, 당신들은 보았으며, 당신들은 겪었으며, 당신들은 그들을 손아귀에 쥐고 있습니다. 평결을 내려 주시기 바랍니다." (Lys. 12. 99)

앞서 예를 든 데모스테네스의 54번째 연설 『코논을 기소하며』는 맺음말 구성의 원칙을 충실하게 따랐다.

> "[41] 저것이 바로 그때 선서하려고 했었던 것이고, 지금 역시 저는 아테네 배심원들 여러분을 위해서, 그리고 관객5)들을 위해서 모든 신들과 여신들 앞에 제가 그를 기소한 내용대로 코논의 손에 고난을 겪었음을 선서하는 것입니다. 저는 저렇게 구타를 당했고, 제 입술은 너무 심하게 터져서 꿰매야 했고, 바로 이런 가해행위를 이유로 그를 고소한 것입니다. 그리고 제가 만일 정직하게 선서를 하였다면, 저는 많은 이익을 가질 것이고, 그런 일을 다시는 겪지 않을 것입니다. 만일 제가 위증을 했다면 저는 제가 소유한 것과 소유하게 될 것들과 함께 철저하게 망할 것입니다. 그러

---

5) 법정 밖에서 재판을 구경하던 사람들을 말한다.

나 저는 위증을 하지 않고 있고, 이는 코논이 분통을 터뜨리더라도 마찬가지입니다.

[42] 따라서 배심원 여러분, 저는 저의 적법한 주장들을 모두 설명하였고 그것에 맹세까지 하였으므로, 저는 당신들에게 만약 당신들 각자가 상해를 입었다면 가해자를 미워하듯이 바로 이 사람, 코논에게 분노할 것을 청하고, 이런 일을 단순한 개인 간의 문제라고만 간주하지 마시고, 만일 다른 사람에게 일어나더라도, 피해자가 누구이건 간에, 피해자를 돕고 그에게 정의를 회복시켜 주시고, 기소되기 전에는 성급하고 경솔하며 기소된 후에는 사악하고 수치심을 모르며 처벌을 빠져나가는 데에만 관심이 있고 남들의 의견이나 관습에는 아무 생각도 없는 그런 자들을 미워하기를 청합니다.

[43] 코논은 당신들에게 애걸을 하고 울부짖을 것입니다. 우리 둘 중에서 누가 더 동정을 받아야 하는지 숙고하기 바랍니다. 코논의 손에 의해 수모를 겪었으면서도 이 소송에서 패소하여 법정을 떠나며 아무런 정의도 얻지 못하고 불명예를 더한 사람이겠습니까? 혹은 처벌을 받는 코논이겠습니까? 사람을 때리고 공격하는 것을 허용하는 것이 당신들 개인에게 어떤 이익이 있습니까? 저는 그렇게 생각하지 않습니다. 좋습니다. 당신들이 코논을 석방한다면, 코논과 같은 자들이 많이 있을 것이고, 만일 당신들이 코논을 처벌한다면 적을 것입니다.

[44] 배심원 여러분, 저는 우리들이 이 도시에 얼마나 많은 도움을 주었는지에 관하여 할 말은 많습니다. 저와 저의 아버지는 생전에 삼단노선의 선주였고, 군인으로서 임무를 수행했으며, 코난과 그의 아들들과는 달리 도시에 기여를 했습니다. 그러나 주어진 시간이 많지 않고, 논쟁은 이러한 문제들과는 무관합니다. 당신들은 만일 심지어 우리들이 이 자들보다도 더 도시에 도움이 되지 못하고 더욱 해를 끼쳤더라도, 바로 그 이유 때문에 폭행을 당하거나 상해를 입을 수 없다는 것을 잘 알고 있을 것입니다. 저는 당신들이 들은 것을 다 알고 있다고 생각하기 때문에 더 이상 무엇을 말해야 할지를 모르겠습니다."(Dem. 54. 41-44)

IX

기억술

Ethos Pathos Logos

기억술

'기억'이 왜 스피치의 구성요소가 되는지 의아할 분들이 많을 것이다. 고대 아테네에서는 연설가들은 가능한 한 적게 양피지 두루마리를 보고 연설을 했기 때문에 매끄러운 연설을 하기 위해서는 미리 연설의 내용을 모두 외우거나, 즉흥적으로 연설을 했다. 만일 연설을 미리 숙지하지 못하여 연설이 자연스럽지 못하고 연설 중에 버벅거리거나 연설을 중단하고 할 말을 궁리한다면, 성급한 배심원들을 지루하게 하거나 짜증나게 하고 이는 바로 불리한 평결과 연결될 수 있었다. 이런 이유로 연사는 연설의 내용을 미리 외울 필요가 있었는데, 그 당시에는 현대와 같이 다양한 형태의 기억보조기구가 없었기 때문에 연사는 연설을 암기할 수밖에 없었다. 그래서 기억술이 발달하였던 것이다.

사실 에토스, 파토스, 로고스를 발견해서 멋지게 표현하고 연설을 배열하더라도, 이를 제대로 외우지 못하면 바로 재생할 수 없기 때문에, 기억은 '연설의 보물'이라고 불린다(『웅변가 교육』. 11. 2. 1).

기억력은 지도자들에게 특히 필요한 재능이다. 지금도 그렇지만, 지도자들이 대중들을 상대로 연설할 때에는 막힘이 없이 자신 있게 해야 대중들에게 신뢰감을 줄 수 있는데, 이는 연설의 내용을 미리 다 외우고 있어야 가능한 일이다. 미국 대통령들도 물론 프롬프터를 보기는 하지만 마치 원고를 읽지 않는 것처럼 연설한다. 유튜브에는 영국 총리가 의회에서 의원들과 논쟁을 하는 것을 볼 수 있는데, 최대한 메모를 안 보려고 노력한다(유튜브에서 Prime Minister's Questions를 검색하면 영국 총리들이 의원들과 논쟁하는 모습을 볼 수 있는데, 즉흥 연설을 할 수 없거나 읽는 연설을 하거나, 아예 아무런 의견을 표명하지 않는 우리나라의 지도자들의 모습과는 아주 다르다는 것을 알 수 있다).

1858년 미국에서는 일리노이주 상원의원 선거를 놓고, 당시 정치 신예이던 링컨과 현직 상원의원인 더글러스 간에 7번의 논쟁(The Lincoln-Douglas Debates of 1858)이 있었는데, 그 토론은 최초 발제자가 60분, 상대방이 90분, 다시 발제자가 30분간 발표를 하는 형식이었다. 믿기지 않겠지만 둘 다 별다른 노트 없이도 편안하게 긴 단락들을 외운 그대로 재생하면서 시간을 다 채웠다. 선거 결과는 더글러스가 승리했고, 링컨은 그 대신 유명세를 얻었다.

사실 중세까지도 기억술 훈련은 문법, 논리학, 수사학과 같은 정도로 중요하게 간주되었는데, 책이 귀했기 때문에 책은 오히려 기억의 보조 수단이었다. 현대의 미국 법정에서 법정 변호사들은 모두진술이나 최후진술에서 상대방이 한 진술의 내용을 주의 깊게 듣고 기억한 후 즉석에서 노란색의 노트패드 한 장에 상대방의 변론 내용과 자신의 변론 내용의 개요를 정리한 후 바로 스피치를 즉흥적으로 실행한다. 이를 지켜보고 있자면 아직도 미국 법정에서는 고대 연설가들이 하던 기억술과 임기응변의 잔재가 남아 있음을 알 수 있다.

사람의 기억이라는 것이 원래 자연적으로 잊혀지기도 하고 흩어져 있어서 특정한 사건이나 아이디어를 필요할 때마다 기억해 내는 것은 쉽지 않다. 하지만 어떤 구체적인 것이 생각이 나면서 갑자기 그와 관련된 기억들이 연상되면서 연달아 생각나는 경우가 많다. 예를 들어 프로스트의『잃어버린 시간을 찾아서』는 과거를 회상하면서 시작되는데, 차의 향기에서 과거를 연상한다(후각이 기억을 담당하는 뇌 기능과 관련이 있어서 향을 태우면서 공부를 하는 것이 암기에 도움이 된다).

고대의 기억술은 이러한 연상을 최대한 이용하여 기억을 하는 방법을 가르쳤는데, 이를 '기억의 궁전'이라고 한다. 현대에도 세계 기억력 대회(World Memory Championships)가 있고, 우승을 위하여 기억술 훈련을 하는 선수들이 있다. 기억력 선수들은 기억의 궁전기술을 공부하여 기억력을 높인다고 한다. 기억의 궁전기술은『헤레니우스를 위한 수사학』에 잘 소개되어 있다.

기억술은 고대 그리스의 시인 시모니데스(Simonides)로부터 시작되었다고 전해진다. 시모니데스가 연회에 초대되어 갔다가 자신을 찾는다는 전갈을 듣고 연회실의 문을 나서는 순간 연회실이 폭삭 무너졌다. 잔해에 깔린 시신들이 너무 훼손되어서 죽은 사람의 얼굴과 팔다리도 못 알아볼 지경이 되자 장례식을 치러 줄 수 없게 되었다. 그때 시모니데스가 자신의 기억에 의지하여 사람들이 있었던 자리를 정확하게 순서에 따라서 알려 준다. 시모니데스가 기억을 해 낸 방법은 마음에 인상 깊게 남아 있던 장소의 도움을 받아서 기억을 해 내는 것인데, 이를 현대에서는 '기억의 궁전' 기술의 시초라고 한다. 무서운 것은 시모니데스가 전갈을 받고 연회장을 나갔을 때 자신을 불렀던 사람들이 없었다는 것인데, 사실은 시모니데스로부터 헌금을 받은 신들이 붕괴사고를 미리 알고 시모니데스를 불러내 구해낸 것이었다. 아무튼 시간이 지나면 기억이 사라지지만, 어느 장소에 가게 되면 그 장소와 관련된 것들이 기억이 나는데, 이러한 연상을 이용하여 기억력을 증강시키는 것이 기억의 궁전 기술의 요체이다(『웅변가 교육』. 11. 2. 44-46).

『헤레니우스를 위한 수사학』에 소개된 기억술의 핵심 요소는 이미지와 배경으로서, 이미지를 배경에 놓아 한 장면을 만들어 내는 것이다. 예를 들어서 배경 속에 정물화 같은 그림으로 이미지를 만들어 내는 것이다.

배경은 자연적이거나 인위적이거나 작은 규모로 연속적으로 되어 있어서 기억을 쉽게 할 수 있는 기둥이 많은 궁전, 아치 등을 이용하는 것이 좋다. 이미지는 우리가 기억해 내려는 대상과 관련된 수, 상징, 모양 등을 말한다. 배경은 밀랍서판이나, 파피루스지와 같은 역할을 한다. 그 위에 글자를 쓰고 배열해서 읽는 것처럼, 이미지를 배경 위에 놓고 배치하여 그 전체를 기억한 후에 이미지와 배경을 이용하여 글의 내용을 연상해서 기억을 소환해 내는 것이 바로 기억술이다.

이미지는 주제 혹은 단어 자체들과 관련된 것일 수 있는데, 이미지를 고안할 때에는 주의할 것은 시시하거나, 평범하거나, 진부한 것들은 이미지로 사용하면 안 된다는 것이다. 대신에 탁월하거나 위대한 것, 믿을 수 없는 것, 웃긴 것들은 기억이 오래가기 때문에 바로 이런 것들을 이미지로 사용해야 기억이 오래 갈수 있다.

예를 들어, 검사가 피고인이 상속재산을 노리고 한 사내를 독살했고, 증인과 공범들이 많은 사건이라고 기소의 요지를 말했을 때, 피고 측은 즉흥적인 방어 연설을 하기 위해서는 검사의 기소 요지를 잘 외우고 있어야 기소 연설의 모든 측면을 차례대로 반박할 수 있다. 이때에 변호인은 병든 피해자가 침실에 누워 있고(피해자를 구체적으로 안다면 그 사람을, 모른다면 다른 사람을 눕히는데 평범한 사람 대신에 유명하거나 별난 사람을 눕힌다), 그다음에 피고인을 침대 옆에 세우고 오른손에는 컵을 왼손에는 독이 든 알약을 들고 있게 하고, 특히 넷째 손가락에는 양의 고환들을 들고 있게 한다(라틴어로 고환을 의미하는 Testiculi는 증인 Testes와 발음이 비슷하다고 한다). 이런 그림을 마음속에 가지고 있으면, 변호인은 아주 쉽게 사건의 개요를 기억해서 즉흥 연설을 할 수 있다(『헤레니우스를 위한 수사학』. Ⅲ. 20. 33−34).

앞서 이야기했지만 원래 사람의 기억이라는 것이 대체로 아주 웃기거나 음란한 것을 잘 기억한다. 그래서 기억을 할 때 연상을 불러오는 장면에서는 아주 웃기거나 성적으로 외설적인 것을 상상해 놓은 것이 효과적이다. 기억이 상상을 통하여 강해진다는 것인데, 이런 이유에서 마인드맵(Mindmap)을 개발한 토니 부잔(Tony Buzan)은 세계 기억력 대회는 기억력보다는 창의력에 관한 것이라고 말했다.[1]

하지만, 퀸틸리아누스는 기억의 궁전기술에 호의적이지 않았다. 연설 도중에 여러 상징들을 계속하여 회상해 내는 것 자체가 쉽지 않기 때문이다. 그 대신에 퀸틸리아누스는 자신이 밀랍서판에 쓴 것을 보고 외울 것을 추천했다. 자신이 직접 쓴 흔적과 모양이 그대로 남아 있기 때문에 이를 따라 페이지들과 한 줄까지도 모두 기억할 수 있고, 삭제, 추가, 수정한 것도 다 있기 때문에 실제 말할 때에는 문맥을 잃지 않는다고 한다. 밀랍서판 대신 종이가 보급된 이후에는 종이를 이용하여 쓰기, 읽기, 듣기, 외우기가 전통적인 학습법이었고, 이를 통해 기억력을 강화할 수 있었다.

지금은 종이 책 대신에 태블릿 PC와 스마트폰이 보급되어 종이를 이용한 학습법이 과거만큼 장려되지 않고 있고, 심지어는 Paperless Classroom이라고 해서, 교실에서 종이와 필기구를 없애는 것이 추세이다. 그렇지만 나는 현대에도 종이를 이용한 전통적인 공부 방법이 최고의 두뇌 훈련법이라고 생각한다. 종이를 사용하는 학습이 훨씬 더 많은 감각을 사용하기 때문에 뇌에 더 많은 자극을 주어서 더 많은 기억을 할 수 있도록 돕기 때문이다. 예를 들어 연필로 줄을 그으며 읽을 경우에는, 기본적으로 눈을 이용하기는 하지만, 손가락과 팔, 어깨, 입, 귀를 모두 사용하여야 하기 때문에 시각, 촉각, 청각, 촉각을 자극한다. 하기

---

1) Joshua Foer, 『Moonwalking with Einstein』, Allen Lane(2011), 제100면.

야 요즘에는 태블릿 PC나 갤럭시노트 같은 스마트폰도 종래의 종이와 연필과 같은 필기기능을 제공하기 때문에 점점 종이의 장점도 사라지고 있다.

이런 면에서 퀸틸리아누스는 현대의 수험생들에게 도움이 될 기억 훈련법을 소개한다. 마음이 고요해서 산만하지 않는다면 소리 없이 외우는 것이 가장 좋지만, 말하기와 듣기에 의하여 기억력이 더 강화되기 때문에 음성에 의한 자극도 필요하다. 이때 음성은 웅얼거리기보다는 저음으로 읽어야 한다. 한편, 듣고 외우는 것은 보고 외우는 것보다는 느리지만, 한두 구절을 들은 후 기억을 할 수 있고, 읽어주는 사람을 바로 따라 할 수 있다는 점에서 일종의 재능이다.

암기한 것은 때때로 시험해서 잘 외우고 있는지 점검할 필요가 있다. 잘 기억이 안 되는 것을 반복해서 연습하고, 잘 기억하는 것을 반복할 필요는 없다. 사실 내가 사법시험 공부를 할 때에 시험을 잘 보는 요령을 몰라 어려운 법학 교과서들을 단순히 몇 번씩 읽고는 했었다. 그 결과는 좋지 않았는데 이해가 안 되는 부분도 많고, 중요하지도 않은 것도 다시 몇 번씩 읽으려니 지겹기도 했고, 실제 시험 점수도 신통치 않았다. 그런데, 하루는 한 선배가 나에게 "법학 교과서는 그만 읽고, 시험대비용 문제집에서 모르는 시험 문제들만 복습하라."고 조언했다. 그 선배는 대학교 중간/기말고사를 대비하는 방법도, 강의하시는 교수님의 과거 10년 치 중간/기말고사 문제들을 분석해서 암기하라고 가르쳐 주었다. 일종의 패턴과 통계를 분석하는 것을 가르쳐 준 것이다. 나는 그 말을 그대로 따라 했고, 특히 틀린 문제나 어려운 문제의 옆에 포스트 잇을 붙여 그것만 반복해서 보는 식으로 공부를 했다. 로마시대에나 지금이나 공부 잘 하는 방법은 같은 요령이 있는 것 같다. 그 결과 학점도 비약적으로 상승했었고, 사법시험도 그런대로 수월하게 합격했다. 안타깝게도 운동을 너무 즐겨하시던 그 선배는 시험 보는 요령을 잘 알고 있었음에도 불구하고 결국 사법시험을 합격하지 못했다.

암기력은 건강과 영양상태가 좋을 때에 향상된다. 빈국의 어린이들에게 매일 계란과 우유를 주기적으로 먹인 집단과 그렇지 않은 집단으로 나누어 비교하였을 때 계란과 우유를 먹인 집단의 학습능력이 상승되었다는 실험을 본 적이 있다. 나의 쓰린 경험을 이야기하자면, 미국 로스쿨에서 유학을 할 때 아무래도 영어가 서툴러 공부가 힘든데, 나보다 몇 살 어린 중국인 여학생이 나에게 계란을 매일 먹으면 영어가 잘 된다고 해서, 그 말을 듣고 나도 틈만 나면 계란으로 오믈렛을 만들어 먹었다. 그 덕분인지 귀국해서 건강검진을 해 보았더니 콜레스테롤 수치가 거의 한계치까지 상승했었다. 요즘도 어려운 사건들이 몰린 시기에는 구운 계란 한 판을 사 놓고 하루에 2-3개씩 먹을 때가 있다. 솔직히 계란 섭취로 두뇌의 활동이 비약적으로 향상하는지는 잘 모르겠다.

기억을 잘 하기 위해서는 잠을 잘 자야 한다. 퀸틸리아누스도 잠이 기억력에 미치는 영향에 대해서는 경이롭다고 했다. 기억을 잘 하려면 숙면을 해야 하고, 시험을 잘 보기 위해서도 전날 숙면해야 한다. 그런데 몇 년 전에 민족사관고등학교 학생들의 일상을 보여주는 다큐멘터리를 본 적이 있었는데, 성적이 최상층에 위치한 여학생들이 자정을 넘겨 공부하고 오전 6시에 기상했다. 그 여학생들이 낮잠을 자는지는 잘 모르겠다. 하루에 4-5시간 잠을 자고 민족사관고등학교에서 최고의 성적을 유지할 수 있다는 것은 나에게는 경이로운 일이다. 하지만 나는 아들에게는 잠을 많이 자라고 하는데 학습 능력뿐만 아니라 행복, 건강, 키 크는 것과도 관련이 있기 때문이다.

연설을 잘 분리하고 배열하는 것도 기억의 요령이다. 주제를 잘 분류해 놓은 사람은 구체적인 세부사항의 순서를 잃어버리지 않는다. 주제들은 어떤 기준에 의하여 배열하는 것이 좋은데, 예를 들면, 방향(위-아래, 동과 서)이나 시간, 숫자, 크기처럼 어떤 기준에 의하여 흐름이 있는 것처럼 주제를 배열하면 기억하기가 쉽다.

퀸틸리아누스가 가장 추천하는 기억법은 고된 연습이다. 기억만큼 연습에 의하여 강해지고, 게으름에 의하여 약해지는 것은 없다. 가능한 한 어린 나이에 아이들을 외우게 하고, 지루해지면 읽고 쓰기를 통하여 이를 극복해서 계속 기억력을 강화해야 하는데, 마치 음식을 계속 씹어 완벽하게 소화시키는 것과 같다. 처음 시작할 때에는 하루에 시 한두 편을 외우는 것부터 시작해서 점점 어려운 것을 시도한다. 실전에서는 빈 주먹으로 겨루지만 연습시에는 주먹에 납을 덧대어 연습하는 권투선수처럼 실전보다 어렵게 연습해야 실전에서는 쉽게 기억을 실행할 수 있다.

연설할 때에 외운 그대로 실행을 하는 것이 나은지 혹은 요지와 세부사항들의 순서를 외우고 즉흥 연설을 하는 것이 나은지의 문제가 있다. 사실 연설의 내용을 미리 그대로 외워 이를 실행하는 것은 어렵다. 그렇다고 연설문을 보고 연설하는 것은 연설을 산만하게 들리게 하고, 연설가도 자심감 없게 보이도록 만들기 때문에 좋지 않다. 만일 쓴 것을 보기 위하여 머뭇거리거나 연설을 중단하면 연설의 우아함을 해친다. 판사들은 미리 준비된 연설처럼 보이는 연설을 좋아하지 않고, 사전에 잘 준비되어서 판사들을 유도하는 연설은 잘 믿지 않는다. 결국 변론에서는 즉흥 연설이 필요하고, 가장 뛰어난 연설의 기술은 부분들이 체계적으로 연결이 너무 잘 되어서 오히려 각 부분이 전혀 연결이 되지 않는 것처럼 보이고, 마치 실제 소지한 물건이 잘 있는지를 의심하고 찾는 것처럼, 할 말을 찾는 사람처럼 보이도록 만드는 것이다.

기억을 하는 것이 원래 지루하고 만일 시간이 부족하다면 모든 단어를 기억하는 것은 불가능하고, 만일 준비한 단어 중의 하나라도 기억을 못한다면 어색하게 연설을 중단하거나 말문이 막혀서 침묵하게 된다. 그 순간에 잊혀진 단어 대신 다른 단어를 생각해 내는 것도 쉽지 않다.

따라서 연설할 때에는 사실들을 잘 파악하고 있다가 자연스럽게 말하는 것이 좋다.

기억력이 좋아 연설문을 외어 실행할 능력이 되거나, 처음부터 즉흥 연설할 재능을 가진 사람이 아니라면 훌륭한 연설가가 되는 것을 포기해야 한다. 고대 아테네의 아리스토텔레스, 이소크라테스, 퀸틸리아누스조차도 연설가에게 가장 중요한 요소는 재능이라고 말했다. 이들은 위대한 교사들이었기 때문에 많은 제자들을 관찰할 기회가 있었을 텐데, 그들의 관찰이 정확하다면 재능과 미덕, 개인의 삶의 성공은 이미 태어날 때부터 어느 정도는 정해진 것이다. 하지만, 고대의 최고 연설가 데모스테네스는 즉흥 연설을 하지 않고, 항상 미리 준비한 연설을 외어서 연설했다. 데모스테네스의 수사학 기술은 타고난 재능이 아니라 고된 노력의 결과물이었고, 이 때문에 많은 정치인들로부터 조롱을 받았다. 민회에서 사람들이 그의 이름을 부르며 연설을 요구할 때도, 그는 절대로 미리 생각해 보고 준비한 연설이 아니면 일어나지 않았다고 한다. 그래서 퓌테아스(Pytheas)라는 정치인은 데모스테네스의 연설은 심지(초의 타는 부분) 냄새가 난다고 했다(램프를 켜고 밤새 연설을 준비했다는 의미이다). 하지만 데모스테네스는 연습이 된 연설은 진정한 민주정체 지지자의 상징이라고 반박했다. 준비는 민중에 대한 존경이고, 민중이 어떻게 받아들일지를 고려하지 않는 것은 과두정체의 상징이고, 설득보다 강요를 선호하는 것이라고 반박했다고 한다.

기억보조장치가 별로 없던 고대의 연설가들이 긴 연설을 어떻게 할 수 있었는지 어느 정도는 설명한 것 같다.

우리나라 교육은 암기식 교육이라고 비판을 많이 받는 것은 사실이지만, 나는 기억력에 기반한 평가시스템이 적어도 교육의 질을 평등하게 할 수 있다고 생각한다. 요즘은 성공의 사다리가 끊겼다고 말을 많이 한다. 자유주의는 각 개인이 외부적인 조건에도 불구하고 선택을 할 자유를 중요하게 생각하는데, 실제로는 부모의 능력에 따라 자식들이 받는 교육의 질이 차이가 많이 나고, 이에 따라 성적, 대학교, 직장이 결정되기 때문에 각 개인의 선택의 자유는 사실상 제한되어 있다. 전문 직의 상징인 법학전문대학원이나 의과대학교는 교육비용이 많이 들어서 서민들은 사실 엄두를 내기 어렵다. 나는 대한민국의 최고 학부 출신 엄마가 강남 대치동의 과외학원들을 없애야 한다는 말을 듣자 싫은 표정을 짓는 것을 본 적도 있다. 조국 사태에서 알려진 바와 같이 실제 부유층들은 강남 학원가의 도움을 받아 자녀들의 성적과 스펙을 관리할 수 있다. 그나마 강남 학원가를 이용하지 않는 학생들도 부유층 자제들과 대등하게 성적을 유지할 수 있는 분야는 암기력에 기반한 평가라고 생각한다.

예나 지금이나 시험성적은 국어, 영어, 수학이 결정한다. 국어와 같은 인문학 과목들은 어릴 때부터 책을 많이 읽거나 특히 부모와 많은 대화를 하는 아이들이 좋은 성적을 올릴 수밖에 없다. 우리나라의 경우 그런 조사가 있는지 모르겠지만, 미국의 경우 중산층 자녀들이 한 시간 동안 부모들에게서 듣는 단어의 양은 노동 계층 자녀들이 듣는 단어의 양보다 두 배이고, 빈곤층 자녀들의 세 배라고 한다. 중산층 부모는 자식들에게 자신들의 경험과 지식을 전파한다.[2]

수학의 경우에는 내가 소년 재판을 담당했을 때에 경험을 이야기하려고 한다. 내가 창원에서 소년재판을 처음 맡아 재판을 준비하면서 소년분류심사원이나 청소년비행예방센터라는 기관에서 작성하여 보내 주는 소년범들에 관한 보고서를 읽어 보다가 소년범들의 지능이 평균(100)보다 많이 낮다는 것을 알고 놀랐다. 그 이유를 아동 전문가들에게 물어보니까, 부모가 경제력이 약해서 하루 종일 일을 하기 때문에

---

2) 헤이즐 로즈 마커스, 엘레나 코너 공저, 박세연 옮김, 『우리는 왜 충돌하는가』, 흐름출판(2015), 제202면

아이들을 옆에 앉혀 놓고 억지로 수학을 시킬 수 없어서 그런 현상이 생기고, 실제 수학은 부모가 아이들을 옆에 잡아 놓고 있어야 성적이 높다고 했다. 그리고 소년범들 절대 머리 나쁘지 않다고 걱정 안 해도 된다고 했다. 결국 수학 성적도 부모의 경제적인 능력과 상관관계가 강하다.

영어의 경우에는 아이들이 소위 영어만 사용하는 환경에 몰입(Immersion) 교육을 받을 수 있어야 비약적으로 향상하기 때문에 부모가 아이를 외국으로 장기간 유학 보낼 능력이 있어야 영어 성적을 비약적으로 향상시킬 수 있다. 어느 여대생과 대화하다가 한국의 고등학교에서 미국 현지 식당에서 음식을 자유롭게 주문할 수 있는 정도의 영어를 구사하는 학생들이 영어 성적이 높고, 그런 학생들은 부모의 재력이 있는 집안의 아이들이라고 하면서 분개한 것을 본 적이 있다. 나도 미국에서 1년 6개월을 살았지만, 미국 식당에서의 음식 주문은 상당히 어렵다. 음료수 선택, 커피의 종류, 빵 종류, 계란의 요리 방식, 고기의 굽기 정도, 소스를 고기에 덮을지 따로 달라고 할지, 감자 요리의 방법, 기타 사이드 메뉴 선택 등 짧은 순간에 많은 판단을 해서 영어로 말해야 하므로, 미국 식당을 아주 많이 이용해 본 사람이 아니면 수월하게 주문을 하기 어렵다. 그 여대생의 말처럼 재력 있는 집안 아이들 아니면 영어 성적 올리기 어렵다는 말은 사실이다.

나는 경제력이 약한 계층의 아이들이 가장 잘 할 수 있는 영역이 기억력에 기초한 속칭 암기에 기반한 영역, 암기과목일 수 있다고 생각한다. 물론 암기할 내용은 핵심 인문학과 자연과학 과목들로 한정하되, 특히 고전과 같은 문학, 한국사와 세계사를 강하게 교육시켜서 전반적으로 교양 수준을 향상시킬 수 있는 것으로 과목을 구성해야 할 것이다.

나는 기억력을 강화하는 것이 창의력과도 연결될 수 있다고 생각한다. 나는 항상 창의력의 본질이 무엇인지 참 궁금했다. 우리나라와 같

이 수동적인 교육을 받는 나라들, 중국, 일본, 우리는 왜 창의력이 약한
지 참 궁금했다. 창의력을 연구한 학자에 의하면, 인간관계가 소수의
강력한 관계가 아닌 넓은 그물처럼 될 때, 즉 하나의 네트워크 속에 많
은 사람들이 약하게 연결되어 있을 때에 정보가 잘 공유되고, 다양한
분야의 여러 아이디어들이 한데 섞이고 새로운 아이디어들이 재창조되
는 것이 바로 창의력이라고 한다(헤이즐 로즈 마커스, 엘래나 코너, 『우리
는 왜 충돌하는가』, 제234면). 즉, 창의력은 지능이나 지식의 수준의 문제
가 아니라 인재가 속한 문화가 구성원 간 결속이 강한 집단주의 문화인
지 혹은 구성원 간 결속이 약한 개인주의 문화인지의 문제라고 할 수
있다. 개인주의 문화에서 개인의 창의력이 높다. 우리나라는 집단주의
문화에 속하기 때문에 인간관계를 약하게 해서 폭넓게 한다는 것은 사
실상 어렵다. 그 대신 기억력이 좋다면 많은 사람을 만나지 않고 적은
수의 사람들을 만나더라도 주고받은 여러 아이디어를 강력하게 뇌 속에
서 간직하면서 융합할 수 있다고 생각한다. 사실 우리나라에서 전형적
인 암기교육을 받던 세대들이 활동하던 1990년대 중반에도 이미 세계
3, 4위의 특허를 출원한 특허 강국이었고, 2000년대 중반부터는 인구
100만 명당 특허 출원 순위는 세계 1위이다.[3]

---

3) 대한민국특허청, 『그래프로 보는 특허 출원 상위 15개국(1980년~2019년,
   OECD국가 중 인구 백만 명 당 특허 출원 순위)』, (2021. 1. 19.) https://
   youtube/HzUI7r Cw9wo (2022. 6. 10. 접근).

실행(연기, Delivery)

Ethos Pathos Logos

실행(연기, Delivery)

1. 실행의 중요성

그다음 스피치의 실행(Delivery)에 관하여 간략하게 소개하겠다. 우리는 속으로 생각하는 것이 아니라 밖으로 표현된 말과 행동을 가지고 청중을 설득하고, 청중도 표현된 것으로 판단한다. 따라서 실행이 생각보다 더 중요하다. 아리스토텔레스는 스피치의 실행은 스피치의 성공에 커다란 영향을 주는 것이지만 그때까지 자세한 연구는 경시되었다고 말했다. 다만 아리스토텔레스는 실행은 일찌감치 비극과 서사시의 실연에서 중요하게 취급되었고, 시인들이 자신들의 비극을 스스로 연기하였기 때문에 연설과 시는 실행이라는 측면에서는 서로 관련이 있다고 했다. 실행은 본질적으로는 다양한 감정을 표현하는 목소리를 적절히 배열하는 문제인데, 예를 들면 소리를 크게 말하거나 부드럽게 하고, 혹은 음성의 고저를 조절하는 것과 주제에 맞게 리듬을 맞추는 것, 중간에 멈추는 것들을 포함한다. 실행의 3요소는 바로 음성의 크기, 음성 고저의 조절 및 리듬이다(수사학. 1403b). 『헤레니우스를 위한 수사학』은 좋은

348 판사가 쓴 에토스, 파토스, 로고스 해설서

실행은 연설가의 말이 심장에서 우러나오는 것처럼 보이게 만드는 것이 라고 한다.

물론 음성도 중요하지만, 실행에는 몸짓언어도 중요하다. 『헤레니우 스를 위한 수사학』과 『웅변가 교육』에서는 음성과 몸짓언어를 실행의 요소로 본다. 청중은 듣고 보고 나서야 비로소 감동을 받기 때문에, 비 록 어떤 증거가 있다고 하더라도, 연설가의 확신에 찬 목소리에 의해서 제출되지 않는다면 증명력을 가지지 못한다. 청중의 감정을 불러일으킬 때도 연설가의 음성, 표정과 몸 전체의 동작에 의한 생동감이 없다면 효과가 약하다.

아리스토텔레스 시절에는 연설가들이 연설의 실행을 아주 중요하게 취급하였는데, 아리스토텔레스는 그러한 경향에 문제의식을 가졌다. 즉 연극 경연에서는 시의 내용보다도 연극배우가 더 중요하게 된 것처럼, 그 당시 정치체제의 결함 때문에 공적인 영역에서도 비슷한 상황이 발 생하고 있다고 개탄했다(수사학. 1403b). 앞서 설명했지만 아리스토텔레 스는 수사학을 생략삼단논법으로 설명하려고 했는데, 현실에서는 연설 이 논리가 아닌 연극 같은 연설에 의하여 청중들이 설득이 되는 현상을 수긍할 수 없었을 것이다. 고대의 연설가 중 최고로 뽑히는 데모스테네 스는 연설 중에서 가장 중요한 것은 실행이고, 두 번째로 중요한 것도 실행이고, 세 번째로 중요한 것도 실행이라고 말했다고 한다. 아이스키 네스가 기원전 330년 데모스테네스와의 연설 대결에서 패한 후에 아테 네를 떠나 로도스에서 연설술을 가르쳤는데, 어느 로도스 학생이 데모 스테네스의 연설문을 읽고 감명을 받자, 아이스키네스는 "네가 데모스 테네스가 연설하는 것을 직접 봐야 했었는데."라고 말했다고 한다. (웅 변가 교육. 11. 3. 6).

하지만 퀸틸리아누스는 적당한 정도의 연기가 가미된 연설이 아무런 연기가 없는 연설보다 더 효과적인 정도라고 보고 있다.

　　고대에서는 데모스테네스가 최고의 연설가로 간주되기는 하지만, 사실 그가 정치연설가로 시작할 때에는 비천하기 짝이 없었다. 플루타르코스는 데모스테네스가 어떤 훈련을 통해서 연설가로 성장했는지를 잘 묘사했다. 데모스테네스는 부자이던 아버지가 일찍 죽고, 후견인들이 그의 유산을 관리하면서 횡령을 했다. 데모스테네스는 성년이 되면서 독학으로 법률과 법정연설을 훈련하여 후견인들을 상대로 소송을 걸어서 재산을 되찾고, 이를 통해 법정연설가로서 명성을 쌓았다. 그다음 그는 연단에서 제1의 시민이 되기 위하여 정치에 뛰어들었는데, 처음 연설했을 때 야유와 조롱을 받았고, 연설이 명료하지 못하고 산만하고 강압적으로 들렸다고 한다. 게다가 그는 원래 목소리가 약해서 발음이 명확하지 않았으며, 숨이 짧아서 문장의 절과 의미를 명확하게 말하지 못했다. 결국 그는 연설가를 포기하였고, 피라이우스(항구)에서 의기소침하게 지낼 때에 한 노인이 데모스테네스에게 "자네는 페리클레스처럼 연설하는 스타일을 가지고 있는데 그 재능을 낭비하고 있군. 얼마나 미약하고 한심한 일인가! 자네는 대중 앞에 설 배짱이 없고, 장래의 분란을 위하여 준비해야 할 시기에 게으르게 지내면서 육체를 단련하지 않고 있네."라고 말했다.

　　하루는 민회에서 낙담하여 돌아오는 길에 친구인 배우 사튀로스(Satyrus)가 데모스테네스에게 에우리피데스나 소포클레스의 시를 암송해보라고 해서 이를 하였는데, 사튀로스가 다시 그 구절을 되받아 인격을 불어넣고 적절하게 실행하자 그 시들이 즉시 완전히 다르게 들리는 것을 경험한 후부터 실행의 중요성에 대하여 눈을 뜨게 되었다. 데모스테네스는 연설을 잘 실행하는 것이 연설의 우아함과 매력에 많은 영향을 끼친다는 것을 깨달은 후 어떻게 말들이 표현되고 말해지는지 주의를 기울이지 않고 말하는 것은 완전한 시간낭비라고 여겼다.

　　그 이후에 데모스테네스는 지하에 서재를 만들어 놓고 매일 말하기를 연습하고, 목소리를 단련했다. 얼굴의 한쪽만 면도를 해서 일부러 외부로 나가지 않고 두세 달 동안 서재에서 혼자 연습을 하기도 하였고, 회의가 있을 때에는 처음부터 끝까지 단계별로 오고간 언쟁을 복기한 후 스피치를 수정하고 대체할 표현들을 강구했다. 발음을 정확하게 하기 위하여 조약돌을 입에 물고 암송하기도 하고, 목소리를 단련하기 위하여 달리거나 비탈을 오르면서 말을 하고, 한숨에 몇 문장이나 시들을 암송하기도 했다. 그의 집에서 큰 거울이 있어서 그 앞에서 실연을 하기도 했다.

2. 음성

음성은 음향시설이 없이 직접 연설해야 할 경우에는 가장 중요한 요소이다. 우선 목소리가 커야 좀 더 많은 청중들이 연설을 듣고 이해할 가능성이 있다. 아테네에서는 아크로폴리스에서 좀 떨어진 프닉스(the Pnyx) 언덕에서 민회가 열렸는데, 약 6,000명이 쪼그리고 앉을 수 있는 그곳은 극장이 아니라 말 그대로 산에 있는 언덕이기 때문에 목소리가 강해야 청중들이 연설을 들을 수 있었다.

데모스테네스와 정치 생명을 걸고 두 번의 대결을 벌인 아이스키네스는 아주 좋은 목소리를 가지고 있었다. 아이스키네스는 원래 배우 출신의 정치인이었고 다른 사람들을 위해 대필을 하지 않고 정치연설만 하던 사람이다. 앞서 소개한 데모스테네스가 아이스키네스를 상대로 한 기원전 343년의 임기 후 감사소송(Euthyna)인 『타락한 사절단을 기소하며』에서, 기소 연설의 마지막 부분에는 아이스키네스의 목소리를 경고하는 다음과 같은 구절이 있다.

"[337] 그런데 아마도 제가 그의 목소리에 대하여 좀 이야기를 하는 것이 낫겠습니다. 저는 아이스키네스가 목소리에 대하여 자부심을 가지고 있고, 목소리와 연기로 당신들을 압도할 계획을 가지고 있다고 들었습니다.
…… 제게는, 지금 그가 망쳐버린 연극이 아니라, 그가 가장 중요한 국사
에 막대한 손해를 끼친 마당에, 만약 당신들이 아이스키네스와 그의 웅장
한 목소리에 집중한다면, 당신들의 행동은 아주 이상한 행동이 될 것입니
다. ……" (Dem. 19. 337)

마이크와 스피커가 발달한 현대에는 음성이 설득과는 별로 관련이
없을 것 같지만, 전혀 그렇지 않다. 미국의 로널드 레이건 대통령은 원
래 배우 출신인데 아주 좋은 목소리를 가지고 있었다. 그의 목소리의
특징은 저음과 기식음(발음을 할 때에 공기가 많이 빠져나오는 소리)이다.
저음은 지배, 남성 그리고 배려를 특징으로 하고, 기식음은 음성에 공
기가 섞여서 듣기 편안한 소리인데, 속칭 '소리반 공기반'으로 들리는
소리를 의미한다. 절에서 염불을 잘 하시는 스님들이 염불할 때 콧소리
맹맹하게 내는 소리가 기식음이라고 할 수 있다. 기식음은 따뜻하게 들
리기 때문이고 흔히 속삭이는 것과 같이 들린다. 기식음이 있는 저음의
경우에는 육체적인 친밀함과 심리적인 친밀함을 만들어 내는 효과가 있
다. 특히 저음의 경우에 1960년 이후 미국의 대선 후보들 간의 지지율
을 비교한 결과 8번의 선거결과에서 더 낮은 저음(특히 0.5kHz 이하의
저음)을 가진 후보가 일반투표(The Popular Vote) 부분에서 가장 많은
투표를 받았다. 다시 말해서 대통령 선거는 원리원칙에 관한 문제가 아
니라, 좀 더 신뢰를 주고 대통령다운 권위를 가진 목소리를 소유하였는
지에 관한 문제였다.[1] 키가 크면 성대도 길어지므로 저음으로 소리를
낼 가능성이 큰데, 실제로 미국 대통령들은 키가 크고 얼굴도 잘 생겼
다. 저음의 중요성은 노래에서도 마찬가지이다. 보통 대중가요의 시작
부분은 항상 저음대의 조용한 목소리의 음정과 느린 리듬으로 시작되는

---

1) Peter Collett, 『The Book of Tells』, A Bantam Book(2004), 제139-141면

데 이 또한 사람들의 집중력이 가장 높은 도입부에 저음을 배치하여 더 많은 관심을 끌 수 있기 때문이다.

퀸틸리아누스는 음성을 아주 자세하게 분석해 놓았는데, 고대인들이 음성을 어떻게 단련했는지가 잘 서술되어 있다.

가수들도 99%가 타고난다고 하듯이, 음성도 타고나는데 특히 목소리가 약한 사람들은 실행을 잘 하기 힘들다. 음성은 음질(tone)과 음량(volume)으로 나누어지고, 특히 음질은 꽉 차거나 가느다란 소리, 부드럽거나 거친 목소리 등이 있고, 숨이 긴 사람도 있고 짧은 사람도 있는데, 전반적인 목소리의 톤은 달콤하고 부드러워야 하며 거칠면 안 된다.

목소리의 장점도 훈련에 향상되지만 게으름에 의하여 나빠진다. 훈련의 경우 가수들의 훈련과는 다르지만, 양자 모두 체력은 기본이고, 내시들이나 여성들, 환자들의 목소리처럼 가늘어서는 안 된다. 체력은 걷기, 성욕 절제하기, 소화가 되기 쉬운 음식을 먹는 것 등 절제를 통해서 키워진다. 목을 항상 잘 관리해서 갈라진 목소리가 나거나 허스키하거나 거친 소리가 나지 않도록 해야 하고, 호흡도 조심해야 하며, 피로가 쌓이지 않도록 주의해야 한다.

노래 연습과 연설술은 훈련법이 다른데, 연설술의 경우에는 가수들처럼 부드럽고 달콤한 목소리를 내도록 단련하는 것이 아니라, 강하고 지속가능한 목소리를 내도록 단련해야 하는데, 일상생활 속에서는 가수들처럼 훈련하는 것이 어렵기 때문에 실제 연설의 용도에 맞도록 목소리를 단련하는 것이 중요하다. 예를 들어 가수들은 고음을 곱게 내도록 훈련하지만, 실제 연설에서는 고음을 예쁘게 내어 연설할 경우는 없다.

목소리를 연습할 때에는 평소에 다양한 주제들을 외워서 실행하는 것이 좋다. 실제 연설은 미처 대비할 수 없는 주제와 상황들을 맞닥뜨려서 하게 되는 경우가 많고, 발성도 그에 맞추어져야 하는데 다양한 주제와 상황에 따라 실제 연습을 미리 해 놓아야만 즉흥적으로 발성할 수 있기 때문이다.

최선의 발성 연습은 연설가의 실제 하는 일과 유사하게 말을 하는 것인데, 실제 법정에서 말을 하듯이 발성을 하는 것이다.

목소리는 무엇보다 자연스럽게 내는 소리처럼 들려야 하고, 호흡이 너무 짧거나, 호흡을 지탱하지 못거나, 숨 고르기가 어려우면 안 된다. 발음도 정확해야 하고 무엇보다 단어들은 모두 발음되어야 하고, 특히 어구들(phrases)은 독립적으로 들려야 하는데, 이는 시작과 끝을 명확하게 한다는 의미이고, 특히 한 덩어리의 의미를 가지는 문장들은 멈춤이 있어야 의미의 단위가 명확하게 전달된다. 예를 들어, "그러나 로마 인민들의 민회에서, 공무를 담당한 것, 그 말(馬)의 주인이 된 것" 처럼 많은 의미가 담겨 있고, 한 문장으로 종결되지 않는 경우에는, 각 의미별로 짧게 멈추고 계속해서 말을 해야 한다. 적절하게 숨을 쉬는 것도 중요한데, 숨쉬기로 인하여 의미가 단절되지 않도록 신경을 많이 써야 한다.

선천적으로 잘 들리는 목소리가 있는데, 목소리가 큰 것뿐만 아니라 톤이 뛰어난 목소리가 있다. 사람의 목소리도 악기처럼 고음부터 저음까지 다 낼 수 있는데, 연설가는 자신의 중음대 영역을 개발하되, 필요하면 낮은 톤이나 높은 톤으로도 발성할 수 있어야 한다. 기본적으로는 균등하게 톤을 유지하는 것이 중요한데, 필요한 경우에는 다양한 톤을 낼 수도 있어야 한다. 만일 톤에 변화가 없다면 단조롭게 되어 청중이 지루해진다. 목소리의 톤도 연설의 주제와 마음속의 감정이 상응해야 하고, 그렇지 않으면 말 그대로 단조(Monotony)로워진다.

실제로 음높이(Pitch)는 그 사람의 성격이나 마음가짐을 잘 보여준다. 기본적으로 저음을 내는 것은 진지함이나 권위이고, 고음은 그 반대라고 생각하면 되는데, 자기보다 열등한 사람에게 저음으로 말을 하고, 높은 사람에게는 고음을 사용한다. 예를 들어 누구라도 상급자에게 저음으로 목소리를 깔고 "식사하러 가시겠습니까?"라며 말하지는 않을 것이다. 혹은 여성들의 경우 귀엽게 보이기 위해서 높은 피치를 사용하는데, 원래 여성들의 목소리가 남자들보다 더 고음인 것도 남자들의 호감을 얻기 위해 그렇게 진화한 것으로 알고 있다. 그런데, 여성의 사회적 지위가 높아지면서 여성의 음높이도 계속 낮아지고 있다고 한다(존 콜라핀토, 『보이스』, 제202면).

내가 음성의 고저와 관련된 이야기를 어느 중년 여성분에게 하자 그 여성분은 "며느리가 둘이 있는데, 누가 나를 더 존중하는지를 알겠다."고 말했다. 그 여성분의 설명은 평소 두 며느리로부터 전화가 자주 오는데, 둘째 며느리가 항상 목소리를 높여서 말하고, 첫째 며느리는 별로 음을 높이지 않는다고 했다. 둘째 며느리가 더 붙임성이 좋은데, 누가 더 자기를 소중하게 생각하는지는 확신이 없었다고 했다. 사회생활을 하다 보면 어떤 경우라도 심지어는 상사 앞에서도 저음만으로 대화하는 사람들을 꽤 만나는데, 그런 사람들의 성격은 보수적이고 권위적인 경우가 많다. 목소리의 고저만으로도 성격을 쉽게 파악할 수 있다.

퀸틸리아누스는 키케로가 밀로(Milo)를 변호하면서 한 연설을 인용하여 음성을 어떻게 활용하는지 설명한다. 연설의 톤은 기본적으로는 하나의 톤을 유지하기는 하지만, 연설의 구절이 바뀔 때마다 변화가 있어야 한다. "판사님, 가장 용감한 사람을 위하여 변론을 시작함에 있어서, 두려움을 보이는 것은, 제가 불명예스럽게 되지 않을까 염려스럽습니다."라면서 연설을 시작할 때에, 머리말의 기본적인 톤은 억제되고 순종적인 톤이기는 하지만, 큰 걱정을 하는 사람의 톤으로 표현한다. "가장 용감한 사람을 위하여"를 말할 때에는 다른 부분보다 꽉 차고 고양된 목소리로 말을 해야 한다. 그리고 숨을 깊게 쉰 후에 자연스럽게 좀 더 높은 음성으로 말해서 밀로의 위대함을 보이면서 덜 소심하게 들리도록, "밀로 스스로가 자신의 안전보다 국가의 안전을 더욱 염려하였음에도 불구하고"라고 말한 후, 자책하는 말투로 "제가 그의 변론을 위하여 같은 정도로 굳은 마음가짐을 가지지 않는 것은 어울리지 않을 것입니다."라고 말한다. 그다음에 밀로의 재판 절차의 문제점에 관하여 "그러나 신 재판방식에 따른 이 새로운 형태의 변론절차를 목격하니 걱정이 앞섭니다."라고 말한다. 다음에는 플루트의 꽉 찬 음과 같은 톤으로 "왜냐하면 그들은 소송지휘를 할 때마다 법정의 통상적인 용례와 고대 거래법을 찾아내지도 못하기 때문입니다."라고 말하고, 그다음은 억제되지 않고 자연스러운 톤으로 "당신들의 민회는 예전의 참가자들로 채워져 있지 않기 때문입니다."라고 말한다(웅변가 교육. 11. 3. 47).

숨을 너무 자주 쉬어서 문장을 쪼개어 버릴 정도가 되어서도 안 되고, 숨을 모두 소진할 때까지 말해도 안 된다. 숨을 다 소진한 후에 말하는 음성은 듣기에 좋지 않다. 긴 문장을 한 숨에 말하기 위해서는 미리 숨을 채운 후에 말해야 한다. 호흡도 미리 연습을 통해서 최대한 폐활량을 늘리는 연습을 해야 한다.

실행의 목적은 연설의 주제에 상응하여 표현하는 것이고, 특히 감정을 표현하는 음성은 그런 효과가 가장 크다. 특히 슬픔, 분노, 분개에 사로잡힌 사람들이 터트리는 기교 없는 감정들은 특히 그런 효과가 있다. 모방에 의한 감정은 전적으로 기교에 의존하고, 자연적으로 생기지 않는다. 따라서 진실한 감정을 표현하기 위해서는 연설가 스스로가 가능한 한 먼저 연설의 내용을 비판 없이 그대로 수용해서 진실로 받아들인 후, 생생한 사상들을 상상하면서 그것들에 의하여 실제 감동을 받아야만 진실된 감정을 표현할 수 있다. 실제 재판을 하다 보면, 좀 통이 큰 사기꾼들은 정말로 뻔뻔스럽게 거짓말을 잘 하는데, 어디서 배운지는 모르지만 스스로가 거짓 내용을 진실로 믿으면서 속칭 메소드 연기를 한다. 퀸틸리아누스의 음성에 관한 설명은 메소드 연기를 설명하는 것 같은데 고대인들이 대중 연설을 위하여 어느 정도로 음성을 단련했는지 잘 이해되었을 것이다.

3. 몸짓언어

퀸틸리아누스는 몸짓언어에 관하여도 상당한 정도로 설명하고 있다. 아무런 동작이 없는 그림도 감동을 줄 수 있다. 말 없는 동작은 그림보다 더 많은 것을 표현할 수 있는 것처럼 몸짓언어의 힘은 강력하다. 몸짓언어와 동작에서 우아함도 표현할 수 있다.

몸동작의 중심은 머리인데, 항상 적절하고 자연스럽게 위치시켜야 한다. 너무 머리를 숙이는 것은 비굴함이고, 뒤로 너무 젖히는 것은 오만, 옆으로 너무 기울이는 것은 무기력함, 그리고 억지로 꼿꼿이 세우는 것은 무례함으로 여겨진다. 그리고 머리의 방향은 손과 몸통의 방향과 일치해야 한다.

이 부분은 나의 설명도 추가하려고 한다. 원래 현대에도 진실은 몸통의 방향이 가리키는 곳이라고 말을 하는데, 얼굴의 방향과 몸통의 방향이 다르다면, 몸통이 가리키는 방향이 더 진실을 말할 가능성이 크다. 예를 들어, 연애를 시작하는 연인들은 처음에는 서로를 향해 잘 쳐다보지도 않다가, 좀 친해지면 얼굴을 돌려 보고, 더 관계가 심화되면 서로 몸통을 서로의 방향으로 돌린다. 따라서 머리의 방향을 몸통과 일치시키는 것은 진실성을 보이는 몸짓언어이다. 아래 그림은 시카고 미술관이 소장한 '연인들(The Lovers)'이라는 그림인데, 남성은 완전히 여성 쪽을 향해서 몸통과 머리를 돌리고 쳐다보고 있지만, 여성은 남성을 쳐다보지도 않고 몸통의 방향도 돌리지 않고 있는데, 연애의 초기 단계이거나, 여성이 남성을 경계하는 모습이라고 할 수 있는데, 여성의 얼굴이 홍조인 것을 보았을 때에는(얼굴이 붉어지는 것은 의지로 통제가 되지 않는다) 여성도 남성에게 어느 정도 호감을 가지고 있는 것처럼 보인다. 이와 같이 얼굴의 방향보다도 몸통의 방향이 더 진실한 것을 '배꼽의 법

칙'이라고 한다(장해순, 『행복한 스피치』, 제118면). 사실 여성의 다리와
발의 모양과 방향이 어떤지를 확인할 수 있다면, 여성의 심리를 더 정
확하게 파악할 수 있는데, 치마에 가려서 알 수는 없지만, 만일 여성의
다리와 발이 남성의 반대편으로 향해 있다면, 여성은 남성이 싫어서 도
망치고 싶은 욕구가 강한 상황이라고 할 수 있다.

그림 1 The Lovers(1855)

출처: William Powell Frith(English, 1819−1909)

　여기에서 나는 한국 남성들의 눈맞춤 습관을 좀 언급하려고 한다. 원
래 서양 사람들은 눈을 보면서 말하는 문화이고, 우리나라는 서로 눈을
마주치지 않고 말하는 문화이다. 특히 우리나라의 남성들 사이에 서열
이 있는 경우에는 눈을 마주치지 않고, 지위가 낮은 사람은 눈을 내리
고 이야기한다. 오히려 이런 문화에 속한 한국인들이 의도적으로 눈을
마주 보면서 이야기하는 경우에는 거짓말의 징표일 가능성이 크다. 눈

맞춤을 하지 않고 시선을 내리는 것은 복종의 의미이므로, 평등한 시민 사회에서는 이런 습관은 없어져야 하는데, 상대방의 얼굴을 마주 보는 것이 힘들면 대화 상대방의 양미간 위쪽이나 콧등을 보면서 말하는 것이 요령이다. 다만, 서양 사람들도 대화 중에 항상 눈을 보는 것은 아니고, 'One sentence – One person'의 법칙이라고 해서 한 문장에 한 사람씩 쳐다보는 것이 적절하다고 하는데, 한국인의 기준에서는 한 사람에게 2 – 3개 문장이 끝날 때까지 시선이 머무는 것이 적절하다고 한다 (장해순, 『행복한 스피치』, 제117 – 118면).

목은 바로 서 있어야 하고, 너무 꼿꼿하거나 뒤로 빼는 것은 좋지 않은데, 이는 적절한 발성을 위해서도 중요하다. 실제로 유명 가수들이 고음을 낼 때를 잘 살펴보면 어깨가 내려가고 오히려 목을 위로 뻗는다는 것을 알 수 있다. 어깨를 움츠리는 것은 목의 길이가 줄어들어 보이기 때문에 좋지 않으며, 긴장하거나 흥분해서 목에 힘을 주면 자기도 모르게 어깨가 올라간다.

사실 우리나라 사람들 중에는 대화 중에 어깨를 움츠려서 목을 집어 넣는 사람들이 많은데, 이것도 일종의 권위주의 서열 문화의 유산이라고 해야 할 것 같다. 심지어 꽤나 성공한 사람들도 목을 똑바로 세우지 않고 항상 눈치 보고 어깨를 움츠린 채로 대화하거나 식사하는 사람들이 꽤 있다. 이런 사람들은 남의 비위를 맞추는 말을 많이 하고 재미있지도 않은 대화에도 헛웃음을 터뜨리는 등의 언어습관을 가질 수도 있다. 주의할 것은 이런 분들은 우리 문화에 아주 순응한 사람들일 뿐이고 원래 비굴한 사람들이 아니다. 데모스테네스는 어깨가 위로 들썩이는 것을 막기 위해서 좁은 강대(설교단)에서 연습하면서 창을 매달아 창 끝이 그의 어깨 위에 위치하도록 했고, 연설 중에는 창끝이 닿는 느낌을 연상하면서 자세를 유지했다고 한다(웅변가 교육. 11. 3. 130).

우리 민족은 특이하게 허리나 목을 숙여 인사를 하는 버릇이 있는데,

급소인 목을 보이는 인사는 굴종을 상징하기 때문에 나는 이런 비굴한 인사법도 권위주의 문화의 유산이므로 없어져야 한다고 생각한다. 동양 인과 서양인은 인사법이 서로 다른데 계급문화와 평등한 시민문화의 차 이에서 이런 인사법이 유래되었다. 원래 중국에서는 황제를 알현할 때 에 고두(叩頭, Kowtow)라는 인사법이 있었는데 땅에 배를 깔고 누워서 인사를 올리는 방법을 의미한다. 고대 페르시아 왕들도 고두와 같은 인 사를 받았는데, 고대 그리스인들은 이를 야만족들의 풍습이라고 비난했 다. 근대 역사에서 영국은 아편 전쟁을 벌이기 전인 1793년경에 조지 매카트니(George Macartney) 경을 청나라 궁정에 협상을 위하여 파견했 는데, 매카트니 경은 주권국의 명예를 해치지 않는 범위 안에서 청나라 궁정의 모든 예절을 따를 것을 지시받았다. 매카트니 경이 청나라에 도 착해서 처음 다루어야 했던 문제는 황제에게 고두를 해야 할지 여부였 는데, 몇 주가 지나면서 유럽식으로 한쪽 무릎을 굽히고 인사를 하는 것으로 겨우 합의했다. 하지만 황제에게 자유 평등 무역을 요구한 것에 대한 대답은 황제의 입으로부터 직접 듣지 못했고, 황제의 서신을 받고 서야 그 결과를 알게 되는데, 매카트니는 황제의 서신에 대하여도 한쪽 무릎을 굽혀야 했다. 위 외교는 영국 외교사 중에서 가장 치욕적인 것 이었다고 한다.2) 우리 문화의 큰절이 이것과 비슷한데 명절에 세배하 는 정도를 벗어나서, 일상생활 속에 허리를 꺾어 90도 인사를 하는 것 같은 인사법은 사라져야 한다. 가볍게 고개를 숙이거나 눈웃음을 짓거 나, 감사나 존경의 말을 적절히 하는 등으로 인사 문화를 바꾸어야 한 다는 것이 내 생각이다.

다만, 허리를 숙이는 인사법은 특별한 상황이나 인물에 대하여 존경 을 표시할 때에는 서양인들도 스스로 한다. 제2차 세계대전 발발 전 필 리핀에서 미국의 육군 장교 한 사람은 맥아더 장군에게 서류를 전달한

---

2) Henry Kissinger, 『On China』, Penguin Books(2012), 제38-41면

후에 허리를 굽히는 인사를 했다. 맥아더의 권위를 인정하고 몸을 굽혀 인사를 한 하급 장교는 그 이후 제2차 세계대전 당시 노르망디 상륙작전 당시 연합군 사령관이 되었고, 미국의 제34대 대통령까지 되었던 아이젠하워였다.[3]

실행을 할 때는 연설의 대상이 되는 사람들과 누가 참관하는지에 따라 더 많은 발언권이 있거나 행동들을 할 수 있기 때문에, 연설가는 미리 이를 고려하여 자신이 어떤 인격을 가진 사람으로 보일지를 결정한다. 예를 들어 황제, 원로원, 인민들, 관료들 앞인지 혹은 사적인 소송인지 혹은 공적인 소송인지에 따라서 음색, 몸짓 언어, 걸음걸이가 달라져야 한다(웅변가 교육. 11. 3. 150).

실행을 할 때도 항상 주제를 생각하고, 어떤 효과를 노리는지를 고려해야 한다. 주제에 관해서는 네 가지를 염두에 두어야 한다. 첫째, 전체적인 주제가 있는데, 슬프거나 기쁘거나, 위험하거나 안전하거나, 중요하거나 중요하지 않거나 하는 것들인데, 세부적인 문제에 너무 몰입해서 전체적인 것을 잊어버리면 안 된다. 두 번째는 머리말, 사실의 진술, 입증, 맺음말의 각 단계와 관련된 것이다. 세 번째는 생각들과 관련해서는, 주제와 상응하기 위하여 모든 것이 달라지듯이, 연설은 감정에 상응해야 한다. 마지막으로는 모든 단어를 음가 그대로 소리 내는 것은 잘못된 것이고, 어떤 단어들은 적절하게 강조를 해야 한다(웅변가 교육. 11. 3. 150－152).

추도연설을 제외한 칭송하는 연설에서는, 감사나 훈계(exhortation)를 할 때 우리들의 동작은 고양되고, 크거나 숭고해야 한다. 장례식이나 위로의 말을 할 때, 형사소송에서 변론할 때에는 동작들은 느리면서도 진중해야 한다. 원로원에서 연설할 때에는 무게감이, 인민들 앞에서는

---

3) 조 내버로, 마빈 칼린스 공저, 박정길 옮김, 『행동의 심리학』(말보다 정직한 7가지 몸의 단서), 리더스북[(주)웅진씽크빅 발행](2013), 제221면

권위, 개인적인 문제로 소송을 할 때에는 자제력이 있어야 한다(웅변가
교육. 11. 3. 153).

실행을 할 때에는 세 가지 요소를 보여주어야 하는데, ① 상대방에게
잘 맞추고, ② 설득력이 있어야 하고, ③ 감동을 주어야 하는데, 이 세
가지를 다 갖춘 연설은 자연스럽게 즐거움을 준다. 상대방에게 잘 맞춘
다는 것은 스스로 자명하게 드러나는 도덕적인 탁월함이나, 어떻게 하
는지 알 수는 없지만 음색이나 몸짓 언어, 친근한 언어사용에 의하여
생긴다.

설득은 주로 강한 확신에 의하여 생기는데, 종종 증거보다 더 강한
효과가 있다. 키케로(Cicero)가 칼리디우스(Calidius)에게 "만일 그것이
진실이었다면 네가 이 문장들을 그렇게 실행하였겠느냐? 너는 우리들의
감정을 전혀 일으키지 못했기 때문에 우리들은 이 부분에서 잠들지 않
을 수가 없었다."고 말했다(다시 말해서 진실이 아니라고 하더라도 진실인
것처럼 자신감 있게 말을 하라는 취지이다). 따라서 자신감과 단호함이 연
설가의 태도에 나타나도록 하고, 적어도 그것을 지지할 권위가 있는 것
처럼 해야 한다. 감동의 기술은 우리들의 감정들과 다른 사람들의 감정
들을 명백하게 보이는 것에 있다(웅변가 교육. 11. 3. 154−156). 이 부분
에 가장 적합한 인물은 히틀러인 것 같다. 히틀러는 거의 히스테리한
감정을 실어서 연설을 하기 때문에 감정 전달력은 탁월한 것 같다. 또
한 고대 최고 연설가인 데모스테네스도 연설할 때에는 자주 스스로를
광기에 사로잡히게 했다고 한다(영웅전. 『데모스테네스』. 9).

판사나 전령으로부터 지목을 당해서 말해야 할 때에는, 고요히 일어
나고, 토가(Toga)를 단정하게 하고, 옷들이 단정하게 보이게 하기 위하
여 토가를 어깨 위로 던져서 새롭게 매무새를 잡으면서 잠깐이라도 기
억을 상기할 순간을 가져야 한다. 발언할 기회를 가졌다고 갑자기 말해
서는 안 되고, 말을 하려는 연설가가 준비를 하는 것은 듣는 사람의 입

장에서는 아주 즐거운 일이고, 판사도 자연스럽게 들을 준비를 하게 된다(웅변가 교육. 11. 3. 156 – 157).

일반적으로 머리말 단계에서는 청중들이 호의적으로 듣기 위해서는, 연설가들의 침착한 실행이 가장 적절하고, 목소리의 톤도 조용하고, 몸짓도 겸손하고, 토가도 어깨에 정확하게 놓여 있고, 몸통의 움직임도 부드럽고 눈은 몸통과 같은 방향을 보고 있어야 한다(웅변가 교육. 11. 3. 161). 다만 연설을 한창 한 다음에는 목소리, 몸짓, 의상이 단정하지 않더라도 잘못된 것이 아니고, 오히려 숨을 헐떡임, 지겨움, 헝클어진 옷매무새, 헐렁하게 처진 토가도 용인된다(웅변가 교육. 11. 3. 147).

퀸틸리아누스는 연설가의 자질이 타고난 것임을 인정한다. 탁월한 연설이라도 아무런 매력이 없는 것이 있고, 실수조차도 즐거운 연설이 있다. 그는 당대에 유명한 희극배우들을 비교했는데, 배우들이 다른 배우들의 장점들을 따라 해도 희극이 실패했다고 한다. 결국 연설가는 자신을 잘 알고, 자신만의 실행법을 만들고, 보통의 실행의 규칙도 익혀야 하지만, 자신만의 능력에도 의지하여야 한다(웅변가 교육. 11. 3. 178 – 180).

연설을 실행하는 것이 연극적인 요소라고 해도, 연설이 연극이 되면 안 된다. 연설은 진지하게 변론하는데 있지 모방에 있지 않기 때문이다(웅변가 교육. 11. 3. 182).

퀸틸리아누스의 실행에 관한 마지막 당부는 연설가는 우아함을 유지해야 하고, 선하고 신중한 사람의 인격을 놓쳐 버리면 안 된다는 것이다.

인용문헌

강태완, 『설득의 원리』, 페가수스(2010)

김대중 자서전 2, (주) 도서출판 삼인(2011)

김광식, 『춘성, 무애도인 삶의 이야기』, 새싹 출판사(2009)

김종영, 『히틀러의 수사학』, 커뮤니케이션북스(2010)

김헌, 『위대한 연설』(부제: 고대 아테네 10대 연설가들을 통해 보는 서구
　　의 뿌리), 인물과 사상사(2008)

노무현 재단 엮음(유시민 정리), 『운명이다(노무현 자서전)』, 돌베게(2014
　　년 초판 14쇄)

만트레트 푸어만, 김영옥 옮김, 『고대 수사학』, 시와 진실(2012)

문준영, 『법원과 검찰의 탄생』(사법의 역사로 읽는 대한민국), 역사와 비
　　평사(2010)

리처드 파이프스, 이종언 옮김, 『공산주의의 역사(Communism)』, 을유문
　　화사(2014, 신판 1쇄)

박병호, 『한국의 전통사회와 법』, 서울대학교출판부

박승, 『하늘을 보고 별을 보고』, 한국일보사(2011, 2쇄)

박종현, 『헬라스 사상의 심층』, 도서출판 서광사(2012, 제1판 제4쇄)

배터니 휴즈(Bettany Hughes), 강경이 옮김, 『아테네의 변명』, 옥당 출판
　　(2012)

성백효 역주, 『맹자집주(개정 증보판)』, 전통문화연구회

아이스퀼로스·소포클레스·에우리피데스 지음, 천병희 옮김, 『그리스 비
　　극 걸작선』, 도서출판 숲(2016년 제1판 5쇄)

아리스토텔레스, 김재홍 옮김, 『변증론』, 도서출판 길(2014)

에린 메이어, 박세연 옮김, 『컬처맵(The Culture Map)』, 열린 책들(2016)

이혜정, 『서울대에서는 누가 A⁺를 받는가』, 다산 에듀(2016)

이헌재, 『경제는 정치다』(이헌재의 경제특강), 로도스 출판사(2012)

임태섭, 『스피치 커뮤니케이션』, 커뮤니케이션북스(2014, 개정2판)

오연호, 『노무현, 마지막 인터뷰』, 오마이뉴스(2009)

윤태영, 『기록』(윤태영 비서관이 전하는 노무현 대통령 이야기), 노무현
    재단기획, (주) 하솔수복 출판(2014)

윤태영, 『대통령의 말하기』(부제: 노무현 대통령에게 배우는 설득과 소통
    의 법칙), (주) 위즈덤하우스(2017)

장해순, 『행복한 스피치』(전문성과 신뢰성을 높이는 소통 전략), 현학사
    (2015)

조 내버로, 마빈 칼린스 공저, 박정길 옮김, 『행동의 심리학』(말보다 정직
    한 7가지 몸의 단서), 리더스북[(주)웅진씽크빅 발행](2013)

조대호, 『아리스토텔레스』(에게해에서 만난 스승), 아르테(arte) 출판(2020
    년 2쇄)

존 콜라핀토(John Colapinto), 고현석 옮김, 『보이스』(부제: 목소리는 어
    떻게 인간의 삶을 결정하는가?), 매일경제신문사(2021)

주강현, 『제국의 바다 식민의 바다』, (주) 웅진씽크빅(2005)

키케로(M. Tulius Cicero), 안재원 편역, 『수사학(말하기의 규칙과 체계)』,
    도서출판 길(2009)

한동일, 『법으로 읽는 유럽사』(부제: 세계의 기원, 서양 법의 근저에는 무
    엇이 있는가), (주) 글항아리(2019, 제1판 6쇄)

헤이즐 로즈 마커스, 엘레나 코너 공저, 박세연 옮김, 『우리는 왜 충돌하는

가』, 흐름출판(2015)

호메로스, 천병희 옮김, 『일리아스』, 도서출판 숲(2017, 제2판 5쇄)

호메로스, 천병희 옮김, 『오뒷세이아』, 도서출판 숲(2017, 제2판 5쇄)

Daniel Kahneman, 『Thinking, fast and slow』, Allen Lane(2011)

Douglas. M. MacDowell, 『The Law in Classical Athens』(Aspect Of Greek And Roman Life), Cornell University Press(1986)

Douglas L. Wilson, 『Lincoln's Sword』(The Presidency and The Power of Words), Vintage Books(2007)

Geert Hofstede et al., 차재호·나은영 공역, 『세계의 문화와 조직』 (Cultures and Organizations)(3rd ed), 학지사(2014)

John Medina, 『Brain Rules』, Pear Press(2008)

John R. Hale, 『Lords of the Sea』(The epic story of the Athenian navy and the birth of democracy), Viking(2009)

John Henry Merryman, Rogelio Pērez−Perdomo, 『The Civil Law Tradition』(An Introduction to the Legal Systems of Europe and Latin America)(3rd), Stanford University Press

Liaquat Ahamed, 『Lords of Finance』, The Bankers Who Broke The World, Penguin Books(2009)

Mark Goulston, 『Just Listen』(discover the secret to getting through to absolutely anyone), Amacom(2010)

Nial Ferguson, 『Civilization(THE WEST and the Rest)』, The Penguin Press, New York(2011)

Paul Cartledge, 『Democracy, A Life』, Oxford university press(2016)

Peter Collett, 『The Book of Tells』, A Bantam Book(2004)

Richard E. Nisbett, 『The Geography of Thought』, Free Press(2004)

Sam Leith, 『Words Like Loaded Pistols』, Basic Books(2012)

Shane Read, 『Turning Points at Trial』, Westway Publishing(2017)

참고문헌

• 아리스토텔레스

[수사학]

아리스토텔레스, 박문재 옮김, 수사학, 현대지성(2020, 제1판 제3쇄)

아리스토텔레스, 천병희 옮김, 수사학/시학, 도서출판 숲(2017년 제1판 제1쇄)

Aristotle, Art of Rhetoric, Loeb Classical Library, translated by John Henry Freese, Harvard University Press(reprinted in 1994)

Aristotle, The Art of Rhetoric, Penguin Classics, translated by H.C. Lawson – Tancred, Penguin Books(Reprinted in 2004)

Aristotle, Rhetoric, translated by W. Rhys Roberts, Dover Publications, Inc.(2004)

Plato Gorgias and Aristotle Rhetoric, translated by Joe Sachs, *focus* an imprint of Hackett Publishing company, Inc.(2009)

[윤리학]

아리스토텔레스, 강상진, 김재홍, 이창우 옮김, 니코마코스 윤리학, 도서출판 길(2017년 제1판 제10쇄)

아리스토텔레스, 천병희 옮김, 니코마코스 윤리학, 도서출판 숲(2015년 제1판 제3쇄)

Aristotle, Nicomachean Ethics(2nd Edition), translated by Terence Irwin, Hackett Publishing Company (2016)

Aristotle, Nicomachean Ethics(Revised Edition), translated and edited by Roger Crisp, Cambridge University Press(2016, 3rd printing)

[아리스토텔레스 정치학]

아리스토텔레스, 김재홍 옮김, 정치학, 도서출판 길(2017, 제1판 제1쇄)

Aristotle, The Politics and The Constitution of Athens(Revised Student Edition), translated by Jonathan Barnes and edited by Stephen Everson, Cambridge University Press(2013),

[아리스토텔레스 전집]

The Complete Works of Aristotle(The Revised Oxford Translation) Volume One, edited by Jonathan Barnes, Princeton/Bollingen Series 71:2, Princeton University Press(1984)

The Complete Works of Aristotle(The Revised Oxford Translation), Volume Two, edited by Jonathan Barnes, Princeton/Bollingen Series 71:2, Princeton University Press(1984)

• 플라톤

플라톤, 김인곤 옮김, 고르기아스(Gorgias), 정암학당 플라톤 전집, 이제이북스(2018. 제2판 제2쇄)

플라톤, 박종현 역주, 국가(政體), 도서출판 서광사(개정증보판, 2018)

플라톤, 강철웅 옮김, 뤼시스(Lysis), 정암학당 플라톤 전집, 이제이북스(2014, 제2판 제1쇄)

플라톤, 이정호 옮김, 메넥세노스(Menexenos), 정암학당 플라톤 전집, 이제이북스(2011, 제1판 제2쇄)

플라톤, 이정호 옮김, 크리티아스(Kritias), 정암학당 플라톤 전집, 이제이북스(2013, 제2판 제1쇄)

플라톤, 전헌상 옮김, 파이돈(Phaidon), 정암학당 플라톤 전집, 이제이북스(2017, 제1판 제3쇄)

플라톤, 김주일 옮김, 파이드로스(Phaidros), 정암학당 플라톤 전집, 이제이북스(2017. 제1판 제2쇄)

플라톤, 강성훈 옮김, 프로타고라스(Protagoras), 정암학당 플라톤 전집, 이제이북스(2017, 제1판 제2쇄)

Plato, Gorgias, translated by Donald J. Zeyl, Hackett Publishing Company, Inc.(1987)

Plato, Five Dialogues(Euthyphro, Apology, Crito, Meno, Phaedo)(2nd Edition), translated by G.M.A. Grube and revised by John M. Cooper, Hackett Publishing Company, Inc.(2002)

Plato, Phaedrus, translated by Stephen Scully, Focus Publishing/R. Pullins Co.(2003)

Plato, Symposium(or Drinking Party), translated by Eva Brann, Peter Kalkavage, and Eric Salem, *Focus* an imprint of Hackett Publishing company, Inc.(2017)

Plato and Xenophon, Apologies, translated by Mark Kremer, *Focus* an imprint of Hackett Publishing company, Inc.(2006)

Plato, The Republic of Plato(2nd Edition), translated by Allan Bloom, Basic Books(1968)

• 고대 그리스 역사

[Diodorus]

Diodorus of Siculus, Library of History, Books 12.41.−13, translated by C.H. Oldfather and edited by Jeffrey Henderson, Harvard University Press(1950), Loeb Classical Library

Diodorus of Siculus, Library of History, Books 14.−15.19, translated by C.H. Oldfather and edited by Jeffrey Henderson, Harvard University Press(1954), Loeb Classical Library

Diodorus of Sicily, The Library, Books 16−20(Philip II, Alexander the Great, and the Successors), Oxford World's Classics, translated by Robin Waterfield, Oxford University Press(2019)

[Herodotus]

헤로도토스, 천병희 옮김, 역사, 도서출판 숲(2022, 제2판 제1쇄)

Herodotus, The Landmark Herodotus, The Histories, translated by Andrea. L. Purvis and edited by Robert B. Strassler, Anchor Books(2009, 1st edition)

Herodotus, The Histories, Penguin Classics, translated by Aubrey De Sélincourt and revised by John Marincola, Penguin Books (2003)

[Plutarch]

플루타르코스 영웅전 I−V, 신복룡 옮김, 을유출판사(2021)

Plutarch, Hellenistic Lives including Alexander the Great, Oxford World's Classics, translated by Robin Waterfield, Oxford University Press(2016)

Plutarch, Greek Lives, Oxford World's Classics, translated by Robin Waterfield, Oxford University Press(2008)

[Thucydides]

투퀴디데스, 천병희 옮김, 펠로폰네소스 전쟁사, 도서출판 숲(2021, 제1판 제9쇄)

Thucydides, The Landmark Thucydides, The Comprehensive Guide to The Peloponnesian War, translated by Richard Crawley and edited by Robert B. Strassler, Free Press(1996)

Thucydides, The Peloponnesian War, Oxford World's Classics, translated by Martin Hammond, Oxford University Press(2009)

[Xenophon]

크세노폰, 천병희 옮김, 소크라테스 회상록, 도서출판 숲(2018, 제1판 제1쇄)

Xenophon, A History of My Times, Penguin Classics, translated by Rex Warner, Penguin Books(1979)

Xenophon, The Landmark Xenophon's Hellenika, translated by John Marincola and edited by Robert B. Strassler, Anchor Books(2010, 1st edition)

• 10대 연설가

Antiphon & Andocides, The Oratory of Classical Greece volume 1, translated by Michael Gagarin & Douglas M. MacDowell), The University of Texas Press(2006)

Lysias, The Oratory of Classical Greece Volume 2, translated by S.C. Todd, The University of Texas Press(2000)

Aeschies, The Oratory of Classical Greece volume 3, translated by Chris Carey, The University of Texas Press(2003)

Isocrates I, The Oratory of Classical Greece Volume 4, translated by David C. Mirhady and Yun Lee Too, The University of Texas Press(2000)

Dinarchus, Hyperides & Lycurgus, The Oratory of Classical Greece Volume 5, translated by Ian Worthington, Graig Cooper & Edward M. Harris, The University of Texas Press(2001)

Isocrates II, The Oratory of Classical Greece Volume 7, translated by Terry L. Papillon, The University of Texas Press(2004)

Demosthenes, Speeches 18−19, The Oratory of Classical Greece volume 9, translated by Harvey Yunis, The University of Texas Press(2005)

Isaesu, The Oratory of Classical Greece volume 11, translated by Michael Edwards, The University of Texas Press(2007)

Demosthenes, Speeches 1−17, The Oratory of Classical Greece

volume 14, translated by Jeremy Trevett, The University of Texas Press(2011)

Demosthenes, Selected Speeches, Oxford World's Classics, translated by Robin Waterfield, Oxford University Press(2014)

• 기타

게르트 위딩(Gert Ueding), 안미현 옮김, 수사학의 재탄생, 고려대학교 출판부(2010)

디오게네스 라에르티오스(Diogenes Laërtios), 전양범 옮김, 그리스 철학자 열전(동서문화사 창업 60주년 특별판), 동서문화사(2020)

박성창, 수사학, 문학과 지성사(2017, 초판 제7쇄)

윌리엄 데이비드 로스(W.D. Ross), 김진성 옮김, 아리스토텔레스(그의 저술과 사상에 관한 총설), 세창출판사(2016년 초판 제1쇄)

Aristophanes, Clouds · Wasps · Peace, Loeb Classical Library, translated by Jeffrey Anderson, Harvard University Press(1998)

Aristophanes, Birds and Other Plays(Birds · Lysistrata · Assembly — Women · Wealth), Oxford World's Classics, translated by Stephen Halliwell, Oxford University Press(reissued in 2008)

Bertrand Russell, The History of Western Philosophy, A Touchstone Book, Simon & Schuster, Inc.

Cicero, Rhetorica Ad Herennium, Loeb Classical Library, translated by Harry Caplan, Harvard University Press(1954)

Cornelius Nepos, Lives of The Great Commanders, translated by Quintus Curtius, Fortress of the Mind Publications(2019)

Donald Kagan, Pericles of Athens, and the Birth of Democracy, The Free Press(1991)

Machiavelli, The Prince, edited by Quentin Skinner and Russell Price, Cambridge University Press(3rd printing in 2017)

Quintilian, Institutes of Oratory(Education of An Orator), translated by John Selby Watson(1856) and edited by Curtis Dozier(2007) and Lee Honeycutt(2015), Licensed under a Creative Commons License.

Richard Toye, Rhetoric(A Very Short Introduction), Oxford University Press(2013)

찾아보기

저자약력

정석원

1998. 고려대학교 법학과 졸업

2001. 사법연수원 졸업

2004. 판사 임용

2008. Harvard Law School. Visiting Scholar

2015. Northwestern Law School. LL.M.과정 졸업

2015. 경희대학교 언론대학원, 스피치 최고위과정 수료

2017. 이후 부장판사로 재직 중(현재 대구지방법원 재직 중)

판사가 쓴 에토스, 파토스, 로고스 해설서

초판발행	2023년 8월 4일
중판발행	2024년 2월 29일
지은이	정석원
펴낸이	안종만·안상준
편 집	윤혜경
기획/마케팅	장규식
표지디자인	BEN STORY
제 작	고철민·조영환
펴낸곳	(주)**박영사**
	서울특별시 금천구 가산디지털2로 53, 210호(가산동, 한라시그마밸리)
	등록 1959. 3. 11. 제300-1959-1호(倫)
전 화	02)733-6771
f a x	02)736-4818
e-mail	pys@pybook.co.kr
homepage	www.pybook.co.kr
ISBN	979-11-303-4473-7 93360

정 가   29,000원